Politische Philosophie
des 20. Jahrhunderts

Politische Philosophie des 20. Jahrhunderts

Herausgegeben von
Karl Graf Ballestrem und Henning Ottmann

R. Oldenbourg Verlag 1990

CIP-Titelaufnahme der Deutschen Bibliothek

Politische Philosophie des 20. [zwanzigsten] Jahrhunderts/
hrsg. von Karl Graf Ballestrem u. Henning Ottmann. –
München ; Wien : Oldenbourg, 1990
  ISBN 3-486-55141-8 geb.
  ISBN 3-486-55142-6 brosch.

NE: Ballestrem, Karl Graf [Hrsg.]

Umschlagestaltung: Dieter Vollendorf, München
Satz: DIGITAL Satz und Druck GmbH, Schrobenhausen
Druck und Bindearbeiten: R. Oldenbourg Graphische Betriebe GmbH, Heimstetten

ISBN 3-486-55141-8 geb.
ISBN 3-486-55142-6 brosch.

Inhalt

Einleitung

Wenn politische Philosophie vor allem in einer Atmosphäre der Krise gedeiht, so müßte das 20. Jahrhundert geradezu als Treibhaus erscheinen, in dem sich die größten und merkwürdigsten Früchte dieser Disziplin bewundern lassen. In der Tat scheint der hier vorgelegte Band die Krisentheorie in mancher Hinsicht zu bestätigen. Es genügt, sich einerseits die Orte und Zeiten vor Augen zu halten, in denen politische Philosophie gehäuft auftritt, andererseits auf die Themen zu achten, mit denen sich die politische Philosophie des 20. Jahrhunderts vorzugsweise befaßt. Es ist kein Zufall, daß die meisten der hier vorgestellten Denker dem deutschen Kulturkreis entstammen, im ersten Drittel des Jahrhunderts die entscheidenden Erfahrungen ihres Lebens machten und die Krisen und Katastrophen der ersten Jahrhunderthälfte in ihren Schriften zu verarbeiten suchen. Daß in den relativ krisenfreien 50er und frühen 60er Jahren, vor allem in England und Nordamerika, vom „Ende der Ideologien" und vereinzelt sogar vom „Tod der politischen Philosophie" die Rede war, und daß es später, infolge der Bürgerrechts-, der Friedens- und der Ökologiebewegung, zu einer „Rehabilitierung der praktischen Philosophie" und einer Wiederbelebung der politischen Philosophie kam, läßt sich im gleichen Rahmen interpretieren.

Aber die Erfahrung von Krisen ist allenfalls eine Voraussetzung der politischen Philosophie. Auf der anderen Seite bedarf es eines umfassenden Ordnungswissens, um diese Krise zu deuten – nicht jedes Nachdenken über Politik ist politische Philosophie. Dieser geht es nicht um Einzelphänomene, sondern um das Wesentliche und Ganze, um die letzten Gründe für Ordnung und Unordnung im Zusammenleben der Menschen. Ihr geht es auch nicht allein um theoretische Analyse oder wertfreie Beschreibung, sondern um handlungsbezogenes Wissen, um Ethik. Wir denken philosophisch über Politik nach, um uns und andere im Leben zu orientieren, auch um in Konfliktfällen das Rechte zu tun.

Politische Philosophie ist daher stets eine Synthese von politischer Erfahrung und philosophischer Einsicht. Zu beurteilen, inwiefern den politischen Denkern des 20. Jahrhunderts eine solche Synthese gelungen ist und ihre Werke somit zu den „Klassikern" des Fachs zu rechnen sind, gehörte nicht zu unseren Aufgaben und Kompetenzen. Aber eine Überlegung über die speziellen und erschwerenden Bedingungen, unter denen – sowohl von seiten der Politik wie der Philosophie – diese Synthese im 20. Jahrhundert versucht werden mußte, mag einleitend dazu dienen, einige Grundprobleme der politischen Philosophie unserer Epoche anzusprechen.

Wir können die großen politischen Denker früherer Jahrhunderte, was die Art ihrer Synthese von Politik und Philosophie angeht, in zwei Gruppen einteilen. Auf der einen Seite stehen die *Philosophen*, die im Rahmen ihres philosophischen Systems auch über Politik schreiben (z. B. Aristoteles, Hobbes, Kant, Hegel); auf der anderen Seite die *Politiker*, die aus der Erfahrung praktischer Politik bzw. eines gescheiterten politischen Engagements zur Reflexion über Grundfragen politischer Ordnung kommen (z. B. Cicero, Machiavelli, Burke, Tocqueville). Interessanterweise ist diese Unterscheidung ganz ungeeignet, die politischen Philosophen des 20. Jahrhunderts zu begreifen; denn den meisten von ihnen fehlt beides: sowohl das philosophische System, aus dem sich politische Konsequenzen ergeben, als auch direkte politische Erfahrung, die zu philosophischen Einsichten führt. Von den Denkern, denen im vorliegenden Band ein eigener Beitrag gewidmet wurde, sind die meisten gar nicht in erster Linie Philosophen, sondern Juristen und Sozialwissenschaftler. Auch von den „Hauptfach-Philosophen" unter ihnen (Arendt, Aron, Strauss) hat keiner so etwas wie ein System der Philosophie entwickelt. Schließlich hat keiner von ihnen Politik als Politiker erlebt, alle waren von Beruf Professoren. Carl Schmitt hatte als Berater mehrerer Regierungen den unmittelbarsten Kontakt mit der Politik. Ob er dabei philosophische Einsichten gewonnen, oder sich nur die Finger verbrannt hat, ist umstritten.

Hat es jemals ein Jahrhundert gegeben, dessen kreativste Philosophen fast nichts über Fragen der Ethik und Politik zu sagen hatten? Denkt man an Husserl und Heidegger, an Wittgenstein und Whitehead, an Bergson und Peirce, oder an Carnap und Quine, so läßt sich die These vertreten, daß dies im 20. Jahrhundert (genauer: in der ersten Hälfte des 20. Jahrhunderts) erstmals der Fall war. Die Gründe dafür sind bekannt: Krise der Metaphysik, Religions- und Moralkritik, Positivismus und Empirismus, Irrationalismus und Vitalismus, Kulturpessimismus und Nihilismus – diese und andere Namen kennzeichnen das Erbe, das die Philosophie zu Beginn dieses Jahrhunderts antrat. Daß unter diesen Bedingungen kaum mehr philosophische Systeme entwickelt wurden, die die Ordnung des Seins als Ganzen und die Stellung des Menschen in ihr zu erfassen suchen, ist nicht zu verwundern. Nicht zufällig liegen die Schwerpunkte der Philosophie in der ersten Jahrhunderthälfte auf den Gebieten der Logik und Wissenschaftstheorie, der Erkenntnis- und Sprachphilosophie sowie einer Existenzanalyse, die aus der Perspektive der je eigenen Existenz des Einzelnen, nicht aus jener der Gemeinschaft entworfen war.

Der Verlust einer rationalen Weltsicht und die Gefahren des Irrationalismus wurden von den politischen Philosophen des 20. Jahrhunderts, zumal als die katastrophalen praktischen Folgen in vollem Maße erkennbar waren, auf verschiedene Weise thematisiert. H. Arendts Diagnose der „Weltentfremdung" im modernen Bewußtsein und ihre Analyse des Totalitarismus; Voegelins Begriffe des „Erfahrungs"- und „Transzendenzverlusts" sowie seine Theorie der modernen „Gnosis"; Arons oder Poppers Kritik an globalen Geschichtstheorien und utopischen Erlösungsideologien – sind verschiedene Versuche, die geistigen Wurzeln für den Zusammenbruch politischer Ordnung bloßzulegen.

Doch woher sollte man die Maßstäbe zur Beurteilung und Begründung einer neuen Ordnung nehmen? Für eine Reihe der hier vorgestellten Denker geht in der Zeit der Emigration die Besinnung auf theoretische Traditionen Hand in Hand mit der Erfahrung politischer Systeme, die sich als immun gegenüber den Gefahren des Faschismus und Kommunismus erwiesen hatten. Ja, man interpretiert England und vor allem die USA im Lichte bestimmter Traditionen, um die Tragfähigkeit dieser Denk- und Handlungsformen zu erweisen. Maritain und Sturzo sind beeindruckt von der Lebendigkeit religiöser Werte in einer Gesellschaft, in der doch Kirche und Staat streng getrennt sind und entwickeln den Gedanken einer christlichen Demokratie. H. Arendt, in geringerem Maße auch Strauss und Voegelin, finden Spuren des klassischen Republikanismus in der amerikanischen Politik und denken an eine Erneuerung der modernen Republiken aus dem Geist der antiken Polis und der griechischen Philosophie (freilich auf eine sehr indirekte und zunehmend wieder von Pessimismus getrübte Weise). Hayek und Popper sehen in den angelsächsischen Ländern den Geist des Liberalismus, der persönlichen Freiheit und der spontanen Ordnung, des Augenmaßes und der pragmatischen Vernunft am Werk.

Andere haben der totalitären Versuchung nicht widerstanden, und die politische Theorie des 20. Jahrhunderts schwankt zwischen Philosophie und Ideologie. Die Auswahl der Autoren dieses Bandes hat eine Grenze zu ziehen versucht zwischen politischen Philosophen auf der einen, Ideologen und Agitatoren auf der anderen Seite. Stalin oder Hitler, Lenin oder Mussolini kommen nicht oder nur am Rande vor. Wenn gleichwohl marxistische Theorie und Kritische Theorie oder der sich zeitweilig dem Nationalsozialismus anschließende Carl Schmitt zum Wort kommen, dann nicht nur weil sie Wirkungsphänomene ersten Ranges sind, sondern auch weil zwischen Hitlers „Mein Kampf" und Schmitts „Begriff des Politischen" oder zwischen einem politisch instrumentalisierten Marxismus-Leninismus und der Kritischen Theorie Welten des Theorieanspruches liegen. Es ist – auch das ist ein Kennzeichen des Jahrhunderts – zunehmend schwieriger geworden, Philosophie und Ideologie zu unterscheiden. Und wenn das 19. Jahrhundert in Hegel den letzten großen Repräsentanten der Tradition klassischer, reiner Theorie gefunden hat, so ist das 20. Jahrhundert das Jahrhundert sowohl einer sich erneuernden Philosophie als auch verschiedener Formen unmittelbar an Praxis interessierter, ideologieverdächtiger „Theorie".

Philosophie ist nach Hegels bekanntem Wort „ihre Zeit in Gedanken erfaßt", und wer vom nahenden Ende des Jahrhunderts zurückblickt auf dessen politische Philosophie, wird die Wahrheit dieses Wortes nicht verkennen. Der große Dreh- und Angelpunkt des politischen Denkens war, so oder so, die Krise, die sich im Nihilismus des ausgehenden 19. Jahrhunderts ankündigte und politisch in den Katastrophen der Weltkriege, moralisch in den Massenmorden offenbar wurde, die im Namen der totalitären Ideologien begangen worden sind. Wo der Geist der totalitären Versuchung widerstand, erweckt er den Eindruck, ein „Rechnen mit den Beständen" und ein Zehren von dem gewesen zu sein, was dem Jahrhundert bereits voraus liegt: Humanität und gute Politik der Alten, Freiheit des Christenmenschen und christliche Verantwortung, aufgeklärte Liberalität und moderner Verfassungsstaat. Nach dem Einbruch des Totalitären wurde das Jahrhundert restaurativ, und es hat, wo man nicht pragmatisch-nüchtern und skeptizistisch die wiedergewonnenen Früchte der Freiheit genießen wollte, auf Restaurationen und Renaissancen gesetzt.

Die politische Großwetterlage von heute steht im Zeichen der Probleme von Weltfrieden und atomarer Rüstung, von unerhörten technischen Machbarkeiten und unübersehbar gewordener Zerstörung der Umwelt, von Reichtum und Überfluß in wenigen, Armut und Hunger in vielen Ländern. Es ist ungewiß, wie die Antwort der politischen Philosophie auf diese neuen Krisen lauten wird. Die großen „Metaerzählungen" der Neuzeit (Lyotard), vom Segen des technischen Fortschritts, von der Emanzipation der Menschheit oder von dem einen Ziel der Moderne, sind heute zerbrochen. Die Risiken fortgeschrittener Technik und Industriekultur werden, je nach Einschätzung der Moderne selbst, unterschiedlich beurteilt. Technik und Industrie sind nicht mehr Basis des politischen Konsenses. Sie werden, am Ende des Jahrhunderts, selbst zum Gegenstand des Streits. Aus ehemaligen Garanten politischer Stabilität sind heute Faktoren der Unruhe und politischer Zündstoff geworden.

Kurzatmige Wahlperiodenpolitik und langfristige Probleme, nationale Staaten und Probleme im Weltmaßstab – eine solche Konstellation deutet weniger auf das oft verheißene Ende aller Politik als auf einen wachsenden Politikbedarf. Ein Mehr an Politik, ein Mehr an internationaler Kooperation, ein Mehr an Welt-Politik ist im Namen der drängenden Probleme ebenso zu wünschen, wie es im Namen der Freiheit zu fürchten ist. Und die Sehnsucht nach privatem Leben, nach regionaler, nationaler und kultureller Eigenständigkeit wächst komplementär mit der durch Technik und globale Probleme immer kleiner und immer nivellierter werdenden Welt.

Die Antwort der praktischen Philosophie auf die Probleme der Zeit ist bisher eine Antwort durch Ethik gewesen, und vielleicht wurde nie mehr über Ethik gesprochen als heute. Das ist verständlich und das hat, wie die vielen Formen ökologischer und anderer Ethik, seinen guten Sinn. Nur wird die politische Antwort auf die Krise nicht allein durch Ethik, sondern auch durch politische Philosophie zu geben sein.

Wie deren Antwort lauten könnte, ist diesem Band nur teilweise zu entnehmen. Sein Schwerpunkt mußte bei jenen Denkern liegen, welche Erfahrungen der ersten Jahrhunderthälfte zu begreifen versuchten. Es bleibt jedoch zu hoffen, daß auch im Angesicht der neuen Krisen politische Philosophie eine Sicherung der Bestände humanen Lebens betreibt, die neuen Versuchungen einer Politik auf Kosten der Freiheit gewachsen ist.

Nicht jeder Leser wird der Auswahl zustimmen, die wir getroffen haben. Es ist uns nicht leicht gefallen, Prioritäten zu setzen und z. B. auf so bedeutende politische Denker wie Bertrand de Jouvenel oder Michael Oakshott zu verzichten. Ein

Beitrag über Max Weber war vorgesehen, traf aber nicht rechtzeitig ein. Dieses Manko wiegt schwer und soll in der nächsten Auflage behoben werden. Bis dahin muß der Hinweis genügen, daß sich in der zahlreichen Sekundärliteratur zu Max Weber auch kürzere Beiträge finden, die über seine politische Theorie einführend informieren (so neuerdings der Artikel von Wolfgang J. Mommsen: „Politik und politische Theorie bei Max Weber" in dem von Johannes Weiß hrsg. Band *Max Weber heute*, stw 711, Frankfurt 1989, S. 515–542).

Ernst Vollrath

Hannah Arendt

I. Werk und Wirken

Die Anziehungskraft der deutschen Kultur auf das assimilierte Judentum ist ein bedeutendes und außerordentlich fruchtbares Moment dieser Kultur. Das katastrophale Ende dieser Wechselbeziehung hat im Rückblick jüdische Angehörige der deutsch-jüdischen Kultur davon sprechen lassen, daß es niemals zu einer wirklichen Symbiose gekommen ist. Worin diese Anziehung begründet war, ist nicht mit einfachen Worten zu sagen. Es hat aber sicher eine Rolle gespielt, daß die Selbstwahrnehmung der deutschen Kultur und ihrer führenden Repräsentanten auf die intellektuellen Felder von Theologie und Religion, Philosophie, Literatur und Musik zentriert gewesen ist, negativ gesprochen: nicht auf Politik und das Politische, die ja einem verbreiteten Topos zufolge in den Bereich der bloßen Zivilisation verwiesen wurden. So konnte das intellektuelle Judentum in der deutschen Kultur verwandte Züge zu erkennen glauben und sich ihr umso leichter zu assimilieren wünschen, als damit das Versprechen der Aufnahme in den hochkulturellen und modernen okzidentalen Kontext verbunden war. *(margin: Deutsch-jüdische Kultur)*

Die junge Jüdin Hannah Arendt nahm 1924 in Marburg das Studium solcher Disziplinen auf, in denen sich das Selbstverständnis der deutschen Kultur repräsentativ darstellen konnte: Philosophie, Theologie und Klassische Altertumswissenschaften. Sie war vor allem angezogen, auch persönlich, von dem jungen Philosophieprofessor Martin Heidegger und dessen ungewöhnlich eindringlicher Art des Philosophierens. Gerade ihr persönlicher Bezug zu Heidegger machte es erforderlich, daß sie nach Heidelberg und zu Karl Jaspers ging, bei dem sie ihre Dissertation über den Liebesbegriff bei Augustinus ganz im Heideggerschen Sinn schrieb. Mit anderen Worten: Sie war ursprünglich überhaupt nicht an politischen Phänomenen interessiert.

Nach Abschluß ihrer philosophischen Studien bei Martin Heidegger und Karl Jaspers wollte sie sich zunächst vor allem dem Problem der kulturellen jüdischen Identität und ihrer gesellschaftlichen Problematik widmen. Das Ergebnis ist dann später ihr Buch über Rahel Varnhagen, aber der Verständnishorizont ist zunächst noch vorpolitisch, individuell und gesellschaftlich. In den politischen Bereich gestoßen und mit ihm konfrontiert wird sie durch die Ereignisse selbst, die Machtergreifung Hitlers und die einsetzende Verfolgung der deutschen Juden. *(margin: Zusammenstoß mit der Politik)*

Wie sie in einem Interview mit Günter Gaus erklärte, war sie entschlossen, auf diese Herausforderung und Bedrohung politisch zu antworten. Daran hat sie Zeit ihres Lebens festgehalten. Das Politische ist ihr also nicht primär aus theoretischen Motiven zum Gegenstand des Nachdenkens geworden, sondern von den Erfahrungen her, die sie mit ihm machen mußte. Davon ist ihr Blick auf die Phänomene des Politischen von Anfang an bestimmt.

Das Problem des Verstehens Die Art, wie sie zu den Ereignissen Stellung nimmt, nämlich in politischer Weise und nicht, was sehr wohl legitim gewesen wäre, in einer anderen, gehört daher zu den Erfahrungen wesentlich hinzu. Um das Geschehen zu verstehen – und Verstehen war und blieb für sie ein politischer Akt – , standen ihr von ihrer intellektuellen Herkunft her keinerlei Kategorien und Schemata zur Verfügung. Sie mußte sie erst in einem langwierigen Prozeß ausbilden, und dazu verwendete sie auch Konzepte ihrer akademischen Lehrer Heidegger und Jaspers. Aber es ist charakteristisch für den Stil ihres Denkens, daß sie diese Konzepte ihrer philosophisch-monologischen Struktur entkleidet und sie in einen pluralistisch-politischen Kontext umsetzt.

Die Taten und Untaten der nationalsozialistischen totalitären Herrschaft, vor allem die Zerstörung des europäischen Judentums, konfrontierten sie mit solchen Ereignissen, die „anormal" zu nennen die Untertreibung schlechthin wäre. Sie sind rational überhaupt nicht zu erklären, wenn „Erklärung" die Anwendung vertrauter Kategorien auf diese Geschehnisse bedeuten soll. Das Problem besteht darin, daß jede Erklärung in gewissem Sinn eine Rechtfertigung darstellt, weil sie Gründe vorbringt, die nach dem bekannten französischen Sprichwort das durch Verstehen zu verzeihen gestatten, was schlechterdings unverzeihlich ist.

Gleichwohl bleibt die Aufgabe des Verstehens, weil sonst die aufbrechende Sinnlosigkeit, die individuell bei den Opfern begreiflich ist, ein Leben in einer mit anderen gemeinsamen Welt unmöglich gemacht hätte, also das Ende des Politischen bedeutet hätte. In diesem Sinn ist die Operation des Verstehens, die sich im Werk von Hannah Arendt finden läßt, nicht einfach ein theoretischer Akt der Reflexion, sondern ein „politischer" Vorgang, natürlich nicht im banalen Sinn einer Politisierung.

Ansatz einer Lösung In zwei Essays hat sich Hannah Arendt mit dem Problem des Verstehens auseinandergesetzt: Social Science Techniques and the Study of Concentration Camps [41], und: Understanding and Politics [43], beide bislang nicht ins Deutsche übersetzt. Das Verstehen ist kein Akt, bei dem vom Standort des unbetroffenen Zuschauers aus die Ereignisse in objektiver Unbefangenheit anvisiert werden. Wäre dies der Fall oder könnte dergleichen überhaupt angesichts der Ereignisse die allein maßgebliche Haltung sein, dann wäre Theorie in ihrer szientistischen Auslegung die ausschließlich angemessene Zugangsart. Vom Verstehen ist mehr gefordert als Objektivität, nämlich Unparteilichkeit, und zwar allein schon deshalb, weil auch noch der Betrachter in die Ereignisse verflochten ist, sofern diese einen geschichtlichen Charakter haben und er ein geschichtliches Wesen ist, das niemals unbetroffen zu sein vermag. Hier liegt der Ansatz zu Hannah Arendts

Bemühungen, die (reflektierende) Urteilskraft im Sinne Kants zum Organ des Verstehens weltlich-politischer Phänomene zu machen. Dieses urteilende Verstehen ist, obwohl betroffen, doch unabhängig. Es weiß sich daher als „politisch" qualifiziert, ohne in einem engen Sinne politisiert zu sein, weil sein Standort der einer mit anderen Wesen gemeinschaftlichen Welt (Kant) ist.

Hannah Arendt hat kein systematisch geschlossenes Werk hinterlassen. Gerade die Offenheit ihres Denkens kann Anstoß und Anregung sein, wenn es darum geht, die erstarrten Kategorien des traditionellen politischen Denkens aufzubrechen, die sich der Neuartigkeit der Phänomene nicht gewachsen zeigten, mit denen Menschen im politischen Feld konfrontiert waren. *Offenheit des Denkens*

Es sind mehrere Kreise von Phänomenen und Problemen, denen Hannah Arendt ihre Aufmerksamkeit zugewendet hat, Kreise, die sich selbstverständlich überlappen. Der Zusammenhang dieser Felder ist durch die lebensgeschichtlichen Erfahrungen bestimmt, denen sie sich ausgesetzt sah. Es lassen sich fünf solcher Felder benennen, und von ihnen her kann der Versuch gemacht werden, die Einheitlichkeit des Zuganges von Hannah Arendt zu diesen Problem- und Phänomenfeldern zu kennzeichnen. In dieser Einheitlichkeit besteht die Originalität ihres Beitrages zu einer Theorie des Politischen. Sie ist auf das Engste mit den Erfahrungen verbunden, die sie mit den politischen Phänomenen gemacht hat.

1. Den ersten Kreis bildet ihre Auseinandersetzung mit den Fragen des Judentums und den Problemen des Staates Israel. Bis auf den „Fall Eichmann" und die darüber entbrennende Kontroverse ist von der Beschäftigung Hannah Arendts mit diesen Dingen in der Bundesrepublik Deutschland wenig wahrgenommen worden. Ihre ersten Veröffentlichungen in den USA nach ihrer Emigration sind eine Reihe von Aufsätzen, die zwischen 1941 und 1953 in der jüdisch-deutschen Zeitung „Aufbau" in New York erschienen sind, die meisten in deutscher Sprache. Darin und in späteren Artikeln zum gleichen Problemkreis vertritt sie eine von der offiziellen Linie der Zionistenführer abweichende Politik. Ihre Auffassungen stehen denen der oppositionellen Ihud-Gruppe nahe, zu der u. a. Rabbi Judah Magnes, Präsident der Hebrew University in Jerusalem, Henriette Szold, Organisatorin der Jugend-Aliyah, und Martin Buber gehörten. *Judentum und Israel*

Es können nicht die aktuellen Bezüge herausgearbeitet werden. Für Hannah Arendt stellt die jüdische Frage ein Exempel für die Weltlosigkeit, für den Verlust der Fähigkeit dar, in der Welt mit politischen Mitteln die Verhältnisse zu ordnen, die sie für ein entscheidendes Kriterium der Moderne hielt. Insofern ist für sie das jüdische Problem der Index einer allgemeinen Lage mit allerdings speziellen Zügen. Eine ganze Reihe der Kategorien, die sie für ihr Verständnis des modernen Menschen entwickelt hat, entfaltet und gewinnt sie überhaupt erst aus ihrer Interpretation der Rolle der Juden in der modernen Geschichte. Mit der Kategorie der Weltlosigkeit verbunden ist die der Unfähigkeit zur Politik und der Rückzug in die reine Innerlichkeit der humanen Tugenden, die politisch katastrophale *Weltlosigkeit und Politikferne*

Folgen haben kann. Hannah Arendt anerkannte am Zionismus, daß er zum erstenmal nach langer Zeit in der jüdischen Geschichte eine politische Antwort auf das Problem des Judentums zu geben versuchte. Ihre Kritik, die an dem Verhältnis von Pariah und Parvenu orientiert ist, das sie von dem französischen Zionisten Bernard Lazare übernommen hatte [2: ARENDT, Bernard Lazare], bestand darin, daß sie den führenden Zionisten vorhielt, sie suchten die Lösung in einer an höchst fragwürdig gewordenen Kategorien – nämlich der des souveränen Nationalstaates – orientierten Politik, die unweigerlich zur Diskriminierung der palästinensischen Araber führen mußte. Auch eine Reihe ihrer politischen Kategorien ist auf diesem Felde gewonnen. Hier liegt auch der Ursprung ihres Konfliktes mit den Zionisten, der in der Eichmann-Kontroverse so heftig ausbrach. Ob ihre Vorstellung, Juden und Araber könnten in einem transnationalen Gemeinwesen ihre gemeinsame gleichberechtigte Heimstatt finden, je Aussicht auf Verwirklichung gehabt hat, kann füglich bezweifelt werden.

Totalitarismus-
theorie

2. Der zweite, eng zusammengehörige Kreis ist die Strukturanalyse des Totalitarismus. Gerade die Ungeheuerlichkeit der Untaten verlangte nicht einfach nach einer Erklärung im Sinne der Anwendung der traditionellen Verfahren, weil jede solche Erklärung in gewissem Sinne eine Rationalisierung und damit eine Rechtfertigung bedeutet hätte. Sie verlangte nach dem urteilenden Verstehen, von dem schon die Rede war. Ein erster Ansatz findet sich in dem Aufsatz „Organisierte Schuld", der bereits 1946 in der Zeitschrift „Die Wandlung" erschien [36]. Ihr Buch von 1953 „Elemente und Ursprünge totaler Herrschaft" stellte eine der ersten Analysen dieses für sie absolut neuartigen Phänomens bereit, dem mit den üblichen Kategorien – etwa „Diktatur" oder „Tyrannis" – nicht beizukommen war. Über ihr Verfahren äußerte sich Hannah Arendt in einer Replik auf die Besprechung ihres Buches durch Eric Voegelin: „I did not write a history of totalitarianism, but an analysis in terms of history; I did not write a history of antisemitism or of imperialism, but analyzed the element of Jew-hatred and the element of expansion insofar as these elements were still clearly visible and played a decisive role in the totalitarian phenomenon itself...The book...gives a historical account of the elements which crystallized into totalitarianism, this account is followed by an analysis of the elemental structure of totalitarian movements and domination itself". In ihrer Antwort auf die Besprechung von Voegelin besteht Hannah Arendt darauf, daß es sich beim Totalitarismus nicht einfach um ein Gewirr von Ideologien handelt, sondern um ein tatsächliches Phänomen: „What is unprecedented in totalitarianism is not primarily its ideological content, but the *event* of totalitarian domination itself" [42: ARENDT, Rejoinder, 78 u. 80]. Sie geht an das Phänomen des Totalitarismus nicht so heran, daß sie es in seine geistesgeschichtlichen Wurzeln auflöst, ohne dabei die Rolle der Ideologie zu unterschätzen. Ihre apokalyptische Interpretation des Totalitarismus ist heftig kritisiert worden. Aber wichtige Momente, die sie an ihm herausgearbeitet hat – der Bewegungscharakter, der die staatlichen Strukturen aufzehrt, die Partei neuen Typs, die „Zwiebel"-Struktur der Organisationen, die Rolle der Geheimorganisa-

tionen –, gehören auch heute noch zu den wichtigsten Einsichten in das Phänomen. Die Deskription der konstituierenden Momente wird beschlossen mit einer Strukturanalyse dieser Elemente in Gestalt einer an Montesquieus Verfassungstheorie orientierten „Regierungslehre" des Totalitarismus.

Das Totalitarismus-Konzept ist zeitweilig aus durchsichtigen politischen Gründen angegriffen worden. Es sollte durch das Faschismus-Konzept ersetzt werden, um die fatalen Äquivalenzen zwischen dem nationalsozialistischen und dem stalinistischen Herrschaftstyp zu verschleiern. Bezeichnenderweise war bei diesem Unterfangen auf die unterschiedliche Qualität der zugrundeliegenden Ideologien hingewiesen worden: hier immerhin eine Theorie vom Schlage der Theorie von Marx, dort ein trübes Gemisch aus Rassenwahn und Chauvinismus. Aber es kommt beim Phänomen des Totalitarismus nicht auf den Gehalt, sondern auf die Funktion der Ideologie an, und das konstituiert die Ähnlichkeiten. Die Unentbehrlichkeit des Totalitarismus-Konzepts zur phänomenalen und strukturellen Erkenntnis einer der bedrohlichsten Inversionen des Politischen ist weiter anzunehmen, auch wenn Modifikationen angebracht werden müssen, zumal die, die eine gewisse Wandlungsfähigkeit totalitärer Systeme anerkennen.

Eine der für das Denken von Hannah Arendt wichtigsten Fragestellungen entwickelt sich im Umkreis des Totalitarismus-Konzepts. Es ist die Frage nach der Beteiligung und Verantwortlichkeit des Personals der totalitären Herrschaft, für sie exemplifiziert am Fall Eichmanns. Hannah Arendt hat sich stets gegen die These von der Kollektivschuld gewendet und sie deutlich von der Frage der Gesamthaftung und Verantwortlichkeit unterschieden. Vor allem ihre Formel von der Banalität des Bösen hat ungewöhnlich erhellenden Charakter. Sie macht verständlich, wie es möglich gewesen ist, daß ganz durchschnittliche Menschen Taten begehen und sich an ihnen beteiligen können, die alles menschliche Vorstellungsmaß überschreiten, nämlich aus schierer Gedankenlosigkeit und der Unfähigkeit sich vorstellen zu können, was sie angerichtet haben. Bei der ganzen heftigen Kontroverse um das Eichmann-Buch Hannah Arendts ist viel seltener zur Sprache gekommen, daß damit eine Deutung des Bösen und seiner Wirkungen in der Welt vorliegt, die nicht nur seinem traditionellen Verständnis als der Negation des Guten, also als einer eigenen Größe, zuwiderläuft, sondern die die Frage nach der politischen Rolle des Denkens unabweisbar macht. Hier liegt einer der Ursprünge von Hannah Arendts Neuinterpretation des Lebens des Geistes. Sie wird diese Frage immer wieder stellen, und der Standort, den sie dabei einnimmt, ist außerordentlich prekär. Sie stellt sie nämlich so, daß sie die Welt als eine für Menschen gemeinsame zum Ausgang ihrer Bestimmung der Rolle des Denkens in der Welt macht, des Denkens, das doch gerade durch einen Rückzug aus dieser Welt gekennzeichnet ist. Auf jeden Fall aber ist das Eichmann-Buch ein Schlüsselwerk für das Verständnis des Funktionierens des Personals der totalitären Herrschaft.

Banalität des Bösen

3. Im Phänomen des Totalitarismus und in der Zerstörung des europäischen Judentums dokumentiert sich für Hannah Arendt die Krise der Moderne und die Moderne als Krise. Es handelt sich um eine Krise nicht allein der traditionellen

Zeitkritik und Krise der Zeit

Kategorien der Selbstverständigung des okzidentalen Menschen, sondern seiner gesamten Welt und Weltverhältnisse. Hannah Arendt hat immer wieder wesentliche Stücke dieser Krise thematisiert. Ihre Kerneinsicht lautet: „Weltentfremdung und nicht Selbstentfremdung, wie Marx meinte, ist das Kennzeichen der Neuzeit" [6: Arendt, Vita activa, 249]. Von dieser Einsicht müßten alle anderen Merkmale der Krise der Moderne neu bestimmt werden: die Krise der Erziehung, der Verlust des Autoritätsphänomens, die Verführungen des neuzeitlichen Geschichtsdenkens und vieles mehr. Am Bedeutendsten ist die Auseinandersetzung mit den traditonellen Kategorien des Politikverständnisses, die vor allem in dem Essay-Band „Fragwürdige Traditionsbestände im politischen Denken der Gegenwart", aber auch in dem Buch, das als eines ihrer Hauptwerke zu betrachten ist, „Vita Activa – oder vom tätigen Leben", vorliegt.

Revision politi-
scher Kategorien   Ohne auf Einzelheiten eingehen zu können: die Ereignisse selbst in der politischen Sphäre in ihrer Unerwartetheit und ihrer Ungeheuerlichkeit fordern eine Revision der traditionellen Kategorien des Politischen. Diese Revision unterzieht sie alle einer Kritik, die einer Destruktion – im Heideggerschen Sinne – gleichkommt, der Freilegung ihrer verschwiegenen Implikationen. Diese Revision betrifft Schlüsselkategorien des politischen Denkens, vor allem den Begriff der Souveränität, den der Herrschaft, das Verhältnis von Macht und Gewalt, die Verwechslung von Handeln und Herstellen, die Rolle des Geschichtsdenkens. Nimmt man einen rein theoretischen Standpunkt ein, dann liegen hier die bedeutendsten Beiträge von Hannah Arendt zu einer Theorie des Politischen. Alle ihre Erörterungen und Deutungen mögen im höchsten Maße umstritten sein, keine ist der Kritik gänzlich entgangen. Aber es kann kein Zweifel daran bestehen, daß im Angesicht derjenigen Ereignisse, die dieses Zeitalter kennzeichnen, ein Neubedenken aller politischen Kategorien erforderlich ist. Was Hannah Arendt dabei zur Verfügung stellt, ist einmal die theoretische Unvoreingenommenheit, die ihr ganzes Denken auszeichnet, zum anderen ihr Bestehen darauf, daß die Neuformulierung der Kategorien des Politischen aus einem authentischen Verständnis des Politischen gewonnen werden muß, das sich auf die konkreten Erfahrungen und nicht auf weltlose Spekulation gründet.

Neuformulie-
rung des
Politischen   4. Den vierten Kreis stellen daher die Neuansätze Hannah Arendts zu einer Theorie des Politischen in seiner Authentizität dar. Diese Theorie ist nicht vollständig ausgearbeitet worden. Ihr Zentrum bildet die Theorie der Republik und ihrer Gründung im spontanen Akt des gemeinsamen Handelns. Diese Idee ist in einer mit dem üblichen Verständnis konkurrierenden Weise mit dem Räte-Gedanken verbunden, den Hannah Arendt aus seiner verfälschenden und zerstörerischen Usurpation durch die leninistische Interpretation befreit. (Dies ist vermutlich unter dem Einfluß ihres zweiten Mannes, Heinrich Blücher, geschehen, der einer nichtorthodoxen Gruppe der „Linken" angehörte). Das ist wahrlich ein enthusiastischer Begriff des Politischen. Ihm ist entgegengehalten worden, daß es sich um den Versuch der Wiederbelebung der antiken Polis handele, die unter den Bedingungen des gegenwärtigen Zeitalters keine Aussicht auf Realisierung habe.

Oder es wird ihr ein Denken vorgehalten, das nichts anderes sei als eine Variante „der ehrwürdigen Figur des Vertrages", die kognitiv unzuverlässig und daher überholungsbedürftig sei. Das Modell für ihren enthusiastischen Begriff des Politischen ist jedoch die amerikanische Republik, so wie sie diese Institution bei den Gründungsvätern der USA gedacht, aber auch durch sie verwirklicht erblickte. So kommt in das spontaneistische Konzept ein Moment von Institutionalität hinein, dem ihr Denken sonst weniger Aufmerksamkeit gewidmet hat.

Die Idee der Republik bei Hannah Arendt läßt sich als ein Maßstabsbegriff des Politischen verstehen, der die politische Qualifikation von Phänomenen, beziehungsweise deren Defizite, zu beurteilen gestattet. Das ist keineswegs eine politische Entschärfung, als ob damit eine Verwirklichung des in diesem Begriff Vorgestellten ad acta gelegt würde. Der Begriff erfaßt maßstäblich und im Sinne eines Urteilskriteriums das wirkliche Vorliegen oder das Ausbleiben der politischen Qualität und Modalität derjenigen Phänomene, die sich in dem durch ihn eröffneten Apperzeptionshorizont zeigen. Wenn das geschieht, dann werden die Qualifikationsmerkmale für das Politische nicht woanders hergenommen – etwa aus reiner intellektualistischer Theorie –, sondern aus den Erfahrungen selbst, die im politischen Bereich zu machen sind. Die Authentizität dieser Erfahrungen und damit auch des von ihnen her aufgestellten Begriffs sind dadurch verbürgt, daß sie am extremsten Fall der Inversion des Politischen, seiner totalen Verkehrung in Unpolitik, gemacht worden sind.

5. Ein wichtiger Kreis, dem sich Hannah Arendts Denken zugewendet hat, sind schließlich die Werke der Dichter und Schriftsteller. Sie hat niemals das Vorurteil geteilt, bei Dichtung handle es sich eben nur um Dichtung. Vielmehr war sie der Ansicht, daß die Werke der Dichter und Schriftsteller ebenso weltaufschließend und sinnstiftend zu sein vermögen wie die der größten Denker. Auf die Verstehen gewährende, versöhnende Kraft der Dichtung pflegt sie mit einem Wort von Isak Dinesen, wie sich die dänische Schriftstellerin Karen Blixen nannte, hinzuweisen: „All sorrows can be borne if you put them into a story or tell a story about them" [13: ARENDT, Dark Times, 104]. Die Signatur ihrer Zeit – finsteren Zeiten, wie sie mit Bertolt Brecht sagte – entnahm sie dem Werk der Dichter und Schriftsteller. Ihre Aufsätze über Lessing, Walter Benjamin, Nathalie Sarraute, Franz Kafka, Bertolt Brecht und Hermann Broch gehören zum Schönsten und zugleich Einsichtsvollsten dessen, was sie geschrieben hat. *(Dichter und Dichtungen)*

Hannah Arendt geht in ihrem Denken von ihren sehr konkreten Erfahrungen in der Welt aus; sie stellt sich dieser Welt in ihrer phänomenalen Faktizität, ohne ihr blindlings zu verfallen. Sie urteilt vom Standort einer mit anderen gemeinsamen Welt und doch unabhängig von den Vorurteilen, die sich ausgebildet haben, auch solchen der reinen, weltlosen Theorie.

Ihre Zugangsart – von „Methode" zu sprechen ist vielleicht zu formalistisch – ist durch wenige elementare Erfahrungen bestimmt. Sie wurde mit dem Politischen in einer kruden Gestalt konfrontiert: sie wurde auf das Politische geradezu in Gestalt einer äußersten Perversion gestoßen. Von den vielen Weisen, mit denen man auf *(Verfahren des politischen Denkens)* eine solche Konfrontation antworten konnte, wählte sie diejenige, die sie als politische begriff, und hat von dorther ihr eigenes Verständnis des Politischen auszuarbeiten versucht. Ihr Verständnis des Politischen beruht auf jenen Erfahrungen – und von ihr können es dann die lernen, die diese Erfahrungen selbst nicht oder nicht so gemacht haben.

Die ursprüngliche Erfahrung der Pluralität

Auf ihren Kern gebracht lautet die Erfahrung des Politischen schlicht: „Ursprünglich erfahre ich Freiheit im Verkehr mit anderen und nicht im Verkehr mit mir selbst. Frei *sein* können Menschen nur in Bezug aufeinander, also nur im Bereich des Politischen und des Handelns; nur dort erfahren sie, was Freiheit positiv ist und daß sie mehr ist als ein Nichtgezwungen-werden" [48:ˑ ARENDT, Kultur, 670]. Diese Freiheit ist nicht durch philosophische Spekulation zu erringen. Es gibt sie ausschließlich „im Verkehr mit anderen". Für ihre Erfahrung ist die Gegenwart anderer Menschen die Voraussetzung. Der von Hannah Arendt immer wieder betonte ursprüngliche phänomenale Sachverhalt des Politischen ist die Pluralität der Menschen. Es ist „die Tatsache, daß nicht ein Mensch, sondern viele Menschen auf der Erde leben und die Welt bevölkern" [6: ARENDT, Vita activa, 14]. In der Englischen Fassung lautet dieser Satz noch knapper: „Men, not Man, live on earth and inhabit the world" [6: ARENDT, Condition, 9]. Es ist diese außerordentliche Betonung der Pluralität als der Grundbedingung alles Handelns und vor allem des Politischen mit allen daraus zu entnehmenden Konsequenzen, die das politische Denken von Hannah Arendt von (so gut wie) allem bisherigen politischen Denken unterscheidet und die Originalität dieses Denkens ausmacht.

Gleichheit und Verschiedenheit

Diese fundamentale Annahme, deren Einsichtigkeit man sich nicht verschließen kann, obwohl sie gerade deshalb so wenig beachtet wird, hat zwei entscheidende Konsequenzen, die nicht deutlich genug herausgearbeitet werden können. Die eine ist die Anerkennung der Pluralität als des in die Struktur des Politischen eingelassenen und sie überhaupt erst begründenden elementaren Sachverhaltes. Ist dies aber der Fall, dann ist damit die Anerkennung der wesentlich differentiellen Struktur des Politischen ausgesprochen: im Politischen darf um Willen seiner Authentizität und Integrität das Moment der Verschiedenheit nicht und durch kein Verfahren beseitigt werden, auch nicht durch spekulative Konstruktionen wie den Allgemeinen Willen und dergleichen. „Das Faktum menschlicher Pluralität, die grundsätzliche Bedingung des Handelns wie des Sprechens, manifestiert sich auf zweierlei Art, als Gleichheit und Verschiedenheit. Ohne Gleichartigkeit gäbe es keine Verständigung unter Lebenden, kein Verstehen der Toten und kein Planen für die Welt, die nicht mehr von uns, aber doch immer noch von unseresgleichen bevölkert sein wird. Ohne Verschiedenheit, das absolute (sic!) Unterschiedensein jeder Person von jeder anderen, die ist, war oder sein wird, bedürfte es weder der Sprache noch des Handelns für eine Verständigung" [6: ARENDT, Vita activa, 164]. Das Politische konstituiert eine Gemeinsamkeit solcher, die unterschieden sind und unterschieden bleiben, und keine Einheit und Einigung einer Menge von Menschen, die diese Unterschiedenheit als ihr Konstitutionsprinzip nicht bewahrt, kann einen authentisch politischen Charakter für sich beanspruchen. Der enthusiastische Begriff des Politischen, den Hannah Arendt entfaltet, besagt recht eigentlich, daß das Politische, die politische Art der Verbandsbildung, das Einzige ist, was Menschen zu einem Gemeinsamen zusammenbringen kann, ohne daß sie dabei ihre Unterschiedlichkeit, die ihr Personsein ausmacht, aufzugeben hätten. Sie konstituieren das Politische als jenes Gemeinsame einer Welt zwischen sich als dasjenige, woran sie Anteil haben durch den Beitrag, den sie in ihrer Unterschiedenheit dazu leisten.

Das Politische schließt das Moment der Differenz und Differentialität ein als seine Auszeichnung, und die Authentizität und Integrität des Politischen beruhen gerade darauf. Hannah Arendt macht dieses unumgängliche differentielle Moment mit Verweis auf den „Federalist" klar, jene eminente Quelle des amerikanischen politischen Denkens, in welcher die politische Rolle der Differenz, und das heißt zugleich der Meinungen, bei der Grundlegung politischer Institutionen in Anspruch genommen wird. Genau dieser Denktyp bleibt aller kontinentalen Theorie und Philosophie des Politischen prinzipiell verschlossen. Um es aus der gegenteiligen Annahme deutlicher zu machen: es ist gerade nicht das identitäre Paradigma, welches die Eigenart des Politischen zu fassen vermag, wie es die von Prinzipien der Theorie und vor allem von den spekulativen Prinzipien der Philosophie ausgehenden Interpretationen des Politischen aus je ihren, d. h. eigentlich aus a-politischen Prinzipien angenommen haben. Nicht die Identität der immer schon Geeinten wird politisch als das Gemeinsame verstanden, sondern das, worauf sich Verschiedene und Unterschiedliche als das ihnen Gemeinsame geeinigt haben.

Differenz statt Identität

Stünde es anders, dann könnte man die politische Freiheit erdenken und bräuchte sie nicht im Handeln zu realisieren und zu erfahren: es gäbe sie als politische überhaupt nicht. Der Versuch, von den identitären Prinzipien von Theorie her die aus der Pluralität von Menschen stammende Differentialität des Politischen zu begreifen und begründen zu wollen, führt zur Verkennung der Authentizität des Politischen, das es zu Gunsten einer Gemeinschaft der *nicht* mehr Unterschiedenen, sondern substantiell Geeinten zu überwinden gilt – aber eine solche Gemeinschaft wäre keine politische mehr. Die darauf sich einlassenden Modelle suchen alle die Erlösung vom Politischen in einer Gemeinschaft derer, die nicht mehr zu teilen brauchen, weil sie identische sind.

Die zweite, eng zugehörige Konsequenz ist die, daß nicht nur der politische Raum durch Differentialität bestimmt ist, sondern daß auch die phänomenal zugehörige Apperzeption – das integre politische Denken – gleichfalls diese Differentialität aufweisen und gewahren muß, wenn es den politischen Phänomenen adäquat begegnen will, und zwar sowohl, wenn es diese Phänomene in ihrem politischen Charakter verstehen, als auch, wenn es in politisch adäquater Weise sich mit dem Handeln verbinden will. Das einzige Vermögen, mit der wesentlichen Differentialität des politischen Raumes vernünftig zu Rande zu kommen, ist die Urteilskraft (im Sinne der reflektierenden Urteilskraft Kants). Sie steht daher im Zentrum des Denkens von Hannah Arendt. Sofern Hannah Arendt die Kanti-

Theorie der politischen Urteilskraft

sche Theorie der Urteilskraft mit der Einsicht in die meinungshafte Differentialität und Pluralität des Politischen zusammenbringt, verläßt sie den traditionell unpolitischen Kulturhorizont des deutschen Denkens, der auch die deutsche politische Philosophie beherrscht hat. Sie adoptiert aber nicht einfach das anglo-amerikanische Kultur- und Politikverständnis; sie fügt ihm jene Momente hinzu, die aus dem deutschen Geistesleben stammen. Aber auch das geschieht nicht einfachhin; sondern so, daß sie die einzigen Stücke aufgreift, die sich mit diesem Horizont verbinden lassen, und das sind diejenigen, die aus der neuinterpretierten Lehre Kants von der Urteilskraft stammen. Die Amalgamation von Elementen des anglo-amerikanischen politisch geprägten Kulturverständnisses mit denjenigen Stücken der Philosophie Kants, die sich politisch auslegen ließen, machen die eigentliche Originalität des Beitrages von Hannah Arendt zur Theorie des Politischen aus.

Begegnung mit dem anglo-amerikanischen Denken

Von allen Emigranten in die USA ist sie eine der wenigen, die sich dem Typus des anglo-amerikanischen Denkens, der sich von dem Typus des traditionellen politischen Denkens in Deutschland fundamental unterscheidet, in positiver Weise genähert hat: weder die „Kritische Theorie" noch Leo Strauss oder Eric Voegelin haben das getan. Die Annäherung mag noch begrenzt sein; sie ist im Wesentlichen auf den „Federalist" beschränkt. Sie bietet jedoch die Möglichkeit, spezifische Schwächen des traditionellen Kulturverständnisses in Deutschland auszugleichen. Im anglo-amerikanischen Typus des politischen Denkens wird im Unterschied zu dem deutschen das Politische nicht metapolitisch und „moralisch", sondern aus Prinzipien und gemäß Kategorien erklärt und verstanden, die den Erfahrungen entstammen, die in diesem Felde selbst zu machen sind. Sofern Hannah Arendt Momente der anglo-amerikanischen, in expliziter Weise politischen Kultur mit solchen aus dem deutschen Kulturverständnis zusammenfügt, die sich in genuiner Weise politisch auslegen lassen, nämlich mit der Kantischen Idee der reflektierenden Urteilskraft, eröffnet sie die Möglichkeit, das traditionell unpolitische Kulturverständnis in Deutschland, das wiederum politisch desaströse Folgen gehabt hat, zu überwinden.

Die Rolle des reinen Denkens

Wie eine veröffentlichte Vorlesung [51: ARENDT, Thinking] zeigt, war sie durch ihre Berichterstattung über den Eichmann-Prozeß veranlaßt, die Rolle der intellektuellen Vermögen in der Welt und für die Welt neu zu bedenken. Sie hatte beabsichtigt, in der Gesamtkonzeption ihres Werkes „Vom Leben des Geistes" ihre Reflexionen über die Urteilskraft vorzulegen, und diese als das eigentlich politische unter den intellektuellen Vermögen auszuweisen. Durch ihren frühzeitigen Tod ist sie daran gehindert worden. Aber über die Urteilskraft in ihrer weltlich-politischen Funktion hat sie sich in ihrem ganzen Werk geäußert. Schließlich ist eine Vorlesung aus dem Jahre 1970 über Kants politische Philosophie veröffentlicht worden [21: R. BEINER (Ed.), Kant's Political Philosophy], in der sie sich mit der Kantischen Theorie der reflektierenden Urteilskraft auseinandergesetzt hat. Offensichtlich sollte aus dieser Vorlesung das Material stammen, das sie im 3. Teil des Buches „Vom Leben des Geistes" zu verwenden gedachte. Es ist aber unmöglich festzustellen, wie dieser 3. Teil dann ausgesehen haben würde.

Bei allen Äußerungen Hannah Arendts über die Urteilskraft steht deren diffe- Anstoß und rentieller Charakter im Zentrum. Sofern Pluralität ein untilgbarer Wesenszug des Anregung Politischen ist und dieses verschwinden würde, wenn dieser differentielle Charakter abhanden käme, was für Hannah Arendt in absoluter Weise im Phänomen des Totalitarismus der Fall gewesen war, muß zur Bewältigung dieser Situation ein Vermögen bereitstehen, die meinungshafte Pluralität zu bewahren, ohne in die Beliebigkeit der privaten Subjektivität zu fallen. Die Allgemeinheit, die durch die Operation der Urteilskraft zu gewinnen ist, hat nicht den Status einer kognitiven Wahrheit. Auf diese einen politischen Verband gründen zu wollen, hieße durch logischen Zwang die Pluralität und Differentialität abzuschaffen. Es handelt sich vielmehr um eine Gemeinsamkeit, deren Stiftungsgrund gerade die bewahrte Differentialität ist. Sie ist in der Operation der Urteilskraft selbst eingelassen, sofern diese gemäß ihrer Maxime „Sich in der Mitteilung mit anderen in die Stelle jedes anderen zu denken" (Kant) urteilt. Aus ihr könnte ein Kriterium gewonnen werden, die Vernünftigkeit des Politischen maßstäblich zu bestimmen, um überhaupt etwas in der Hand zu haben, mit dem man Vernunft und Unvernunft in der Politik beurteilen kann.

II. Zur Wirkungsgeschichte

Die Wirkungsgeschichte des Denkens von Hannah Arendt beschränkt sich nicht Öffentliche auf die Angehörigen der „Scientific Community". Auf der einen Seite sind grund- Wirkung legende Einsichten von ihr – z. B. die Differenzierung der Tätigkeitsarten des Handelns und des Herstellens, die sie in „Vita activa" vorgenommen hat – fast zum Gemeingut geworden. Auf der anderen Seite hat sie mit mehreren ihrer Werke eine öffentliche Aufmerksamkeit erregt, die bis zu persönlichen Angriffen auf sie führen konnte.

Sie wurde einer breiteren Öffentlichkeit in der angloamerikanischen und der deutschsprachigen Welt zuerst durch ihr Buch „The Origins of Totalitarianism" bzw. „Elemente und Ursprünge totaler Herrschaft" bekannt. Dieses Buch wurde als eine der ersten Strukturanalysen des Phänomens des Totalitarismus gelesen. Vor allem in der Bundesrepublik Deutschland wurden seine Thesen zunächst allgemein als Verständigungsmittel aufgenommen, sofern sie die strukturellen Übereinstimmungen zwischen Nationalsozialismus und Stalinismus herausarbeiteten. Genau dies war der Grund, daß in der später aus politischen Motiven aufkommenden Ersetzung des Totalitarismus-Konzepts durch das Faschismus-Konzept bei der Interpretation des Nationalsozialismus die von ihr behaupteten strukturellen Ähnlichkeiten heftig bestritten wurden. Allerdings ist diese Debatte niemals so geführt worden, daß sie sich ausdrücklich auf die Thesen ihres Buches bezog: das Totalitarismus-Konzept wurde und wird global behauptet oder bestritten.

Eichmann   Mit ihrem Buch „Eichmann in Jerusalem. Ein Bericht von der Banalität des
Kontroverse Bösen" hat Hannah Arendt vor allem in Israel und in den USA eine heftige
Kontroverse ausgelöst. Die Kontroverse bezog sich auf ihre These von der Verwicklung der Judenräte in die Zerstörung des europäischen Judentums, ihre
Kritik an dem israelischen Ankläger Eichmanns und an der ihrer Meinung nach
falschen Absicht, die sie der israelischen Regierung bei diesem Prozeß unterstellte. Die wichtigsten Beiträge zu dieser Kontroverse sind in deutscher Sprache zugänglich in einem von F. A. KRUMMACHER herausgegebenen Sammelband [60: Die Kontroverse]. Eine abgewogene Darstellung der Problematik
gibt H. MOMMSEN in einem Essay, der der Neuausgabe des Eichmann-Buches
beigegeben ist [11: Eichmann in Jerusalem (1986), I-XXXVII].

Angelsächsische   In der anglo-amerikanischen Welt hat M. CANOVAN einen ersten Versuch
Welt   einer Gesamtdarstellung noch zu Lebzeiten von Hannah Arendt vorgetragen
[54: The Political Thought of Hannah Arendt]. Der in England ausgebildete
und lebende Inder B. PAREKH untersucht kritisch ihre Auseinandersetzung mit
der Tradition des politischen Denkens in der okzidentalen Philosophie und ihre
Suche nach einem anderen Paradigma für dieses politische Denken [61: Hannah
Arendt and the Search für a New Polical Philosophy]. In dem Buch von G.
KATEB [59: Hannah Arendt: Politics, Conscience, Evil] werden die höchst
komplexen Beziehungen analysiert, die bei Hannah Arendt zwischen Politik
und Moral bestehen. In ihrer Hannah Arendt-Biographie hat ihre Schülerin E.
YOUNG-BRUEHL aus der Kenntnis ihres Nachlasses in persönlicher Weise ihr
Werk und ihr Denken dargestellt [52: Hannah Arendt]. Es gibt auch Ansätze
zu einer Diskussion des Verhältnisses ihres Denkens zu dem der Angehörigen
der „Kritischen Theorie" [76: M. CANOVAN, A Case of Distorted Communication; 81: G. P. HEATHER/M. STOLZ, Hannah Arendt and the Problem of Critical Theory; 82: M. JAY/L. BOTSTEIN, Opposing Views]. Es ist aber auch scharfe
Kritik an ihrem angeblich überholten, an der griechischen Polis orientierten
Politikverständnis geübt worden [90: O'SULLIVAN, Hellenistic Nostalgies and
Industrial Society].

Frankreich   In Frankreich ist ihr Werk, auch wegen der sprachlichen Barrieren, erst spät
wahrgenommen worden. Die wiederum fast ausschließlich in Zeitschriftenartikeln auftretenden Hinweise gelten dem Totalitarismus-Konzept, über das im
progressiven Lager die Debatte erst spät eingesetzt hat, und den handlungstheoretischen Perspektiven. Vor allem die letzteren und die spontaneistischen
Momente ihres Denkens stellt das Buch von A. ENEGRÉN heraus [55: La pensée
politique de Hannah Arendt].

Italien   Auch in Italien hat die Beschäftigung mit Hannah Arendt verspätet eingesetzt. Hier ist in einem Buch von T. SERRA [64: L'autonomia del politico] das
in einer gewissen Weise mit der Machiavelli-Tradition zu verbindende Thema
der Eigenständigkeit des Politischen herausgestellt worden. F. VOLPI zeigt die

Beziehungen des Denkens von Hannah Arendt zu einer Rehabilitation der Praktischen Philosophie auf [95: Il pensiero politico di Hannah Arendt].

In der Bundesrepublik Deutschland hat J. HABERMAS seinen kommunikations- Deutschland theoretischen Ansatz mit Momenten des Arendtschen Denkens verbunden und auch wieder davon abgehoben [79: Hannah Arendts Begriff der Macht]. Er reklamiert ferner, daß seine grundlegende Differenzierung von strategischem und kommunikativem Handeln in Hannah Arendts Unterscheidung von Herstellen und Handeln vorgebildet sei [80: J. HABERMAS, Die klassische Lehre].

D. STERNBERGER hat die Bindung des Arendtschen Denkens an die antike Polis-Konzeption herausgearbeitet [in: 62: A. Reif (Hg.), Hannah Arendt: Materialien zu ihrem Werk, 109–122; ferner: 93: D. STERNBERGER, Hannah Arendt – Denkerin der Polis]. Er hat in einer neueren Veröffentlichung jedoch darauf hingewiesen, daß die Idee der ,Politie‘, die er jetzt im Arendtschen Denken anvisiert sieht, für das Verständnis des modernen demokratischen Verfassungsstaates fruchtbar gemacht werden kann [94: D. STERNBERGER, Politie und Leviathan].

E. VOLLRATH hat den Versuch gemacht, die zentralen Konzepte des Denkens von Hannah Arendt vorzuführen [mehrere Aufsätze in: 62: A. Reif (Hg.), Hannah Arendt: Materialien zu ihrem Werk, 19–108]. Seine auf das Denken von Hannah Arendt und ihre Idee einer politischen Urteilskraft bezogenen Bemühungen um eine Neugründung einer philosophischen Theorie des Politischen werden in zwei Büchern vorgetragen [66: E. VOLLRATH, Rekonstruktion; 67: Grundlegung].

Das bislang nur unvollständig vorgelegte, vielfach in essayistischer Gestalt auftretende Denken von Hannah Arendt entzieht sich einer systematischen Darstellung. Die Beschäftigung mit ihm hat vielfach selbst rhapsodistischen Charakter. Aber immer wieder regt es in zweifacher Hinsicht außerordentlich an. Es kann durch seine eindringlichen und überraschenden Einsichten zum besseren Verständnis der „Last unserer Zeit" verhelfen („The Burden of our Time" ist der Titel der in England erschienen Ausgabe von „The Origins of Totalitarianism"). Es ist beim erforderlichen Neudurchdenken der Grundkategorien des Politischen Anstoß und Anregung.

Auswahlbibliographie

Eine vollständige Ausgabe der Schriften von Hannah Arendt existiert weder deutsch noch englisch. Eine umfassendere Bibliographie findet sich in YOUNG-BRUEHL [51] und HEUER [52], beide sind nicht absolut zuverlässig; eine vollständige Bibliographie ist in Vorbereitung. Viele ihrer Schriften existieren in mehreren Ausgaben, englisch und deutsch, wobei diese Fassungen nicht immer übereinstimmen. Die folgende Bibliographie der Schriften ist nach dem Datum des ersten Druckes geordnet.

A. SCHRIFTEN VON HANNAH ARENDT

Selbständige Werke, Aufsatzsammlungen

1. Der Liebesbegriff bei Augustinus, Versuch einer philosophischen Interpretation, Berlin 1929.
2. Bernard Lazare, Job's Dungheap, New York 1948.
3. Sechs Essays, Heidelberg 1948 (teilweise erneut abgedruckt in 18).
4. The Origins of Totalitarianism, New York 1951, ⁵1973; dt. Elemente und Ursprünge totaler Herrschaft, Frankfurt a. Main 1955, München ⁵1986.
5. Fragwürdige Traditionsbestände im politischen Denken der Gegenwart, Vier Essays, Frankfurt a. Main 1957.
6. The Human Condition, Chicago 1958, Garden City u. Chicago 1959 u. 1969, dt. Vita activa oder Vom tätigen Leben, Stuttgart 1960, München 1967, 1981.
7. Rahel Varnhagen: The Life of a Jewish Woman, London 1957, New York 1974; dt. Rahel Varnhagen: Lebensgeschichte einer deutschen Jüdin aus der Romantik, München 1959, ³1981.
8. Die Ungarische Revolution und der totalitäre Imperialismus, München 1958.
9. Von der Menschlichkeit in finsteren Zeiten: Gedanken zu Lessing, Hamburg 1960, München 1960.
10. Between Past and Future: Six Exercises in Political Thought, New York 1961, rev. ed.: Eight Exercises in Political Thought, New York 1968, Harmondsworth 1977.
11. Eichmann in Jerusalem: A Report on the Banality of Evil, New York 1963, rev. ed. New York 1964 u. 1976; dt. Eichmann in Jerusalem, ein Bericht von der Banalität des Bösen, München 1964, Neuausgabe 1986.
12. On Revolution, New York 1963 u. 1977; dt. über die Revolution, München 1963 u. 1974.
13. Men in Dark Times, New York 1968, Harmondsworth 1973, dt. Menschen in finsteren Zeiten, München 1989.
14. On Violence, New York 1970; dt. Macht und Gewalt, München 1970, 1987.
15. Walter Benjamin – Bertold Brecht: Zwei Essays, München 1971.
16. Crises of the Republic: Lying in Politics, Civil Disobedience, On Violence, Thoughts on Politics and Revolution, New York 1972, Harmondsworth 1973.
17. Wahrheit und Lüge in der Politik: Zwei Essays, München 1972.
18. Die verborgene Tradition: Acht Essays, Frankfurt a. Main 1976.
19. The Jew as Pariah: Jewish Identity and Politics in the Modern Age, ed. Ron H. Feldman, New York 1978.

20. The Life of the Mind, Vol. 1: Thinking, Vol. II: Willing, New York 1978; dt. Vom Leben des Geistes, Bd. 1: Das Denken, Bd. 2: Das Wollen, München 1979.
21. Lectures on Kant's Political Philosophy, ed. Ronald Beiner, Chicago 1982; dt. Das Urteilen: Texte zu Kants politischer Philosophie, München 1985.
22. Zur Zeit: Politische Essays, hrsg. M. L. Knott, Berlin 1986.
23. Hannah Arendt – Karl Jaspers, Briefwechsel 1926–1969, hrsg. v. L. Köhler u. H. Saner, München 1985.
24. Gespräche mit Hannah Arendt, A. Reif (Hrsg.), München 1976.

Aufsätze in Zeitungen und Zeitschriften (Auswahl)

25. Augustin und der Protestantismus, in: Frankfurter Zeitung vom 4. 12. 1930.
26. Berliner Salon (mit einem Brief Rahels an Pauline Wiesel), in: Deutscher Almanach für das Jahr 1932, Leipzig 1932, 173–185.
27. Sören Kierkegaard, in: Frankfurter Zeitung vom 29. 1. 1932.
28. Aufklärung und Judenfrage, in: Zeitschrift für die Geschichte der Juden in Deutschland, Berlin 4/2–3, 1932, 65–77 (auch in 18).
29. Friedrich von Gentz, Zu seinem 100. Geburtstag am 9. Juni, in: Kölnische Zeitung v. 8. 6. 1932.
30. Adam Müller-Renaissance?, in: Kölnische Zeitung vom 13. 9. 1932.
31. Rahel Varnhagen, Zum 100. Todestag, in: Kölnische Zeitung v. 7. 3. 1933.
32. Der Dank des Hauses Juda, Offener Brief an Jules Romain, in: Aufbau 7/46 v. 24. 10. 1941 (erster einer Reihe von Artikeln, die in der deutschsprachigen jüdischen Zeitung ‚Aufbau' erschienen, in denen Hannah Arendt u. a. den Aufbau einer autonomen jüdischen Armee forderte).
33. The Case against the Saturday Evening Post: Cui Bono? in: Aufbau 8/4 v. 3. 4. 1942 (erster Artikel in englischer Sprache).
34. The Jew as Pariah: A Hidden Tradition, in: Jewish Social Studies 6/2 1944, 99–122 (dt.: Die verborgene Tradition, in 18, 46–73).
35. Balfour Declaration and Palestine Mandate, in: Aufbau 10/20 v. 19. 5. 1944.
36. Organized Guilt and Universal Responsibility, in: Jewish Frontier 12 (1945), 19–23 (dt.: Organisierte Schuld, in: 18, 32–45).
37. Zionism Reconsidered, in: The Menorah Journal 33/2 (1945), 162–196 (dt.: Der Zionismus aus heutiger Sicht, in: 18, 127–168).
38. The Jewish State: 50 Years After: Where have Herzl's Politics Led? in: Commentary 1 (1945–46), 1–8, jetzt in 19, 164–177.
39. What is Existenz Philosophy?, in: The Partisan Review 8/1 (1946), 34–56 (dt.: Was ist Existenz-Philosophie?, in: 3, 33–80).
40. Peace or Armistice in the Near East?, in: Review of Politics 12/1 (1950), 56–82, jetzt in 19, 193–222.
41. Social Science Techniques and the Study of Concentration Camps, in: Jewish Social Studies 12/1 (1950), 49–64.

42. A Reply. Rejoinder to Eric Voegelin's Review of ‚The Origins of Totalitarianism', in: Review of Politics 15 (1953), 76–85.
43. Understanding and Politics, in: Partisan Review 20/4 (1953), 377–392.
44. Tradition and the Modern Age, in: Partisan Review 21/1 (1954), 53–75 (dt. in: 5, 9–45).
45. Natur und Geschichte, Die Anfänge der griechischen Geschichtsschreibung, in: Deutsche Universitätszeitung 12 (1957), 6–9, 9–14, jetzt in 5, 47–79.
46. The Crisis in Education, in: Partisan Review 25/4 (1958), 493–513 (auch in: 10, 197–226); dt. Die Krise in der Erziehung, Bremen 1958.
47. What is Authority?, in: Authority, ed. C. J. Friedrich, Cambridge/Mass. 1959 (auch in: 10, 91–142); dt. Was ist Autorität?, in: Der Monat 8, Heft 89 (1956), 29–44 (auch in: 5, 117–168).
48. Kultur und Politik, in: Merkur 12, Heft 130 (1958), 1122–1145.
49. Freiheit und Politik, in: Die neue Rundschau 69/4 (1958),670–694.
50. Reflections on Little Rock, in: Dissent 6/1 (1959), 45–56, dt. Little Rock, in: 22, 95–118.
51. Thinking and Moral Consideration: A Lecture, in: Social Research 38/3 (1971), 417–446.

B. Literatur

Biographien

52. E. Young-Bruehl, Hannah Arendt: For Love of the World, New Haven and London 1982; dt. Hannah Arendt: Leben und Werk, Frankfurt a. Main 1986.
53. W. Heuer, Hannah Arendt, Reinbek b. Hamburg 1986.

Monographien und Sonderhefte von Zeitschriften, die H. Arendt gewidmet sind

54. M. Canovan, The Political Thought of Hannah Arendt, New York/London 1974.
55. A. Enegrén, La pensée politique de Hannah Arendt, Paris 1984.
56. Esprit 1980/6, erweitert 1985/6 (Beiträge von M. Abensour, M.-I. Brudny, J. Caroux, A. Enegrén, J.-C. Esslin, J. M. Ferry, M. Marian, O. Monegin, G. Petitdemange, J. Taminiaux, P. Valadier).
57. F. G. Friedmann, Hannah Arendt, Eine deutsche Jüdin im Zeitalter des Totalitarismus, München/Zürich 1985.
58. M. Hill (Hrsg.), Hannah Arendt: The Recovery of the Public World, New York 1979.
59. G. Kateb, Hannah Arendt: Politics, Conscience, Evil, Totowa, N. J., 1984.
60. F. A. Krummacher (Hrsg), Die Kontroverse. Hannah Arendt, Eichmann und die Juden, Frankfurt a. Main 1964.
61. B. Parekh, Hannah Arendt and the Search for a New Political Philosophy, London/New York 1981.

62. A. Reif (Hrsg.), Hannah Arendt: Materialien zu ihrem Werk, Wien/München/Zürich 1979.
63. Salmagundi 60 (1983) (Beiträge von L. Botstein, S. Wolin, P. Ricoeur, C. Castoriades, N. Jacobsohn, G. Kateb).
64. T. Serra, L'autonomia del politico: introduzione al pensiero di H. Arendt, Teramo 1984.
65. Social Research 44/1 (1977), (Beiträge von B. Crick, J. Glenn Gray, E. Heller, H. Jonas, H. Morgenthau, R. Nisbet, J. Shklar, E. Vollrath, S. Wolin, E. Young-Bruehl).
66. E. Vollrath, Die Rekonstruktion der Politischen Urteilskraft, Stuttgart 1977.
67. Ders., Grundlegung einer philosophischen Theorie des Politischen, Würzburg 1987.

C. Aufsätze

68. J. Abel, Aesthetics of Evil: Hannah Arendt on Eichmann and the Jews, in: Partisan Review 30/2 (1963), 211–230.
69. W. F. Allen, Existential Phenomenology and Political Freedom, in: Philosophy and Social Criticism 9 (1982), 169–190.
70. J. Beatty, Thinking and Moral Considerations, Socrates and Arendt's Eichmann, in: The Journal of Value Inquiry 10 (1976), 266–278.
71. R. Beiner, Judging in a World of Appearences, in: History of Political Thought 1 (1980), 117–135.
72. D. Bell, The Alphabet of Justice, in: Partisan Review 30/3 (1963), 417-429.
73. R. Bernstein, Hannah Arendt, The Ambiguities of Theory and Practice, in: Ball, T. (Ed.), Political Theory and Practice, New Perspectives, Minneapolis 1977.
74. Ders., Hannah Arendt: Judging – the Actor and the Spectator, in: Boyers, R. (Ed.), Proceedings of History, Ethics, Politics, A Conference Based on the work of Hannah Arendt, Saratoga Springs 1982.
75. M. Canovan, The Contradictions of Hannah Arendt's Political Thought, in: Political Theory 6 (1978), 5–26.
76. Dies., A Case of Distorted Communication: A Note on Habermas and Arendt, in: Political Theory 11 (1983), 105–116.
77. R. J. Dostal, Judging Human Action: Arendt's Appropriation of Kant, in: The Review of Metaphysics 37/4 (1984), 725–755.
78. St. Draenos, The Totalitarian Theme in Horkheimer and Arendt, in: Salmagundi 56 (1982), 155–169.
79. J. Habermas, Hannah Arendts Begriff der Macht, in: ders., Philosophisch-politische Profile, Frankfurt 1981.

80. J. HABERMAS, Die klassische Lehre von der Politik in ihrem Verhältnis zur Sozialphilosophie, in: ders., Theorie und Praxis, Sozialphilosophische Studien, ⁴Frankfurt a. Main 1971, 48–88.

81. G. P. HEATHER/M. STOLZ, Hannah Arendt and the Problem of Critical Theory, in: Journal of Politics 41/1 (1979), 2–22.

82. M. JAY/L. BOTSTEIN, Hannah Arendt: Opposing Views, in: Partisan Review 45/3 (1978), 348–416.

83. ST. JUSTMAN, Hannah Arendt and the Idea of Disclosure, in: Philosophy and Social Criticism 8 (1981), 405–423.

84. G. KATEB, Freedom and Worldliness in the Thought of Hannah Arendt, in: Political Theory 5 (1977). 141–181.

85. R. H. KING, Endings and Beginnings, Politics in Arendt's Early Thought, in: Political Theory 12 (1984), 235–251.

86. J. T. KNAUER, Motive and Goal in Hannah Arendt's Concept of Political Action, in: The American Political Science Review 74/3 (1980), 721–733.

87. D. LUBAN, On Habermas on Arendt on Power, in: Philosophy and Social Criticism 6 (1979), 81–95.

88. G. MCKENNA, On Hannah Arendt: Politics as it is, was, might be, in: Salmagundi 10–11 (1969/70), 104–122.

89. J. S. NELSON, Politics and Truth: Arendt's Problematic, in: American Journal of Political Science 22/2 (1978), 270–301.

90. N. O'SULLIVAN, Hellenistic Nostalgies and Industrial Society, in: A. De Crespigny/K. Minogue (Eds.), Contemporary Political Philosophers, New York 1975, 228–251.

91. L. S. RATHORE/P. S. BATHI, Hannah Arendt's Contribution to Contemporary Political Theory, in: Indian Journal of Political Science 40/3 (1979), 367–379.

92. P. STERN/J. YARBROUGHT, Vita activa and vita contemplativa: Reflections on Hannah Arendt's Political Thought of ‚The Life of the Mind', in: Review of Politics 43/3 (1981), 323–354.

93. D. STERNBERGER, Hannah Arendt – Denkerin der Polis, in: Nordhofen, E. (Hrsg.), Philosophen des 20. Jahrhunderts, Frankfurt a. Main 1986, 143–158.

94. DERS., Politie und Leviathan, Der Streit um den antiken und den modernen Staat, in: ders., Herrschaft und Vereinbarung, Frankfurt a. Main 1986, 178–196.

95. F. VOLPI, Il pensiero politico di Hannah Arendt e la rihabilitazione della filosofia pratica, in: Il Mulino 33 (1986), 53–75.

Zeittafel

1906	Am 14. Oktober wird Hannah Arendt als einzige Tochter von Paul Arendt und seiner Frau Martha, geb. Cohn, in Hannover geboren.
1910	Nach der Erkrankung des Vaters Rückkehr nach Königsberg, der Heimatstadt der Familie.
1913	Tod des Vaters.
1924–1928	Studium der Philosophie, Theologie und Klassischen Philologie in Marburg (u. a. bei Martin Heidegger und Rudolf Bultmann), in Freiburg/Br. bei Edmund Husserl und Heidelberg bei Karl Jaspers.
1928	Promotion bei Karl Jaspers: Der Liebesbegriff bei Augustinus.
1929	Heirat mit Günther Stern (i. e. Günther Anders).
1930	Stipendium der Notgemeinschaft der deutschen Wissenschaft für eine Biographie von Rahel Varnhagen.
1933	Untergrundarbeit für die deutschen Zionisten, Verhaftung, Flucht nach Frankreich.
1935–1940	Leiterin des Pariser Büros der Jugend-Aliyah, die jüdische Kinder auf ihr Leben in Palästina vorbereitete.
1936	Trennung von Günther Stern-Anders; Begegnung mit Heinrich Blücher, der der Brandler-Gruppe der KPD angehört hatte.
1940	16. Januar: Nach Scheidung von Günther Stern-Anders Heirat von Hannah Arendt und Heinrich Blücher; 15. Mai: Internierung als ‚Feindlicher Ausländer' in Paris und im Frauenlager Gurs; nach der Niederlage Frankreichs Flucht und Wiedervereinigung mit Heinrich Blücher.
1941	Flucht über die spanische Grenze und Emigration über Lissabon mit einem von Günther Stern-Anders besorgtem Visum in die USA; Ankunft in New York. Sie überbringt dem Institut für Sozialforschung das Manuskript von Walter Benjamins „Geschichtsphilosophischen Thesen".
1941–1945	Mitarbeit an der deutschsprachigen jüdischen Zeitung „Aufbau".
1944	Leiterin einer Forschungsabteilung bei European Jewish Reconstruction.
1946–1948	Cheflektorin bei Schocken Books.
1948–1952	Executive Director bei European Jewish Reconstruction Organization.
1949–1950	Reise in deren Auftrag nach Europa und Deutschland; Wiederbegegnung mit Martin Heidegger.
1951	Annahme der US-Bürgerschaft.
1952	Stipendium der Guggenheim Foundation.
1952	Heinrich Blücher beginnt Vorlesungen am Bard College in Annandale on Hudson, N. Y., zu halten.

1953–1954	Vorlesungen an der Princeton University im Rahmen des Christian Gauss Seminar in Criticism und an der New School for Social Research in New York.
1955	Vorlesungen an der University of California at Berkeley.
1958	Walgreen Foundation Lectures an der University of Chicago.
1959	Lessing-Preis der Hansestadt Hamburg.
1961–1962	Berichterstatterin über den Eichmann-Prozeß in Jerusalem für die Zeitschrift ‚New Yorker'.
1963–1968	Professur an der University of Chicago. Nach dem Erscheinen ihres Eichmann-Buches bricht eine gewaltige Kontroverse aus.
1967	Sigmund-Freud-Preis der Deutschen Akademie für Sprache und Dichtung in Darmstadt.
1968	Professur an der Graduate Faculty der New School for Social Research in New York.
1970	Tod Heinrich Blüchers am 31. Oktober.
1973	Gifford Lectures in Aberdeen/Schottland.
1975	Sonning-Preis der dänischen Regierung. Am 4. Dezember stirbt Hannah Arendt; ihre Urne wird im folgenden Frühjahr im Park von Bard College beigesetzt.

Brigitte Gess

Raymond Aron

Raymond Aron war einer der markantesten liberal-konservativen Intellektuellen der Nachkriegsära. Als er im Herbst 1983 verstarb, hinterließ er ein ungewöhnlich umfangreiches, vielschichtiges Gesamtwerk. Es beinhaltet Beiträge zur Geschichtsphilosophie, zur Soziologie und politischen Theorie, Werke zu den internationalen Beziehungen und zur Strategiedebatte sowie ideologiekritische Schriften.

Aron, der sich als „engagierter Beobachter" des Zeitgeschehens verstand, war Universitätsprofessor und Publizist. Über mehr als vier Jahrzehnte hinweg reflektierte er das Wesen der Politik, die sie bestimmenden Einflußfaktoren und die bestmögliche Gesellschafts-, Staats- und Regierungsform zum Wohle des Volkes – das klassische Thema politischer Philosophie und Theorie schlechthin. Dies geschah stets im Bewußtsein der Menschheitsgeschichte als dem Fundament individuellen wie kollektiven Existenzverständnisses einschließlich auch aller politischen Phänomene. Die philosophische Reflexion der Politik im Medium der Geschichte lehrte Raymond Aron die Historizität politischen Denkens und Handelns und führte ihn zu einer Betrachtungsweise der Politik, die den Verzicht auf ein starres, dogmatisches intellektuelles Referenzsystem, auf eine Ideologie mit Glaubenscharakter implizierte. Oberstes Axiom war seine Erkenntnis, daß politisches Denken niemals das Machbare, die Realität und Empirie außer acht lassen darf, wenn es zu konstruktiven Ideen kommen will. Aron gelangte zu der Überzeugung, daß die parlamentarische Demokratie das am wenigsten schlechte Regime darstellt. Unter den besonderen Bedingungen der modernen industriellen Zivilisation – Dominanz der (Natur-)Wissenschaft, Expansion der Technik und Imperativ der Effizienz – und aufgrund der erklärten Ziele ihrer Gesellschaften – Erlangung der formellen und reellen Freiheiten, Produktivität und Egalität – erkannte er in der „demokratisch-liberale(n) Synthese", wie sie die Gesellschaften westlichen Typs verkörpern, „... den am meisten befriedigenden oder am wenigsten unbefriedigenden Ausdruck des liberalen Ideals" und den „fortschrittlichsten Kompromiß" zwischen verschiedenen ökonomischen, sozialen und politischen Zielvorstellungen [13: R. ARON, Zwischen Macht und Ideologie, 141–142]. Diese Grundüberzeugung Arons ist als logische Konsequenz seiner Erkenntnis zu betrachten, alle politischen Systeme seien – wie jegliche menschlichen Werke – unvollkommen, verwundbar und zerbrechlich, und daher gelte es, das für die

Menschen zuträglichere, bessere Regime zu schützen und zu verteidigen. So sehr sich Aron für das Überleben der westlich-liberalen Demokratie engagierte, ebenso vehement und konzessionslos gestaltete sich sein lebenslanger intellektueller Kampf gegen das in seinem Urteil mißratenste, übelste politische System, den Säkularisierte Totalitarismus. Der für das totalitäre Staatsgebilde konstitutive stilbildende Fak-
Religion tor, die „säkularisierte Religion" als extremste Spielart politischer Ideologie, trat schon früh in das Zentrum seines philosophisch-politischen Erkenntnisinteresses. Die Analyse der geistigen Quellen jener spezifischen Variante politischer Ideologien verwies ihn wieder auf den Bereich der Geschichte zurück, nämlich auf die universalen Geschichtsphilosophien. Ohne ihre Existenz hätte es seiner Meinung nach nicht zur Ausprägung dieser dogmatischen, metaphysisch verklärten politischen Heilslehren, welche er im Nationalsozialismus wie im Marxismus-Leninismus verkörpert fand, kommen können. Hinzu trat seine existentielle Sorge um Selbstverständnis und Funktion der Intellektuellen in den modernen Industriegesellschaften der westlichen Welt.

Raymond Aron wurde am 14. März 1905 als letzter Sproß einer jüdisch-assimilierten Familie in Paris geboren. [20: R. ARON, Erkenntnis und Verantwortung, 13–71]. Die wohlhabenden Arons zählten nach Lebenszuschnitt und Selbstverständnis zum mittleren Bürgertum der französischen Gesellschaft der Jahrhundertwende. Nachdem Aron erfolgreich seine Gymnasialzeit abgeschlossen hatte, studierte er von 1924 bis 1928 klassische Philosophie an der „Ecole Normale Supérieure"; Kommilitonen waren Jean Paul Sartre und Paul Nizan. 1928 schloß er als Bester seines Jahrgangs sein Studium mit einer Diplomarbeit über Kants Philosophie ab und erlangte damit die Befähigung für eine Tätigkeit als Philosophielehrer der gymnasialen Oberstufe (Agrégation 1). Während des nachfolgen-
Deutschland- den Militärdienstes faßte Aron den Entschluß, durch einen Aufenthalt in
aufenthalt Deutschland seine Bildung zu vervollständigen. Damit entsprach er einer Tradition französischer Philosophen, Deutsch als die klassische Sprache der neuzeitlichen Philosophie zu erlernen und vor Ort sein philosophisches Denken zu verfeinern. Drei Jahre verbrachte Aron in Deutschland. Von 1930 bis 1933 arbeitete er als Lektor an der Kölner, danach an der Berliner Universität. Diese Zeit wurde zu einer folgenreichen Zäsur in seinem Leben. Die „Entdeckung Deutschlands" sollte für ihn zu einem intellektuellen Schlüsselerlebnis werden: die deutsche Philosophie (Marx, Husserl, Heidegger) und die deutsche Sprache, deutsche Kultur überhaupt, befreiten ihn aus den gewohnten Denkschemata seiner Studienjahre in Frankreich. Die für ihn bedeutendste intellektuelle Entdeckung aber war Max Weber. [20: R. ARON, Erkenntnis und Verantwortung, 60–62].

1933 kehrte Raymond Aron nach Frankreich zurück mit dem erklärten Ziel „le spectateur engagé de l'histoire" zu werden. Nach einer kurzen Tätigkeit als Gymnasiallehrer wurde er Sekretär des Zentrums für soziale Dokumentation an der „Ecole Normale Supérieure" in Paris. In jenen Jahren konzentrierte er sich auf seine wissenschaftlichen Publikationen: 1935 brachte er eine heute als klassisch geltende Untersuchung über den damaligen Stand der deutschen Soziologie

„Sociologie allemande contemporaine" und 1938 seine Studie zur deutschen Geschichtsphilosophie „La philosophie critique de l'histoire" zum Abschluß. Gleichzeitig schrieb er an seiner Habilitationsschrift mit dem Titel „Introduction à la philosophie de l'histoire". 1938 habilitierte er sich mit dieser Schrift an der Sorbonne. Sie stellt das theoretische Fundament seines philosophisch-politischen Denkens dar und ist Ergebnis der intensiven Beschäftigung mit den Protagonisten der deutschen kritischen Geschichtsphilosophie neokantianischer Provenienz. Letztere ließen in ihm die Einsicht reifen, daß die historische Vernunft bzw. Objektivität bestimmten Begrenzungen unterworfen ist. Unter Anwendung der deskriptiven phänomenologischen Methode versuchte er zu demonstrieren, daß es keine Geschichtswissenschaft geben könne, deren Validität auch nur andeutungsweise so überzeugend wäre, wie naturwissenschaftliche Gesetzmäßigkeiten es sind. Da er das reflektierende Subjekt als ein historisches Wesen begriff, richtete sich sein Erkenntnisinteresse darauf, die Reichweite der historischen Objektivität auszuloten und auf dieser Grundlage eine eigenständige, von der Vernunft geleitete Handlungstheorie, die letztlich auch politische Theorie ist, zu entfalten. Die überragende Bedeutung dieses Werks für seine gesamte intellektuelle Entwicklung unterstreicht Raymond Aron in seinen 1983 publizierten Memoiren: „Das ganze Buch erhellte die politische Denkweise, die seither – bis in den Herbst meines Lebens – meine Denkweise geblieben ist" [20: R. ARON, Erkenntnis und Verantwortung, 105].

Grenzen historischer Objektivität

Arons existential-philosophische Ausgangsthese postuliert, daß die Geschichte für den Menschen nicht etwas außerhalb seiner Bestehendes, etwas Externes ist, sondern daß sie ihn gleichsam osmotisch durchdringt: Der Mensch trägt die Geschichte in sich, die er erforscht [15: R. ARON, Introduction, 11–13]. Durch die Fähigkeit des Menschen zur Reflexion und durch seine Vernunftbegabung konstituiert sich menschliche Geschichte als Geistesgeschichte, die Natalität und Mortalität zu transzendieren vermag. Aron bringt dies wie folgt auf den Punkt: „Only the human race is engaged in an adventure whose goal is not death, but self-realization" [15: R. ARON, Introduction, 43]. Will der Mensch die Geschichte deuten und verstehen, so gilt zu berücksichtigen, daß die historische Realität – die Vergangenheit – grundsätzlich mehrdeutig und unerschöpflich ist. Die Mehrdeutigkeit resultiert aus der Existenz einer Vielzahl geistiger Welten, in denen sich menschliches Leben entfaltet, wie aus einer fundamentalen Verschiedenheit der Kontexte, in welche elementare Fakten und Ideen eingebunden sind. Unerschöpflich sind nach Arons Einschätzung die Bedeutungen, die der Mensch seinen Artgenossen, seinen Werken und Taten sowie der Vergangenheit zuschreibt. In dieser Beurteilung historischer Realität im Hinblick auf das nachträgliche Verständnis wurzelt Arons historischer Relativismus. Nach seiner Auffassung können wir weder die Intentionen und Motive historischer Akteure mit Sicherheit erkennen, noch die Kette von Ursachen und Wirkungen, die zu einer Handlung geführt haben. Statt dessen sind wir darauf angewiesen, einer Aktion nachträglich denkbare rationale Motive zu unterschieben (er nennt dies „retrospektiven Ratio-

Historischer Relativismus

nalismus") und sie in einen größeren Ereigniszusammenhang zu stellen. Eine solche Konstruktion historischer Realität ist unvermeidlich und kann durchaus Erkenntnisse zutage fördern, diese müssen jedoch ungewiß und fragmentarisch bleiben. Was rückblickend als schicksalhaft und notwendig erscheint, kann in Wirklichkeit kontingenten Fakten und subjektiven Entscheidungen geschuldet sein. Eine kritische Geschichtsphilosophie hat die Aufgabe, im Gegensatz zu den überzogenen Erkenntnisansprüchen des historischen Determinismus, gleich ob er in der Form des Fatalismus oder von geschichtlichen Heilslehren auftritt, an die Grenzen unseres historischen Wissens zu erinnern.

Die Faszination, die im zwanzigsten Jahrhundert von Geschichtsphilosophien ausgeht, erklärt Aron aus der Tatsache, daß dieses Jahrhundert besonders häufig von Krisen und Katastrophen erschüttert worden ist. Die Menschen fragen in einer solchen Epoche verstärkt nach der Bedeutung der Ereignisse; sie suchen den historischen Sinn. Gerade den allumfassenden Geschichtsphilosophien ist es durch ihren irrationalen Verheißungscharakter möglich, Antworten auf diese Fragen anzubieten. Deshalb stuft sie Aron als „die Verweltlichung der Theologien", als die Säkularisierung der jüdisch-christlichen Vision ein, die als solche der Glaubensbereitschaft der Menschen entgegenkommen. Diese Kritik richtet sich z. B. gegen den Marxismus, der mit seiner Auffassung von einer naturnotwendigen Entwicklung hin zu einer Gesellschaft ohne Waren und Geld, ohne Klassen und Staat, „in die Falle des geschichtlichen Absolutismus" gerät. Sie richtet sich ebenso gegen die Geschichtsphilosophien von Hegel und Comte, aber auch gegen die Geschichtstheorien eines Oswald Spengler oder Arnold Toynbee. Im Urteil Arons geraten diese Universalhistoriker – so diametral entgegengesetzt die Botschaft ihrer Philosophien auch ausfallen mag – unweigerlich in die gleiche messianistisch-eschatologische Gefahr: Sie glauben allesamt auf ein einziges wesensbestimmendes Grundprinzip der historischen Entwicklung gestoßen zu sein, bestimmte unabänderliche geschichtliche Gesetzmäßigkeiten aufgedeckt zu haben und schließlich einen Geschichtssinn mit der Antizipation eines historischen Ideal- bzw. Endzustands offenbaren zu können. Aron bezichtigt die Schöpfer solcher universeller Erklärungsschablonen einer (bewußten) Instrumentalisierung der Geschichte im Dienst geschickt verschleierter, verabsolutierter persönlicher Überzeugungen. Diese „Vergötzung der Geschichte" stellt für ihn die eigentliche, tiefste Wurzel der Intoleranz gegenüber Andersdenkenden sowie des politischen und ideologischen Fanatismus dar.

Dieser kritischen Auseinandersetzung mit den globalen Geschichtstheorien unserer Zeit liegt Arons eigene, positive Auffassung von der „Historizität" des Menschen zugrunde [15: R. ARON, Introduction, 320–350]. Die Menschen werden in ein historisch gewachsenes soziales Milieu hineingeboren, das sie prägt, aber nicht determiniert. Sie urteilen, nehmen Stellung, haben die Pflicht, sich zu entscheiden. Sie handeln, miteinander und gegeneinander, und bewirken dadurch vieles, was sie in den Folgen nicht absehen können. Aron betont immer wieder, „daß die Menschen ihre Geschichte zwar selbst machen, aber die Geschichte nicht

Geschichts-
philosophien als
verweltlichte
Theologien

Historizität des
Menschen

kennen, die sie machen" [22: R. ARON, Die letzten Jahre, 33]. Er glaubt andererseits auch nicht, daß sich in den nicht intendierten Folgen vieler Einzelhandlungen
die „List der Vernunft" oder die Logik der Geschichte durchsetzen. Vielmehr
versteht er die Geschichte als eine Art von kollektivem Lernprozeß ohne ein
vorausbestimmbares Ende. Nachdem hinter allem, was Menschen tun, letztlich
die Suche nach Wahrheit und Sinn steht, sammeln sie Erfahrungen und Kenntnisse, freilich ohne die Gewißheit, auf dem richtigen Weg zu sein oder gar ans Ziel zu
gelangen.

Fast die gesamte Zeit des Zweiten Weltkrieges verbrachte Aron in London, da
er sich schon bald der Widerstandsbewegung General de Gaulles angeschlossen
hatte. Dort bestimmte man ihn zum Chefredakteur der demokratischen Monatsschrift „La France libre" [2: R. ARON, L'homme contre les tyrans]. Nach Kriegsende entschloß sich Aron, zunächst die journalistische Laufbahn einzuschlagen –
was ihn jedoch nie von seiner regen wissenschaftlichen Publikationstätigkeit
abhalten sollte. Er wurde in Paris Mitarbeiter der Tageszeitung „Le Figaro", der er
dreißig Jahre lang die Treue hielt.

Widerstand

Die Zuspitzung des Ost-West-Konflikts löste gegen Ende der vierziger Jahre in
Frankreich heftige ideologische Kontroversen innerhalb der Intelligenz aus. In
seinem Buch „L'opium des intellectuels" griff Aron 1955 die Linksintellektuellen
massiv wegen ihres prokommunistischen, ideologieverhafteten Denkens und Engagements an. Bezahlen mußte er seine freimütige, entlarvende Intellektuellen-
Schelte mit dem Brandzeichen des Verräters an der eigenen Zunft. Im Gegensatz
zur Linken erkannte er Mitte der fünfziger Jahre im „Nordatlantischen Bündnis"
die Garantie eines Machtgleichgewichts zwischen den beiden Blöcken. Außerdem
gab es für ihn bei der grundsätzlichen Wahl zwischen beiden Großmächten kein
Zögern. Die marxistisch-leninistische Ideologie hatte sich ihm bereits als weltliche
Religion offenbart, die auf einer globalen Geschichtsphilosophie gründet, welche
er für sich längst philosophisch widerlegt hatte. Die Sowjetunion als totalitäres
Zwangsregime berief sich auf die Unfehlbarkeit dieser ideologischen Botschaft
und führte deren erklärte ethische wie politische Zielsetzungen seiner Ansicht
nach in der Praxis auf zynische Art ad absurdum.

Kritik an der linken Intelligenz

In den Vereinigten Staaten erblickte Aron im Gegensatz dazu den liberalen
Abkömmling Europas, eine wirklich demokratische, freiheitliche Zivilisation,
also die Einlösung dessen, was die Intellektuellen traditionell immer gefordert
hatten. Aus diesen Gründen verstand er weder die Haltung Merleau-Pontys noch
die radikale Einstellung Sartres. Seine intellektuelle Auseinandersetzung mit der
marxistischen Ideologie und deren philosophischen Neuauflagen nahm seit dieser
Zeit breiten Raum in seinem Denken und Werk ein. Er bezahlte sein unerschrokkenes liberal-konservatives Engagement und seine undogmatischen Urteile über
Jahrzehnte hinweg mit der Isolation von der andersdenkenden Mehrheit der
französischen Intellektuellen und dem Ruf, reaktionäre Standpunkte zu verfechten.

1955 nahm Aron neben seiner journalistischen Tätigkeit mit zehnjähriger Ver-

*Soziologe und
Politikwissenschaftler*

zögerung seine Arbeit als Universitätsprofessor wieder auf: Er erhielt den Lehrstuhl für Soziologie an der Sorbonne. Seit dieser Zeit spielte sich sein berufliches Leben in zwei Bereichen ab: im Journalismus und im Universitätsbetrieb. Zunächst widmete er sich in vier Büchern – „Dix-huit leçons sur la société industrielle", „La lutte de classe", „Democratie et totalitarisme" und „Les désillusions du progrès" – der Analyse industrieller Gesellschaften und ihrer möglichen Transformationen in der Zukunft. Intensiv setzte er sich zu Beginn der sechziger Jahre mit geopolitischen und strategischen Problemen auseinander, in „Paix et guerre entre les nations". Dieses von der europäischen Presse mit viel Lob bedachte Werk über die Probleme zwischenstaatlicher Beziehungen war nicht zuletzt Frucht seiner allwöchentlichen Kommentare zur internationalen Politik im „Figaro" seit 1947.

Industriegesell- Den ersten größeren publizistischen Erfolg brachten Aron seine vier zuvor
schaft   erwähnten Bücher über das Wesen der industriellen Gesellschaft im zwanzigsten Jahrhundert ein. Seine Intention bestand zunächst darin, die Wachstumsrate der Produktion bzw. die Produktivität als grundlegendes Charakteristikum moderner, fortgeschrittener Industriegesellschaften aufzuzeigen. Sich selbst zählte er als Soziologe zu den Modernisten, wobei er rückblickend eingestand, in bezug auf die Möglichkeit einer ökonomisch bedingten Transformation des sowjetischen Regimes viel zu optimistisch gewesen zu sein. Ein Hauptgedanke seiner Theorie der industriellen Gesellschaften war die Überzeugung, daß alle diese hochentwickelten sozialen Systeme von einem Klassenkampf gekennzeichnet sind, allerdings nicht von einem solchen im Marxschen Sinne, sondern als permanente Rivalität verschiedener sozialer Gruppen um ihren jeweiligen Anteil am Bruttosozialprodukt. Im Mittelpunkt seines soziologisch-politischen Erkenntnisinteresses stand indes ein weiteres Problem: Welche politischen Freiheiten waren von den modernen Industriegesellschaften de facto eingelöst und gesichert worden? Unter Beru-

Regimelehre   fung auf sein Vorbild Alexis de Tocqueville verglich Aron die politischen Systeme der Industriegesellschaften. Daraus entstand seine idealtypische Differenzierung zwischen „konstitutionell-pluralistischen Regimes" – verkörpert von den demokratisch-liberalen Systemen des Westens – und den „Einparteien–Regimes" – wofür das kommunistische System der Sowjetunion Modell gestanden hatte. Zwei Jahre eingehender soziologischer Studien zum Problem, ob die politische Organisation von einem bestimmten wirtschaftlichen Entwicklungsstand determiniert werde, erbrachten das Ergebnis, daß der Politik ein Primat zukomme. Allerdings wollte Aron den Primat des Politischen nicht im Sinne einer einseitigen Kausalität verstanden wissen, da seiner Einschätzung nach die Ökonomie der jeweiligen Systeme auf deren Politik zurückwirkt.

Die „konstitutionell-pluralistischen Regimes" manifestierten sich für ihn in folgenden Grundzügen: zum einen im verfassungsmäßig verankerten Parteienpluralismus, der eine legale Opposition sowie einen friedlichen Wettstreit um die zeitlich begrenzte Machtausübung im Staate realiter sichere. Damit werde das System de facto demokratisch und zum Rechtsstaat, der elementare individuelle und staatsbürgerliche Freiheiten zu schützen garantiere; zum anderen in der

Trennung von ökonomischer und politischer Macht, durch welche die Gewalt des Staates beschränkt werde. Das „Einparteien-Regime" konstituierte sich demgegenüber: erstens im absoluten Machtmonopol der Einheitspartei, woraus die Parteilichkeit des Staates notwendig resultierte. Dies zeigte sich am deutlichsten bei den Wahlen per Einheitslisten, die zu reinen Akklamationsritualen degenerierten. Damit bleibe die Verfassungsnorm Fiktion. Zweitens sorgten Partei und Staat für einen eng umgrenzten Spielraum intellektueller und damit auch politischer Freiheit der Bürger. Drittens postuliere man zwar den Primat der Ökonomie, tatsächlich aber bestimme die Staatspartei, was ökonomisch sinnvoll und nützlich sei: Die politische Macht falle mit der ökonomischen in der Planwirtschaft zusammen.

Kritik des Einparteien-Regimes

Aron filterte vier grundsätzliche Divergenzen zwischen dem „konstitutionell-pluralistischen Regime" und dem „Einparteien-Regime" heraus: „... Die Antithese von Konkurrenz und Monopol", von „Konstitution und Revolution", von „Gruppenpluralismus und Bürokratischem Absolutismus" sowie von „Parteien-Staat und Partei-Staat" [11: R. ARON, Demokratie, 243]. Insgesamt gesehen kam er zu dem Ergebnis, alle existierenden Regimes seien unvollkommen. Aron wollte keines der beiden Systeme glorifizieren bzw. völlig disqualifizieren, seine persönliche Option fiel jedoch deutlich zugunsten der „konstitutionell-pluralistischen Regimes" der westlichen Hemisphäre aus, da sie aufgrund von Parteienpluralismus, zeitlich beschränkter, verfassungsmäßig reglementierter Machtausübung und der Vielfalt gesellschaftlicher Interessengruppen dem Staatsbürger ein Maximum an intellektueller Freiheit, politischer Partizipation und ökonomischem Wohlergehen offerierten. Er war der Überzeugung, daß die liberal-demokratischen Systeme des Westens zumindest „die beste oder – wenn man so will – die am wenigsten schlechte Lösung darstellen ..." [20: R. ARON, Erkenntnis und Verantwortung, 444]. Gleichwohl blieb sich Aron stets der Verwundbarkeit und Zerbrechlichkeit der pluralistisch strukturierten Demokratien bewußt: die Vernachlässigung langfristiger sozialer Konzepte, weitreichende Konzessionen der Parteien an die Wählerwünsche, der drastische Rückgang der Geburtenquote sowie eine zunehmend hedonistische Lebenseinstellung bedrohten den Bestand der westlichen Systeme.

Plädoyer für das konstitutionell-pluralistische Regime

Aron überwand den traditionellen Individualismus und ‚sozialen Atomismus' des französischen Liberalismus, indem er die Verwirklichung der Ideale liberalen Denkens – Freiheit, Vernunft, Menschen- und Bürgerrechte – als politische Aufgabe betrachtete. Da die menschliche Geschichte in ihrer Fortentwicklung „offen" ist und das Individuum sich innerhalb des historischen und soziokulturellen Kontextes frei und autonom zu entscheiden vermag, blieb die Politik für Aron das primäre Handlungsfeld des Menschen. Grundtenor seiner liberalen Reflexion blieb das Vertrauen in die Vernunftbegabung und die damit verbundene Fähigkeit des Menschen, eben solche Erkenntnisse aus Geschichte und Erfahrung gewinnen zu können, die das Schicksal der Menschheit positiv zu beeinflussen imstande wären. Damit eng verflochten war seine hohe Wertschätzung der Wahrheit im

Stellenwert der Politik

Sinne intellektueller Redlichkeit, geistiger Disziplin und persönlicher Bescheidenheit. Der Respekt vor der Würde und der persönlichen Autonomie jedes menschlichen Wesens manifestierte sich auch in Arons Freiheitsbegriff. Letzterem widmete er 1965 eigens ein ganzes Buch: „Essai sur les libertés". Die geistigen wie
staatsbürgerlichen Freiheiten der Menschen galt es seiner Ansicht nach rigoros
gegen jegliche restriktiven Eingriffe zu verteidigen. Er kam zu dem Urteil, daß in
der Sphäre der Politik nur jene Herrschaftssysteme die bürgerlichen Freiheiten
einigermaßen befriedigend einzulösen vermögen, die er als die „konstitutionell-
pluralistischen Regime" des Westens bezeichnete. Die Bürger sozialistischer Systeme bezahlten, wie er meinte, die postulierte Gleichheit aller Menschen im Sinne
von Egalitarismus und Kollektivismus mit dem Verlust persönlicher und damit
gerade auch politischer Freiheit des Individuums. „Alle Menschen haben dasselbe
Recht auf Achtung; aber weder die Genetik noch die Gesellschaft werden je allen
Menschen dieselbe Fähigkeit zusichern können, Vollkommenheit zu erreichen
oder den ersten Rang zu erklimmen. Der doktrinäre Egalitarimus bemüht sich
vergebens, der biologischen und sozialen Natur Zwang anzutun: Was er erreicht,
ist nicht Gleichheit, sondern Tyrannei" [19: R. ARON, Über die Freiheiten, 153].
Politische Freiheit war für Aron unabdingbare Voraussetzung für die Entwicklung des Menschen zum selbständigen, kritischen, engagierten und verantwor-
tungsbewußten Staatsbürger.

Freiheitsbegriff (margin)

*Kritik des
Egalitarismus* (margin)

Im Januar 1968 kehrte Aron der Sorbonne den Rücken, da er von ihrer Entwicklung zur Massenuniversität enttäuscht war. Daraufhin trat er als Professor in
die VI. Sektion der „Ecole pratique des Hautes Etudes" ein. Während der Studentenrevolte im Mai 1968 spielte Aron eine zentrale Rolle als Sprecher ihrer Gegner
und als Meinungsführer der sogenannten ‚schweigenden Mehrheit'. Damit ma-
növrierte er sich endgültig ins Abseits der französischen „Intelligenzija", die ihn
als persona non grata permanent mit Verachtung strafte. In seiner kämpferischen
Schrift „La Révolution introuvable" und seinen unbequemen Artikeln im „Figaro" geißelte er den ideologischen Realitätsverlust und das destruktive Potential der
revoltierenden linken Studenten. Er kam zu dem Urteil, daß die Studentenunru-
hen Ausdruck einer Zivilisationskrise waren, eine Art von intellektuellem Psycho-
drama [20: R. ARON, Erkenntnis und Verantwortung, 331–357].

*Studentenrevolte
1968* (margin)

Die letzte und angesehenste Lehrtätigkeit nahm Aron im Jahre 1970 auf. Er
wurde Ordinarius für die Soziologie der modernen Zivilisation am renommierten
„Collège de France" und lehrte dort bis 1978.

Die westliche Unbeholfenheit im politischen Umgang mit der Sowjetunion, der
Mangel an politischer Geschlossenheit und gemeinsamer Handlungsbereitschaft
der europäischen Staaten sowie die Stabilität der weltlichen Religion des Sowjetre-
gimes und dessen Entwicklung zu einer monströsen Militärmacht untersuchte
Aron 1977 in seinem vielbeachteten Buch „Plaidoyer pour l'Europe décadente"
[16: R. ARON, Plädoyer, 287–370]. Diese differenzierte Bestandsaufnahme der
westlichen Gesellschaften wies eindringlich auf die Gefahren einer hedonistischen

*Hedonismus des
Westens* (margin)

Zivilisation hin: Anstatt der für die Funktion einer Demokratie konstitutiven Staatsbürger finde man heute primär Produzenten und Konsumenten. Die weithin fehlende staatsbürgerliche Moral der in den westlichen Demokratien lebenden Menschen stelle ernsthaft das Überleben dieses politischen Systems in Frage. Jene selbstmörderische Tendenz könnte nach Ansicht Arons im Zusammentreffen mit der ideologisch-militärischen Stärke der sowjetischen Ideokratie tödlich wirken. Es gelte – wenn man sich für die westliche Demokratie aufgrund ihres Maßes an Freiheit und ihrer Form der Kreativität und Kultur entschieden hat – niemals die strukturelle Unvollkommenheit der „demokratisch-liberalen Synthese" und die Zerbrechlichkeit ihrer Werte außer acht zu lassen.

Ein Problembereich, mit dem sich Aron seit der Zeit des Zweiten Weltkriegs und bis in seine letzten Lebensjahre immer wieder beschäftigte, war die Interna- Internationale tionale Politik im Atomzeitalter. Im Mittelpunkt seines Interesses standen das Politik im Atom- Ost-West-Verhältnis und die Kriegsgefahr, die einerseits von einer hoch entwik- zeitalter kelten Waffentechnik, andererseits von einer ideologisch motivierten Politik ausging. Zu den wichtigsten Werken dieser Gruppe gehören: „Le Grand Schisme" (1947), „Les Guerres en Chaîne" (1951), „Paix et Guerre entre les Nations" (1962), „Le Grand Débat" (1963), „Penser la Guerre, Clausewitz" (1976) und schließlich das postum erschienene Werk „Les dernières années du siècle" (1984). Das große Buch über Clausewitz lag ihm selbst besonders am Herzen, nicht nur weil es eine sorgfältige Interpretation des in seinen Augen bedeutendsten „Philosophen des Krieges" enthielt, sondern weil es die Geschichte des Denkens über den Krieg, vom 18. bis zum 20. Jahrhundert, in der Form eines Dialogs mit Clausewitz präsentierte. Die berühmte Formel, der Krieg sei die Fortsetzung der Politik mit anderen Mitteln, deutet Aron im Sinne eines Primats der Politik oder als „Unterordnung des militärischen Instruments unter den politischen Verstand" [17: R. ARON, Clausewitz, 402]. Unter den Bedingungen nuklearer Rüstung und Abschreckung birgt dieses Prinzip die letzte Hoffnung: „Im Atomzeitalter liegt die einzige Chance, die Menschheit vor sich selbst zu retten, darin, daß die Intelligenz des personifizierten Staates die Waffen beherrscht" [17: 583].

Während der letzten Lebensmonate nahm Aron, inspiriert von Oswald Spenglers Werk „Jahre der Entscheidung", eine vergleichende Analyse der weltpoliti- Kritik des schen Konstellation des Jahres 1962, der Zeit des Kalten Krieges, und des Jahres Pessimismus 1982 vor. Unter dem Eindruck der enormen Probleme, insbesondere der permanenten Rüstungsproliferation beider Machtblöcke, erneuerte er sein Urteil aus „Le Grand Schisme": „Der Frieden ist unmöglich, aber der Krieg ist unwahrscheinlich". Er plädierte für eine dezidierte Frontstellung demokratisch-liberaler Europäer gegen die lähmende Trübsal und die selbstquälerische Antizipation eines vermeintlich unabwendbaren atomaren Debakels im Bewußtsein vieler Zeitgenossen. Als Gründe für die Ausbreitung dieser pessimistischen Attitüde nannte er: „... die Angst der politischen Machthaber vor dem großen Krieg, die Erweiterung des Arsenals von bisher nur marginalen Mitteln im Kampf der Staaten miteinander und zugleich die Vervielfältigung der Austauschbeziehungen zwi-

schen den Gesellschaften sowie die Entstehung einer transnationalen Wirtschaft"
[22: R. Aron, Die letzten Jahre, 68].

Nach einer schweren gesundheitlichen Krise nahm Raymond Aron im Mai 1977
Abschied vom „Figaro", blieb dem Journalismus jedoch als Herausgeber und
Kolumnist der Wochenzeitung „L'Express" bis zu seinem Tode 1983 treu. 1981
erschien sein autobiographisches Buch „Le spectateur engagé", in dem er in Form
von Gesprächen mit zwei jungen französischen Intellektuellen Auskunft über sein
Denken und Leben gab.

Lebens-
erinnerungen
Im Sommer 1983 wurden in Paris die Memoiren Raymond Arons unter dem
Titel „50 ans de réflexion politique" veröffentlicht. Die biographisch strukturier-
te, betont sachlich gehaltene Bilanz seines über fünf Jahrzehnte währenden intellektuellen Engagements wurde in der französischen Öffentlichkeit mit lebhaftem
Interesse aufgenommen und von den Kritikern – nun auch gerade von den linken –
mit viel Lob bedacht [28: B. Gess, Liberales Denken, 237–240]. Am erstauntesten
über diese Reaktion des französischen Publikums war der Autor selbst. Denn
allen Unkenrufen zum Trotz avancierten seine Lebenserinnerungen, in denen die
persönliche, private Dimension seiner Existenz nahezu vollständig ausgespart
geblieben war, binnen weniger Wochen zu einem Bestseller: Folge eines veränder-
ten politischen Klimas, einer intellektuellen Tendenzwende und der geistig-kultu-
rellen Lücke, die Sartres Tod im Bewußtsein der Franzosen hinterlassen hatte.

Tod in Paris
Am 17. Oktober 1983 erlag Aron in Paris einem Herzschlag. Das Echo auf
seinen plötzlichen Tod war enorm: ‚Le Tout-Paris' trauerte um einen seiner
letzten großen intellektuellen Mandarine des zwanzigsten Jahrhunderts. Die linke
Presse rühmte den Verstorbenen deutlich stärker als die rechte – Symptom für ein
schlechtes Gewissen bezüglich der späten Anerkennung eines respektablen, fairen
intellektuellen Gegners, dem immer an einer niveauvollen, fruchtbaren Diskussion gelegen war.

Leben und Werk des Intellektuellen Raymond Aron waren bestimmt durch sein
Einzelkämpfertum und seinen Nonkonformismus, kaum tangiert von den in
Frankreich so virulenten intellektuellen Moden: sein geschichtsphilosophisch
fundiertes liberales Denken, das sich als Gegensatz zur Ideologie und damit als
Absage an jeden Versuch begriff, die Freiheit des Geistes einer doktrinären
Geschichtsphilosophie und Anthropologie zu unterwerfen. Daher sein stets den
Dialog suchendes, auch streitbares intellektuelles und staatsbürgerliches Engage-
ment für Ziele, die seinen höchsten Wertvorstellungen – Freiheit und Wahrhaftig-
keit – entsprechen. Schließlich seine sprichwörtlich gewordene Skepsis und das
Le scepticisme
aronien
Bewußtsein, daß auch die eigene Entscheidung ein Irrtum sein könnte: „Le
scepticisme aronien", der seinen Einsatz für Mäßigung und Toleranz inspirierte.

Forschungsstand
Trotz der immensen Bedeutung Raymond Arons für den geistigen Bestand der
westlich-liberalen Demokratien ist der Grad seiner Rezeption außerhalb kleinster
wissenschaftlicher Fachzirkel bislang gering geblieben. Dies gilt in besonderem
Maße für die Bundesrepublik Deutschland: Bis heute sind lediglich zwei umfangreiche Studien zu ausgewählten Aspekten seines Denkens publiziert worden [28:

B. GESS, Liberales Denken, und 33: J. STARK, Das unvollendete Abenteuer]. In Frankreich existieren bis dato wenigstens vier bedeutende Monographien zum Werk Raymond Arons [24: W. BITAR, La problematique; 27: G. FESSARD, La philosophie historique; 30: S. MESURE, Raymond Aron; 31: A. PIQUEMAL, Raymond Aron]. Eine substantielle Bereicherung stellt die 1986 im anglo-amerikanischen Sprachraum erschienene, kenntnisreiche zweibändige Biographie über Raymond Aron dar [25: R. COLQUHOUN, Raymond Aron]. Eine wissenschaftliche, systematische Aufarbeitung zahlreicher Elemente des Aronschen Gesamtwerkes steht noch aus.

Damit eng verflochten ist auch das Problem seiner bisherigen Wirkungsgeschichte. Aron hat auf zwei Ebenen des französischen Geisteslebens verändernd und erneuernd gewirkt. Zum einen kann man ihn heute mit der „Introduction à la philosophie de l'histoire" als Wegbereiter einer historischen Erkenntnistheorie betrachten, der eine ganze französische Historikergeneration dem Positivismus entrissen und zu einer intellektuellen Auseinandersetzung mit Existenzphilosophie und Marxismus angeregt hat [29: H. MARROU, L'introduction à la philosophie, 38–42]. Zum anderen läßt sich auf dem Gebiet der Soziologie ein unmittelbarer Einfluß der Forschungen Arons konstatieren. Die Früchte seines Deutschlandaufenthaltes – die intime Kenntnis der Werke von Karl Marx und Max Weber – haben nachhaltig dazu beigetragen, die französische Soziologie nach außen zu öffnen. Heute gilt es als unbestritten, daß Aron die bahnbrechende Rolle für die Max Weber-Rezeption in Frankreich zukommt [32: M. POLLACK, Gesellschaft und Soziologie, 22]. Erst zu Beginn der achtziger Jahre hat in Frankreich eine „Aron-Renaissance" eingesetzt [z. B. 30: S. MESURE]. Vielleicht wird sie dem Werk des Publizisten, politischen Philosophen und Soziologen die Gerechtigkeit zuteil werden lassen, die es verdient.

Wirkungs-geschichte

Auswahlbibliographie

A. SCHRIFTEN VON RAYMOND ARON

1. La sociologie allemande contemporaine, Paris 1935.
2. L'homme contre les tyrans, Paris 1945.
3. Opium für Intellektuelle oder Die Sucht nach Weltanschauung, Köln/Berlin 1957.
4. La société industrielle et la guerre, Paris 1958.
5. Paix et guerre entre les nations, Paris 1961.

6. Die industrielle Gesellschaft. 18 Vorlesungen. Frankfurt a. M./Hamburg 1964.
7. La lutte de classe. Nouvelles leçons sur les sociétés industrielles, Paris 1964.
8. La philosophie critique de l'histoire. Essai sur une théorie allemande de l'histoire, Paris 1964.
9. La Révolution introuvable. Réflexions sur la Révolution de Mai, Paris 1968.
10. Die heiligen Familien des Marxismus, Hamburg 1970.
11. Demokratie und Totalitarismus, Hamburg 1970.
12. Fortschritt ohne Ende? Über die Zukunft der Industriegesellschaft, München 1970.
13. Zwischen Macht und Ideologie. Politische Kräfte der Gegenwart, Wien 1974.
14. History and the Dialectic of Violence. An Analysis of Sartre's Critique de la Raison Dialectique, Oxford 1975.
15. Introduction to the Philosophy of History. An essay on the limits of historical objectivity, Westport 1976.
16. Plädoyer für das dekadente Europa, Berlin/Frankfurt a. M./Wien 1978.
17. Clausewitz. Den Krieg denken. Frankfurt a. M./Berlin/Wien 1980.
18. Le spectateur engagé. Entretiens avec Jean-Louis Missika et Dominique Wolton, Paris 1981.
19. Über die Freiheiten. Essay, Stuttgart 1981.
20. Erkenntnis und Verantwortung. Lebenserinnerungen, München/Zürich 1985.
21. „Histoire et Politique: Textes de Raymond Aron (1930–1983)", in: Commentaire, Février 1985, Volume 8, Numéro 28–29, Raymond Aron, 1905–1983. Histoire et Politiques. Témoignages, Hommages de l'étranger, Etudes, Textes, S. 281–541.
22. Die letzten Jahre des Jahrhunderts, Stuttgart 1986.

B. Literatur

23. J. Altwegg, Die Republik des Geistes. Frankreichs Intellektuelle zwischen Revolution und Reaktion, München 1986.
24. W. Bitar, La problématique de l'idéologie chez Raymond Aron. Thèse Droit, Montpellier I 1973, Dactylographie.
25. R. Colquhoun, Raymond Aron. Vol. 1, The Philosopher in History 1905–1955; Vol. 2, The Sociologist in Society, 1955–1983, London/Newsbury Park, CA/New Delhi 1986.
26. J. D. Faught, The Logic of Historical Analysis in Sociology: Max Weber and Raymond Aron, PH. DO. University of Notre Dame 1973.
27. G. Fessard, La philosophie historique de Raymond Aron, Paris 1980.
28. B. Gess, Liberales Denken und intellektuelles Engagement. Die Grundzüge der philosophisch-politischen Reflexionen Raymond Arons, München 1988.

29. H. Marrou, L'introduction à la philosophie de l'histoire: le point de vue d'un historien, in: Science et conscience de la société. Mélanges en l'honneur de Raymond Aron, Paris 1971, Bd. 1, 37–47.

30. S. Mesure, Raymond Aron et la Raison Historique, Paris 1984.

31. A. Piquemal, Raymond Aron et l'ordre international, Paris 1978.

32. M. Pollak, Gesellschaft und Soziologie in Frankreich. Tradition und Wandel in der neueren französischen Soziologie, Königstein/Ts. 1978.

33. J. Stark, Das unvollendete Abenteuer. Geschichte, Gesellschaft und Politik im Werk Raymond Arons. Würzburg 1986.

Zeittafel

1905   Raymond Aron wird am 14. März in Paris geboren.

1924–1928 Studium an der Pariser „Ecole Normale Supérieure".

1928   Studienabschluß: ‚Agrégé de philosophie', Militärdienst.

1930   Deutschlandaufenthalt, Lektor an der Kölner Universität.

1931   Lektor am Französischen Institut der Universität Berlin (bis 1933).

1938   Habilitation an der Sorbonne.

1939   Kriegsdienst.

1940–1944 Anschluß an die Widerstandsbewegung des „Freien Frankreich" in London, Chefredakteur von „La France libre".

1945   Kabinettchef des Informationsministers André Malraux (bis Januar 1946).

1947   Mitarbeiter des „Figaro".

1955   Soziologieprofessor an der Sorbonne.

1968   Abschied von der Sorbonne.

1970   Ordinarius für Soziologie der modernen Zivilisation am „Collège de France".

1976   Präsident der „Académie des Sciences Morales et Politiques", Politischer Direktor des „Figaro".

1977   Schlaganfall, Abschied vom „Figaro", Mitarbeiter von „L'Express".

1979   Goethe-Preis/Frankfurt.

1983   Raymond Aron stirbt am 17. Oktober in Paris.

Viktor Vanberg

Friedrich August Hayek

I.

Der 1899 in Wien geborene und heute in Freiburg lebende Friedrich August von Hayek gilt als der bedeutendste zeitgenössische Vertreter der politischen Philosophie des klassischen, angelsächsischen Liberalismus. Er begann, wie er über sich selbst im Rückblick feststellt, seine akademische Laufbahn als eher „reiner und enger ökonomischer Theoretiker", und es war die Frage nach der Rolle von Regeln und Institutionen im menschlichen Zusammenleben, die ihn von der analytischen Wirtschaftstheorie in die politische Philosophie führte [3: 85]. Sein literarisches Werk sieht Hayek in der Tradition der „großen Begründer der liberalen Theorie im 18. Jahrhundert, David Hume und Adam Smith" [10: 135], und deren Einsicht in die Bedeutung von Regeln und Institutionen für eine freiheitliche Gesellschaftsordnung [11]. Angelsächsischer Liberalismus

Das Anliegen der politischen Philosophie Hayeks kann man in dem Versuch sehen, eine Antwort auf die Frage zu finden, wie Menschen ihr gesellschaftliches Zusammenleben ordnen oder regeln sollten, wenn die größtmögliche Aussicht bestehen soll, daß sie ihren Wünschen und Interessen – einzeln und gemeinsam – mit Erfolg nachgehen können. Seine Überlegungen zu dieser Frage ranken sich um zwei Grundthemen: Erstens, die Frage des Zusammenhangs zwischen den Grenzen unserer Vernunft und unseres Wissens und der Bedeutung von Regeln für unser Handeln; und, zweitens, die Frage des Zusammenhangs zwischen der Art von Regeln, denen wir in unserem Zusammenleben folgen, und dem Charakter der sich ergebenden Handlungsordnung. Beide Themen spiegeln den das Hayeksche Denken entscheidend prägenden Einfluß der skeptischen Philosophie David Humes wider. Regeln und Handlungsordnung

Es ist nach Hayek [3: 237] kennzeichnend, daß Humes Ideen über Politik und Recht aufs engste verknüpft sind mit dessen allgemeiner philosophischer Auffassung über die „Grenzen der menschlichen Vernunft". Denn die „Grundtatsache der unvermeidlichen Unwissenheit des Menschen von einem Großteil dessen, worauf das Funktionieren einer Zivilisation beruht" [5: 30], wirft nach Hayek das Kernproblem jeglicher Wirtschafts- und Sozialordnung [7: 12] auf, das Problem, wie das in der Gesellschaft insgesamt existierende Wissen am besten genutzt werden kann [8: 103]. Wie Hayek deutlich macht, hat dieses Problem zwei Grenzen der Vernunft

Problem der Wissensnutzung

Dimensionen, die man – wenn er auch selbst diese Begriffe nicht verwendet – als ‚horizontale' und als ‚intertemporale' Dimension unterscheiden kann. Bei der ersten geht es um die Frage, wie der größtmögliche Nutzen aus dem Wissen um unzählige konkrete örtliche und zeitliche Umstände gezogen werden kann, das naturgemäß nur in den Köpfen der einzelnen Personen in der Gesellschaft existiert, und das unmöglich irgendwo als Ganzes zusammengefaßt werden kann [12: 136f.] Die intertemporale Dimension betrifft die Frage, wie wir aus den Erfahrungen Nutzen ziehen können, die vor uns lebende Generationen mit den Problemen der Ordnung und Regelung gesellschaftlichen Zusammenlebens gesammelt haben, Erfahrungen, die uns durch Traditionen und kulturelle Überlieferung weitergegeben werden. Hayeks politische Philosophie ist zu einem großen Teil der Erörterung dieser beiden Fragen gewidmet sowie, damit verbunden, der Kritik von Auffassungen, die er als konstruktivistischen Rationalismus bezeichnet und

Konstruktivistischer Rationalismus

deren Irrtum er in einer – so der Titel seiner Nobelpreisrede von 1974 – „Anmaßung von Wissen" [15: 266] sieht, die verkennt, wie sehr wir für eine wünschenswerte Ordnung unseres Zusammenlebens auf die Nutzung des verstreuten Wissens der einzelnen und auf die Erfahrungen vorangegangener Generationen angewiesen sind.

Gesellschaftliches Zusammenleben oder soziale Kooperation kann nach Hayek auf zwei grundsätzlich unterschiedliche Arten geordnet werden, nämlich entweder durch Einrichtung einer zentralen Koordinationsinstanz, die den einzelnen bestimmte Aufgaben im Rahmen eines Gesamtplans zuweist, oder durch ein System von allgemeinen Regeln, in deren Rahmen es den einzelnen freigestellt ist, ihr Handeln selbst zu bestimmen. In der gesellschaftlichen Realität finden wir, wie Hayek feststellt, stets beide Ordnungsprinzipien, allerdings in verschiedenen Gesellschaftsordnungen in unterschiedlicher Mischung und Kombination. Die erste der beiden „Arten der Ordnung" [3: 32] ist für Organisationen, wie etwa

Markt und Organisation als ‚Arten der Ordnung'

Wirtschaftsunternehmen, kennzeichnend. Die Ordnung des Marktes ist demgegenüber ein typisches Beispiel für das zweite Ordnungsprinzip, das Hayek als spontane Ordnung bezeichnet. Wie Hayek vermutet, erscheint es uns zwar aufgrund unserer Denkgewohnheiten unmittelbar plausibel, daß soziale Kooperation durch das Prinzip „Organisation" zweckmäßig geordnet werden kann: Man kann eine Instanz [ein Individuum oder ein Komitee] identifizieren, die vernunftmäßig, planvoll Ordnung schafft. Es wird uns aber erst aufgrund abstrakterer Überlegung verständlich, daß eine zweckmäßige, für alle Beteiligten wünschenswerte Ordnung resultieren kann, wenn lediglich allgemeine Regeln vorgegeben sind, die den einzelnen einen substantiellen Freiraum für eigene Entscheidungen lassen.

Ordnungsprinzip Organisation

Wie Hayek einräumt, ist das Ordnungsprinzip „Organisation" „für viele begrenzte Zwecke die leistungsfähigste Methode wirksamer Koordination", und entsprechend finden wir dieses Ordnungsprinzip auf vielen Ebenen gesellschaftlichen Geschehens, von der Familie über Wirtschaftsunternehmen und Verbände verschiedenster Art, bis hin zu organisierten politischen Gemeinwesen, wie dem Staat, oder überstaatlichen Organisationen [7: 46]. Allerdings erfordert dieses

Ordnungsprinzip naturgemäß, daß Wissen und Informationen, die für die jeweils zu erbringende Koordinationsleistung von Bedeutung sind, der ordnenden Zentralinstanz zur Verfügung stehen und von ihr angemessen verarbeitet werden können. Eben dies beschränkt aber nach Hayek zwangsläufig die Möglichkeiten einer vorteilhaften Verwendung dieses Prinzips. In dem Maße, in dem das erforderliche Wissen nicht zentralisiert werden kann, sind wir darauf angewiesen, uns auf das Prinzip der Koordination durch allgemeine Regeln zu stützen. Dies ist nicht nur der Grund dafür, daß auch innerhalb von Organisationen mit steigender Komplexität die Notwendigkeit zunimmt, in einem gewissen Maße allgemeine Regeln als Koordinationsinstrument zu verwenden. Dies ist vor allem der Grund dafür, daß das Ordnungsprinzip „Organisation" hoffnungslos überfordert ist, wenn es um die Ordnung des umfassenden sozialen Handlungssystems „Gesellschaft" geht.

Nach Hayek ist die Vorstellung umfassender Gesellschaftsplanung, wie sie von August Comte über Marx in das politische Denken unseres Jahrhunderts Eingang gefunden hat, Ausdruck einer verhängnisvollen Anmaßung von Wissen. Der Gedanke, daß all das für die Bildung einer umfassenden gesellschaftlichen Ordnung bedeutsame Wissen in einen rational entworfenen Gesamtplan eingebracht werden könnte, bedeutet in Hayeks Augen „nicht nur eine kolossale Überschätzung unseres intellektuellen Vermögens, sondern auch eine gänzliche Fehldeutung der Art von Welt, in der wir leben". Die „entscheidende Tatsache unseres Lebens" ist, so Hayek, daß wir niemals die ungeheure Fülle aller möglicherweise bedeutsamen Tatbestände kennen können, daß „wir immer neuen und nicht voraussehbaren Umständen gegenüberstehen", und daß es deshalb eine reine Illusion ist anzunehmen, wir könnten unserem Zusammenleben durch einen vorgefaßten, detaillierten Plan eine wünschenswerte Ordnung geben. Die einzige Art, auf die wir realistischerweise hoffen können, eine solche Ordnung zu erreichen, besteht nach Hayek darin, „gewisse abstrakte Regeln oder Prinzipien als Wegweiser anzunehmen" [3: 32, 84].

Die Idee der Gesellschaftsplanung

Regeln sind nach Hayek Anpassungen an unsere „konstitutionelle Unwissenheit", an unsere „unvermeidliche Unkenntnis der meisten der konkreten Umstände, von denen die Auswirkungen unserer Handlungen abhängen" [5: 83; 7: 13; 9: 20]. Wir müssen uns auf Regeln stützen, weil es uns schlicht unmöglich ist, unsere „Handlungen im Wege einer vollständigen, expliziten Bewertung der Konsequenzen sämtlicher Alternativentscheidungen und bei vollständiger Kenntnis aller Umstände erfolgreich zu koordinieren" [3: 84]. Allgemeine Regeln vereinfachen unsere Entscheidungsprobleme, indem sie bestimmte Situationsaspekte als für unser Handeln allein maßgeblich hervorheben [7: 30], indem sie uns dazu anhalten, selektiv aufmerksam zu sein, „nur einen Teil der vorliegenden Umstände in Betracht zu ziehen" [3: 171]. Eine Bindung an Regeln kann vorteilhaft sein, weil – bzw. wenn – sie einer Vielzahl von Einzelhandlungen eine Ordnung zu geben vermag, die insgesamt wünschenswerter ist als das Ergebnis, das zu erwarten ist, wenn „jede einzelne

Unwissenheit und Regeln

Handlung aus Gründen der Zweckmäßigkeit entschieden wird, d. h. durch expli-
zite Betrachtung aller konkreten Folgen" [3: 81; 5: 40].

Bereits in dem noch einigermaßen überschaubaren Bereich unserer persönlichen Lebensführung müssen wir uns, so Hayek, auf allgemeine Regeln stützen,
„um der Abfolge unseres Handelns eine gewissen Kohärenz zu geben". Ihre
Unentbehrlichkeit sollte daher, wie er meint, erst recht dort offensichtlich sein,
wo es darum geht, den interdependenten Handlungen einer Vielzahl von Menschen eine allgemeine Ordnung zu geben [3: 84f.]. Die Entdeckung, daß eine für

Soziale Koordi- alle Beteiligten wünschenswerte soziale Ordnung entstehen kann, wenn es den
nation und einzelnen freigestellt ist, im Rahmen gewisser allgemeiner Regeln ihre Interessen
Regeln zu verfolgen, daß „eine wirkungsvolle Koordination der menschlichen Tätigkeiten ohne bewußte Organisation" [5: 192] möglich ist, stellt nach Hayek die
entscheidende sozialtheoretische Einsicht dar, die wir Adam Smith und den
anderen Vertretern der Schottischen Moralphilosophie des 18. Jahrhunderts verdanken [3: 163], eine Einsicht, die zum Hauptthema der Ökonomie als einer
„Theorie der Marktordnung" [3: 150] werden sollte.

Die Theorie spontaner sozialer Ordnung, wie sie von den Klassikern des
Liberalismus formuliert und in der ökonomischen Theorie des Marktes weiterentwickelt wurde, enthält nach Hayek ein entscheidendes „Argument für die indivi-
Freiheit duelle Freiheit", dem auch derjenige Rechnung tragen muß, für den Freiheit nicht
und spontane ohnehin ein ethischer Wert ist [5: 7, 37]. Es ist das Argument, daß eine freiheitliche
Ordnung Ordnung, die es den Einzelnen überläßt, ihre jeweiligen Kenntnisse und Fertig-
keiten für selbstgewählte Zwecke einzusetzen, die einzige Ordnung ist, die das
oben beschriebene Problem der Nutzung des verstreuten und bruchstückhaften
konkreten Wissens der einzelnen lösen kann [3: 226; 7: 13; 9: 8; 10: 136]. Dieses
Wissen kann zwangsläufig umso weniger genutzt werden, je mehr das Prinzip der
Koordination durch allgemeine Regeln ersetzt wird durch das Alternativprinzip
zentraler Lenkung [3: 167]. Hier liegt denn auch nach Hayek der entscheidende
Grund für die größere Leistungsfähigkeit einer freiheitlichen Ordnung.

Ebensowenig wie sein eigenes Argument ist, wie Hayek betont, die von den
Begründern liberalen Denkens vertretene Vorstellung von den vorteilhaften Ei-
Interessenunter- genschaften einer freiheitlichen Ordnung auf die Annahme gegründet, „daß es
schiede und eine ‚natürliche Harmonie der Interessen' gäbe, losgelöst von den positiven Insti-
freiheitliche tutionen" [8: 24]. Im Zentrum der angelsächsischen Tradition des Liberalismus
Ordnung steht nach Hayek vielmehr die Einsicht, daß „lediglich die Befolgung allgemeiner
Regeln ein friedliches Zusammenleben der einzelnen in der Gesellschaft möglich
macht", daß angemessene Verhaltensregeln notwendig sind, um die unterschiedlichen Interessen verschiedener Menschen miteinander in Einklang zu bringen [7:
72; 9: 12; 10: 135]. Eine erstrebenswerte Ordnung des gesellschaftlichen Zusammenlebens wird nicht von einer ‚naturgegebenen' Tugend der Menschen erwartet,
sondern von Institutionen und Regeln, die es im Interesse selbst schlechter Menschen gelegen sein lassen, „im Sinne des allgemeinen Wohls zu handeln" [3: 248].
Entsprechend gilt denn auch das analytische Hauptinteresse der Frage, von wel-

chen Institutionen und Regeln am ehesten erwartet werden kann, daß sie die einzelnen dazu bringen, ihre jeweiligen eigenen Interessen in einer Art und Weise zu verfolgen, die auch den Interessen der anderen dient [8: 23 f.].

Mit dieser Frage ist das zweite der beiden eingangs genannten Grundthemen der Hayekschen politischen Philosophie angesprochen, die Frage des Zusammenspiels zwischen Rechtsordnung und Handlungsordnung [3: 179]. Auch in seinen Überlegungen zu dieser Frage zeigt sich Hayek in besonderem Maße der Philosophie David Humes verpflichtet, den er als einen der wenigen Sozialwissenschaftler bezeichnet, „die sich klar des Zusammenhangs bewußt sind, der zwischen den Regeln, denen die Menschen gehorchen, und der Ordnung, die sich als Ergebnis bildet, besteht" [3: 238]. Wie bereits Hume und die übrigen Klassiker des Liberalismus betont auch Hayek, daß wir bei dieser Frage im Auge behalten müssen, daß menschliches Verhalten bereits ‚von Natur aus‘, d. h. aufgrund unseres biologisch-genetischen Erbes, gewissen Prinzipien oder Regeln unterliegt [3: 39, 144; 7: 45], die uns als unveränderbare Größe vorgegeben sind. Diese genetischen Verhaltensregeln begrenzen den Möglichkeitsraum, in dem die sozialen oder kulturellen Verhaltensregeln variieren können, die informellen „Regeln der Sitte, der Moral und der Gewohnheit" ebenso wie die „artikulierten Rechtsregeln" [3: 176]. Die Besonderheit der letzteren liegt dabei nach Hayek insbesondere darin, daß wir sie in einem gewissen Ausmaß bewußt gestalten können und sie daher „das Hauptwerkzeug darstellen, durch das wir den allgemeinen Charakter der Ordnung beeinflussen können, die sich bilden wird" [3: 40; 7: 45].

Welche Art von Handlungsordnung sich insgesamt herausbildet, hängt nicht zuletzt davon ab, wie gut sich die von uns beeinflußbaren kulturellen Regeln mit den uns vorgegebenen genetischen Regeln ‚vertragen‘, ein Umstand, den Adam Smith sehr plastisch in einer von Hayek [7: 35] zitierten Passage zum Ausdruck gebracht hat. Es heißt dort über den Gesellschaftsplaner oder – wie Smith ihn nennt – den „man of system", der meint, er könne die einzelnen Personen in einer Gesellschaft wie Schachfiguren anordnen: „Er übersieht, daß die Figuren auf einem Schachbrett kein anderes Bewegungsprinzip haben als das, was ihnen die Hand des Spielers auferlegt, daß aber auf dem großen Schachbrett der menschlichen Gesellschaft jede einzelne Figur ihr eigenes Bewegungsprinzip hat, gänzlich verschieden von dem, was der Gesetzgeber ihr auferlegen mag. Wenn diese beiden Prinzipien sich entsprechen und in die gleiche Richtung wirken, kann das Spiel der menschlichen Gesellschaft leicht und harmonisch ablaufen, und es wird sehr wahrscheinlich glücklich und erfolgreich sein. Wenn sie aber entgegengesetzt und unverträglich sind, wird das Spiel kläglich verlaufen, und die Gesellschaft wird zwangsläufig in einem andauernden Zustand höchster Unordnung sein."

Die Analogie mit einem Spiel wird auch von Hayek gerne herangezogen, um den charakteristischen Zusammenhang zu veranschaulichen, der im gesellschaftlichen Zusammenleben zwischen den Regeln für das Verhalten der einzelnen und der Eigenart der sich insgesamt ergebenden Handlungsordnung besteht [3: 168; 9: 115; 10: 137; 14: 154]. Spiele veranschaulichen nicht nur, daß sich allein aufgrund

Margin notes:

Rechtsordnung und Handlungsordnung

Genetische und kulturelle Verhaltensregeln

Gesetzgebung und Spielregeln

allgemeiner Regeln eine Gesamtordnung in den Handlungen einer Mehrzahl von Personen herausbilden kann, die unterschiedliche oder gar entgegengesetzte Interessen verfolgen. Sie veranschaulichen auch, wie Veränderungen in den Regeln zu systematischen Änderungen in dem sich insgesamt ergebenden Verhaltensmuster führen können.

Die Einsicht in das systematische „Zusammenspiel zwischen Regeln des individuellen Verhaltens und der sozialen Handlungsordnung" [3: 144] mündet zwangsläufig in die nach Hayek „sowohl für die Sozialtheorie als auch für die Sozialpolitik" zentrale Frage danach ein, welche Art von Regeln die Individuen befolgen müssen, damit sich eine für alle Beteiligten möglichst wünschenswerte Ordnung ergibt [3: 39, 144; 7: 44f.]. Die Hauptaufgabe der Sozialtheorie ist aus dieser Sicht die vergleichende Analyse der Funktionseigenschaften alternativer Regelsysteme [9: 17]. Und die Hauptaufgabe der Sozial- und Wirtschaftspolitik liegt entsprechend im Bemühen um die Sicherung und Verbesserung eines Rahmenwerks von Regeln, innerhalb dessen die beteiligten Personen ihre jeweiligen Ziele und Interessen mit Erfolg verfolgen können [3: 13; 13: 139]. Politik ist primär Ordnungspolitik, sie zielt darauf ab, eine wünschenswerte soziale Ordnung im wesentlichen auf indirektem Wege zu fördern, durch geeignete Regeln und Institutionen [3: 113, 180]. Ob eine soziale Ordnung ‚wünschenswert' ist, bemißt sich dabei an den Wünschen und Interessen der Personen, die in der betreffenden Ordnung leben. Oder wie Hayek dies auszudrücken bevorzugt: Es ist an den Chancen und Aussichten zu messen, die unbekannte, beliebig herausgegriffene Personen haben, ihre Interessen und Ziele erfolgreich verfolgen zu können [7: 23; 9: 114, 122, 129; 10: 137]. Die Förderung der Chancen und Möglichkeiten, die ein Regelsystem in einem solchen Sinne den Beteiligten generell – und nicht bestimmten Gruppen – bietet, ist nach Hayek „auch das einzige Ziel, das eigentlich als gemeinsames Ziel oder als Gemeinwohl oder als öffentliches Interesse bezeichnet werden kann" [3: 169].

Auch nach liberaler Auffassung hat Politik in diesem Sinne eine ‚konstruktive' Gestaltungsaufgabe, dient sie dem Bemühen, „die Gesellschaft in dem Sinne gut zu gestalten, daß wir gerne in ihr leben möchten" [7: 33]. Und den Vertretern des Liberalismus war nach Hayek stets bewußt, daß die Sicherung eines geeigneten Systems von Verhaltensregeln organisiertes politisches Handeln erfordert und insofern eine Aufgabe des Staates ist. Allerdings haben sie, nach seiner Einschätzung, der Frage, wie der rechtliche Rahmen konkret gestaltet werden sollte, nicht immer ausreichend Beachtung geschenkt. Die liberalen Philosophen des 18. Jahrhunderts setzten, so Hayek, „mehr stillschweigend voraus, daß das System von Rechtsregeln gewissen allgemeinen Erfordernissen entspreche, als daß sie systematisch untersucht hätten, welchen besonderen Inhalt die Rechtsregeln haben müssen, damit die resultierende Ordnung möglichst befriedigend werde" [3: 179]. Und viele Liberale des 19. Jahrhunderts haben sich, wie er meint, mit der Begründung der allgemeinen Prinzipien des Privateigentums und der Vertragsfreiheit zufriedengegeben und so getan, „als ob das Eigentums- und Vertragsrecht ein für

Marginalien:

Regeln in Sozialtheorie und Sozialpolitik

Politik als Ordnungspolitik

Liberalismus und Gesellschaftsgestaltung

allemal in ihrer endgültigen und geeignetsten Form gegeben wären" [8: 145 f.; 5: 295; 10: 145 f.]. Wir können jedoch, so Hayek, „wahrscheinlich in keinem Stadium sicher sein, daß wir schon die besten Arrangements oder Institutionen gefunden haben" [5: 296]. Wir müssen unter sich ständig wandelnden Umständen immer wieder neu zu klären suchen, „was die Gesetze über das Eigentum beinhalten sollen, welche Verträge erzwingbar sein sollen und wie Verträge ausgelegt werden sollen". Dies gilt, wie Hayek im einzelnen erläutert, für die verschiedensten Bereiche des wirtschaftlichen und sozialen Lebens, in denen neue Technologien, neue Organisationsformen, gewandelte Lebensumstände etc. Probleme aufwerfen, für die die überkommenen Rechtsregeln keine zureichende Lösung anbieten [8: 148 ff.].

Wenn wir unser Bemühen, eine wünschenswerte gesellschaftliche Ordnung zu schaffen, im wesentlichen auf Ordnungspolitik beschränken, also darauf, ein geeignetes System von Verhaltensregeln durchzusetzen und wo möglich zu verbessern, dann verzichten wir, wie Hayek einräumt, zwangsläufig darauf, die konkreten Einzelheiten der resultierenden Handlungsordnung zu kontrollieren [3: 110 f., 169; 7: 42]. Durch die Gestaltung des rechtlichen Rahmens können wir nur den allgemeinen Charakter der resultierenden Ordnung beeinflussen, während ihre konkrete Erscheinungsform von den spezifischen Umständen und dem konkreten Wissen abhängen wird, die das Handeln der vielen einzelnen bestimmen. Dies ist allerdings nach Hayek nur scheinbar ein Verzicht [12: 140], da – aus den bereits erläuterten Gründen – die Annahme, wir könnten durch einen umfassenden Plan konkreter Einzelmaßnahmen eine wünschenswerte Ordnung schaffen, ohnehin nichts anderes ist als eine illusionäre Überschätzung der Möglichkeiten unserer Vernunft und unseres Wissens [7: 56]. Eine realistische Einschätzung unserer Möglichkeiten muß, wie er meint, nicht nur zu der Einsicht führen, daß wir der komplexen Ordnung der Gesellschaft nur mit Hilfe allgemeiner Regeln ein wünschenswertes Gepräge geben können. Sie muß auch zu der Einsicht führen, daß wir eine solche Ordnung nicht dadurch wirksam verbessern können, daß wir durch spezifische Eingriffe konkrete Einzelaspekte unseren Wünschen anzupassen suchen, sondern allein dadurch, daß wir durch eine Verbesserung der Regeln den allgemeinen Charakter der resultierenden Ordnung in vorteilhafter Weise verändern [3: 13, 86]. Dies ist nach Hayek auch der Kern des liberalen Arguments gegen Interventionen in die spontane Ordnung des Marktes [7: 51]. Dieses Argument wendet sich eindeutig nicht gegen Bemühungen, das „Rahmenwerk von Regeln" rational zu gestalten und zu verbessern, sondern dagegen, daß man um konkreter Einzelergebnisse willen isolierte Eingriffe vornimmt, „ohne sich darauf festlegen zu wollen, stets in gleicher Weise zu handeln, wenn die gleichen , durch eine Regel definierten Umstände gegeben sind" [9: 129].

Aus den im vorhergehenden erläuterten Argumenten folgt, wie Hayek betont, keineswegs, daß sich aus liberaler Sicht die legitime Tätigkeit des Staates in Ordnungspolitik, in der Sicherung eines geeigneten rechtlichen Rahmens, erschöpfen müßte. Der Staat kann im Sinne der Auffassung Hayeks als eine beson-

Ordnungspolitik versus Maßnahmenpolitik

Regelgestaltung versus Interventionismus

dere Organisation betrachtet werden, und zwar als die Organisation, durch die die Menschen in einem abgegrenzten Territorium regiert werden. Als eine solche Organisation ist der Staat strikt von der umfassenden spontanen Ordnung der Gesellschaft zu unterscheiden [13: 140], wenn die Besonderheit dieser Regierungs-Organisation auch darin liegt, daß sie einen Teil – nämlich den rechtlich kodifizierten Teil – des Rahmenwerks von Regeln kontrolliert, auf dem die Bildung der umfassenderen gesellschaftlichen Ordnung beruht. Über diese für sie spezifische Rolle hinaus kann die Organisation ,Staat' aber, wie Hayek ausführt, auch nach liberalem Verständnis durchaus dazu genutzt werden, Leistungen zu erbringen, die aus verschiedenen Gründen durch den Markt nicht, oder nicht ausreichend bereitgestellt werden [3: 113; 10: 144; 13: 41]. Allerdings ist es nach Hayek von grundlegender Bedeutung, diese beiden Rollen oder Funktionen des

Erzwingungs-staat und Leistungsstaat

Staates – er bezeichnet sie als „Erzwingungs-Funktion" bzw. als „Leistungs-Funktion" – klar zu trennen, da die Organisation ,Staat' zwar in Ausübung der ersten Rolle über Zwangsgewalt verfügen und eine Monopolstellung einnehmen muß, dies jedoch nicht im Hinblick auf die zweite Rolle gilt [7: 48, 131].

Bei aller Bedeutung, die Hayek dem ordnungspolitischen Bemühen um zweckmäßige Gestaltung des rechtlichen Rahmens einräumt, warnt er doch auch hier vor rationalistischem Übereifer und betont, daß eine realistische Einschätzung der Grenzen unserer Vernunft und unseres Wissens ein eher behutsames Vorgehen empfiehlt. Ebenso wie er die Anmaßung des – die Bedeutung allgemeiner Regeln verkennenden – Gesellschaftsplaners als konstruktivistischen Rationalismus kritisiert, ebenso wendet er sich gegen eine zweite Variante der „Anmaßung von Wissen", gegen einen konstruktivistischen Rationalismus, der – die Bedeutung

Regelgestaltung und tradierte Erfahrung

tradierter Regeln verkennend – eine umfassende rationale Neugestaltung des institutionellen Rahmens anstrebt, innerhalb dessen wir uns bewegen. „Da jedes überkommene System von Verhaltensregeln auf Erfahrungen beruht, die wir nur zum Teil kennen, können wir", so Hayek, „seine Verbesserung nicht davon erhoffen, daß wir es als Ganzes neu gestalten" [9: 24]. Während die erste Variante eines konstruktivistischen Rationalismus das Problem der horizontalen Wissensnutzung übersieht, verkennt die zweite Variante das Problem der intertemporalen Wissensnutzung, der Nutzung von Erfahrungen, die vor uns lebende Generationen mit den Problemen der institutionellen Ordnung gesellschaftlichen Lebens gesammelt haben. Wenn wir diese Erfahrungen nutzen wollen, dann müssen, so das Argument Hayeks, unsere Kritik und unsere Bemühung um eine Verbesserung tradierter Regeln „immanent" in dem Sinne sein, daß wir nicht gleichzeitig das gesamte Regelsystem in Frage stellen können, sondern immer nur für bestimmte Regeln prüfen können, wie sich mögliche Änderungen im Rahmen des ansonsten als gegeben angenommenen Gesamtrahmens auswirken würden [9: 24; 3: 180f.; 7: 5, 65; 10: 139]. Damit wird, wie Hayek bemerkt, nicht unterstellt, daß jegliche Tradition heilig und von Kritik ausgenommen sei [9: 25]. Damit wird lediglich festgestellt, daß die Wirkung einzelner Regeln nicht isoliert sondern nur im Kontext anderer Regeln beurteilt werden kann [2: 71], und daß „ihre weitere

Verbesserung mehr von einer experimentellen schrittweisen Entwicklung als von einem Neuaufbau des Ganzen" zu erwarten ist [3: 40, 86].

Teilreform versus Global-reform

Der Gedanke, daß in tradierte Regeln und Institutionen Wissen und Erfahrungen eingeflossen sind, die den gegenwärtig in ihrem Rahmen handelnden Personen nur zu einem Bruchteil bewußt sind, spielt in der politischen Philosophie Hayeks eine ganz zentrale Rolle. Insbesondere in einigen seiner neueren Schriften [3: 144ff.; 13: 153ff.; 14] hat er diesen Gedanken zu einer allgemeinen Theorie der kulturellen Evolution ausgeweitet, die – wie von Kritikern angemerkt worden ist [20; 21] – in manchen Formulierungen wenig Raum für bewußte Ordnungspolitik zu lassen scheint. Doch kann man Hayeks wesentliches Anliegen wohl in dem – mit dem Bemühen um rationale Gestaltung des institutionellen Rahmens durchaus verträglichen – Hinweis sehen, daß die uns überlieferten Regeln des Rechts und der Moral das Ergebnis eines viele Generationen einschließenden experimentellen ,Lernprozesses' sind, in den Erfahrungen bezüglich der Zweckmäßigkeit oder Unzweckmäßigkeit verschiedener Regelungen eingeflossen sind, über die wir uns bei unseren Bemühungen um institutionelle Verbesserungen nicht leichtfertig hinwegsetzen sollten [4: 11 f.; 5: 74, 78; 7: 4, 5; 10: 136].

Kulturelle Evolution

Im vorhergehenden wurde davon gesprochen, welche Rolle Hayek für organisiertes politisches Handeln sieht, ohne weiter auf die Frage einzugehen, welche Vorstellung er von der Funktionsweise des politischen Prozesses hat. Wie bereits angedeutet, betrachtet Hayek den Staat als eine Organisation, die für die Bevölkerung eines abgegrenzten Territoriums gewisse – von ihm unter die Begriffe ,Erzwingungs-Funktion' und ,Leistungs-Funktion' subsumierte – Leistungen erbringt und dafür Zwangsabgaben erhebt. Seine Vorstellung von der Funktionsweise dieser Organisation läßt sich aus einer sinnentsprechenden Übertragung der oben erläuterten Vorstellung vom systematischen Zusammenhang zwischen Regelsystem und Handlungsordnung verstehen. Wie erwähnt, weist Hayek in seinen Überlegungen zur Unterscheidung der Ordnungsprinzipien Organisation und spontane Ordnung darauf hin, daß auch Organisationen in einem gewissen Ausmaß auf Regeln und nicht nur auf konkreten Anordnungen beruhen müssen, weil es auch für das Funktionieren von Organisationen unerläßlich ist, Wissen der einzelnen Beteiligten nutzen zu können, über das die zentrale Koordinationsinstanz nicht verfügt. Allerdings sind, wie Hayek betont, die Regeln, auf denen Organisationen beruhen, von anderer Art als die allgemeinen Verhaltensregeln, auf denen spontane Ordnungen beruhen. Organisationsregeln sind „Regeln für die Ausführung zugewiesener Aufgaben", d. h., welche Regeln für den einzelnen gelten, hängt typischerweise von der Position ab, die er innerhalb der Organisation einnimmt [3: 41, 212; 7: 48f.]. Im Falle der Organisation ,Staat' spiegelt sich die Verschiedenheit der ,zwei Arten von Regeln' im Unterschied zwischen den – die staatliche Ordnung betreffenden – „Organisationsregeln des öffentlichen Rechts" und den – der spontanen Ordnung der Gesellschaft zugrundeliegenden – „Verhaltensregeln des Privatrechts" wider. Diese Verschiedenartigkeit der jeweiligen Regeln bedingt, wie Hayek argumentiert, eine „auf den beiden Gebieten

Staat als Organisation

Organisations-regeln

Öffentliches Recht und Privatrecht

grundsätzlich verschiedene Beziehung zwischen Regeln und Ordnung" [3: 178].
Doch gilt auch für die Organisation ‚Staat', wie für Organisationen allgemein, daß
der Charakter der jeweils zugrundeliegenden Organisationsregeln den Charakter
der resultierenden organisationalen Handlungsordnung bestimmt. Das heißt,
ebenso wie für spontane Ordnungen können wir, in analogem Sinne, auch für
Organisationen von einem systematischen Zusammenhang zwischen Regelsystem
und Handlungsordnung sprechen.

Staatsverfassung
und politische
Ordnung

Der Gedanke eines solchen systematischen Zusammenhangs zwischen
Staatsverfassung, den Organisationsregeln des Staates [13: 37, 122], und politischer Handlungsordnung liegt einer der Hauptthesen der Hayekschen politischen
Philosophie zugrunde, der These, daß ein verhängnisvoller Mangel der vorherr-
schenden institutionellen Form westlicher Demokratie in der unzureichenden
Begrenzung staatlicher Macht liegt. Nach Hayek ist die uns vertraute spezifische
Organisationsform von Demokratie aus einem Denken heraus entstanden, das er
als „tragische Illusion" bezeichnet, nämlich der Vorstellung, „daß mit der Einrichtung demokratischer Verfahrensweisen alle sonstigen Beschränkungen der Regie-
rungsgewalt verzichtbar wurden" [13: 3]. Die Frage, wie die Regierung über ein
Zwangsmonopol verfügen und dennoch in ihrer Machtausübung wirksam begrenzt werden könne, sei zwar die Hauptsorge jener Autoren des 17. und 18. Jahrhunderts gewesen, die die Vorstellung verfassungsmäßiger Regierung begründeten. Doch diese Frage sei, so Hayek, durch die irrige Vorstellung verdrängt
worden, „daß die demokratische Kontrolle der Ausübung von Macht einen aus-
reichenden Schutz gegen ihr übermäßiges Anwachsen bietet" [13: 128]. Den
wesentlichen ‚Konstruktionsfehler', der sich aus diesem Grunde in die gegenwär-

Konstruktions-
fehler demo-
kratischer
Regierung

tige institutionelle Struktur demokratischer Regierung einschleichen konnte, sieht
Hayek darin, daß dieselben repräsentativen Körperschaften mit zwei grundlegend
verschiedenen Aufgaben betraut sind, die irreführenderweise unter demselben
Begriff der „Gesetzgebung" zusammengefaßt zu werden pflegen. Sie sind einerseits mit Gesetzgebung im eigentlichen Sinne betraut, d. h. mit der Änderung und
Anpassung des Rahmenwerks von Regeln, auf denen die Organisation des Staates
und die spontane Ordnung der Gesellschaft beruht. Andererseits sind sie damit
befaßt, über die laufenden Regierungsgeschäfte zu befinden und ihr Exekutiv-
organ, die „Regierung", bei der Ausführung des von ihnen gebilligten Aktions-
programms zu überwachen [13: 22, 26]. Eine solche Konstruktion muß nach
Hayek zwangsläufig dazu führen, daß die ordnungspolitische Aufgabe der Gestaltung eines wünschenswerten institutionellen Rahmens, zu sehr unter dem Eindruck der aktuellen Bedürfnisse laufender Regierungstätigkeit wahrgenommen
wird und nicht unter dem für die Gestaltung von Institutionen allein angemessenen Gesichtspunkt langfristiger Regelungsleistungen.

In den von ihm diagnostizierten spezifischen institutionellen Mängeln und
nicht im Prinzip demokratischer Regierungen per se liegt nach Hayek die Haupt-
ursache für einige der allgemein mit Unbehagen beobachteten Erscheinungsformen moderner demokratischer Politik, insbesondere was den Einfluß organisier-

ter Interessengruppen anbelangt [13: 15, 108]. Entsprechend seiner Diagnose kann eine wirksame Lösung dieser Probleme denn auch nur von einer geeigneten Reform unserer demokratischen Institutionen erhofft werden, einer Reform, für die Hayek einen recht detaillierten Lösungsvorschlag formuliert hat [13: 105 ff.], der insbesondere darauf abstellt, daß die beiden erwähnten Funktionen strikt getrennt werden, indem sie separaten und unterschiedlich zusammengesetzten repräsentativen Versammlungen übertragen werden. Ohne eine solche strikte Trennung der eigentlichen Gesetzgebung von der Kontrolle der laufenden Regierungsgeschäfte besteht im Sinne der Analyse Hayeks wenig Hoffnung, daß die grundlegende ordnungspolitische Aufgabe des Staates, die Sicherung und Fortentwicklung eines für alle wünschenswerten Rahmenwerks von Regeln, in erfolgversprechender Weise wahrgenommen werden kann.

Vorschlag zur Reform demokratischer Institutionen

Mit dieser Überlegung schließt sich der Gedankengang der Hayekschen politischen Philosophie, deren Grundelemente hier noch einmal zusammenfassend genannt seien: Es sind zum einen die Betonung des Problems der Wissensnutzung in der Gesellschaft in seiner ‚horizontalen‘ und ‚intertemporalen‘ Dimension, sowie der damit verbundene Gedanke des Zusammenhangs zwischen den Grenzen unserer Vernunft und der Bedeutung von Regeln. Und es ist zum anderen der Gedanke des Zusammenhangs zwischen dem Charakter der Regeln, auf denen unser gesellschaftliches Zusammenleben und -handeln beruhen, und dem Charakter der sich ergebenden Handlungsordnung, ein Gedanke, der sowohl auf die spontane Ordnung von Markt und Gesellschaft Anwendung findet, wie auch auf die Organisationsordnung des Staates.

II.

Weite Bekanntheit als politischer Autor gewann Hayek durch das 1944 zuerst in England und noch im selben Jahr auch in den USA veröffentlichte Buch „Der Weg zur Knechtschaft" [1]. Zwar hatte er sich bereits zuvor als politischer Ökonom einen Namen gemacht, nicht zuletzt durch seine Beiträge zur sogenannten ‚Sozialismusdebatte‘ der dreißiger Jahre [8: 156–267]. Doch markiert „Der Weg zur Knechtschaft" den Beginn seiner Hinwendung zu – über die Fachgrenzen der Ökonomie hinausgehenden – Fragen allgemein politisch-philosophischer Natur. Das Buch, das bereits unmittelbar nach Erscheinen unerwartet großen Erfolg hatte und mittlerweile in eine Vielzahl von Sprachen übersetzt worden ist, war von Hayek weniger als allgemeine theoretische Abhandlung konzipiert, denn als ein politischer Traktat, mit dem er vor von ihm als verhängnisvoll eingeschätzten geistigen Strömungen der Zeit warnen wollte, insbesondere vor Vorstellungen von der Planbarkeit der Gesellschaft, für die er später den Begriff des konstruktivistischen Rationalismus geprägt hat. In nachfolgenden Veröffentlichungen hat Hayek sich dann bemüht, die der Argumentation in „Der Weg zur Knechtschaft" zugrundeliegende klassisch liberale Sichtweise in ideengeschichtlicher und systematischer Hinsicht zu vertiefen und im Zusammenhang darzustellen. Hier sind insbesondere das zuerst 1960 erschienen – und von vielen als sein Hauptwerk betrachtete – Buch „Die Verfassung der Freiheit" [4], sowie die in den siebziger Jahren publizierte dreibändige Studie über „Recht, Gesetzgebung und Freiheit" [6; 8; 12] zu nennen.

Durch die genannten Arbeiten sowie durch eine Vielzahl von Aufsätzen hat Hayek seinen Ruf als einer der führenden Repräsentanten liberaler politischer Philosophie begründet und entscheidend zur Wiederbelebung der geistigen Tradition des angelsächsischen Liberalismus beigetragen [17]. Obschon er keine „Schule" im üblichen Sinne des Wortes begründet hat, ist der Einfluß seines Werks auf die moderne Diskussion um Grundfragen einer freiheitlichen Wirtschafts- und Sozialordnung unverkennbar, ein Einfluß, der – seinen akademischen Lebensweg (Wien, London, Chicago, Freiburg) widerspiegelnd – sowohl im deutschsprachigen wie im angelsächsischen Raum eigenständige Wurzeln hat. So hat Hayek die Entwicklung des deutschen Neo- oder Ordo-Liberalismus ebenso mitgeprägt wie die Entwicklung des Liberalismus der Chicago Schule. In diesem Zusammenhang ist auch seine Initiative zur Gründung (1947) der Mount Pelerin Society zu erwähnen, einer weltweiten Vereinigung von – der klassisch liberalen Tradition verpflichteten – Wissenschaftlern, Journalisten und Politikern, zu deren Mitgliedern Ludwig Erhard, Wilhelm Roepke, Luigi Einaudi, Karl Popper, Milton Friedman, James Buchanan und eine Vielzahl anderer bedeutender liberaler Denker gehören oder gehörten.

Hayeks Beitrag zu einer – ökonomische und rechtliche, allgemein sozialtheoretische sowie philosophische Aspekte verbindenden – Untersuchung grundlegender Fragen der institutionellen Ordnung von Wirtschaft und Gesellschaft wurde 1974 mit der Verleihung des Nobelpreises für Wirtschaftwissenschaften gewürdigt. Die damit verbundene öffentliche Beachtung hat sicherlich zu der deutlichen Zunahme des Interesses an Hayeks Werk beigetragen, die gerade in den letzten eineinhalb Jahrzehnten zu verzeichnen gewesen ist. Dieses zunehmende Interesse, das weit über die Grenzen der Wirtschaftswissenschaft hinausreicht, spiegelt sich nicht zuletzt in der wachsenden Zahl von Publikationen wider, die sich mit dem Hayekschen Denken auseinandersetzen [dazu 15; 16; 17; 19; 22].

Auswahlbibliographie

Eine umfassende Bibliographie der Schriften von F. A. Hayek ist in [17] enthalten. Eine Gesamtausgabe seines Werkes ist zur Zeit in Vorbereitung, von der der erste Band [13] erschienen ist.

A. Schriften von Friedrich August Hayek

1. Der Weg zur Knechtschaft. 3. Aufl. Erlenbach-Zürich 1952 (engl. Erstveröff. 1944).
2. Studies in Philosophy, Politics and Economics. Chicago 1967.
3. Freiburger Studien. Gesammelte Aufsätze. Tübingen 1969.
4. Die Irrtümer des Konstruktivismus und die Grundlagen legitimer Kritik gesellschaftlicher Gebilde, München/Salzburg 1970.
5. Die Verfassung der Freiheit, Tübingen 1971 (engl. Erstveröff. 1960).
6. Die Theorie komplexer Phänomene, Tübingen 1972.
7. Law, Legislation and Liberty. Vol. 1: Rules and Order. London 1973 (Deutsche Übersetzung: München 1978).
8. Individualismus und wirtschaftliche Ordnung. 2. erw. Aufl. Salzburg 1976 (engl. Erstveröff. 1948).
9. Law, Legislation and Liberty. Vol. 2: The Mirage of Social Justice. London 1976 (Deutsche Übersetzung: München 1979).
10. New Studies in Philosophy, Politics, Economics and the History of Ideas, Chicago 1978.
11. Liberalismus. Tübingen 1979.
12. Mißbrauch und Verfall der Vernunft. Ein Fragment. 2. erw. Aufl. Salzburg 1979 (engl. Erstveröff. 1952).
13. Law, Legislation and Liberty. Vol. 3: The Political Order of a Free People. London 1979 (Deutsche Übersetzung: München 1981).
14. The Fatal Conceit. The Errors of Socialism. London 1988.

B. Literatur

15. N. P. Barry, Hayek's Social and Economic Philosophy. London 1979.
16. A. Galeotti, Individualism, Social Rules, Tradition: The case of Friedrich A. Hayek, in: Political Theory 15 (1987) Nr. 2.
17. J. Gray, Hayek on Liberty. Oxford/New York 1984.
18. F. Machlub, Würdigung der Werke von Friedrich August von Hayek. Tübingen 1977.
19. B. Rowland, Ordered Liberty and the Constitutional Framework. The Political Thought of Friedrich A. Hayek. Westport, Conn. 1987.
20. V. Vanberg, Liberaler Evolutionismus oder vertragstheoretischer Konstitutionalismus? Zum Problem institutioneller Reformen bei F. A. von Hayek und J. M. Buchanan. Tübingen 1981.
21. Ders., Spontaneous Market Order and Social Rules. A Critical Examination of F. A. Hayek's Theory of Cultural Evolution, in: Economics and Philosophy 2 (1986) 75–100.

22. R. Zintl, Individualistische Theorien und die Ordnung der Gesellschaft. Untersuchungen zur politischen Theorie von James M. Buchanan und Friedrich A. v. Hayek. Berlin 1983.

Zeittafel

1899   Hayek wird am 8. Mai in Wien geboren.

1917/1918   Artillerie-Offizier der K.u.K. Armee im Ersten Weltkrieg.

1919–1923   Studium der Rechtswissenschaft und der Staatswissenschaft an der Universität Wien (1921 Promotion zum Dr. juris; 1923 Promotion zum Dr. rer. pol.).

1921   Beginn des Kontaktes mit Ludwig von Mises als dessen Mitarbeiter in einer Wiener Regierungsbehörde.

1923/1924   Forschungsaufenthalt in den USA (New York).

1927–1930   Leiter des (von ihm selbst und Ludwig von Mises gegründeten) „Österreichischen Instituts für Konjunkturforschung".

1929–1931   Privatdozent für politische Ökonomie an der Universität Wien.

1931–1950   Professor an der London School of Economics.

1947   Gründung der „Mount Pelerin Society", als deren Präsident er bis 1960 wirkte.

1950–1962   Professor für „Social and Moral Sciences" an der Universität Chicago.

1962   Berufung auf den ehemaligen Lehrstuhl Walter Euckens an der Universität Freiburg im Breisgau, an der er bis zu seiner Emeritierung, 1967, lehrt.

1969   Berufung als Honorarprofessor an die Universität Salzburg.

1974   Verleihung des Nobelpreises für Wirtschaftswissenschaften.

1977   Rückkehr nach Freiburg, wo er seither lebt.

Henning Ottmann

Carl Schmitt

I. Leben und Werke

Carl Schmitt gehört zu den einflußreichsten Juristen und politischen Denkern des 20. Jahrhunderts. Er darf zugleich als einer der umstrittensten Autoren dieser Epoche gelten. Für die einen der Totengräber von Weimar, der „Kronjurist" des Dritten Reiches [Gurian], ein „Zuhälter der Gewalt" [60: v. Krockow] und ein „staatsrechtlicher Diabolus" [89: Sontheimer], ist er für die anderen ein Denker vom Range eines Hobbes oder Machiavelli, „der jüngste Klassiker der Politik" [100: Willms, 577 ff.], der mit solch großen Vorläufern das Schicksal teilt, ebenso einflußreich wie umstritten zu sein.

Der Streit um Carl Schmitt

Carl Schmitt war ein Gelehrter und eine Person der Zeitgeschichte zugleich, und schon seine politische Biographie gibt den Deutern Rätsel auf [39: Benderský; 95: Tommissen, 71 ff.]. Katholik und Anhänger des „Zentrums"; Berater der konservativen Präsidialkabinette Papens und von Schleichers; ein Denker, der sich Hitler „geistig unendlich" überlegen fühlte [99: Wieland, 121] und der mit dem Versuch, den Führer zu führen, ähnlich scheiterte wie Heidegger; abwesend-anwesende graue Eminenz auch noch bundesrepublikanischer Verfassungsgeschichte und politiktheoretischer Diskussionen der Nachkriegszeit bietet die Biographie den Stoff, aus dem Legenden zu weben sind, und die Deuter der Lebensgeschichte stehen vor dem Problem, ob dieser Carl Schmitt ein „Chamäleon" und „Opportunist" [84: Schultes, 12] oder ob er ein Denker war, der sich, in allen Wandlungen, selber treu geblieben ist.

Gelehrter und Person der Zeitgeschichte

Ein Gesicht oder deren viele – eine verbindliche Antwort auf diese Frage haben auch die Deuter des Werkes bis heute nicht gefunden. Occasionell und ohne gemeinsamen Nenner für die einen, ist es für die anderen der klare Fall einer politischen Irrlehre aus einem Guß, und wenn Schmitt einmal als Opportunist oder Dezisionist beliebig möglicher Entscheidungen gilt, so gilt er zum anderen als ein Denker, der auf der schiefen Ebene, sei es des Anti-Marxismus, sei es des Anti-Liberalismus in das totalitäre Verhängnis geglitten sein soll.

Occasionelle Schriften oder Lehre aus einem Guß

Die Entscheidung darüber, wer Carl Schmitt war, wird schließlich durch seinen Denk- und Schreibstil weniger erleichtert als erschwert. Schmitt hat es seinen Lesern leicht, seinen Interpreten schwer gemacht. Sich mit den Grenzen der Fächer nicht bescheidend war er Jurist und politischer Theoretiker in einem,

Fächerübergreifendes Denken

Kulturkritiker und Geschichtsphilosoph, und der nicht geringe Reiz mancher
Schriften dürfte darin liegen, daß sie – dem säkularisierten Geist der Zeit zum
Trotz – noch einmal vorstießen bis zu Theologie und Metaphysik. Geschrieben

Rhetorischer Stil in einem durch und durch rhetorischen Stil sind die Schriften des Carl Schmitt
ein Feuerwerk der Überredungskunst – glänzend und blendend zugleich. Von
der Prägnanz apodiktischer erster Sätze gefesselt (wie „souverän ist, wer über
den Ausnahmezustand entscheidet" etc.) wird der Leser zum willigen Opfer
eines meisterhaften Stilisten, der Begriffsanalysen verbindet mit geistreichen As-
soziationen, Gelehrsamkeit mit einem Sinn für die Macht von Bildern und Mythen. Schmitts Rhetorik gab seinen Texten einen oberflächlich klaren, hintergründig aber verschlüsselten Sinn, und Schmitt hat die Anspielungen und die
verdeckten Zitate, den Vorhang und die Verkleidung geliebt.

Stationen des Wer war Carl Schmitt? Er begann als Kritiker des staatsrechtlichen Positivis-
Denkweges mus (1910–16), wurde Dezisionist und Theoretiker des souveränen Staates der
Neuzeit (1919–32), Nationalsozialist und Lehrer eines „konkreten Ordnungs-
und Gestaltungsdenkens" (1933–36), und als er überzeugt war vom Ende souveräner Staatlichkeit, hat er eine „Großraumtheorie" (1937–50) sowie eine Politik
der technisch-industriellen Welt (1950–78) entworfen. Eine Position oder deren
viele? Ein Spiegel des Jahrhunderts in jedem Fall. Und wenn dieses darin auch
sieht, was es nicht so gerne sieht, so ist dies nicht die Schuld des Theoretikers
allein.

Staatsrechtlicher Antipositivismus und radikale Kulturkritik (1910–16)

Kritik des Schmitts erste Staatstheorie „Der Wert des Staates und die Bedeutung des Einzel-
staatsrechtlichen nen" (1914) war eine Kritik des staatsrechtlichen Positivismus, wie er durch
Positivismus Gerber und Laband begründet worden war. Dieser Positivismus verwechselte
Macht und Recht. Der Staat war nicht „Schöpfer des Rechts" [4: SCHMITT, 46],
sondern „Verwirklicher" des Rechts, und aller staatlichen Rechtsverwirklichung
lag ein „Naturrecht" [4: SCHMITT, 76] voraus.

Dezisionis- Schmitt hatte schon früh, in der Reflexion auf Rechtspraxis und Rechtsver-
mus und wirklichung, eine Art von rechtstechnischem Dezisionismus entdeckt. Wie der
Normativismus ihm in den nächsten Jahren zum Antipoden eines normativistischen Rechtsden-
kens werdende Kelsen trennte Schmitt zwischen Sollen und Sein. Anders als der
Normativismus bestritt er die lückenlose Subsumierbarkeit eines Falls unter Gesetz und Norm. Kein Recht verwirklichte sich selbst. Vom Recht war, wie schon
„Gesetz und Urteil" (1912) nachweisen sollte, die Rechtspraxis und die Entscheidung durch Personen nicht zu trennen.

Überwin- Die erste Staatstheorie des Carl Schmitt geriet in die Spannung von Positivis-
dung des muskritik und Interesse an Rechtsverwirklichung. Das Naturrecht, das dem
Positivismus? Staate vorausliegen sollte, war bereits säkularistisch seiner theologischen Transzendenz und Normativität beraubt, und Schmitt hat die damit aufbrechende
Lücke in der Rechtsbegründung durch einen Autoritarismus staatlicher Rechts-

verwirklichung zu schließen versucht. Der Positivismus war damit wohl nur teilweise überwunden [98: VOLLRATH, 151 ff.; 51: HOFMANN, 32 ff.; 71: NEU-MANN, 34 ff.].

Dem Willen zum Antipositivismus entsprach jedenfalls eine radikale Kritik bestehender Kultur. Sie war – von den Persiflagen der „Schattenrisse" (1913) über die Satire „Die Buribunken" (1917) bis zum Essay über „Däublers ‚Nordlicht'" (1916) – von einer Radikalität, die man mit dem expressionistischen Pathos des Äußersten und Extremen verglichen hat [56: KENNEDY, 233 ff.]. Wie der als Antipode Max Webers lesbare Dichter Däubler [96: ULMEN, 3 ff.] begriff Schmitt die Moderne als Epoche des Transzendenzverlustes, als Kampf des Geistes gegen die vorrückende Welt von Materialismus und Kapital, von Technik und Ökonomie. Es war eine Welt sinnentleerter Funktionalität, in welcher der Aufwand an Mitteln riesig, die Zwecke miserabel sind [5: SCHMITT, 63 ff.].

Radikale Kulturkritik

Dezisionismus und staatliche Souveränität (1919–32)

Schmitts Dezisionismus war zunächst ein rechtstechnischer. Er weitete sich nach 1918 zu einem staatsrechtlichen Dezisionismus souveräner Entscheidung, und er ist, angeregt durch die Lektüre von Kierkegaard, auch ein existenzphilosophischer Dezisionismus geworden. Bei Schmitt wie bei Kierkegaard spielte er hinüber in die Entscheidung des Glaubens, und im Kreis der großen Dezisionisten wie Kierkegaard oder Marx stand Schmitt eher auf der Seite des ersteren. Die Entscheidung war für ihn nicht der ökonomische Klassenkampf und die soziale Revolution. Sie war eine Entscheidung existentieller und letztlich religiöser Art, wobei Schmitt – sich darin unterscheidend auch vom Individualisten Kierkegaard – unter Dezision immer auch den Willen zur politischen Existenz verstand, die Entscheidung über politisches Sein oder Nichtsein eines Volkes.

Dezisionismus

Entscheidung war für Schmitt besser als Nicht-Entscheidung, Dezision besser als Diskussion. Dezision *oder* Diskussion – das wurde für ihn zu einer variierbaren Antithetik, die seine Gegnerschaft gegen Romantik und bürgerliche Politik ebenso umfaßte wie sein eigentümliches Interesse an der Diktatur, und wenn das eine Diskussion war ohne Dezision (Romantik und Liberalismus), so war das andere Dezision ohne Diskussion (Diktatur).

Dezision oder Diskussion

Diskussion ohne Dezision stand für Schmitt hinter der politischen Romantik, die er als „subjektivierten Occasionalismus" begriff [6: SCHMITT, 23]. Nicht die Objekte wie Nacht, Mond, Mittelalter oder diese oder jene Politik machten die Romantik aus. Vielmehr wurde in ihr die Welt Anlaß (occasio) für die ästhetische Produktivität des Subjekts. Dieses konnte demnach so, aber immer auch anders. Romantik war „ewiges Gespräch" (Novalis) und unstillbare Sehnsucht, ewiges Werden und ein Spielen mit nie sich vollendenden Möglichkeiten. Und wenn der Romantiker der Härte der Gegensätze begegnete, so löste er sie, alles mit allem vermittelnd, nur ästhetisch und gefühlsmäßig in einem „höheren Dritten" auf.

Kritik der politischen Romantik

Schmitts polemisches Bild der Romantik, gezeichnet am Beispiel des Novalis, des Fr. v. Schlegel und des als Idealtyp genommenen Adam Müller, nahm die spätere Kritik an der bürgerlichen Politik der Diskussion und des Ausgleichs vorweg. Was an der Romantik Protest war gegen die bürgerliche Welt oder was an ihr Suche war nach Halt in Natur oder Religion, nahm Schmitts Polemik nicht ernst, und Schmitt hat sich die Frage nicht gestellt, ob romantischer Occasionalismus und politischer Dezisionismus nicht feindliche Brüder sind: „subjektivierter Occasionalismus" der eine, „occasionalistischer Dezisionismus" der andere [65: LÖWITH, 100].

„Kommissa-
rische" und
„souveräne"
Diktatur

Dezision ohne Diskussion verkörperte die Diktatur, und Schmitt hat eine umfassende Geschichte des Begriffs geschrieben, reichend vom römischen Konsulat bis zur Gegenwart, bis zur „Diktatur des Proletariats" und bis zu den diktatorischen Elementen der Verfassung von Weimar. „Die Diktatur" (1921) ordnete die historischen Beispiele durch die Unterscheidung zweier Typen. Die „kommissarische" Diktatur – begegnend bei den Römern, bei Bodin, bei den Kommissaren absolutistischer Fürsten oder den Volkskommissaren der Französischen Revolution – war beauftragt durch den pouvoir constitué; ihr Sinn war es, eine Verfassung durch zeitweilige Suspension ihrer Artikel zu bewahren. Dem gegenüber stand die „souveräne" Diktatur, beauftragt durch den pouvoir constituant, und diese sollte, wie die „Diktatur des Proletariats" oder jene der revolutionären Nationalversammlung Frankreichs, eine neue Verfassung an die Stelle einer alten setzen; formal abhängig vom Willen des Auftraggebers, vom Proletariat oder von der französischen Nation, war die „souveräne" Diktatur inhaltlich (wie schon von Sieyès erkannt) nicht eingrenzbar – ein Phänomen unselbständiger Selbständigkeit [8: SCHMITT, 144; 74: PASQUINO, 371ff.].

Problematik der
Unterscheidung

Im Blick auf die Verfassung von Weimar konnte Schmitt deren verfassungsgebende Versammlung eine „souveräne", die Diktatur des Reichspräsidenten nach Art. 48 WRV eine „kommissarische" Diktatur nennen [8: SCHMITT, 240f.]. Problematisch war, was die Unterscheidungen im Falle eines zerbrechenden Verfassungskonsenses zu bedeuten hatten. War im Konfliktfall der „kommissarische" Hüter der Verfassung vielleicht doch „souverän" [51: HOFMANN, 70ff.]? Und wer war denn eigentlich Träger der Souveränität in der „souveränen" Diktatur, die zwischen Kommission und Selbständigkeit schwankte? Der Auftraggeber, der Diktator oder gar beide?

Souveränität
als ungeteilte
Dezision

„Souverän ist, wer über den Ausnahmezustand entscheidet." Der berühmte erste Satz der „Politischen Theologie" (1922) verband Souveränität und extremen Notfall, und souverän war demnach, wer im Extremfall über öffentliche Sicherheit und öffentliches Wohl entschied. Die souveräne Kompetenz wurde zu einer eindeutig ungeteilten und unbegrenzten. Souverän war einer oder keiner, Souveränität ein „Entscheidungsmonopol" [9: SCHMITT, 20], und wer souverän entschied, tat dies kraft reiner Dezision, uneinholbar von Recht und Norm, sich entscheidend im normativen „Nichts" [9: SCHMITT, 42].

Daß eine Entscheidung besser ist als keine, diese Wahrheit gilt um so mehr, je krisenhafter eine Lage ist. Die Verschwisterung von Dezisionismus und Ausnahmezustand war konsequent. Verwunderlicher mußte es sein, wie scharf der Gegensatz von Normativismus und Dezisionismus geworden war. Der Staat, der für Schmitt zunächst „Schöpfer des Rechts" nicht hatte sein sollen, war nun doch eine Art Schöpfer des Rechts geworden. Er schuf die Bedingung der Möglichkeit der Geltung des Rechts. Dieser Dezisionismus wies zurück auf die ersten Theorien absolutistischer Souveränität bei Hobbes und Bodin, auf die autoritäre Entscheidung des princeps legibus solutus, und er war für Schmitt letztlich politischtheologisch begründet, die Souveränität des Staates ein Thema der politischen Theologie.

Neuer Staatsbegriff

Carl Schmitt hat den Ausdruck „politische Theologie" in die Diskussion eingeführt. Darin verbarg sich, was seit Varro „theologia civilis" genannt worden war und was Denker wie Hobbes oder Rousseau dem säkularisierten Staat der Moderne als „Zivilreligion" empfohlen hatten, eine Art Ersatz für den zerfallenen ehemals religiösen Grundkonsens. „Politische Theologie" hatte bei Schmitt jedoch einen eigenen sowie einen mehrfach zu deutenden Sinn. Sie sollte 1. Begriffsgeschichte, 2. Kritik säkularistischer Diesseitsreligionen und 3. Theologie der Politik sein.

Dreifacher Sinn der politischen Theologie

„Alle prägnanten Begriffe der modernen Staatslehre sind säkularisierte theologische Begriffe." [9: SCHMITT, 49]. Einer der berühmten Sätze Schmittscher Theorie. Ihm war zu entnehmen, daß politische Theologie eine Begriffsgeschichte sein konnte: Nachweis der Herkunft politischer Begriffe aus der Theologie, Aufweis der Verwandtschaft, der „Analogien", die zwischen politischen und theologischen Begriffen der Neuzeit bestehen. So entsprachen sich nach Schmitt im 17. Jahrhundert creatio ex nihilo und souveräne Dezision aus dem normativen Nichts, Allmacht Gottes und Omnipotenz des Gesetzgebers, das die Naturgesetzlichkeit durchbrechende Wunder und der die Legalität aufhebende Ausnahmezustand. Und in späteren Jahrhunderten waren solche Analogien in der Ähnlichkeit von Deismus und Rechtsstaat (kein Wunder – kein Ausnahmezustand) oder von Atheismus und verheißener Herrschaftsfreiheit zu finden (ni Dieu – ni maître).

Begriffsgeschichtliche Analogien politischer und theologischer Begriffe

Die Frage war, was die Herkunft der Begriffe und ihre Verwandtschaft bewies. Sie wäre bedeutungslos und politische Theologie nichts als ein Spiel mit „konsequenzloser Analogie" [58: KODALLE, 44 ff.], wenn man die Neuzeit deuten dürfte als eine Epoche vollendeter Säkularisation, als Zeitalter einer Emanzipation, die sich vom theologischen Ursprung vollständig befreit. Politische Begriffe gewännen, wenn dem so wäre, ihren eigenen innerweltlichen Sinn, und theologisch zu erklären wäre da nichts mehr.

„Konsequenzlose Analogie?"

Schmitts politische Theologie erklärte theologisch, und einer Theorie vollendeter Säkularisation oder totaler Emanzipation stellte sie eine Deutung der Neuzeit gegenüber, nach der diese eine noch in ihren radikalsten Säkularisaten theologisch und metaphysisch zu deutende Epoche blieb. Politische Theologie wurde zur Kritik säkularistischer Diesseitsreligionen, und in diesem Sinne war es zu verstehen, wenn Schmitt den Marxismus nicht als Ökonomismus, sondern als

Kritik säkularistischer Diesseitsreligionen

radikalisierte hegelianische Geschichts-Metaphysik gedeutet [11: SCHMITT, 63 ff.]
oder Bakunin den „Theologen des Anti-Theologischen" [9: SCHMITT, 84] genannt
hat.

Theologie der
Politik

Max Weber hatte eine Theologie kapitalistischer Ökonomie gegeben; Schmitt
gab eine Theologie neuzeitlicher Politik [96: ULMEN, 3 ff.]. Diese beschied sich
nicht mit wertneutraler Soziologie. Sie war „Theologie der Politik" [41: BLUMEN-
BERG, 108]. Theologie stand hinter Schmitts Anthropologie, die ausging vom
Dogma der Erbsünde; Theologie stand hinter Schmitts Geschichtsphilosophie,
die eschatologisch und apokalyptisch war [94: TAUBES]; und Theologie stand
hinter dem Dezisionismus, dessen pathetisches Entweder-Oder auf die (alles)
entscheidende Entscheidung des Glaubens verwies. Geschichte war eine dem
Menschen gewährte Frist und Zeit der Entscheidung, und Schmitt hat verschiede-

Der „Aufhalter"

ne politische Denker und politische Mächte danach beurteilt, inwiefern sie „Aufhalter" des Antichrist (im Sinne des Paulinischen Κατέχων, 2. Thess. 2, 6 f.) oder
„Beschleuniger" des Endes, sei es auch „wider Willen" [22: SCHMITT], sein könnten. Ostrom war ein „Aufhalter" gewesen gegenüber dem Islam, Rudolf II. gegenüber der Glaubensspaltung, Hegel und Savigny gegenüber dem Nihilismus [51:
HOFMANN, 220 f.], und gewiß sollte die eigene Theorie eine katechontische sein.

Schmitts politische Theologie ist nicht immer leicht zu trennen von dem, was sie
selbst kritisiert. Theologie kann Politik entlasten, indem sie letzte Fragen Fragen
der Religion sein läßt. Und theologische Politikentlastung liegt dem Christentum
insofern nahe, als sein Ernstfall nicht der politische Ausnahmezustand ist, sondern
das Jüngste Gericht. Christlich besehen ist der Sieg am Ende der Tage sowieso
gewiß, die Entscheidung längst schon gefallen, das Ende extra nos und nicht
verfügbar. Welchen Sinn hat da eine Politik apokalyptischen Entscheidungs-
drucks?

Die römische
Kirche als Com-
plexio Opposi-
torum

Von der für den Christen bereits gefallenen Entscheidung ging Schmitt allein in
seiner Theorie der römischen Kirche aus. Sie war als „complexio oppositorum"
[10: SCHMITT, 11] jedem begrifflichen und politischen Gegensatz gewachsen, und
Schmitt erklärte ihre Politiküberlegenheit aus ihrer Kraft autoritativer „Repräsentation" wie aus der Gewißheit ihrer die Zeiten überdauernden Existenz. Sie mußte
sich nicht entscheiden, weil für sie alles schon entschieden war [10: SCHMITT, 65;
38: BARION, 137].

Politik letzter
Fragen

Was Schmitt der römischen Kirche zuerkannte, hat er der politischen Theologie
verwehrt. Sie war nicht von der längst schon gefallenen Entscheidung, sondern
von der in der Geschichte je noch zu fällenden gedacht, und statt Politik durch
Theologie von letzten Fragen zu entlasten, erweckte sie den Eindruck, als ob es in
der Geschichte dieser Welt um ein theologisch Letztes ging. Politik war für
Schmitt nicht die Kunst der Regelung vorletzter Dinge. Sie wurde zu einer
Entscheidung vom Gewicht letzter Fragen gemacht.

Schmitt konnte nicht anders. Hinter Politik erblickte er stets Theologie und
Metaphysik, und er hat nicht nur den atheistischen Anarchismus und Sozialismus,
sondern – mehr noch – den Liberalismus als einen in gleicher Weise politischen

wie metaphysischen Gegner bekämpft. „Die geistesgeschichtliche Lage des heuti- Die Metaphysik
gen Parlamentarismus" (1923) war vordergründig eine Kritik an der „Überholt- des Liberalismus
heit" parlamentarischer Systeme, hintergründig ein Kampf mit dem Liberalismus,
in dem Schmitt ein „konsequentes, umfassendes, metaphysisches System" erblik-
ken wollte [11: SCHMITT, 45]. Ein „System" lag vor, insofern der Liberalismus die
freie Konkurrenz des Marktes mit jener der Ideen und der Gewalten verband. Von
einem Gegensystem war zu sprechen, da der Liberalismus ein System der Ent-
scheidungsvermeidung, des Kompromisses und der Vertagung war, geeignet, wie
es hieß, nur für Lagen, in denen auf die Frage „Christus oder Barrabas, mit einem
Vertagungsantrag oder der Einsetzung einer Untersuchungskommission zu antworten (war)" [9: SCHMITT, 78].

Für Schmitt wie für den spanischen Theologen der Gegenrevolution, Donoso
Cortés, war die Bourgeoisie die „diskutierende Klasse" (una clasa discutorida).
Der Parlamentarismus der bürgerlichen Staaten hatte sein geistiges Prinzip, seine Kritik des Parla-
„Idee", in „Öffentlichkeit" und „Diskussion" [11: SCHMITT, 43]. „Öffentlichkeit" mentarismus
war die bürgerliche Forderung gewesen gegen die Arcanpolitik der Fürsten,
„Diskussion" das bürgerliche Prinzip der Hoffnung auf die überzeugende Kraft
rationaler Verständigung. Beides war in den modernen Massendemokratien seines
Sinns beraubt. An die Stelle freier Meinungskonkurrenz waren Propaganda und
Techniken der Massenbeeinflussung getreten, an die Stelle rationaler Diskussion
die auf Machtgewinn und Machterhalt gerichtete Parteipolitik, und die Öffentlichkeit politischer Diskussionen war abgelöst worden von einer neuen Geheim-
politik der Verhandlungen hinter verschlossenen Türen. Die Realität des Parlamentarismus entsprach seiner „Idee" nicht mehr.

Manche dieser Argumente gehören heute zum Standardrepertoire der um den Einseitigkeiten
Parlamentarismus besorgten Politikwissenschaft. Irreführend in Schmitts Analyse der Parlamenta-
war der scharfe Kontrast von „Idee" und Realität, hatte der Parlamentarismus rismuskritik
doch nie – nicht einmal im „goldenen Zeitalter" des englischen Parlamentarismus
im 19. Jahrhundert – dem Modell rein rationaler Diskussion entsprochen [53:
JAEGER, 26]. Zu Unrecht klammerte Schmitt Interessenpolitik und Verhandlungen aus dem Begriff des Parlamentarismus aus [49: HABERMAS, 113]. Er unter-
schätzte die sozial-technische Nützlichkeit, die repräsentative und die integrative
Funktion der Parlamente [79: RUMPF, 36ff.], und schließlich hat Schmitt damals
vom Regen in die Traufe geführt, von den Mängeln des Parlamentarismus zu einer
Politik, deren Ehrgeiz die Verbindung von Demokratie und Diktatur gewesen ist.

Die Demokratie – es ist wahr – kann viele Formen haben. Historisch besehen Demokratie und
war sie nicht nur dem Parlamentarismus verbunden. Diese Allianz verdankte sich Diktatur
dem gemeinsamen Kampf gegen die Monarchie. Gefolgt war die Sozial-Demokra-
tie; und der Caesarismus des 19. Jahrhunderts hatte die Verbindung von plebiszitärer Demokratie und Diktatur wieder vor Augen geführt, die seit dem altrömi-
schen Bündnis von plebs und Caesar bekannt gewesen war. „Demokratie" war
nach Schmitts rousseauistischer Definition „Identität von Regierenden und
Regierten" [11: SCHMITT, 35] sowie „Homogenität" [11: SCHMITT, 14], und

die Verbindung von plebiszitärer Demokratie und Diktatur ergab sich durch stillschweigende Zustimmung der Regierten oder durch „Akklamation" [11: SCHMITT, 22].

Demokratie versus Liberalismus

Die Parlamentarismuskritik erweckte den Eindruck, daß der Parlamentarismus überholt sei und von nur noch dekorativem Wert, „als hätte jemand die Heizkörper einer modernen Zentralheizung mit roten Flammen angemalt" [11: SCHMITT, 10]. Die demokratische Willensbildung wurde vergleichgültigt bis zu Akklamation und Plebiszit, nach Schmitt „das demokratische Urphänomen" [12: SCHMITT, 34]. Liberaler Rechtsstaat und Demokratie wurden voneinander getrennt, so als ob Synthesen nicht denkbar und notwendig wären.

Homogenität

Demokratie als „Identität" und „Homogenität" – darunter verstand Schmitt vor 1933 allerdings keine Artgleichheit, sondern eine relativ beliebige Gleichartigkeit. Der Stoff der Homogenität war zu nehmen, wo man ihn fand, und Schmitt erwähnte, daß er ἀρετή und virtus in der Antike, Religion im 17. und Nationalität im 19. Jahrhundert gewesen sei [11: SCHMITT, 14]. An nationale Homogenität hatte er selbst vermutlich am ehesten gedacht. Der nationale Mythos war dem ökonomischen vom Generalstreik (Sorel), dem bolschewistischen vom Proletariat oder auch Theorien „sozialer" Homogenität wie der H. Hellers überlegen [11: SCHMITT, 88], und die Quellen nationaler Homogenität waren vielfältiger Art, konnten in gemeinsamer Sprache, gemeinsamer Geschichte, bewußtem Willen o. a. zu suchen sein [14: SCHMITT 251 f., 73: PASQUINO, 373 ff.].

Rechtstaatlicher und politischer Verfassungsteil

Die Parlamentarismusschrift war polemisch. Gemäßigter klang die „Verfassungslehre" (1928). Der Gegensatz von Liberalismus und Demokratie kehrte auch in ihr wieder. Moderne Verfassungen haben demnach einen rechtsstaatlichen und einen politischen Teil. Der politische handelt von der politischen Existenz eines Volkes, deren moderne Form die Demokratie ist, der rechtsstaatliche von dem, was den Schutz der bürgerlichen Freiheit durch Grundrechte und Gewaltenteilung ausmacht. Die politische Einheit und ihre Form hatte demnach Präponderanz vor dem, was sie rechtsstaatlich beschränkt und hemmt. Unversöhnlich war der Gegensatz beider jedoch nicht. Die „Verfassungslehre" entwarf das Bild einer an die klassische Tradition erinnernden „Mischverfassung", in der die Extreme unbeschränkter Demokratie und absoluter Monarchie jeweils konstitutionell zu beschränken sind [14: SCHMITT, 200 ff.].

Vom Politikmonopol des Staates zum Politischen

Carl Schmitt hatte in den zwanziger Jahren Theorien staatlicher Souveränität begründet. Mit dem „Begriff des Politischen" (1927 ff.) änderte sich seine Position. „Der Begriff des Staates setzt den Begriff des Politischen voraus." Der erste Satz der berühmten Schrift bestritt die traditionelle Gleichsetzung von Politik und Staat. Der Staat hatte das Monopol des Politischen verloren. Zwar gab es ihn noch, und Schmitt hielt, bis er sich Mitte der dreißiger Jahre vom Gegenteil überzeugt haben sollte, die Todesanzeigen für verfrüht, die Marxisten, Syndikalisten oder Pluralismustheoretiker dem Staate ausstellten. Aber das Politische war unendlich weiter geworden als das Staatliche, schloß dieses als eine Möglichkeit unter vielen ein.

Das Politische war nun von jedem Sachgebiet aus erreichbar, gleichgültig ob es sich um Wirtschaft, Kultur, Religion oder Wissenschaft handelte. Sein Kriterium war „die Unterscheidung von *Freund* und *Feind*" [13: SCHMITT, 26]. Sie machte keine Inhaltsangabe über ein Gebiet des Politischen, sie meinte vielmehr ein letztes Unterscheidungsmerkmal, das Kriterien anderer Disziplinen analog sein sollte: Gut und Böse in der Moral, Schön und Häßlich in der Ästhetik, Rentabel und Unrentabel in der Ökonomie.

Die Unterscheidung von Freund und Feind

Gegenüber einem Gebietsmodell des Politischen gab Schmitts Kriterium ein Intensitätsmodell. Wo immer Menschen so intensiv miteinander verbunden oder voneinander getrennt werden, daß es zu Freundschaft oder Feindschaft kommt, da ist das Politische präsent.

Intensitätsmodell des Politischen

Freundschaft und Feindschaft waren als politische Begriffe zu nehmen; der Feind war der „öffentliche" Feind, nicht der private Gegner: hostis (πολέμιος), nicht inimicus (ἐχθρός). Das christliche Liebesgebot verbot die politische Feindschaft nicht, hieß es doch „diligite *inimicos* vestros" (Mt. 5,44) [23: SCHMITT, 29; dagegen 63: LAUFER, 138 ff.]. Der politische Feind war nicht zu lieben, er war allerdings auch nicht zu hassen. Aus der Unhintergehbarkeit des Kriteriums ergab sich folgerichtig, daß der Feind weder eo ipso böse noch häßlich, noch unrentabel zu sein hatte. Er war Feind durch nichts als sein Dasein und Anderssein, „seinsmäßige" Negation der eigenen Existenz, „wirklicher" Feind genannt [13: SCHMITT, 51]. Mit ihm war nötigenfalls um die eigene Existenz zu kämpfen. Politik war Kampf, und der Kampf mehr als eine Konkurrenz um Güter oder Ideen oder irgendein symbolisches Ringen. Der politische Kampf schloß die Möglichkeit der physischen Vernichtung ein. Der Ernst des Ernstfalls war der Tod.

Schmitts „Begriff des Politischen" versuchte den Nachweis zu führen, daß dem Politischen nicht zu entrinnen war. Das Politische war ein Pluriversum, kein Universum; der ein für alle mal Frieden stiftende und die Politik beseitigende Weltstaat war ein Widerspruch in sich. Die Menschheit hatte keinen Feind; auch der Weltstaat beseitigte nicht die Möglichkeit des (Welt-)Bürgerkrieges, und falls dieser einmal für alle Zeiten aus der Welt geschafft sein sollte, wäre der „Weltstaat" kein Staat, sondern eine „Konsum- und Produktionsgenossenschaft" [13: SCHMITT, 50].

Nationalstaat, nicht Weltstaat

Daß mit dem Politischen zu rechnen war, dafür sprach nach Schmitt auch die Anthropologie, die der politische Theologe als „anthropologisches Glaubensbekenntnis" vorgestellt hat [13: SCHMITT, 58]. „Alle echten politischen Theorien" setzten demnach „den Menschen als ‚böse' voraus" [13: SCHMITT, 61]. Dieses ‚Bekenntnis' war nicht moralisch gemeint, sondern theologisch und politisch. „Böse" hieß theologisch „sündhaft", politisch „gefährlich". Der Mensch war dem Menschen ein gefährliches Wesen. Politik und Herrschaft waren unverzichtbar, und der anthropologische Optimismus pazifistischer, anarchistischer, marxistischer oder liberaler Ideologien täuschte darüber nur hinweg.

„Anthropologisches Glaubensbekenntnis"

Im „Begriff des Politischen" erschien noch einmal der Liberalismus als das große Gegensystem. Im Licht der Unentrinnbarkeit des Politischen war er das

Liberalismus und „Entpolitisierung"

unehrliche Geschäft einer Fortsetzung der Politik unter anderem Namen, ein System versuchter Entpolitisierung des Politischen, seiner Verwandlung in „Geist und Geschäft", Ethik und Ökonomie, und dieses „System" liberaler Entpolitisierung läßt sich folgendermaßen fassen [13: SCHMITT, 70ff.]:

Politischer Begriff	ökonomische Entpolitisierung	ethische oder geistige Entpolitisierung
Kampf	Konkurrenz	Diskussion
Staat	Gesellschaft	Menschheit
Volk	Konsumenten/Betriebs- und Arbeitspersonal	Publikum/Öffentlichkeit
Macht und Herrschaft	Kontrolle	Propaganda und Massensuggestion

Die Argumentation des „Begriffs des Politischen" unterstützte der Vortrag „Das Zeitalter der Neutralisierungen und Entpolitisierungen" (1929). Sein Ziel war der doppelte Nachweis, daß weder das Politische noch das Theologische aus der Welt

„Neutralisierung" und Neuzeit

zu schaffen waren. Schmitt entwarf eine Geschichtsphilosophie der Neuzeit, und ihrzufolge war diese eine Geschichte steter „Neutralisierung" wie ebenso steter Wiedererzeugung politischen Streits. Die Zentren geistigen Lebens und politischen Streits, „Zentralgebiete" genannt, werden durch das jeweils folgende neutralisiert: Theologie (16. Jh.) durch rationale Metaphysik (17. Jh.), diese durch Humanitarismus und Moral (18. Jh.), diese durch Ökonomie (19. Jh.), diese wiederum durch Technik (20. Jh.). Mit der Technik schien die Reihe an ein Ende zu kommen, ein „endgültig neutraler Boden" [13: SCHMITT, 89] erreicht. Aber Schmitt hat, anders als der technokratische Konservatismus, von der Technik kein Zeitalter politikneutraler Sachlichkeit und Rationalität erhofft. Die Technik selbst bot keine bestimmte politische Entscheidung, nicht einmal eine für die Neutralität. Auch sie war streitfähig. Entpolitisierung war stets Repolitisierung. Und die wie eine Geschichte der Enttheologisierung klingende Reihe der „Zentralgebiete", auf dem Weg von der Theologie zur Technik, auch sie war keine Geschichte sich vollendender Säkularisation. Denn im Geist der Technik verbarg sich nicht Sachlichkeit, sondern der „Massenglaube eines antireligiösen Diesseitsaktivismus", eine Form säkularistischer Ersatzreligion [13: SCHMITT, 93].

Deutungen des „Begriffs des Politischen"

Keine Schrift des Carl Schmitt wurde mehr diskutiert und mehr kritisiert als der „Begriff des Politischen". War sie das „bürgerliche Manifest" [72: NIEKISCH, 372], die bürgerliche Antwort auf die Klassenkampftheorie [71: NEUMANN, 69f.]? War sie eine Art deutschnationales Gegenstück zum „Principe", gerichtet gegen Versailles und Genf [67: MASCHKE, 132ff.]? War sie nicht eigentlich eine antiliberale Theorie? Reiz und Skandalon der Schrift lagen weniger in ihren konkreten Feindbildern als im Wagnis einer durch alle politischen Strömungen schneidenden fundamentalpolitischen Theorie.

Aristoteles hatte die Polis auf die Freundschaft gegründet. „Der Begriff des Politischen" schien das Gegenteil zu lehren, und der Haupteinwand zahlreicher Kritiker galt dem, was die grundlegende Verkehrung des Politischen sein sollte: der Ausgang vom Primat der Feindschaft, des Krieges und der Außenpolitik [42: BRUNNER, 11; 63: LAUFER; 75: PORTINARO 249ff.]. Das sei so, als ob man eine Ehe „aus der Ehescheidung" begreife [91: STERNBERGER, 21] oder als ob man ausgehe „von der Erschütterlichkeitssphäre der politischen Gebilde, nicht ihrer Zusammenhaltssphäre" [43: BUBER, 241]. „Gar nicht gesehen", so H. HELLER, „ist von Carl Schmitt die Sphäre der innerstaatlichen Einheitsbildung als Politik", und wer sie im Auge habe, müsse sich daran erinnern: „Politik kommt von Polis, nicht von polemos" [50: 37]. Primat von Feindschaft, Krieg, Außenpolitik?

In der Tat, „Der Begriff des Politischen" schwieg sich aus über den Freund. Aber vom Zusammenhalt politischer Einheiten, von Identität und Homogenität, hatte Schmitt anderswo gesprochen, und der „Kern des Politischen" war „nicht Feindschaft schlechthin, sondern die Unterscheidung von Freund und Feind und setzt beides: Freund *und* Feind voraus" [33: SCHMITT, 93]. Für die Erkenntnistheorie des Politischen war der Ausgang von Feindschaft und Krieg primär, insofern mit der „Möglichkeit" des Ernstfalls stets zu rechnen war. Aber der erkenntnistheoretische Primat war bei Schmitt kein ontologischer oder normativer. Der Ausnahmefall war die Ausnahme, nicht die Regel. Das „Kriterium" des Politischen machte keine Zielvorgabe oder Inhaltsangabe, und vom Kriege hieß es ausdrücklich, daß er „durchaus nicht Ziel und Zweck oder gar Inhalt der Politik, wohl aber... die als reale Möglichkeit immer vorhandene *Voraussetzung...*" sei [13: SCHMITT, 34/35]. Erkenntnistheoretischer, nicht ontologischer oder normativer Primat

Die fehlende Normativität der Theorie, ihr Verzicht auf Zweck und Ziel ist freilich seinerseits ein Problem, und man hat dies oft mit dem Schmittschen Existentialismus zu erklären versucht. Nach übereinstimmender Analyse von Löwith, Kuhn oder von Krockow war sein Problem das inhaltsleere Pathos einer „Entscheidung fürs Entschiedensein" [65: LÖWITH, 93ff.; 61: KUHN, 459; 59: VON KROCKOW]. Und man hat darin eine grundlegende Verfehlung des Politischen gesehen, das sich in der Frage nach der „richtigen" Politik und dem politisch Guten erst konstituiert. Kritik des Existentialismus

Leo Strauss freilich hatte in seiner subtilen Kritik am „Begriff des Politischen" dessen verschleierte Moralität entdeckt [zu Schmitt – Strauss, 69: MEIER]. In einer den Ernst des Politischen leugnenden Welt, in der Politik herabsinken konnte bis zur „Unterhaltung" [13: SCHMITT, 54], war Schmitts Lehre eine *„Bejahung* des Politischen" [92: STRAUSS, 114], die vom Respekt für seinen Ernst und von der Achtung für den kämpfenden Gegner geprägt worden war. Den Neutralen, den Liberalen, winke Schmitt beiseite, um „freies Schußfeld zu bekommen" [92: Leo Strauss

STRAUSS, 124]. Der Sinn des „Begriffs des Politischen" erschloß sich dem politischen Theologen Leo Strauss als politisch-theologischer. „Die Polemik gegen den Liberalismus kann... nur den Sinn einer Begleit- oder Vorbereitungsaktion haben: sie soll das Feld freimachen für den Entscheidungskampf zwischen dem ‚Geist der Technizität', dem ‚Massenglauben eines antireligiösen Diesseits-Aktivismus' und – dem entgegengesetzten Geist und Glauben, der, wie es scheint, noch keinen Namen hat" [92: STRAUSS, 124].

Konkretes Ordnungs- und Gestaltungsdenken (1933–36)

Schmitt hat sich nach 1933 dem „Massenglauben" des Nationalsozialismus angeschlossen, und es ist eine Grundfrage der Schmittforschung, wie äußerlich oder innig die Verbindung mit dem Nationalsozialismus war. Liberale und linke Kritiker haben stets eine Kontinuität zwischen den Weimarer Schriften und den Theorien der Jahre nach 1933 hervorheben wollen [46: FIJALKOWSKI; 68: MAUS; 90: STEIL; 37: BALLESTREM]. Aber diese Kontinuitätsthese kann sich nicht stützen auf die persönliche Überzeugung des Carl Schmitt [39: BENDERSKY, 207f.], und sie muß – so sie begründet wird – sich auf sachliche Kontinuitäten beziehen. Schmitt stand zunächst dem politischen Katholizismus und dem „Zentrum" nahe, und er war 1932/33 Berater Papens und von Schleichers, in deren Politik er, bis zur Erarbeitung von konspirativen Notstandsplänen [52: HUBER 33ff.], verwickelt war.

Kontinuität der Theorien vor und nach 1933?

Legalität und Legitimität

Die letzte bedeutende Schrift der Weimarer Jahre „Legalität und Legitimität" (1932) war im Licht dieser Politik zu lesen. Einerseits ein Angriff auf die bloße Legalität der Verfassung und insofern nicht unbedenklich, war sie andererseits ein Appell zur Verhinderung möglichen Mißbrauchs der Legalität zu verfassungswidrigen Zwecken; und Schmitt hat 1932 offen ein mögliches Verbot von KPD und NSDAP diskutiert [16: SCHMITT, 50f.]. Die substantiellen Normen einer Verfassung lassen sich – so die Logik dieser Schrift – nicht bewahren, wenn ein wertneutraler Mehrheitsfunktionalismus nach Belieben schalten und walten darf. Und die Analyse Schmitts machte, im Prinzipiellen zurecht, darauf aufmerksam, daß eine Verfassung, die auch noch sich selbst gegenüber neutral sein soll, ihre legale Selbstaufhebung riskiert.

Von der Kritik der Legalität zur „legalen" Revolution

Schmitt hat damals gegen die positivistische Staatsrechtslehre und die Deutung der Verfassung im Stile von Anschütz protestiert, und die Logik von „Legalität und Legitimität" erscheint heute, wo wir über die Notwendigkeit einer „wehrhaften Demokratie" ausreichend belehrt sind, untadelig zu sein. Ihre Einseitigkeit lag im Blick auf die Mängel des Legalitätssystems allein, und Schmitt hat die nicht weniger großen Gefahren, die eine plebiszitär beschaffte „Legitimität" für eine Verfassung bedeuten kann, nicht bemerkt oder nicht bemerken wollen. In hohem Grade befremdlich ist es, zu sehen, daß der Schmitt, der 1932 den Geist des Art. 76 WRV, der Verfassungsänderungen jeder Art zuließ, angreift und mit Recht angreift, sich 1933 auf exakt diesen Artikel beruft, um die „Legalität" der nationalsozialistischen Revolution zu begründen und damit zu erklären, die Weimarer Verfassung sei – legaliter – abgeschafft und außer Geltung gesetzt [17: SCHMITT, 7].

Schmitt hat sich zwischen 1933 und 1936 um Anschluß an den Nationalsozialismus bemüht, und Artikel wie „Der Führer schützt das Recht" (1934), eine Rechtfertigung der Röhm-Morde, oder „Die deutsche Rechtswissenschaft im Kampf gegen den jüdischen Geist" (1936), ein für sich sprechender Titel, sind zu trauriger Berühmtheit gelangt. War dies Opportunismus oder Konsequenz? Eine Antwort darauf ist nicht leicht zu geben.

Anschluß an den Nationalsozialismus

Leitmotive des Schmittschen Denkens lassen sich nicht verkennen, ob man sie nun eher im Juristischen oder Politischen oder Theologischen sucht. National gesinnt und empört über Versailles und Genf war Schmitt wie viele Zeitgenossen. Und seinen Antiliberalismus und Antimarxismus hat er nach 1933 sicher nicht verbergen müssen. Aber bei der Grundfrage aller Schmitt-Deutung „occasionelles Denken oder Kontinuität" ist eine einfache Antwort nicht zu haben. Wer bloße Occasionalität behauptet, muß die Leitmotive Schmittschen Denkens bis zu einem Dezisionismus verflüchtigen, der sich für alles und jedes entscheiden kann; und wer eine reine Kontinuität erkennen will, muß einen kurzen Weg konstruieren, der vom Antiliberalismus oder Antimarxismus zum Nationalsozialismus führt. Passender scheint es zu sein, von „Kontinuität und Wandlung" [71: NEUMANN] oder, teilweise auch, von mehr Wandel als Kontinuität zu sprechen.

Wandel und Kontinuität der Theorien

Schmitt ließ die eigene Terminologie früherer Jahre zwischen 1933 und 1936 teilweise fallen. So vermied er es sorgfältig, vom nationalsozialistischen Staat als von einer „Diktatur" zu sprechen, wäre doch damit die Frage der Zeitweiligkeit der Ermächtigung und ihrer Beauftragung thematisch geworden; stattdessen übernahm er das spezifische Vokabular von „Führung" und „Artgleichheit" [17: SCHMITT, 41 f.]. Die „Homogenität", die bisher für beliebige „Gleichartigkeit" stand, wurde zur „Artgleichheit", und Schmitt gesellte sich zu den Rassisten und Antisemiten, als deren Gesinnungsgenosse er bis 1933 nicht erkennbar gewesen war.

„Führung" statt Diktatur

„Artgleichheit" statt Gleichartigkeit

Besonders augenfällig war die Verabschiedung des Dezisionismus, der einem „konkreten Ordnungs- und Gestaltungsdenken" wich. An die Stelle dezisionistischer Antithetik trat ein Denken in Drei-Gliederungen. Die politische Ordnung war (statisch) „Staat", (dynamisch) „Bewegung", (unpolitisch) „Volk", und der bis 1932 im Zweifelsfall etatistisch denkende Schmitt teilte nun der „Bewegung" die führende Rolle zu [17: SCHMITT, 12]. Das Rechtsdenken, das bis dahin vor der Alternative „Normativismus" oder „Dezisionismus" stand, wurde triadisch gegliedert: „Normativismus" – „Dezisionismus" – „konkretes Ordnungs- und Gestaltungsdenken". „Gestaltung" war dabei nicht mehr, was die Dezision einmal war. Das Politische wurde, mit Berufung auf Haurious Institutionenlehre, zum Institutionellen [17: SCHMITT, 55 f.]. Die bisher unbeschränkte Dezision erschien als „Ausfluß einer bereits vorausgesetzten *Ordnung*" [18: SCHMITT, 35]. Und vom früher alleinseligmachenden Dezisionismus hieß es, er schwebe in der Gefahr

Vom Dezisionismus zum Ordnungsdenken

„...durch die Punktualisierung des Augenblicks das in jeder großen politischen Bewegung enthaltene ruhende Sein zu verfehlen..." [18: SCHMITT, 8].

Man mag vermuten, daß der Dezisionismus damit nicht völlig beseitigt, sondern nur anders akzentuiert worden war, und Schmitts Dezisionismus hat stets zwischen schon gefallener und noch zu fällender Entscheidung oszilliert. Aber die Entscheidung aus dem „normativen Nichts" war nun institutionell gebunden, und der Spielraum der Dezision ergab sich erst durch die Vagheit der Theorie, die völlig offen ließ, wo das „ruhende Sein" in der „Bewegung" denn war. „Die" Bewegung existierte ja gar nicht, vielmehr eine Konkurrenz nationalsozialistischer Gruppierungen untereinander sowie jener mit den alten Eliten. Und es ist von historischem Interesse, zu fragen, inwieweit nicht gerade die Vagheit der Schmittschen Theorie ein Spiegel des nationalsozialistischen „Behemoth" (F. Neumann) war, seiner Mischung von pluralistischer Anarchie und Willkür des Diktators, von permanentem Ausnahmezustand und zugleich beschworener Ordnung und Substanz.

Schmitt hat den Nationalsozialisten bis 1936 gedient. Im Jahre 1936 wurde er in der SS-Zeitschrift „Das Schwarze Korps" sowie in den „Mitteilungen" des Amtes Rosenberg denunziert: als Katholik, als Freund von Juden, als Gegner der NSDAP in „Legalität und Legitimität" [66: MASCHKE, 186 ff.]. Er verlor die meisten seiner nationalsozialistischen hochschulpolitischen Ämter [deren Liste bei 62: LAUERMANN, 37 f.], blieb aber bis 1945 Professor und preußischer Staatsrat. Was er in den kommenden Jahren des Dritten Reiches schrieb, war ambivalent, changierte zwischen Anpassung und Subversion.

Schmitt wechselte ab 1936 die Themen. Er schwieg über Innenpolitik, und er wandte sich zunächst der Geistesgeschichte, dann mehr und mehr den Problemen des Völkerrechtes zu. Anfang und Ende der souveränen Staatlichkeit, die Geburt des neuzeitlichen Staates und das Ende des jus publicum Europaeum, Schmitt stilisierte sich selbst zum „Freund" und „Bruder" des großen Thomas Hobbes [16: SCHMITT, 11], und so wie dieser der Geburtshelfer des souveränen Staates gewesen war, wollte Schmitt der Diagnostiker seines Endes sein.

Vom „Leviathan" zum Ende des jus publicum Europaeum (1938–1950)

Schmitt wollte der Hobbes des 20. Jahrhunderts sein, und man kann versuchen, seine Lehre als ganze als eine Form hobbesianischer Theorie zu deuten [85: SCHULZ; 79: RUMPF]. Hobbes stand am Anfang souveräner Staatlichkeit der Neuzeit, und Schmitts Theorie hatte sich in Weimar typischer Denkfiguren des Hobbes bedient, des Dezisionismus von „auctoritas non veritas facit legem", der pessimistischen Anthropologie des „homo homini lupus", der Theorie des „Naturzustandes" zwischen den Staaten. Die politische Theologie verband beide Denker, und Schmitt hat in Hobbes sowohl den Schöpfer des weltanschaulich neutralen Staates und den „Vollender der Reformation" [33: SCHMITT, 137 ff.] als auch den Lehrer einer Zivilreligion gesehen, der mit dem „Jesus is the Christ" die

Spiegel des „Behemoth"?

Nationalsozialistische Schmitt-Kritik

Wende zu Geistesgeschichte und Völkerrecht

Schmitt und Hobbes

zivilreligiöse Friedensformel und das unum necessarium gefunden hatte, das die
Politik offen ließ für Transzendenz [vgl. den „Hobbes-Kristall" 13: SCHMITT,
122].

Mit Hobbes, dem geistigen Vater neuzeitlicher Staatlichkeit hatte jedoch auch
der Niedergang des „Leviathans" schon begonnen, und „Der Leviathan in der
Staatslehre des Thomas Hobbes" (1938) behauptete den „Fehlschlag" des großen
Symbols. Mit dem „Leviathan" – von Schmitt vierfach erklärt als sterblicher Gott,
als großer Mensch, als Un-Tier und als Maschine – hatte Hobbes die politisch-
theologische Einheit des Staates, die der konfessionelle Bürgerkrieg zerstört hatte,
durch die „mythische Totalität" des Symbols wieder zu errichten versucht [19:
SCHMITT, 31]. Zugleich aber hatte er im Vorbehalt des Glaubens, in der Trennung
von innerem Glauben (fides) und äußerlichem Bekenntnis (confessio), den „To-
deskeim" gepflanzt, der den „mächtigen Leviathan von innen her zerstört und den
sterblichen Gott zur Strecke gebracht hat" [19: SCHMITT, 86].

*„Fehlschlag"
des Leviathan-
Symbols*

Schmitt sollte sein Buch mit den „Marmorklippen" Jüngers [26: SCHMITT, 11]
vergleichen, obwohl die Distanzierung des Dichters vom Nationalsozialismus
unvergleichlich deutlicher ausgefallen war. Als Zerstörer des Leviathan ließ
Schmitt die jüdischen Denker Spinoza, Mendelssohn und Stahl-Jolson auftreten,
welche durch die Ausweitung der Glaubensfreiheit zu den modernen Freiheiten
des Denkens und des Meinens den Leviathan zerschnitten haben sollten. Zugleich
sprach er im Ton innerer Emigration von der „Überlegenheit des Innerlichen über
das Äußerliche" wie von der „Gegenkraft des Schweigens und der Stille" [19:
SCHMITT, 94 f.]. Man konnte lesen, der Staat des Hobbes war mechanistisch tot
und nicht total genug; man konnte ebenso hören, daß dieser Staat ein bürgerlicher
Rechtsstaat gewesen sei, eine berechenbare Staatsmaschine, ein gegen die indirek-
ten Gewalten der Kirchen und Interessengruppen gerichtete potestas directa,
gegründet auf die Relation von Schutz und Gehorsam, und darin mochte ebenso
eine Kritik stecken am nationalsozialistischen „Behemoth", der dies alles nicht
war [78: ROTTLEUTHNER, 255 f.].

*Zwischen
Anpassung und
innerer
Emigration*

Der Erinnerung an die Geburt des neuzeitlichen Leviathan aus dem Geist der
Hobbesschen Philosophie folgte die Diagnose seines Endes im Zeitalter des
Verlustes souveräner Staatlichkeit. Schmitt verzichtete ab 1939 auf die völker-
rechtliche Kategorie des souveränen Nationalstaates, und er ersetzte diese durch
eine Lehre von „Reich" und „Großraum", die sich in zweideutiger Nähe zur
Politik der Zeit befand. Einerseits begleitete sie den Imperialismus des Dritten
Reiches, andererseits war der „Großraum" bei Schmitt nicht der rassistisch oder
völkisch gedachte „Lebensraum" der Nationalsozialisten [48: GRUCHMANN].
„Artgleichheit" und Rassismus spielten keine Rolle mehr. „Großraum" war eine
Kategorie „geschichtlicher Legitimität" [51: HOFMANN, 198 ff.], die dem Ende des
alten Europa und der Heraufkunft einer neuen Weltordnung Rechnung trug.

*Vom „souve-
ränen" National-
staat zum Groß-
raum des
20. Jahrhunderts*

Die alteuropäische Staatenordnung war am Ende. Der „Großraum" war, so
oder so, sei es als „Großwirtschaftsraum", sei es als militärtechnischer Großraum,
sei es als Raum eines völkerrechtlichen Universalismus, die neue Ordnung der Zeit

*Das Ende souve-
räner Staatlich-
keit im völker-
rechtlichen Uni-
versalismus*

(„Völkerrechtliche Großraumordnung...", 1939). Seit dem Eintritt der USA in den Ersten Weltkrieg, mit Versailles, Genf und Kellog-Pakt war das alteuropäische Völkerrecht gleichberechtigter souveräner Nationalstaaten einem Universalismus des Völkerrechts gewichen. Galt bis dahin die aequalitas der Souveräne, das „par in parem non habet jurisdictionem", der politisch gehegte Duellkrieg, der justus hostis (nicht die justa causa), so vollzog sich mit dem Übergang zum Universalismus des Völkerrechts die „Wendung zum diskriminierenden Kriegsbegriff" [20: SCHMITT]. Der Feind verwandelte sich zum Verbrecher und Kriminellen, internationale Gerichte entschieden über Schuld oder Nicht-Schuld, und wie damit aequalitas und justus hostis aufgehoben worden waren, so war auch die Möglichkeit klassischer Neutralität dahin. Wie bleibt man „neutral" gegenüber einem Feind, der ein Verbrecher sein soll?

Interventionsverbot für raumfremde Mächte

Die Großraum-Theorie – geprägt von nostalgischer Erinnerung an ein verklärtes Zeitalter souveräner Staatlichkeit – zog im Blick auf die Gegenwart eine zweideutige Konsequenz. Ihre Kritik des Universalismus galt vor allem den USA, deren Monroe-Doktrin mit dem Eintritt in den Ersten Weltkrieg endgültig von Isolationismus in Interventionismus umgeschlagen war; die USA beanspruchte ein „Interventionsverbot für raumfremde Mächte" kombiniert mit einem global gewordenen Interventionsanspruch. Auf der anderen Seite bediente sich Schmitt selbst einer Art deutscher Monroe-Doktrin, die, unter Verzicht auf den „diskriminierenden" Kriegsbegriff, das Interventionsverbot für raumfremde Mächte auch für den von Deutschland beherrschten Großraum in Anspruch nahm.

Land und Meer

„Land und Meer" (1942) weitete den Weltkonflikt der Mächte zu einer Theorie der neuzeitlichen Raumordnung überhaupt. Sie war demnach eine Ordnung gewesen, die auf den Unterschied von Landmächten und Seemächten gegründet war und die ihre konkrete Form im Gleichgewicht zwischen den Kontinentalmächten und der Seemacht England gefunden hatte. Raumhoheit der Landmächte und gehegter Krieg auf dem Kontinent, freies Meer und ungehegter Krieg einer Seemacht, die Unterschiede des Völkerrechts wiesen auf Land und Meer zurück. Auch diese Ordnung war in ihrem Gleichgewicht aus der Balance geraten, die kommende Ordnung ungewiß, da Technik und Industrie die Raumvorstellung revolutionierten und aus dem nach Land und Meer geordneten Raum „ein Kraftfeld menschlicher Energie, Aktivität und Leistung" geworden war [23: SCHMITT, 106].

Nomos der Erde

Den systematischen Abschluß der Großraum-Theorie bildet die 1950 erschienene Schrift „Der Nomos der Erde". In ihr nahm Schmitt den Begriff des „νόμος" in seiner archaischen Bedeutung als Grundbegriff für die Hegung eines Raumes, für den Zusammenhang von Recht und Raum, von Ordnung und Verortung allen Rechts. Die Geschichte bisheriger Weltordnung war demnach eine der Raumordnungen gewesen, Recht und Politik bestimmbar durch die Urakte von „nehmen", „teilen" und „weiden" [29: SCHMITT, 489 ff.]. Sie hatten zu vorglobalen Raumordnungen vor der Neuzeit, zu globalen in der Neuzeit geführt. Letztere waren zunächst eurozentrisch wie die ersten großen Teilungslinien zwischen Alter und

Neuer Welt (raya, amity line). Sie wurden im 20. Jahrhundert abgelöst durch die Hemisphären-Bildung, den Gegensatz von Ost und West. Und mit jeder neuen Form der Hegung des Raums ergab sich ein je anderer Sinn von Teilung und Krieg, den das folgende Schema veranschaulicht.

NOMOS DER ERDE (NEUZEIT)

	Globale Linie	Teilung	Krieg	Sinn
Eurozentrische Globalität	Raya	christliches Mutterland/Missionsgebiet	Missionskrieg	distributiv
	Amity Linie	europäische Flächenstaaten/ außereuropäischer „freier" Raum	in Europa gehegt/außerhalb Europas ungehegt	agonal
Hemisphären-Bildung	Hemisphärenlinie	West/Ost	diskriminierender Krieg	Interventionsverbot für raumfremde Mächte (im eigenen Raum) gepaart mit Interventionismus (im fremden Raum)

Das Politische in der technischen Welt (1950–1978)

Wie schon „Land und Meer" so ließ „Der Nomos der Erde" die zukünftige Ordnung des Raumes im dunkeln. Bei Schmitt, der schon 1929 die Technik als Zentralgebiet des 20. Jahrhunderts an das Ende bisheriger „Neutralisierungen" der Neuzeit gestellt hatte, setzte sich mehr und mehr die Einsicht durch, daß „Technisierung und Industrialisierung... heute das Schicksal unserer Erde geworden" sind [31: SCHMITT, 155]. Mit Technik und Industrie traten den Raum überwindende, radikal entortende Mächte auf den Plan, deren politische Hegung noch nicht abzusehen war. *(Raumordnung und raumlose Technik)*

Was das Ende der alten Staatlichkeit im Zeitalter der Technik bedeutete, hat „Die Theorie des Partisanen" (1963) zu zeigen versucht. Der Partisan wurde für Schmitt zur Symbolfigur des 20. Jahrhunderts, wie Lenin oder Mao, wie Giap *(Partisan und „tellurische" Legitimität)* oder Che Guevarra von weltgeschichtlicher Symbolkraft. Was bewies das Ende des Duellkrieges und des justus hostis mehr als der politisch gewordene Kämpfer, der gegen koloniale Unterdrückung für nationale Befreiung oder die proletarische Weltrevolution stritt? Schmitt sprach ihm „tellurische Legitimität" zu. Er hatte seine Berechtigung als einer, der noch für ein Stück Erde kämpfte, „einer der letzten Posten der Erde" war [33: SCHMITT, 74].

Partisan und technische Welt
Dieser Partisan war mehrfach bedroht: durch den „interessierten Dritten", der ihn im Stellvertreterkrieg verheizt; durch totalitäre Ideologien, die den Kampf um ein Stück Erde durch raumlose absolute Weltanschauungen pervertieren; durch die Technik schließlich, die den Partisan beseitigen kann, wie einen Hund, der „von der Autobahn verschwindet" [33: SCHMITT, 80]. Schmitts „Partisan" ähnelte in manchen Zügen dem geistig-politischen Partisanen aus Jüngers „Waldgang" (1957). Auch schien Schmitt dem Gedanken eines postmodernen Öko-Partisanen manchmal nahe zu sein, wenn er vom „Industriepartisanen" [33: SCHMITT, 80] sprach. Unter dem „Kosmospartisanen" [33: SCHMITT, 83] hat Schmitt allerdings sehr konkret den Astronauten verstanden, der mit dem Pflanzen einer Fahne auf dem Mond kosmische Raumnahmen und Teilungen auch der kosmischen Räume angekündigt hat.

Drei Feind-begriffe
„Feind" jedenfalls war mit dieser Schrift ein mindestens dreifach zu deutender Begriff geworden. Der „absolute Feind" einer Rassen- und Klassenfeindschaft war zu unterscheiden vom „relativen" oder „konventionellen" Feind des alteuropäischen Völkerrechts, beide vom „wirklichen Feind" des Partisanen, der als Eindringling in fremde Erde legitim zu bekämpfen war.

Nicht-Erledigung der politischen Theologie
In Schmitts letztem größeren Werk, in der „Politischen Theologie II" (1970), trat noch einmal hervor, was der mal enthüllte, mal verborgene Hintergrund Schmittschen Denkens war: der Glaube an die Unüberwindbarkeit der Theologie. Politische Theologie war nicht „erledigt", weder durch Petersons These von ihrem Ende seit dem Konzil von Nicea, noch durch augustinische Zwei-Reiche-Lehre (H. Maier), noch durch Szientismus (Topitsch), noch durch eine Theologie, die den theologischen Konservatismus verurteilt, aber eine Theologie der Revolution oder Befreiung nicht für ausgeschlossen hält (Metz, Feil).

Politische Theologie blieb für Schmitt der Schlüssel zum Verständnis der Neuzeit. Die Kontroverse Schmitt-Blumenberg – vieldiskutiert [z. B. 93: TAUBES] – verschärfte die Frage nach dem, was die Neuzeit war, auf die Alternative von *Legitimität und Legalität der Neuzeit* „Legitimität" (Blumenberg) oder „Legalität" (Schmitt). Für Blumenberg war die Neuzeit legitime Selbstbehauptung des Subjekts, berechtigte Entfesselung der theoretischen Neugier, kein Abfall vom Ursprung. Für Schmitt war die Neuzeit „gesetzmäßig" (legal), nicht schon „rechtmäßig" (legitim). Wie es ihre Autokomposite von Selbst-Behauptung und Selbst-Erhaltung, von Selbst-Begründung und Auto-Nomie verrieten, war sie geprägt durch die Metaphysik einer hybriden Selbst-Ermächtigung, für die es keinen Ursprung, sondern nur noch Emanzipation, kein „ovum", nur noch „novum" gab [35: SCHMITT, 114]. Das Neue wurde in der Neuzeit dem Alten Feind, und die Freund-Feind-Lehre weitete sich zum metaphysischen Dualismus der Neuzeit selbst, der neu-gnostisch als Kampf von Alt und Neu, von bösem Vater und gutem Sohn oder stasiologisch als Aufruhr im „Einen", jedenfalls metaphysisch und politisch-theologisch zu deuten war.

Schmitt hat sich, im Rückblick auf sein Leben, mit dem „Benito Cereno" des Melville verglichen, der vom Besucher des Sklavenschiffes für dessen Kapitän gehalten wird, obwohl auf diesem schon die Sklaven das Kommando führen [26: SCHMITT, 75]. Anspielend auf ein Werk des Freundes Konrad Weiß hat er sich den „schlechten, unwürdigen und doch authentischen Fall eines *christlichen Epimetheus*" genannt [26: SCHMITT, 12]. Gegenüber Kempner, der ihn in Nürnberg verhörte, hat er versichert, er habe nur „eine Diagnose gestellt" [99: WIELAND, 110]. Was er über sich selbst nach 1945 zu sagen hatte, war wenig, allzuwenig. Es wurde der Rolle, die er zu spielen versucht hatte, in keinem Fall gerecht. Selbst-Recht-fertigungen

Gleichwohl: Darf man Carl Schmitt allein aus der Perspektive jener drei Jahre deuten, in denen er Anwalt des Unrechts war? Er hat 68 Jahre publiziert, von 1910 bis 1978. Seine Theorien waren oft nicht besser als das Jahrhundert, zu dem sie gehören. Aber liest man nicht Hobbes, Machiavelli oder Bodin, gleichgültig worin ihre aktuelle politische Verstrickung bestand? Ein Klassiker wie diese Denker, das ist Schmitt für viele seiner Kritiker freilich nicht gewesen, und man wird das Urteil „Klassiker oder Nicht-Klassiker" kommenden Generationen zu überlassen haben. Bis dahin dürfte es nicht falsch sein, Wahrheiten dort aufzulesen, „wo sie zu finden sind" [77: QUARITSCH, 21].

II. Wirkungsgeschichte und Stand der Forschung

Die Wirkungsgeschichte Schmittscher Ideen ist noch nicht geschrieben, und ihre Deutung ist so umstritten wie das Werk. Kurzerhand läßt sie sich teilen in Rechts-Schmittianismus, Links-Schmittianismus und einen Schmittianismus der Mitte.

Rechtsschmittianer waren die juristischen Schüler der ersten Generation wie Ernst Forsthoff, Ernst Rudolf Huber oder Werner Weber, deren Theorien auch für juristische und für politisch-theoretische Nachkriegsdiskussionen (wie FORST-HOFFS „Staat der Industriegesellschaft", ²1971) von Bedeutung gewesen sind. Rechtsschmit-tianismus

„Links-Schmittianismus" ist eine umstrittene Kategorie. Zwar läßt sich nicht leugnen, daß Schmittsche Theorien von Einfluß waren für Walter Benjamin [80: RUMPF, 37 ff.], Otto Kirchheimer, Franz Neumann und Jürgen Habermas. Aber der Versuch von Ellen Kennedy, die Frankfurter Schule ihres verschwiegenen Links-Schmittianismus zu überführen, ist, im Namen der andersgearteten politischen Zielsetzungen, vehement bestritten worden [56: KENNEDY, 380 ff.; 88: SÖLLNER, 502 ff.; 76: PREUSS, 400 ff.; 54: JAY, 542 ff.]. Linksschmit-tianismus?

Schmittianismus der Mitte – auch eine solche Klassifizierung scheint angesichts des antiliberalen Schmitt ein Widerspruch in sich zu sein, und die Schmitt-Kritik der normativen Politikwissenschaft der Nachkriegszeit (Sternberger, Sontheimer, v. Krockow u. a. m.) schloß eine Versöhnung von Schmittscher Theorie und libe- Schmittianismus der Mitte ralem Verfassungsstaat aus. Angesichts Schmittscher Einflüsse auf das Grundgesetz der Bundesrepublik Deutschland (konstruktives Mißtrauensvotum, Sicherung des Kernbestandes der Verfassung etc.) ist jedoch jüngst nach dem „Vater der Verfassungsväter" gefragt worden [64: Lietzmann, 107 ff.; 70: Mussgnug 517 ff.; 24, 25: Dr. Haustein (alias Schmitt), 117 ff.]. Die Rezeption Schmittscher Ideen in der Soziologie (Schelsky), der Geschichtswissenschaft (Koselleck, Chr. Meier), der Rechtswissenschaft (Böckenförde) und der Philosophie (Blumenberg, Lübbe, Spaemann) läßt sich mit einem Rechts-Links-Schematismus wohl kaum noch erfassen. Schmitt wurde seit 1945 – auch – „liberal rezipiert" (Lübbe).

Phasen der
Schmitt-
Rezeption

Die Schmitt-Rezeption schwankt zwischen Repulsion und Attraktion. Auf die anspruchsvolle Aneignung und Kritik Schmittscher Lehren bis 1933 trat nach Schmitts Anpassung an den Nationalsozialismus die den politischen Gegner bekämpfende Kritik, sei es im Namen des Marxismus, sei es im Namen der normativen Politikwissenschaft, der Carl Schmitt und Max Weber als ihre großen Antipoden galten. Auch heute ist eine Diskussion über Carl Schmitt für Streit immer gut, und die Kontroversen lesen sich oft wie ungewollte Demonstrationen der Lehre von Freund und Feind. Auf der anderen Seite hat die Rezeption allmählich auch zu Formen nüchterner Deutung gefunden, und sie hat neben dem stets diskutierten Juristen Schmitt den politischen Denker (z. B. Hofmann, Neumann) und den politischen Theologen (Blumenberg, Kodalle, Beneyto, H. Meier) auf neue Weise erschlossen.

Zur älteren Rezeption in Japan [81: Shiyake, 49 ff.], Frankreich (Freund) und vor allem in Spanien [40: Beneyto] gesellt sich neuerdings das in Italien enorm gewachsene, oft marxistisch inspirierte Interesse an Schmitt [44: Campi; 45: Duso]. Und mit den Studien von Schwab, Bendersky, Kennedy und Ulmen hat im angelsächsischen Raum eine liberale Schmitt-Rezeption gerade begonnen [87: Schwab, 447 ff.].

Auswahlbibliographie

A. Bibliographien

P. Tommissen, Bibliographie, in: Festschrift für Carl Schmitt zum 70. Geburtstag, H. Barion/E. Forsthoff/W. Weber (Hrsg.), Berlin 1959, 273–330.
Ders., Ergänzungsliste zur Bibliographie, in: Epirrhosis. Festgabe für Carl Schmitt zum 80. Geburtstag, H. Barion / E.-W. Böckenförde / E. Forsthoff / W. Weber, Berlin 1968, Bd. II, 739–778.
Ders., Fortsetzungsliste zur Bibliographie, in: Ders., Over en in zake Carl Schmitt, Brüssel 1975, 127–166.

DERS., Zweite Fortsetzungsliste, in: Miroir de Carl Schmitt. Mélanges offerts à Carl Schmitt à l'occasion de son quatre-vingt-dixième anniversaire, in: Cahiers Vilfredo Pareto. Revue européenne des sciences sociales 16 (1978) 187–238.

B. SCHRIFTEN UND AUFSÄTZE VON CARL SCHMITT (AUSWAHL)

1. Über Schuld und Schuldarten. Eine terminologische Untersuchung, Breslau 1910.
2. Gesetz und Urteil. Eine Untersuchung zum Problem der Rechtspraxis, Berlin 1912, München 1969.
3. Johannes Negelinus Mox Doctor, Schattenrisse, Berlin 1913.
4. Der Wert des Staates und die Bedeutung des Einzelnen, Tübingen 1914.
5. Theodor Däublers ,Nordlicht' – Drei Studien über die Elemente, den Geist und die Aktualität des Werkes, München 1916.
6. Politische Romantik, München-Leipzig 1919, ²1925.
7. Die Buribunken, in: SUMMA (1918) 89–106.
8. Die Diktatur. Von den Anfängen des modernen Souveränitätsgedankens bis zum proletarischen Klassenkampf, München-Leipzig 1921, ²1928, ³1969, zit. nach ⁴1978.
9. Politische Theologie. Vier Kapitel zur Lehre von der Souveränität. München-Leipzig 1922, ²1934, Berlin ³1979, zit. nach ²1934.
10. Römischer Katholizismus und politische Form, Hellerau 1923, München ²1925, zit. nach Stuttgart ³1984.
11. Die geistesgeschichtliche Lage des heutigen Parlamentarismus, München-Leipzig 1923, ²1926, zit. nach Berlin ⁵1979.
12. Volksentscheid und Volksbegehren. – Ein Beitrag zur Auslegung der Weimarer Verfassung und zur Lehre von der unmittelbaren Demokratie, Berlin-Leipzig 1927.
13. Der Begriff des Politischen, in: Archiv für Sozialwissenschaft und Sozialpolitik 58 (1927) 1–33, Berlin 1928, München-Leipzig 1932, Hamburg 1933, zit. nach der Neuausgabe der Auflage von 1932, Berlin 1963.
14. Verfassungslehre, München-Leipzig 1928, zit. nach Berlin ⁶1983.
15. Die Wendung zum totalen Staat (1931), in: Ders., Positionen und Begriffe im Kampf mit Weimar – Genf – Versailles 1923–1939, Hamburg 1940, 146–158, Reprint Berlin 1980.
16. Legalität und Legitimität, München-Leipzig 1932, zit. nach Berlin 1968.
17. Staat, Bewegung, Volk. Die Dreigliederung der politischen Einheit, Hamburg 1933, ²1934, ³1935, zit. nach ²1934.
18. Über die drei Arten des rechtswissenschaftlichen Denkens, Hamburg 1934.
19. Der Leviathan in der Staatslehre des Thomas Hobbes. Sinn und Fehlschlag eines politischen Symbols, Hamburg 1938, zit. nach Köln 1982.

20. Die Wendung zum diskriminierenden Kriegsbegriff, München-Leipzig 1938.

21. Völkerrechtliche Großraumordnung mit Interventionsverbot für raumfremde Mächte – Ein Beitrag zum Reichsbegriff im Völkerrecht, Berlin-Wien-Leipzig 1939, ²1940.

22. Beschleuniger wider Willen oder: Die Problematik der westlichen Hemisphäre, in: Das Reich 19. April 1942.

23. Land und Meer. Eine weltgeschichtliche Betrachtung, Leipzig o.J. (1942), Stuttgart ²1954, zit. nach Köln 1981.

24. Dr. Haustein, Gegenwartsfragen der Verfassung (1949), in: Carl Schmitt und die Liberalismuskritik, K. Hansen / H. Lietzmann (Hrsg.), Opladen 1988, 171–175.

25. Dr. Haustein, Das Grundgesetz der Bundesrepublik Deutschland (1949/50), in: Carl Schmitt und die Liberalismuskritik, K. Hansen / H. Lietzmann (Hrsg.), Opladen 1988, 175–195.

26. Ex captivitate salus. Erfahrungen der Zeit 1945/47, Köln 1947.

27. Donoso Cortés in gesamteuropäischer Interpretation. Vier Aufsätze, Köln 1940, Berlin ²1974.

28. Der Nomos der Erde im Völkerrecht des Jus Publicum Europaeum, Köln 1950, Berlin 1974.

29. Nehmen/Teilen/Weiden (1953), in: Verfassungsrechtliche Aufsätze aus den Jahren 1924–1954, Berlin 1958, zit. nach Berlin ³1985, 489–505.

30. Gespräch über die Macht und den Zugang zum Machthaber, Pfullingen 1954.

31. Die geschichtliche Struktur des heutigen Weltgegensatzes von Ost und West. Bemerkungen zu Ernst Jüngers Schrift ‚Der gordische Knoten‘, in: Freundschaftliche Begegnungen. Festschrift für Ernst Jünger zum 60. Geburtstag, Frankfurt 1955, 135–167.

32. Hamlet oder Hekuba. Der Einbruch der Zeit in das Spiel, Düsseldorf-Köln 1956, Stuttgart 1985.

33. Theorie des Partisanen. Zwischenbemerkung zum Begriff des Politischen, Berlin 1963, zit. nach ²1975.

34. Die vollendete Reformation. Zu neuen Leviathan-Interpretationen (1965), zit. nach Nr. 19, 137–178.

35. Politische Theologie II. Die Legende von der Erledigung jeder Politischen Theologie, Berlin 1970.

C. Literatur

36. H. Ball, Carl Schmitts politische Theologie (1924), in: Der Fürst dieser Welt. Carl Schmitt und die Folgen, J. Taubes (Hrsg.), München 1983, 100–117.

37. K. GRAF BALLESTREM, Carl Schmitt und der Nationalsozialismus, in: Nürnberger Blätter Nr. 10 und 11, 7–8 und 14–15.

38. H. BARION, Kirche oder Partei? Römischer Katholizismus und politische Form, in: Der Staat 4 (1965) 131–176.

39. J. BENDERSKY, Carl Schmitt. Theorist for the Reich, Princeton 1983.

40. J. M. BENEYTO, Politische Theologie als politische Theorie. Eine Untersuchung zur Rechts- und Staatstheorie Carl Schmitts und zu ihrer Wirkungsgeschichte in Spanien, Berlin 1983.

41. H. BLUMENBERG, Die Legitimität der Neuzeit, zit. nach Frankfurt 1988.

42. O. BRUNNER, Land und Herrschaft, Baden u. a. 1939.

43. M. BUBER, Die Frage an den Einzelnen, in: Ders., Dialogisches Leben, Zürich 1947, 187–257.

44. A. CAMPI, Sulla fortuna italiana di Carl Schmitt, 1924–1984, in: La Nottola 3 (1984) 55–78.

45. G. DUSO, La politica oltre lo stato: Carl Schmitt, Venezia 1981.

46. J. FIJALKOWSKI, Die Wendung zum Führerstaat. Ideologische Komponenten in der politischen Philosophie Carl Schmitts, Köln-Opladen 1958.

47. J. FREUND, L'essence du politique, Paris 1965.

48. L. GRUCHMANN, Nationalsozialistische Großraumordnung. Die Konstruktion einer „deutschen Monroe-Doktrin", Stuttgart 1963.

49. J. HABERMAS, Die Schrecken der Autonomie. Carl Schmitt auf englisch, in: Ders., Eine Art Schadensabwicklung, Frankfurt 1987, 101–115.

50. H. HELLER, Politische Demokratie und soziale Homogenität, in: Ders., Probleme der Demokratie, Berlin 1928, 35–47.

51. H. HOFMANN, Legitimität gegen Legalität. Der Weg der politischen Philosophie Carl Schmitts, Neuwied 1964.

52. E. R. HUBER, Carl Schmitt in der Reichskrise der Weimarer Endzeit, in: Complexio Oppositorum. Über Carl Schmitt, H. Quaritsch (Hrsg.), Berlin 1988, 33–51.

53. W. JAEGER, Öffentlichkeit und Parlamentarismus, Stuttgart 1973.

54. M. JAY, Les extrêmes ne se touchent pas. Eine Erwiderung auf Ellen Kennedy: Carl Schmitt und die Frankfurter Schule, in: Geschichte und Gesellschaft 13 (1987) 542–558.

55. M. KAUFMANN, Recht ohne Regel? Die philosophischen Prinzipien in Carl Schmitts Staats- und Rechtslehre, Freiburg-München 1988.

56. E. KENNEDY, Carl Schmitt und die „Frankfurter Schule", in: Geschichte und Gesellschaft 12 (1986) 380–419.

57. DIES., Politischer Expressionismus. Die kulturkritischen und metaphysischen Ursprünge des Begriffs des Politischen von Carl Schmitt, in: Complexio Oppositorum. Über Carl Schmitt, H. Quaritsch (Hrsg.), Berlin 1988, 233–253.

58. K.-M. KODALLE, Politik als Macht und Mythos. Carl Schmitts „Politische Theologie", Stuttgart u. a. 1973.

59. CHR. GRAF V. KROCKOW, Die Entscheidung. Eine Untersuchung über Ernst Jünger, Carl Schmitt, Martin Heidegger, Stuttgart 1958.

60. DERS., Fragebogen der FAZ vom 18. 4. 1986.

61. H. KUHN, Politik, existenzphilosophisch verstanden. Eine Auseinandersetzung mit Carl Schmitts „Der Begriff des Politischen" (1933), in: Ders., Der Staat, München 1968, 447–460.

62. M. LAUERMANN, Versuch über Carl Schmitt im Nationalsozialismus, in: Carl Schmitt und die Liberalismuskritik, K. Hansen/H. Lietzmann (Hrsg.), Opladen 1988, 37–53.

63. H. LAUFER, Das Kriterium politischen Handelns. Versuch einer Analyse und konstruktiven Kritik der Freund-Feind-Unterscheidung auf der Grundlage der Aristotelischen Theorie der Politik. Zugleich ein Beitrag zur Methodologie der Politischen Wissenschaften, Frankfurt 1961.

64. H. LIETZMANN, Vater der Verfassungsväter? – Carl Schmitt und die Verfassungsgründung in der Bundesrepublik Deutschland, in: Carl Schmitt und die Liberalismuskritik, K. Hansen/H. Lietzmann (Hrsg.), Opladen 1988, 107–119.

65. K. LÖWITH, Der occasionelle Dezisionismus von Carl Schmitt (1935), in: Gesammelte Abhandlungen. Zur Kritik der geschichtlichen Existenz, Stuttgart 1960, 93–126.

66. G. MASCHKE, Zum „Leviathan" von Carl Schmitt, zit. nach Nr. 19, 179–244.

67. DERS., Der Tod des Carl Schmitt. Apologie und Polemik, Wien 1987.

68. I. MAUS, Bürgerliche Rechtstheorie und Faschismus. Zur sozialen Funktion und aktuellen Wirkung der Theorie Carl Schmitts, München 1976, ²1980.

69. H. MEIER, Carl Schmitt, Leo Strauß und „Der Begriff des Politischen", Stuttgart 1988.

70. R. MUSSGNUG, Carl Schmitts verfassungsrechtliches Werk und sein Fortwirken im Staatsrecht der Bundesrepublik Deutschland, in: Complexio Oppositorum. Über Carl Schmitt, H. Quaritsch (Hrsg.), Berlin 1988, 517–529.

71. V. NEUMANN, Der Staat im Bürgerkrieg. Kontinuität und Wandlung des Staatsbegriffs in der politischen Theorie Carl Schmitts, Frankfurt 1980.

72. E. NIEKISCH, Zum Begriff des Politischen, in: Widerstand 8 (1933) 369–375.

73. P. PASQUINO, Politische Einheit, Demokratie und Pluralismus: Bemerkungen zu Carl Schmitt, Hermann Heller und Ernst Fraenkel, in: Der soziale Rechtsstaat. Gedächtnisschrift für Hermann Heller 1891–1933, Chr. Müller/I. Staff (Hrsg.), Baden-Baden 1984, 367–381.

74. DERS., Die Lehre vom „pouvoir constituant" bei Emmanuel Sieyès und Carl Schmitt, in: Complexio Oppositorum. Über Carl Schmitt, H. Quaritsch (Hrsg.), Berlin 1988, 371–387.

75. P. P. PORTINARO, La crisi dello jus publicum europaeum – Saggio su Carl Schmitt, Milano 1982.

76. U. PREUSS, Carl Schmitt und die Frankfurter Schule, in: Geschichte und Gesellschaft 13 (1987) 400–418.

77. H. QUARITSCH, Einleitung: Über den Umgang mit Person und Werk Carl Schmitts, in: Complexio Oppositorum. Über Carl Schmitt, Ders., (Hrsg.), Berlin 1988, 13–25.

78. H. ROTTLEUTHNER, Leviathan oder Behemoth? Zur Hobbes-Rezeption im Nationalsozialismus und ihrer Neuauflage, in: ARSP 69 (1983) 247–265.

79. H. RUMPF, Carl Schmitt und Thomas Hobbes, Berlin 1972.

80. M. RUMPF, Radikale Theologie. Benjamins Beziehung zu Carl Schmitt, in: Walter Benjamin. Zeitgenosse der Moderne, P. Gebhardt u. a. (Hrsg.), Kronberg 1976, 37–50.

81. M. SHIYAKE, Zur Lage der Carl Schmitt-Forschung in Japan, in: Complexio Oppositorum. Über Carl Schmitt, H. Quaritsch (Hrsg.), Berlin 1988, 491–503.

82. M. SCHMITZ, Die Freund-Feind-Theorie Carl Schmitts, Köln-Opladen 1965.

83. H. P. SCHNEIDER, Ausnahmezustand und Norm. Eine Studie zur Rechtslehre von Carl Schmitt, München 1957.

84. K. SCHULTES, Der Niedergang des staatsrechtlichen Denkens im Faschismus, Weimar 1947.

85. K. SCHULZ, Thomas Hobbes und Carl Schmitt, Roskilde 1980.

86. G. SCHWAB, The Challenge of Exception. An Introduction to the political Ideas of Carl Schmitt between 1921 and 1936, Berlin 1970.

87. DERS., Progress of Schmitt Studies in the English-Speaking World, in: Complexio Oppositorum. Über Carl Schmitt, H. Quaritsch (Hrsg.), Berlin 1988, 447–461.

88. A. SÖLLNER, Jenseits von Carl Schmitt, in: Geschichte und Gesellschaft 12 (1986) 502–529.

89. K. SONTHEIMER, Der Macht näher als dem Recht, in: Die Zeit 16.04. 1985.

90. A. STEIL, Die imaginäre Revolte. Untersuchungen zur faschistischen Ideologie und ihrer theoretischen Vorbereitung bei Georges Sorel, Carl Schmitt und Ernst Jünger, Marburg 1984.

91. D. STERNBERGER, Der Begriff des Politischen. Der Friede als Grund und Merkmal und die Norm des Politischen, Frankfurt 1961.

92. L. STRAUSS, Anmerkungen zu Carl Schmitt, Der Begriff des Politischen (1932), zit. nach Nr. 69, 99–125.

93. J. TAUBES (Hrsg.), Der Fürst dieser Welt. Carl Schmitt und die Folgen München u. a. 1983.

94. DERS., Ad Carl Schmitt. Gegenstrebige Fügung, Berlin 1987.

95. P. TOMMISSEN, Bausteine zu einer wissenschaftlichen Biographie (Periode 1888–1933), in: Complexio Oppositorum. Über Carl Schmitt, H. Quaritsch (Hrsg.), Berlin 1988, 71–101.

96. G. L. ULMEN, The Sociology of the State: Carl Schmitt and Max Weber, in: State, Culture, and Society 1/2 (1985) 3–57.

97. DERS., Politische Theologie und politische Ökonomie – Über Carl Schmitt und Max Weber, In: Complexio Oppositorum. Über Carl Schmitt, H. Quaritsch (Hrsg.), Berlin 1988, 341–367.

98. E. VOLLRATH, Wie ist Carl Schmitt an seinen Begriff des Politischen gekommen?, in: Zeitschrift für Politik 36 (1989) 151–168.

99. C.-D. WIELAND, Carl Schmitt in Nürnberg (1947), in: 1999: Zeitschrift für Sozialgeschichte des 20. und 21. Jahrhunderts 2/1 (1987) 96–122.

100. B. WILLMS, Carl Schmitt – jüngster Klassiker des politischen Denkens?, in: Complexio Oppositorum. Über Carl Schmitt, H. Quaritsch (Hrsg.), Berlin 1988, 577–599.

Zeittafel

1888   Geboren in Plettenberg, Erziehung katholisch und humanistisch.

1907–1910 Studium der Rechte in Berlin, München, Straßburg.

1910   Promotion in Straßburg („Über Schuld und Schuldarten", Doktor-vater Fritz von Calker).

1910–1915 Referendar in Mönchengladbach und Düsseldorf (dort im Büro von Hugo am Zehnhoff).

1916   Habilitation in Straßburg.

1915–1919 Assessor 1915; im selben Jahr Kriegsfreiwilliger, versetzt zum Stell-vertretenden Generalkommando nach München, 1919 zur Stadtkom-mandatur.

1919–1921 Erste Professur an der Handelshochschule München; entweder in diesen Jahren oder kurz zuvor Bekanntschaft mit den Dichtern Franz Blei, Theodor Däubler, Konrad Weiß.

1921–1945 Akademische Karriere: 1921 Greifswald, 1921–28 Bonn, 1928–33 Berlin (Handelshochschule), 1933 Köln, 1933–45 Berlin (Universität).

1930   Beginn der Freundschaft mit Ernst Jünger.

1932   Der bis zum Ende der zwanziger Jahre dem „Zentrum" nahestehende Schmitt wird Berater der konservativen Präsidialkabinette Papens und von Schleichers.
            Nach dem „Preußenschlag" (20. Juli 1932) Anwalt des Reiches im Prozeß „Preußen contra Reich". Eintreten für ein Verbot der NSDAP

in „Legalität und Legitimität". Beteiligung an mit Reichswehroffizieren erörterten Notstandsplänen September, Dezember 1932, Januar 1933.

1933   Mitarbeit in der Viererkommission zur Erarbeitung des Reichsstatthalter-Gesetzes (vom 7. April 1933).
Eintritt in die NSDAP am 01. Mai 1933 (Mitgliedsnummer 2 098 860).
Preußischer Staatsrat, von den Nationalsozialisten mit zahlreichen hochschulpolitischen Ämtern betraut.
Mitarbeit an der Reform des Preußischen Gemeindeverfassungsgesetzes (vom 15. Dezember 1933).

1933–1936 Anpassung an den Nationalsozialismus; nach Angriffen im Jahre 1936 Verlust der meisten hochschulpolitischen Ämter; Schmitt bleibt jedoch preußischer Staatsrat und Professor bis 1945.

1937–1945 Wendung zu Geistesgeschichte und Völkerrecht; zwischen Anpassung und innerer Emigration.

1945–1947 Internierung und Verhöre in Nürnberg.

1947–1985 Zurückgezogenes Leben in Plettenberg; Tod am Ostersonntag 1985.

Mohammed Rassem

Othmar Spann

I.

Othmar Spann war Professor für Nationalökonomie (bzw. politische Ökonomie) und Gesellschaftslehre in Brünn, seit 1919 in Wien. Man mag zögern, ihn als Lehrer der politischen Philosophie zu bezeichnen, denn in Spanns theoretischem Gebäude der Gesellschaftswissenschaften der 1920er Jahre ist Politik zwar enthalten, aber gewissermaßen verschluckt, nicht als eigener Lehrzweig. Ausdrücke wie Finanz- oder Sozial-„Politik" verwendet Spann nur gezwungen. In der Theorie reserviert er dieses Wort für öffentliches „gegensätzliches Handeln, Wettstreit der Bündnisse" (unterschieden vom Krieg, der ein Kampf der Bündnisse ist). Politik ist ein „Hilfshandeln höherer Ordnung", aber als solches doch „nur Vorstufe organisatorischen und wirtschaftlichen Handelns" – kann daher nicht wie dieses auf theoretische Lehrsätze gebracht werden [4: Gesellschaftslehre, 638, 646f. und, 1930 neugefaßt, 476–480]. **Gesellschaftslehre**

Spann war nicht nur Wirtschaftstheoretiker, sondern primär Sozialphilosoph und Philosoph im allgemeinen Sinn des Wortes. Viele seiner Vorlesungen, Vorträge, Werke gingen weit über seine Nominalfächer als Universitätslehrer hinaus. Er hat schon 1923 eine Kategorienlehre verfaßt, später eine Logik, ein Buch zur Geschichte der deutschen Mystik (Eckehart), eine Natur-, eine Kunst-, eine Religionsphilosophie. Von Anfang an erwies er sich als systematischer Denker.

Spann verstand sein System nicht als umstürzende Neuerung, sondern als Wiederherstellung der wahren idealistischen Philosophie. Aber er formulierte eher unkonventionell, in schönem, kreativem Deutsch, schuf sich eigene Kunstausdrücke wie Gezweiung (für Gegenseitigkeit, Gemeinschaft), Rückverbundenheit (der Glieder eines Ganzen), Mitgedachtheit (ergänzt den „Begriffsumfang" der Logiken), das Unholdische (altdeutsch für das Böse, Destruktive, im negativen Sinn Dämonische). Schon dadurch wirkte er auf viele Zunftgenossen außenseiterisch, obwohl er ein großer Kenner der Fachliteratur war und immer wieder lehrgeschichtliche Darlegungen präsentierte. **Idealistische Philosophie**

Wenn irgendjemand, so hatte Othmar Spann pädagogischen Eros. Er galt als sorgfältiger, dabei immer höflicher Ratgeber der Studenten, der Doktoranden, Habilitanden. Und: „... seine Augen, voll Frage und Sehnsucht, wird keiner vergessen" [32: Räber, Spanns Philosophie, 156]. Sein Kolleg wird als faszinierendes Ereignis geschildert, es zog Hörer aus allen Fakultäten und „aus der Stadt" an. **Lehrtätigkeit**

Auch mit Volksbildnerlehrgängen hatte er großen Erfolg [8: Kleine Schriften 3, 389].

Die gedruckten Schriften spiegeln seine pädagogische Eindringlichkeit, sie sind dezidiert, klar aufgebaut, man hat sie „kristallin" genannt, sie operieren mit einprägsamen Antithesen und Subordinationen. Daß Studenten aus allen politischen Lagern Spanns Lehrbücher brauchen konnten, beweisen die Auflagen; von einem Werk aus 1911 (Manuskript schon 1904) erschien 1949 das 130. Tausend [2: Haupttheorien der Volkswirtschaftslehre]. Daß Spann manchmal zu Wiederho-

Spanns Stil lungen, zum Rezitieren seiner eigenen Standardformeln, zum pauschalen Aburteilen feindlicher „-ismen", zum aggressiven Überreden neigte, ist nur zu verständlich, wenn man die Usancen der streitsüchtigen Wiener Welt der Zwischenkriegszeit bedenkt [8: Kleine Schriften, 381 f.]. Dazu kam Spanns Empfinden, es in seiner Epoche mit einem (sozial)philosophisch ungebildeten, wissenschaftlich verzettelten Publikum zu tun zu haben, dem man zu geordneten Grundgedanken helfen mußte.

Spann war, von seiner Breitenwirkung abgesehen, auch personalpolitisch rührig

Spann-Schule und schulbildend im engeren Sinn des Wortes. Es gab einen Kreis von Universitätslehrern und gelegentlich publizierenden Akademikern im Berufsleben, die sich ziemlich exakt an sein System hielten. Dieser Kreis hat bis heute in der österreichischen „Gesellschaft für Ganzheitsforschung" einen gewissen Zusammenhang bewahrt.

II.

Um Spann zu verstehen, muß man sich seinen unmittelbaren historischen Hintergrund, sozusagen sein Widerlager vergegenwärtigen. Er gehörte in die

Geisteswissen- um 1900 aufbrechende geisteswissenschaftliche Bewegung, die sich gegen die
schaftliche Vernaturwissenschaftlichung, gegen den Materialismus, gegen den popularphi-
Bewegung losophischen Evolutionismus wandte. Aber er schloß sich nicht der hermeneutischen historischen Schule der Sozial- und Wirtschaftswissenschaften an. Sie war ihm zu wertrelativistisch, zu theoriefeindlich, zu unphilosophisch. Die deutschen Soziologen gingen bei aller Anerkennung sozialer Fakten, Beziehungen und Pflichten doch vom Handeln des Einzelnen aus und zögerten, „die Gesellschaft" als Wesenheit, als Ganzheit anzuerkennen. Die diesbezüg-

Kritik der histo- liche Kritik an Autoren wie Dilthey und Simmel nimmt in Spanns Habilita-
rischen und tionsschrift einen erheblichen Raum ein. Er streitet gegen deren Konzeption,
empirischen das Gesellschaftliche aus „der Wechselwirkung psychischer Einheiten" (Indivi-
Schulen duen) entstehen zu lassen und bekennt sich eindeutig zu einer funktionalen Theorie der Gesellschaft. Daher ist er gegen die soziologisch übliche Motivationspsychologie eingestellt und beginnt bereits gegen die sozialwissenschaftliche Logik Front zu machen, die mehr nach Kausalursachen als nach Finalursachen sucht. Interessanterweise geht er in dieser frühen Arbeit so weit, Ge-

sellschaft als „Ganzes von Teilen gleich der Maschine" zu definieren [1: Frühe Schriften, 260—270 etc.].

Spann war für die moderne Sozialpolitik, aber gegen den marxistischen Sozialismus und gegen den kapitalistischen Manchesterliberalismus. Worauf konnte er sich wissenschaftlich stützen als nun, nach dem Untergang des Kaiserreichs, Entscheidungen und Optionen fällig wurden? Er teilte wohl das sozialpolitische Engagement seiner deutschen Lehrer (im Verein für Sozialpolitik usw.), aber nicht ihre Wissenschaftstheorie. „Die geschichtliche Schule der Volkswirtschaftslehre, welche fast alle Lehrstühle Deutschlands besetzte, war theoretisch nicht fähig, dem mit schärfster Begriffswissenschaft und abgezogenster Logik gewappneten Marxismus entgegenzutreten." Die österreichische Schule traf zwar auf rein fachlichem Terrain „die Grundlage des marxistischen Gebäudes, die Wert- und Mehrwertlehre, mit Wucht" – aber das wirkte nicht auf das politische Bewußtsein, allzu viel blieb von den Fachgelehrten „unerörtert" [5: Der wahre Staat, 150f.]. Ohne neuen theoretischen, geistigen Aufschwung konnte man also der „politisch hocherregten Zuhörerschaft" des Jahres 1920, in der wohl die Sozialisten in der Überzahl waren, gar nicht entgegentreten [5: Vorwort]. Theoriebildung

Spann war vorbereitet. Schon vor dem Krieg hatte er eine vom Geistigen ausgehende Theorie der Gesellschaft konzipiert [4: Gesellschaftslehre, in umgearbeiteter Neuausgabe seit 1923]. Ein Geleitwort von Weihnachten 1917 hatte er mit dem Satz begonnen: „Wie Hegel die Weltgeschichte das Bild und die Tat der Vernunft nennt, so ist auch die menschliche Gesellschaft als Bild und Schöpfung des menschlichen Geistes anzuschauen." Im selben Text heißt es: „Die Morgenstunde ist da, wo neue Kräfte erwachen und ans Werk drängen, wo sich unsere Wissenschaft als Kulturwissenschaft erkennt und wieder die Verbindung mit den geistigen Grundkräften erlangen soll, die in der Gesellschaft die lauterste Gestalt gewinnen." [3: Fundament, 9–11]. Spann versteht Geist als lebendigen Geist [6: Tote und lebendige Wissenschaft], Kultur ist geschaffen und schaffend, ist sittliche Welt [3:12].

Das Stichwort Kulturwissenschaft erinnert an die Kultursoziologie der Heidelberger Schule, die aber – gemäß einer bekannten Formel Alfred Webers – das Geistige nur immanent, im Abglanz der Kultur fassen wollte, während Spann unverhüllt die Realität des Geistes und die Geltung der Universalien betonte. Der deutsche Oberbegriff Geisteswissenschaften (unter dem oft genug sehr unspirituelle Themen und Methoden subsumiert werden) hat einen Aspekt, der auf Spanns Konzeption irgendwie zutrifft, auch wenn Spann sich nicht mit der Geistesgeschichte der Diltheyschule befreunden konnte: Geistesgeschichte ist ja – teils unbewußt, teils bewußt – ein antidogmatischer Ausweichbegriff zu Kirchengeschichte. Spann war zwar kein unparteiischer Geisteswissenschaftler, war weder atheistisch noch antichristlich, aber offensichtlich doch nicht sehr kirchlich.

Zwar betont Spann in seiner frühen Gesellschaftslehre die soziale Valenz der Religionen, durch die „Grundgemeinschaften" gebildet werden. Und er ist Anfang der 1930er Jahre in eine heftige Diskussion über die Sozialenzyklika „Qua- Stellung zur Religion dragesimo anno" verwickelt, die er konservativer interpretiert als die katholischen „Solidaristen" und andererseits weniger autoritär als das Dollfußregime. Eine Schilderung aus marxistischer Sicht gibt KLAUS-JÖRG SIEGFRIED [34: Universalismus, 122–149.]

Aber wesentlicher scheint folgendes zu sein: In Spanns System gab es eine Urreligion, die Mystik, über den institutionalisierten Religionen. Seine 1947 erschienene Religionsphilosophie ist unsoziologisch, sie enthält kaum etwas über Kirchen, Priester, Orden. Sie endet mit einer lapidaren Analyse des Johannesevangeliums, dessen Logoslehre von „der Praxis der Mystiker her" verstanden wird. „Jesus erscheint hier als ein Meister der Mystik", Offenbarung als ekstatische Inspiration [16: Religionsphilosphie, 411, 420]. Diese schon beim jungen Spann spürbare Konzeption bewirkte eine eigentümliche latente – gelegentlich auch einmal offene – Spannung zur „Amtskirche", zu katholischer Sozialphilosophie [32: 111-121] und zu katholischer Parteipolitik.

Spann war also weder ein skeptischer, noch ein klerikaler Konservativer. Aber er war auch nicht reaktionär, etwa im Sinn eines monarchistischen Legitimismus.

Politische Lage
1919/20
Die Vorlesung im Sommer 1920, die ihn berühmt machte, hieß „Über Abbruch und Neubau der Gesellschaft" [5: Der wahre Staat]. Sie fand sozusagen in einem politischen Niemandsland statt, Österreich war soeben ein wahnwitziger Friedensvertrag oktroyiert worden, es war noch „provisorisch" verfaßt, hatte aber bereits den Adel abgeschafft, war vom Kampf zwischen Sozialdemokraten und Bolschewisten beherrscht. Das war die Stunde für prinzipielle Abstraktionen über die Neugestaltung „des" Staates im allgemeinen, der philosophische Ratgeber schien herausgefordert wie nie zuvor. Trotz aller Kampfbereitschaft gegen die Revolutionäre ruhig, ohne über die schweren Zeiten und über das Verlorene zu jammern, nahm Spann die Bewußtseinsveränderung wahr: Das Wirkliche ist in den Status der Möglichkeit zurückversetzt, das Mögliche wird Wirklichkeit [5: Staat, 7f.].

Irgendwie hat Spanns politisch-soziale Philosophie immer diesen Charakter einer abstrakten Reflexion während des Umsturzes beibehalten, etwas von Stille im Zyklon. Trotzdem wollte und mußte er sich natürlich den aktuellen Problemen stellen. In seiner Lehre konnten zwar gewisse in der politischen Realität nun nicht mehr festgelegte Begriffe eine theoretische, vergeistigte Bedeutung annehmen, etwa Stand und Stände. Aber er benützte sie, um vor zentralistischer Diktatur wie vor atomistisch-plebiszitärer Massendemokratie zu warnen. Ein anderes Hauptthema war Führertum, da jeder realistische Soziologe weiß, daß die Kollektive sich nicht selbst lenken. Spann sprach von einem erzogenen Führertum. Das war ein Plädoyer für „ständischen" Sachverstand in der Politik und eine Warnung vor ungebildeten Parteiführern, nicht ständisch gezogenen, sondern „wildgewachsenen Führergruppen", die dem Volke erst einreden, was es wollen soll [5: 118–124; auch 7: Kämpfende Wissenschaft, 7].

Man wird die Bedeutung des nach 1918/9 aktuellen antidemokratischen (eigentlich antianarchistischen) Affektes nicht überschätzen. Geformt wurde Spanns

theoretische Reflexion durch ein der österreichischen Sozialwissenschaft eigentümliches Interesse an formaler Durchdringung und durch einen eruptiven
Durchbruch der vom positivistischen Zeitgeist unterdrückten deutschen (nicht
österreichischen) idealistischen und romantischen Philosophie. Diese sah er gewiß
nicht nur als Erbe der deutschen Klassiker an: Letztlich war Spann von der   Logos-Lehre
Logoslehre geleitet – insofern ist er, wenn man so will, platonisch und „johan-
neisch". Dabei fiel er, trotz allem kämpferischem Engagement, nicht aus der Rolle
des Philosophen; wir sehen ihn nicht von Utopie- oder Endzeiterwartung fanati-
siert. „Kämpfende Wissenschaft" (so der Titel einer Aufsatzsammlung Spanns
1934) und philosophische Abgeschiedenheit des Kämpfers halten sich die Waage.

Er formulierte seine Haltung später auch als Geschichtsphilosophie, in der er   Geschichts-
die unendliche „Evolution von unten hinauf" ebenso abwies wie die „Verfallshy-   philosophie
pothesen". „Nicht Evolutionismus, sondern Gründung und Entfaltung, reales
Leben der Ganzheiten ist unser Schlüsselbegriff. Indem sich das seinem Wesen
nach Gegründete entfaltet, geht es nicht von unten hinauf, sondern von der Mitte
in den Umkreis." Es ergeben sich sowohl Aufwärtsentwicklungen wie Störungen,
Abwärtsentwicklungen – und Wiederherstellungen, „der höhere Geisteszustand
kann immer wieder gewonnen werden" [16: Religionsphilosophie, 360 f.]. Das
Erscheinen des Geistes wird nicht mit den Kategorien „Jugend" und „Verfall"
erfaßt, sondern als Gründung, Stiftung, Ausgliederung, Umgliederung. Einsetzenden Fehlentfaltungen können Gegenentfaltungen (Heilungen, Reformen, Renaissancen) antworten [12: Geschichtsphilosophie, 134 f., 162].

Spanns ausführliche Darlegungen in diesem 1932 erschienen Werk sind eine
reife, dem universalhistorischen Wissen unseres Jahrhunderts angemessene Dialektik – in keiner Weise illusionistisch oder ideologienverliebt, aber von Grund auf
optimistisch und aktivistisch. Hegels Schwächen sind überwunden: Die falsche
Einheit der Geschichte, die falsche Eindeutigkeit des Geschichtsverlaufes, die
falsche Festlegung des Späteren als „nachträgliche Synthese", die dämonischen
Geschäftsführer des Weltgeistes – Spann sieht viel differenzierter [12: 56–59,
278–285]. Da die der alten Heilsgeschichte nachfolgende Geschichtsphilosophie
sich seit den Tagen Voltaires als Politikum ersten Ranges erwiesen hat, reiht sich
Spann durch dieses leider noch zu wenig rezipierte Werk in einen Zentralbereich
der politischen Philosophie ein.

Aber kehren wir nochmal zur Wende (epoché) in den allerersten Nachkriegs-
jahren zurück und versuchen wir Spann politisch einzupeilen. Er hielt sich im
Prinzip an die klassische Auffassung, daß die äußere Politik den Vorrang vor der
inneren habe, daher auch das Kriegertum vor dem Beamtentum, wie die Geschichte beweist [5: Staat, 257 f.]. Aber Außenpolitik war nicht das Thema Spanns, der
sich eher mit aktuellen Zeitgeistfragen als mit aktueller „Staatenpolitik" auseinandersetzte [5: 108]. Er reflektierte daher öffentlich wenig über den Zusammen-   Österreich
bruch des Habsburgischen Staatensystems, den er eher zu begrüßen schien: „Eine
schmerzliche, aber heilsame Fügung hat uns frei gemacht" von der unlösbar
gewordenen Aufgabe der Deutschen im alten Österreich [5: 107].

Daß eines Tages eine neue Konföderation an die Stelle des alten mitteleuropäischen Reiches treten müsse, haben viele Autoren ausgesprochen. Von Spann gibt es anscheinend nur einige kurze, etwas pathetische Äußerungen [5: 108], in den Registern der Gesamtausgabe erscheint das Wort „Reich" kaum in diesem Sinne. „Anschluß"frage Aber es ist deutlich, daß Spann – in Fortsetzung alter großdeutscher Konzeption – eine Union mit dem weniger lädierten kleindeutschen (Bismarck-) Reich erhofft, so daß dann die alten Aufgaben wieder wahrgenommen werden können. Diese Union wurde in den 1920er Jahren freilich von sehr vielen Österreichern aller Lager erwogen oder empfohlen, wenn auch meist in defensiver Absicht, ohne großen Offensivdrang nach Osten.

Volkstum Die neue Republik war auf Grund des Selbstbestimmungsrechts der Völker entstanden, war durch die deutsche Sprache und Siedlung definiert (von den strittigen Gebieten beiderseits der Grenzen einmal abgesehen) und sollte 1919 Deutsch-Österreich genannt werden. Diese Gründungskonstellation konnte man eigentlich nicht ableugnen, konnte sie aber auf recht verschiedene Weise darlegen. Spann maß kulturphilosophisch dem Volkstum mehr Realität zu als der logisch übergeordneten „Menschheit" [11: Gesellschaftsphilosophie, 168–170]. Und schon vor 1914 mußte er, als deutscher Professor für „Gesellschaftslehre" ins mährische Brünn versetzt, Farbe bekennen – dem Nationalitätenkampf konnte man im alten Österreich nicht entrinnen. Nach dem Kriege mußte er wohl froh sein, vom eben etablierten Revolutionsregime eine Professur in Wien zu erhalten, Sudetendeutsche behielt aber die Beziehung zu den Sudetendeutschen (im weiten Sinn des Wortes), zog auch manche von ihnen als Doktoranden an, die statt in Prag lieber in Wien studierten. Der tschechischen Majorität war es bekanntlich nicht gegeben, den sehr großen Minoritäten in der tschechoslowakisch-deutsch-ungarischen Republik gerecht zu begegnen und Kooperationswillige auf ihre Seite zu ziehen. Österreichischen Intellektuellen wie Spann fiel dadurch die elementare Aufgabe zu, ihren Volksgenossen jenseits der Grenze beizustehen – was andererseits ihre eigene Persönlichkeit mitprägte. Der allmähliche Zerfall des Reiches in Völker hatte „völkische" Menschen erzeugt. Man hat gesagt, daß Spanns politisches Denken durch die anti-tschechische Mentalität der sich wirtschaftlich bedroht fühlenden Deutschböhmen und Niederösterreicher geprägt gewesen sei. Gewiß – aber uns interessiert hier das Niveau der theoretischen Bewältigung der ihm „zugeworfenen" Parteilichkeit.

Spanns grundsätzliche Äußerungen über Nation und Volkstum setzen schon vor dem Kriege ein; sie mögen sich, nach dem Wegfallen gewisser Rücksichten, später etwas verschärft und im Alter wieder entschärft haben. Insgesamt sind sie, wie nicht anders zu erwarten, dialektisch und differenzierend, weisen eine Reihe Kulturnation von wissenschaftlichen und ideologischen Klischees kategorisch ab. Spann sagt wie Herder, sich aber weit präziser artikulierend: Nation (Volk) ist eine geistige, kulturelle Vergemeinschaftung. Daher: „Jeder völkische Stolz, jede völkische Bewegung ist so viel wert, als die Kultur wert ist, die dahinter steht" [4: Gesellschaftslehre, 570]. Die Nation ist in Teilgemeinschaften, z. B. Volksstämme gegliedert, sie ist nicht streng geschlossen, nicht alle sind im gleichen Maße von ihr ergriffen. „Im Kreise der Gebildeten ist der eigentliche Sitz des Volkstums". Die Nation ist also nach ihrem inneren Aufbau und sogar im äußeren Umfang ein Gradbegriff [4: 558–563; ähnlich 1: Frühe Schriften, 433]. Gradbegriff

Spann faßt sehr wohl ins Auge, daß Sprachgemeinschaft nicht nationale und kulturelle Gemeinschaft sein muß [1: Frühe Schriften, 429–432]. Unter den zahlreichen Nationalisierungsvorgängen, die er im Auge hat, interessieren ihn natürlich besonders die Eindeutschungen der Slawen; bemerkenswert ist eine knappe Darlegung der Alternativen des jüdischen Problems [1: 425 f.]. Insgesamt ergibt sich, daß das Wesen einer Nation zu erkennen, „eine Abgrenzungsaufgabe" ist, die nicht allein durch eine Bestimmung nach Staat, nach Sprache, Rasse, Raum, oder nach Religion zu erledigen ist [1: 415]. Was die Rasse angeht, so bezeichnet es Spann in seinem Lehrbuch als materialistisch, gesellschaftliche Vorgänge unmittelbar von der organischen Substanz (Erbmasse) abhängig zu machen, die nur „Vorbedingung" ist [4: Gesellschaftslehre, 24 f., 317, 319, 549]. Die Distanzierung seines Volksbegriffs vom seiner Meinung nach minder bedeutsamen Rassenbegriff hat Spann aus begreiflichen Gründen auch vor breiterem Publikum besonders betont [8: Kleine Schriften, 9], die ideologischen Aufpasser der 1930er Jahre konnten das nachlesen.

Spann befand sich zwischen Skylla und Charybdis, da er weder die Volkssouveränität im modernen politischen Sinn anerkannte, noch organizistische, biologistische Lehren – aber doch der Nation, dem Volkstum einen hohen Realitätsgrad zuwies. Er hat das Dilemma genau erkannt, und man kann ihm nicht vorwerfen, daß er die „Volkheiten" überschätzt hat. Sie spielen eine große, aber doch nur „mittelbare" Rolle in der Geschichte, neben anderen historischen Mächten (Ganzheiten) wie Religionen, Staaten, Fürstenhäusern [12: Geschichtsphilosophie, 272–276]. Und: „Alles in der Geschichte ist brüchig, die Ganzheiten als solche und die Einzelnen als Glieder ... Darum geht die Geschichte von einem Absturz zum andern – aber sie geht nicht zugrunde. Sie erhebt sich wieder" [12: 278]. Volkheiten

III.

Spann nannte sein System Universalismus oder Ganzheitslehre. Den Ehrgeiz ein System zu erstellen, leitete er nicht nur aus der modernen Tradition ab (Epoche von Descartes bis Hegel), sondern auch aus der mittelalterlichen Scholastik und – mit Einschränkung – aus Platons Schulbildung [7: Kämpfende Wissenschaft, 300–309]. Daraus ergibt sich schon der Gegensatz gegen den „Empirismus" der neuzeitlichen Wissenschaft, der als antisystematisches Vorgehen verstanden wird. Universalismus steht nach Spanns beständig wiederholter Formel im Gegensatz zu Individualismus, worunter er weniger ein soziales, moralisches Phänomen (Egoismus usw.) verstand, als einen erkenntnistheoretischen Grundsatz, Systemdenken das Konstruieren etwa der Gesellschaft aus Wechselbeziehungen zwischen autarken Individuen. In gewisser Weise erneuerte Spann den alten Universalienstreit.

Von Anfang an wehrte sich Spann gegen „Schein-Universalismus". Das ist auf
Ganzheitslehre der soziologischen Ebene Kollektivismus, Verdinglichung der Gesellschaft, Organizismus (die Rede vom „sozialen Organismus", von seiner „Substanz", kann nach Spann nur metaphorische oder analogische Gültigkeit haben). „Das Ganze hat kein (sinnliches) Dasein; es stellt sich (auf analoge Weise) in den Gliedern dar". Spann nennt dies „geordnete Ausgliederung". Das Ganze ist (logisch) vor den Gliedern, „es geht in den Gliedern nicht unter". Spann nennt dies Rückverbundenheit, das heißt: Das Ausgegliederte ist nicht nur sich selbst gleich, „sondern auch in der Ganzheit enthalten" (Selbstfremdheit), [etwa 7: Kämpfende Wiss., 314; ausführlicher 9: Kategorien, 62–91].

Die Umstellung vom kausalen zum finalen, vom genetischen zum funktionalen Auffassen fällt manchen Kritikern Spanns schwer. Die Diskussion hat etwas von der Gereiztheit bei der Erörterung müßiger Fragen wie „Ist zuerst die Henne oder
Gezweiung das Ei?" Spann fragt etwa: Wie entsteht die Ganzheit, der „geistige Verband" Familie? Wie entsteht in ihm Mütterlichkeit, fürsorgende Liebe? „Das Kind schafft die Mütterlichkeit", denn jene Ausbildung der Gefühle, die aus der Frau eine Mutter macht, ist nur dadurch möglich, „daß das Kind als geistiges Gegenglied gewirkt hat", daß es „gestrahlt" hat. Der Gesellschaftsforscher Spann deutet das Phänomen also nicht psychologisch (Instinkt oder versteckter Egoismus der Mutter), sondern allein aus dem geistigen Verhältnis, das er Gezweiung nennt [etwa 4: Gesellschaftslehre, 136–138]. Nur in der Gezweiung entsteht das „Selbst"-Bewußtsein, „nur im Zusammen-Bestehen mit anderen bestehe ich selber" (griechisch Systia). Und nur als Geschehen („kinetisch"), aus Aktivität kann diese Gezweiung gebildet werden.

Weiterdenkend kommt man auf die Gegenseitigkeit des Nehmens und Gebens. Und man kommt natürlich darauf, daß im Nehmenden eine „schlummernde Möglichkeit" angenommen werden muß. Spann zieht hier sozusagen schulmäßig die alte Formel „Form und Materie", „Aktualisierung der (passiven) Potenz" heran [4: 165 f.]. Aber man ist immer wieder erstaunt, mit welcher Heftigkeit und Unermüdlichkeit er betont, daß das Ich nicht aus sich selbst lebt. Man hat den
Empfangen Eindruck, daß er in der Gezweiung das Empfangen stark betont. Auch das schaffende Genie und der Mystiker müssen „von ihrem Gezweiten zuletzt sagen: Du hast Neues in mir geschaffen" [4: 144].

Die Gezweitheiten bilden sich durch Verschiedenheit, aber auf der Basis der
Kleine Gemein- Ähnlichkeit, Verwandtschaft, Gleichartigkeit. Entscheidend ist das Gesetz
schaften Spanns, daß sie immer klein sind, weshalb die Gesellschaft, aus vielen Gezweiungen bestehend, zunächst als zerklüftet anzusehen ist. Die kleinen Gemeinschaften „erscheinen einander fremd, wie vom Monde heruntergekommen" [5: Staat, 213 f.]. Die falsche Überwindung der Zerklüftung ist die kommunistische oder sozialistische, nämlich die „Durchvergemeinschaftung aller Menschen zu einem einzigen homogenen Gezweiungskreise". Die Forderung, durch Vervollkomm-

nung der Menschen zu einer Gesamtgezweiung des Volkes, zu geistiger Homogenität der ganzen Gesellschaft zu kommen, „ist absolut unerfüllbar" [4: Gesellschaftslehre, 296]. Dies ist auch eine absolute Absage an das, was wir heute „Totalitarismus" nennen; Spann konnte in diesem Kernpunkt seiner Lehre keine Konzession machen.

Dieses Spannsche Gesetz der Kleinheit der Gezweiungen scheint anderer Herkunft zu sein als die jedem Politologen bekannten Prinzipien Subsidiarität, Selbstverwaltung, intermediäre Körper (Montesquieu), Mutualität (Kropotkin), oder die heute oft berufene Überschaubarkeit, Partnerschaft, Akzeptanz, Interaktion   Freundschaft
in Kleingruppen. Nicht zufällig fällt bei Spann immer wieder das Wort Freundschaft, wenn er die Spiritualität der Gezweiung darstellen will. Dies weist auf die enthusiastische Freundschaft des 18. Jahrhunderts zurück, eine Neben- oder Gegenströmung der Aufklärung seit etwa 1770, die zu Anfang unseres Jahrhunderts wieder auflebte. Zu erinnern ist auch daran, daß Spann in die Philosophengeneration der „Dialogiker" gehört, deren Grundwerke um 1920 erschienen.

Spann versteht die Gesellschaft nicht „atomistisch", sieht sie aber doch als in Gemeinschaften „zerklüftet". Wie kann sie trotzdem bestehen? Wie wird Anarchie vermieden? Dies wird durch Wertschichtung, durch Abstufung geleistet.   Wertsystem
Anders ausgedrückt: durch geistige Herrschaft, „Vorherrschaft eines bestimmten Wertschätzungssystems". Der Staat stellt die Beachtung der herrschenden Wertungsgrundsätze in großen Zügen sicher. So im ausdrücklich ständisch geordneten System, aber auch in der liberal-demokratischen Gesellschaft. Diese „bemüht sich, die Wertungen möglichst freizugeben und in das freie Geistesleben abzuschieben". Aber trotzdem muß ein „Mindestmaß von organisatorischer Festlegung der Wertschätzung, von staatlicher Gutheißung, Begünstigung und Unterdrückung aufgerichtet werden". Jede geschichtlich existierende Gesellschaft „beruht auf der Bändigung der ihr feindlichen Wertsysteme" [5: Staat, 215–218].

Die Metaphern „Schätzung" und „Schichtung" reichen nun nicht aus, um die   Stände
Gesellschaft zu strukturieren. Spann fügt den Begriff der Gliedlichkeit hinzu, durch die die Gemeinschaften zu Unter-Ganzen (Ständen) der Gesellschaft werden, auch oder gerade wenn sie Gegensätzliches, Entsprechendes repräsentieren. Sie sind ein besonderes Ganzes, aber zugleich wohnt die höhere Ganzheit in ihnen. Spann versucht hier, den Begriff des Kampfes (der ja auch im Darwinismus, Liberalismus, Marxismus vorkommt) mit einzubringen: Die einander fremden oder feindlichen Gemeinschaften sind wie Figuren eines Dramas verbunden, in dem zuletzt das Gute obsiegt. Vergleicht man ausnahmsweise mit dem Organismus, so gehört auch das Kranke, Entartete, Auszuscheidende mit zum Leben der Organismen, die in stetem Kampf damit stets wieder ins Gleichgewicht kommen [5: 219–222].

„Notwendig handelt es sich um eine Mehrheit von Ständen". Trotzdem sind sie   Ständischer
selbst-ständig: Selbstbestimmung nach innen und die Möglichkeit, genossen-   Gemeinbesitz
schaftlichen Gemeinbesitz zu bilden, denn „Freunden ist alles gemeinsam" (Pythagoras), daher ist ihnen das Kommune zugeordnet, nicht dem großen Staat

[5: 259–262]. Der Staat ist zwar die ideelle Einheit der Gesamtgliederung, insofern der „Höchststand" im Ganzen. Aber seine Herrschaft kann nur mittelbar sein, „heruntersinkend", „stufenweise von oben nach unten gehen". Damit folgt Spann einfach den Weisheiten der praktischen Organisationssoziologie [5: 227]. Poli-

Neue „Zünfte"   tisch brisant wird seine Theorie, wenn er neue Zünfte, (Zwangs-) Korporationen postuliert, in denen sich die Berufsstände zusammenfassen. Dies ist ein Versuch, das Verhältnis von Gewerkschaften und Unternehmen neu zu ordnen, auf eine Weise, die den Einfluß allgemeiner Politik von Parteien und Regierungen redu-ziert. Diese sind nur solange interventionistisch, dirigistisch, autoritär, solange die Wirtschaft in sich ungeordnet ist [5: 332].

Staat   Vom Höchststand spricht die Ständestaatstheorie als dem „Stand Staat", und zuletzt ganz unbefangen doch vom politischen Stand [5: 329–334]. In die übliche Staatsformenlehre läßt sich das nicht so recht einordnen. Daß dieser „Stand" der Souverän ist oder ihn vertritt, kommt etwas aus dem Blick. Die Politiker haben infolge der Kompetenzen der Stände nicht mehr viel Arbeit, sie regieren nicht so viel wie Platons Wächter [5: 71]. Sie müssen auch keine Massenwerbung mehr betreiben, denn sie werden von den kompetenten Führern der Stände gewählt. An einer andern Stelle wird angedeutet, daß der „Stand Staat" doch so etwas wie eine etablierte Aristokratie werden könnte [5: 330]. Wie immer man dazu steht, es ist eine antirömische und antiathenische Vision, eher eine Renaissance des ständisch geordneten Hochmittelalters oder der frühen Neuzeit.

IV.

Wir beenden diese sehr abgekürzte Darstellung der Ständestaatstheorie, die eine umfangreiche Anschlußliteratur hervorgebracht hat [5: Staat, 361–3]. Es seien noch einige wenige Worte zur Wirkungsgeschichte Othmar Spanns hinzugefügt. Daß er ein akademisch wirkungsvoller Lehrer und ein „Schulhaupt" eigener Prägung war, wurde schon eingangs betont. Seine Schule hatte bis zur Mitte der dreißiger Jahre auch einen erheblichen Einfluß auf die Grundsatzdiskussionen politischer Gruppen in Österreich, Italien, Deutschland. Daß dieser nicht blei-bend war und daß die politischen Mächte der Zeit sich schließlich alle gegen sie wendeten, ist für den Rückblickenden nicht verwunderlich.

Faschismus   Die Parteien und Regime Dollfuß', Mussolinis, Hitlers, waren zentralistisch und autoritär eingestellt; Hitler entwickelte sich darüber hinaus zum rücksichts-losen Tyrannen. Sie konnten letztlich mit den Dezentralisierungsideen Spanns nichts anfangen, einige programmatische oder institutionelle Ansätze zu einer „korporativen" Politik hatten wenig konkrete Bedeutung. Man suchte und fand andere Wege zur Beherrschung der Wirtschaft und der Arbeiter. Spann seinerseits distanzierte sich schon im Mai 1934 überaus deutlich von der Ständestaatideologie des Dollfußregimes [7: Kämpfende Wiss., 5; später 5: Staat, Vorwort 1937]. Gegenüber Italien und Deutschland blieb er diplomatischer, war aber doch zu sehr auf die Reinheit seiner Lehre, auf Treue zu seiner eigenen Begriffsbildung bedacht, als daß er zum Ratgeber von „Dezisionisten" getaugt hätte. Er und seine Schüler überschätzten den guten Willen der Nationalsozialisten, sich ideologisch belehren zu lassen. Noch 1935 wagten sie es, in Deutschland selbst die Judenpolitik und die Rassenideologie öffentlich anzugreifen, die mit der Volkstumslehre Spanns nicht vereinbar waren. Spann war nicht gerade ein Philosemit, aber er stand hinter dieser mutigen und richtigen Aktion – die nicht gut ausging. Sie lag nicht im Trend; einige Wochen später kamen die „Nürnberger Gesetze" heraus [Vgl. 33: SCHNELLER Romantik, Kap. VI f.; 34: SIEGFRIED, Universalismus, 200–220].

Daß die politischen Initiativen Spanns und seiner Schüler fehlschlugen, ist erklärlich, und es ist so wenig eine Schande, wie der Mißerfolg Platons und seiner Schule in Sizilien und Kleinasien. Im übrigen hat Spann in vielem Recht behalten. Insbesondere seine theoretische Unterstützung allgemeiner Arbeitsverträge (Ta- Tarifverträge rifverträge) hat sich als richtig erwiesen; dieses Prinzip hat sich nach dem Zweiten Weltkrieg durchgesetzt und bewährt, in Österreich im Rahmen der sogenannten Sozialpartnerschaft. Und allgemein gesehen bleibt es auch nach unseren heutigen Statussoziologie Erfahrungen richtig, daß mit der Beseitigung formaler Stände weder das Phänomen des differierenden sozialen Status, noch der Bedarf an „erzogenen Führern" verschwindet. Die heutige Mythisierung von Durkheim, Spencer, Max Weber zu grundlegenden Wissenschaftstheoretikern widerlegt nicht viel von der Kritik, die Spann an der Soziologie jener Zeit geübt hat. Außerhalb der soziologischen und politischen Theorie ist zu vermerken, daß das „Ganzheitsprinzip", der „Holis- Holismus mus", keineswegs von der philosophischen und wissenschaftstheoretischen Tagesordnung verschwunden ist, sondern in vielen aktuellen Zusammenhängen neu diskutiert wird. Erich Heintel hat im übrigen 1969 die Bedeutung der Kategorienlehre Spanns für die Erhaltung der Philosophia perennis hervorgehoben [9: Kategorienlehre, Nachwort].

Was die Forschung über Othmar Spann angeht, so leidet sie unter einer gewis- Literatur über sen Polarisierung: Einer Neigung zum Panegyrischen in der Spannschule steht das Spann antipanegyrische Entlarven gegenüber. Aber auf beiden Seiten sind doch nützliche Arbeiten vorgelegt worden, die zusammengenommen unseren Informationsstand spürbar angehoben haben [vgl. etwa 30: HEINRICH, Gedenkband; 34: SIEGFRIED, Universalismus].

Auswahlbibliographie

A. Schriften von Othmar Spann

Unter Nr. 1–20 werden mit identischer Bezifferung die Bände der (kritischen) Grazer Gesamtausgabe angeführt, hrsg. von W. Heinrich und anderen.

1. Frühe Schriften in Auswahl. Graz 1974.
2. Die Haupttheorien der Volkswirtschaftslehre auf lehrgeschichtlicher Grundlage. 28. Aufl. Graz 1969. (1. Aufl. 1911.)
3. Fundament der Volkswirtschaftslehre. 5. Aufl. Graz 1967. (1. Aufl. 1918.)
4. Gesellschaftslehre. 4. Aufl. Graz 1969. (1. Aufl. 1914.)
5. Der wahre Staat. Vorlesungen über Abbruch und Neubau der Gesellschaft. 5. Aufl. Graz 1972. (1. Aufl. 1921.)
6. Tote und lebendige Wissenschaft. Kleines Lehrbuch der Volkswirtschaft in fünf Abhandlungen. 5. Aufl. Graz 1967. (1. Aufl. 1921.)
7. Kämpfende Wissenschaft. 2. Aufl. Graz 1969. (1. Aufl. 1934.)
8. Kleine Schriften zur Wirtschafts- und Gesellschaftslehre. Graz 1975.
9. Kategorienlehre. 3. Aufl. Graz 1969. (1. Aufl. 1924.)
10. Der Schöpfungsgang des Geistes. Die Wiederherstellung des Idealismus auf allen Gebieten der Philosophie. 2. Aufl. Graz 1969. (1. Aufl. 1928.)
11. Gesellschaftsphilosophie. 2. Aufl. Graz 1968. (1. Aufl. 1928.)
12. Geschichtsphilosophie. 2. Aufl. Graz 1970. (1. Aufl. 1932.)
13. Philosophenspiegel. Die Hauptlehren der Philosophie begrifflich und geschichtlich dargestellt. 3. Aufl. Graz 1970. (1. Aufl. 1933.)
14. Erkenne Dich selbst. Eine Geistesphilosophie als Lehre vom Menschen und seiner Weltstellung. 2. Aufl. Graz 1968. (1. Aufl. 1935.)
15. Naturphilosophie. 2. Aufl. Graz 1963. (1. Aufl. 1937.)
16. Religionsphilosophie auf geschichtlicher Grundlage. 2. Aufl. Graz 1970. (1. Aufl. 1947.)
17. Ganzheitliche Logik. Eine Grundlegung. 2. Aufl. Graz 1971. (Aus dem Nachlaß. 1. Aufl. 1958.)
18. Meister Eckeharts mystische Philosophie im Zusammenhang ihrer Lehrbegriffe dargestellt. Graz 1974. (Aus dem Nachlaß.)
19. Kunstphilosophie. Graz 1973. (Aus dem Nachlaß.)
20. Gespräche über Unsterblichkeit. Betrachtungen zweier Krieger im Felde. Graz 1965. (Aus dem Nachlaß.)
21. O. Spann (Hrsg.), Die Herdflamme. Sammlung der gesellschaftswissen-

schaftlichen Grundwerke aller Zeiten und Völker. 20 Bde. und 7 Erg. Bde. Jena 1922–35.

22. O. Spann (Hrsg.), Ständisches Leben. Blätter für organische Gesellschafts- und Wirtschaftslehre. Berlin/Wien 1931–37.
23. H. Riehl (Hrsg.), Othmar Spann. Das philosophische Gesamtwerk im Auszug. Wien 1950.
24. J. H. Pichler (Hrsg.), Othmar Spann oder die Welt als Ganzes. Wien 1988. (115–273: Stellenlese aus dem Gesamtwerk.)

Kleine Schriften (darunter interessante empirische Arbeiten), die nicht in die Gesamtausgabe aufgenommen wurden, sowie weitere Herausgebertätigkeit vermerkt ein „Schrifttumsverzeichnis" in Nr. 30: 387–394. Bis 1934/5 reicht das genaue „Gesamtverzeichnis" von Räber: Nr. 32: 168–175.

B. Literatur

25. R. Amtmann, Die Geisteslehre Othmar Spanns. Graz 1960.
26. W. Andreae, Unitas multiplex. Der Aufbau der Sozialwissenschaften nach Othmar Spann, in: Jahrbücher für Nationalökonomie und Statistik, Bd. 162. Stuttgart 1950.
27. K. Dunkmann, Der Kampf um Othmar Spann. Leipzig 1928.
28. H. M. Friedl, La contribution économique de l'école universaliste d'Othmar Spann, Thèse. Paris 1959.
29. W. Heinrich (Hrsg.), Die Ganzheit in Philosophie und Wissenschaft. Othmar Spann zum 70. Geburtstag. Wien 1950.
30. W. Heinrich (Hrsg.), Othmar Spann, Leben und Werk. Ein Gedenkband. Graz 1979. (= Gesamtausgabe Bd. 21.)
31. J. Lob, Naturrecht und Ganzheitliche Philosophie. Wien 1962.
32. H. Räber, Othmar Spanns Philosophie des Universalismus. Darstellung und Kritik. Jena 1937. Reprint Hildesheim 1961.
33. M. Schneller, Zwischen Romantik und Faschismus. Der Beitrag Othmar Spanns zum Konservatismus in der Weimarer Republik. Stuttgart 1970.
34. K. J. Siegfried, Universalismus und Faschismus. Das Gesellschaftsbild Othmar Spanns. Wien 1974.
35. D. Vikor, Economic Romanticism in the Twentieth Century, Spann's Attempt to Revolutionize Economic Theory. New Delhi 1964.

Eine Fülle von Arbeiten über Othmar Spann, sowie Literaturhinweise und Besprechungen enthält: Zeitschrift für Ganzheitsforschung. Wien 1957–1990. Bibliographien bieten die unter Nr. 24 und 30 genannten Sammelbände, vgl. auch Nr. 32, 33, 34.

Zeittafel

1878	Othmar Spann wird am 1. Oktober als Sohn eines Kleinunternehmers in einem Wiener Vorort geboren. Durch die allgemeine Entwicklung um 1890 wird der väterliche Betrieb ruiniert; Spann kann das Gymnasium nicht besuchen.
1898–1903	Studium (ohne Matura) in Wien, dann in Zürich, Bern, Tübingen. Promotion (rer. pol.) ebenda bei Friedrich J. Neumann und A. Schäffle.
1903–1908	Mitarbeiter der „Zentrale für private Fürsorge" Frankfurt am Main (Leiter: Christian Klumker); Denkschriften über Berufsvormundschaft für uneheliche Kinder.
1908–1909	Vizesekretär der K. K. Statistischen Zentralkommission in Wien.
1907–1918	Dozent und dann Professor an der Deutschen Technischen Hochschule in Brünn.
1914	Schwere Verwundung als Infanterieoffizier in Galizien.
1916–1918	Einsatz in einem wissenschaftlichen „Komitee für Kriegswirtschaft" in Wien.
1919	Berufung an die Staatswissenschaftliche Fakultät der Universität Wien. Spanns entschiedener Kampf gegen Marxismus und Liberalismus provoziert in den 1920er Jahren Hörsaalschlachten, demagogische Presseangriffe usw.
1925–1937	Zahlreiche Auslandsvorträge, praktisch an allen deutschsprachigen Universitäten, aber auch in Holland, Schweden, Ungarn, Italien.
1926	Manifester Streit mit der herrschenden Soziologie auf dem 5. Deutschen Soziologentag in Wien; siehe K. DUNKMANN [27].
1928–1938	Stärkere Zuwendung Spanns zur Philosophie, Zurücktreten der Volkswirtschaft kommt in seinen Publikationen zum Ausdruck.
1928–1930	Gescheiterter Versuch, auf die Ideologie der österreichischen Heimwehr Einfluß zu nehmen.
1933–1936	Wirksamkeit bedeutender Spann-Schüler in dem von Fritz Thyssen geförderten „Institut für Ständewesen", Düsseldorf, das die nationalsozialistische Ideologie beeinflussen will, aber abgewürgt wird.

1938   Politischer Prozeß gegen sudetendeutsche Spann-Schüler in Dresden. Inhaftierung Spanns in einem Münchner Gefängnis, Verbot der Lehrtätigkeit in Wien, Rückzug auf einen Landsitz im Burgenland.

1939–1946 Keine Publikationen. Die Früchte der Verbannung erscheinen erst später, meistenteils postum.

1946   Rehabilitierung an der Universität, aber die Wiederaufnahme der Lehrtätigkeit des 67jährigen wird verhindert.

1950   Tod und Beisetzung in Neustift-Mariasdorf, Burgenland.

1958   Erscheinen des ersten Nachlaßwerkes (Ganzheitliche Logik). Entwicklung der „Zeitschrift für Ganzheitsforschung" aus einem Mitteilungsblatt des Spann-Kreises.

1963–1979 Gesamtausgabe der Schriften Spanns.

Alfons Söllner

Leo Strauss

Leo Strauss ist in die politische Philosophie des 20. Jahrhunderts als eine der wirkungsmächtigsten Figuren eingegangen. Sein Werk umfaßt 15 Bücher und eine große Zahl von Aufsätzen, es umspannt die abendländische Denkgeschichte von ihren Anfängen bis zur Gegenwart und gruppiert um das philosophische Zentrum eine ganze Reihe anderer Disziplinen wie Theologie, Altphilologie und Mediävistik. Gleichzeitig ist er eine der umstrittensten Figuren geblieben. Dies hängt u. a. damit zusammen, daß Strauss ein denkbar weit entferntes Erkenntnisideal, das der griechischen Antike, vertrat und gleichwohl auf einem unmittelbaren und praktischen Gegenwartsbezug insistierte. Die folgende Darstellung beruht auf der Überzeugung, daß dem Denken dieses schwer einzuordnenden Gelehrten eine politische Haltung zugrundeliegt, die – mit einem zu präzisierenden Ausdruck – als „ultra-konservativ" zu bezeichnen ist. Es grenzt sich von der jüdischen Philosophie zu Anfang des 20. Jahrhunderts durch die Wendung zur Tradition ab und folgt einer inneren Logik, die nach dem Modell der Säkularisierung eines theologischen Ursprungs rekonstruiert werden kann. Dementsprechend wird der Akzent auf den wenig bekannten frühen und auf den formativen mittleren Schriften liegen, während die späten Schriften nur berührt werden, nicht zuletzt weil deren Wirkungsgeschichte noch nicht hinreichend absehbar ist.

Hypothese der Darstellung

Obschon Leo Strauss kontextuelle Erklärungen für die Geltung von philosophischen Argumentationen als „historistisch" ablehnte, gab er gegen Ende seines Lebens mehrfach Einblick in die Entstehungsumstände seines eigenen Denkens. So schildert er im amerikanischen Vorwort des Spinoza-Buches seine intellektuellen Anfänge in der Weimarer Republik und stellt sie in den Kontext der zeitgenössischen jüdischen Philosophie (Hermann Cohen, Franz Rosenzweig) und deren Verhältnis zur christlichen Theologie. Was man, in soziologischer Sprache, als die prekäre Lage des Judentums in einer sich mehr und mehr säkularisierenden christlichen Umwelt bestimmt hat, wird in dieser rudimentären Autobiographie jedoch rasch wieder in die Metaphern der jüdischen Theologie zurückübersetzt: „Finitive, relative problems can be solved; infinitive, absolute problems cannot be solved ... From every point of view it looks as if the Jewish people were the chosen people, at least in the sense that the Jewish problem is the most manifest symbol of the human problem insofar as it is a social or political problem." [13: STRAUSS, Liberalism, 230].

Ursprung in der jüdischen Philosophie

Man wird Leo Strauss nicht unrecht tun, wenn man diese Formulierung von 1965 auf die 20er Jahre zurückprojiziert. Im Inhalt, mehr noch in ihrer hochabstrakten Form wiederholt sie, was schon den Ausgangspunkt seines Philosophierens definiert: einen Akt subtiler Vergeistigung, durch den, nicht ganz ohne Gewalt, aus einer konkreten Problemlage eine geistesgeschichtliche Denkfigur wird, die sich zur politischen Metapher eignet. Weder die aktuelle Bedrohung der Weimarer Demokratie noch der politische Lösungsversuch der konfliktreichen Beziehung zwischen jüdischer Minderheit und deutscher Mehrheitsgesellschaft,

Orthodoxie und Aufklärung
der Zionismus war es, was Straussens frühe Schriften direkt motivierte, sondern so hochabstrakte Fragen wie die nach dem Verhältnis zwischen Orthodoxie und Aufklärung, Offenbarung und Vernunft, Gesetz und Philosophie. Bemerkenswert waren allerdings auch hier schon die Treffsicherheit, mit der ein junger Gelehrter die geistesgeschichtlichen Wendepunkte für derartige Fragen zu fixieren vermochte, die philosophische Energie und die philologische Akribie, mit denen er sich in ihnen verbiß, und die Form, in der die Fragen weniger gelöst als vielmehr zum Anlaß weiteren geistesgeschichtlichen Forschens wurden.

Leo Strauss erstes selbständiges Werk, sein Buch über Spinoza war die konzentrierte Frucht seiner Forschungstätigkeit an der Berliner Akademie für die Wissenschaft des Judentums. Es handelte sich um eine höchst anspruchsvolle, zunächst rein immanent verfahrende Studie über eine Philosophie, die die Aufklärung entscheidend mitbeförderte, dabei aber – diesen Schluß zog Strauss und verließ damit das Terrain immanenter Kritik – einen zu hohen Preis gefordert

Kritik an Spinoza
hatte: Die Emanzipation von der jüdischen Orthodoxie erschien ihm als die Zerstörung des Traditionszusammenhangs, der im Gesetzesglauben des Alten Testamentes verbindlichen Ausdruck gefunden hatte, ja als Zerstörung von Tradition überhaupt. In diesem Sinne versuchte er nachzuweisen, daß Spinozas Bibelwissenschaft, weit davon entfernt seine Religionskritik zu begründen, diese vielmehr voraussetzt, und daß seine Kritik der Orthodoxie logisch auf einer petitio prinicipii beruht; das aufklärungstypische Instrument des Spottes aber reiche nicht aus, um den orthodoxen Wunderglauben zu entkräften [1: Strauss, Spinozas Religionskritik, bes. 126ff.].

Der Argumentationsgang des Spinoza-Buches folgte einem Erkenntnisinteresse, das für Leo Strauss verbindlich bleiben sollte. Sein Lebenswerk war insgesamt

Rehabilitation der Tradition
auf die Rehabilitation der von der Moderne – zu Unrecht, wie er meinte – diskreditierten Tradition gerichtet. Für die Beurteilung der Aufklärung bedeutete dies, daß ihre durchaus anerkannten Leistungen von vorne herein unter dem Aspekt des Traditionsverfalls thematisch wurden. So attestierte Strauss Spinozas theologisch-politischem Traktat zwar eine genuin liberale und demokratische Begründung der Politik, doch interessierte ihn daran letztlich nur die Verlustbilanz: daß Spinoza eine geistesgeschichtlich bereits erreichte Stufe der Reflexion, nämlich die in der Lehre des Maimonides formulierte Versöhnung von Theologie und Philosophie grundsätzlich verfehle [1: 127ff., bes. 180]; daß seine „realistische Staatslehre" [1: 219], eigentlich als Bindeglied zwischen Theologie und Morallehre

konzipiert, mit ihrem machiavellistischen, die Leidenschaften favorisierenden Menschenbild den utopischen Anspruch des Aufklärungsstrebens wieder zunichte mache [1: 217ff.]; und daß die nicht gelingende Vermittlung durch die geschichtsphilosophische Projektion eines zukünftigen Vernunftstaates nur überdeckt werde, was sich daran zeige, daß die vorher als absolutes Fundament zerstörte Religion auf relativer Ebene wieder eingeführt werde: als pragmatisches Mittel der Volkserziehung.

Unterstellt man Leo Strauss, was bei der von ihm eingenommenen Abstraktionslage nicht ohne Extrapolation möglich ist, am Ende der Weimarer Republik eine politische Tendenz, so stößt man auf eine Ambivalenz: Auf der einen Seite scheute er sich nicht, aus seinen aufklärungskritischen Studien affirmative Konsequenzen zu ziehen, die man als konservativ, ja als fundamentalistisch bezeichnen muß. Auf der anderen Seite war Leo Strauss einer der ersten, der die Auseinandersetzung mit jenem Autor begann, der die einflußreichste fundamental-politische Theorie der Epoche formulierte und sich, anders als Strauss, keineswegs scheute, sie unmittelbar in die politische Praxis zu übersetzen – mit Carl Schmitt. Dessen Freund-Feind-Theorie war bekanntlich als eine säkularisierte politische Theologie konzipiert, die rasch und situationsgerecht transformiert werden konnte: zunächst in das Plädoyer für eine autoritäre Lösung der Weimarer Staatskrise und dann, nach 1933, in ein rassistisch begründetes konkretes Ordnungsdenken. Leo Strauss' immanente Kritik, die dem Liberalismushasser seinen eigenen Liberalismus vorhielt und an seiner „Bewunderung der animalischen Kraft" [2: Strauss, Anmerkungen zu C. Schmitt, 744] Anstoß nahm, versuchte zwar, „eine Perspektive jenseits des Liberalismus zu gewinnen" [2: 749], doch blieb seine Alternative abstrakt und, angesichts der Zeitabläufe, politisch hilflos.

Wohin diese Perspektive führte, zeigt sich in dem 1935, also bereits nach der Emigration, aber noch in Deutschland erschienenen Büchlein „Philosophie und Gesetz". Die hier vorgelegten Analysen der jüdischen Klassiker des Mittelalters sind faszinierende philologische Studien. Strauss würdigte Maimonides als „Klassiker des Rationalismus" (Hermann Cohen), weil sich seine gesetzliche Auffassung der Philosophie mit einer philosophischen Begründung der Theologie die Waage halte, und zog hochinteressante Parallelen zur arabischen Aristoteles-Rezeption. Gleichzeitig findet sich hier der theologische Traditionalismus nicht nur deutlich fortgesetzt, sondern sogar noch verstärkt. Der Beweis dafür liegt zum einen in der Konzentration auf das zentrale Lehrstück der jüdischen Orthodoxie, in dem Wunderglaube und irdische Gesetzgebung sich als Einheit erweisen sollen – auf die Prophetologie. Zum anderen gab Strauss eine fundamentalistische Deutung der Gegenwartskrise, die – und hier zeigen sich Parallelen zu Carl Schmitt – eine religiös definierte Freund-Feind-Konstellation zumindest durchschimmern ließ: „Angemessener als die Kulturphilosophie antwortet auf die Frage nach dem ursprünglichen Ideal der Aufklärung die jüdische Tradition ... So enthüllt sich zuletzt als die „Wahrheit" der Alternative:

(Marginalien am rechten Rand:)
Fundamentalismus

Kritik an C. Schmitt

Maimonides

Prophetologie

Orthodoxie oder Aufklärung die Alternative: Orthodoxie oder Atheismus"
[3: STRAUSS, Philosophie und Gesetz, 25 und 28].

Die theologiegeschichtlichen Studien der 1930er Jahre waren aber noch aus
einem weiteren Grund richtungsweisend. Strauss stieß hier nämlich auf das Problem der Häresie, das im geschlossenen Weltbild des Mittelalters bekanntlich
einen prononciert-politischen Konflikt dargestellt hatte, das er jedoch in eigentümlicher Gleichzeitigkeit glaubte positivieren und vergeistigen zu müssen. Die

Esoterisch-
exoterisch hier zuerst auftauchende Unterscheidung von „esoterischer" und „exoterischer"
Lehre griff er wenig später, in dem bekannten Aufsatz „Persecution and the Art of
Writing" von 1941 [wiedergedruckt in 5: STRAUSS, Persecution] wieder auf und
machte sie, so erscheint es zumindest im Rückblick, für sein Selbstverständnis
verbindlich. Diese Aktualisierung einer vor-aufklärerischen Denkfigur ist nicht
ohne Seltsamkeiten, nicht nur weil sie das Verfolgungspotential des modernen
Totalitarismus unterschätzt, sondern auch weil sie in absichtsvoller Verschwie-
genheit vor der alternativen Gegenwartslage der intellektuellen Emigration stehen
bleibt. Gerade dadurch aber konnte sie, wie es scheint, als Modell für Leo Strauss'
eigenes Philosophieren dienen: sie ermöglichte das Festhalten an einer politischen
Theologie, die im Zeitalter des Holocaust vielen Denkern – und von den jüdischen
Hitler-Flüchtlingen den repräsentativsten – unzeitgemäß vorkam. Gefaßt als methodische Anleitung zur Lektüre klassischer Texte, entzog sie sich diesem Einwand und erlaubte doch eine säkularisierte Fortsetzung der theologischen Fragestellung. Indem Strauss neben der (exoterischen) Lektüre der „normal science",
die philologisch oder sozialgeschichtlich verfahren mochte, noch eine zweite
(esoterische) Lektüre inaugurierte, die den eigentlichen Sinn eines Textes „zwischen den Zeilen" zu entdecken glaubte, konnte er an seinem Projekt festhalten,

Auschwitz als
Traditionsbruch Geistesgeschichte als Traditionsvermittlung zu betreiben. Konsequenterweise trat
in seiner amerikanischen Phase nicht der durch Auschwitz symbolisierte absolute
„Traditionsbruch" [vgl. 19: DINER, Zivilisationsbruch] in den Vordergrund, sondern das über ihn hinwegabstrahierende (und ihn einebnende ?) Studium der
griechischen Klassiker.

„Das theologisch-politische Problem ist seitdem (seit dem Spinoza-Buch, A.S.)
das Thema meiner Untersuchungen geblieben." [4: STRAUSS, Hobbes, 7]. Was
diese Reminiszenz von 1965 als den Identitätskern seines Philosophierens hervorhebt, zeigt sich in der Tat am deutlichsten, wenn man auf die Kontinuität in der
Methode achtet, die sich bei Leo Strauss früher wie später findet. Diese Methode
war und blieb eine der theologischen Exegese und hatte ihre erklärte Absicht in der
autoritativen Vergegenwärtigung von bindenden Traditionen. Ein später Text wie
„Jerusalem and Athens" [16: STRAUSS, Platonic Philosophy, 147ff.] muß unver-
standen bleiben, solange man nicht sieht, daß es seinem Autor gleichermaßen um
Bekenntnis und Erkenntnis ging. Und wenn Strauss hier der für ihn an sich
unauflöslichen Alternative zwischen humanistischer und christlicher Tradition

Exegese
und Substantia-
lismus am Ende doch eine versöhnliche Perspektive geben konnte – es ist die Konvergenz
des platonischen und des biblischen Mythos von der Erschaffung der Welt –, so

war dies nur möglich mittels jener prästabilisierten Einheit von exegetischer Methode und autoritativer Selbstauslegung von klassischen Texten, die bei Strauss durchgehend vorausgesetzt wird und die das untrügliche Kennzeichen jedes hermeneutischen Substantialismus ist.

Hier zeigen sich übrigens gewisse Parallelen zu den krypto-theologischen, besonders im Spätwerk manifesten Tendenzen bei Martin Heidegger [vgl. dazu 29: STEINER, Heidegger], die umso dringlicher der Erforschung bedürfen, als es auch bei Leo Strauss eine – zwar im veröffentlichten Werk kaum greifbare, aber von Schülern glaubwürdig bezeugte – Faszination durch diesen „heimlichen König des Denkens" (Hannah Arendt) gegeben zu haben scheint, die den Schock von dessen Engagement für den Nationalsozialismus überdauerte. So überzogen es wäre, das Konzept der „Seinsgeschichte" mit dem der Denkgeschichte bei Leo Strauss einfach gleichzusetzen, so deutlich sind Parallelen geringerer Art, die allesamt mit jener ontologischen Wendung der hermeneutischen Wissenschaften zusammenzuhängen scheinen, die Hans-Georg Gadamer eindringlich herausgearbeitet hat [vgl. 21: GADAMER, Wahrheit und Methode]: Einmal bestehen Ähnlichkeiten zwischen dem Interpretationsfreiraum, auf den die Prämierung der esoterischen gegenüber der exoterischen Lektüre abzielt, und Heideggers Privatetymologie, die ebenso oft gerühmt wie getadelt wurde. Gemeinsam ist beiden zum andern die Suche nach den Ursprüngen, den Urgründen des menschlichen Denkens überhaupt, für die die Orientierung an der griechischen Philosophie ausschlaggebend blieb, auch wenn die Bevorzugung der klassischen bzw. archaischen Phase jeweils verschiedene Folgen zeitigen mochte. Parallelen zeigen sich schließlich auch auf dem Weg zu diesen Ergebnissen: Wie der Autor von „Sein und Zeit", der seiner Ausbildung nach katholischer Theologe war, zur fundamentalontologischen Fragestellung und später zur „seinsgeschichtlichen Kehre" nur mittels des Studiums der scholastischen Aristoteles-Rezeption gefunden hatte, so entdeckte Leo Strauss in der anderen repräsentativen Linie der Antikenrezeption jenes entscheidende Bindeglied, das ihn zu „seiner" Fragestellung brachte.

Parallelen zu Heidegger

Dieses Bindeglied findet sich in einem Aufsatz aus dem Jahr 1945, der nicht zufällig in der Einleitung des Buches „Persecution and the Art of Writing" noch einmal aufgegriffen wurde und jetzt fast programmatischen Stellenwert erhielt. Strauss konzentrierte sich hier auf die vergleichsweise „reinste" Tradierung eines platonischen Idealismus, wie sie der arabische „falsafa" Farabi in einem apokryphen Buch gegeben hatte, und stellte jene Verbindung heraus, die seinem eigenen Philosophieren zum Modell wurde: die Auffassung der Philosophie als „natürlicher Religion" und die dazugehörige (politisch-unpolitische) Idee des Philosophenkönigtums, vorgetragen in einer streng exegetischen Leseweise besonders der „Nomoi". Wie wir sehen werden, sollte exakt dieser Dialog für Strauss zum klassischsten aller Texte, ja zum Inbegriff des Klassischen selbst avancieren. Nicht an einem platonischen Text aber, sondern an Xenophons Dialog: „Hieron oder über die Tyrannis" demonstrierte Strauss zunächst die so verstandene Einheit von Gegenstand und Methode, die auf eine strikt anti-historische Leseweise hin-

Platonismus

auslief: „Das Ziel des Historikers, der sich mit Geistesgeschichte beschäftigt, muß es sein, das Denken der Vergangenheit so zu verstehen, „wie es eigentlich gewesen ist", das heißt, sich dem Selbstverständnis der Denker vergangener Zeiten soweit als möglich anzunähern." [6: STRAUSS, Hieron, 36]. Das bedeutete reine Textauslegung, Absehen von allen historischen und sozialen Bezügen, und, im vorliegenden Fall, strenge Beachtung der dialogischen Form.

Gegenwartsdiagnose
War vor allem das letztere eine Direktive, die äußerst interessante Interpretationsergebnisse zeitigte, so zeigte sich die Kehrseite in dem Anspruch, aus der reinen Textimmanenz heraus zu gegenwartsdiagnostischen Aussagen zu kommen. Strauss brachte nämlich in der Einleitung seiner Hieron-Interpretation das praktische Versagen der wissenschaftlichen Öffentlichkeit, den (faschistischen und stalinistischen) Totalitarismus zu identifizieren und ihm praktisch entgegenzutreten, mit der Unkenntnis dieser „klassischen" Tyrannisanalyse in direkten Zusammenhang. Diese Konstellation, die man als dezidiertes Überspringen des hermeneutischen Zirkels, vielleicht sogar als methodischen Dezisionismus bezeichnen kann, blieb seither für Leo Strauss verbindlich, sie wurde gleichermaßen zum Promotor seiner positiven wie seiner negativen Wirkungsgeschichte. Die Kontroverse etwa,

A. Kojève
die Strauss in den 50er Jahren mit Alexandre Kojève austrug, drehte sich nur vordergründig um philologische Differenzen, in Wahrheit ging es um die Frage, welchen Stellenwert ein klassischer Text für die Diagnose der gegenwärtigen Welt einnehmen sollte. Wenn Strauss auf primär realanalytisch gemeinte Einwände mit Fußnoten zu platonischen Dialogen glaubte antworten zu können, so wurde hier das erste Mal überdeutlich, wie weit das Modell der unmittelbaren Klassikerapplikation von Desideraten der Gegenwartsanalyse entfernt blieb.

Wie Leo Strauss es in seinen Weimarer Schriften vermied, sich zwischen Theologie und Philosophie zu entscheiden, so kehrte eine analoge Unentschiedenheit auch in den formativen Werken seiner mittleren Periode wieder. Die für ihn typische produktive Verweigerung zeigte sich hier im spannungsreichen Verhält

Politische Philosophie nicht Geschichte
nis von Philosophie und Geschichte, disziplinär gesprochen: von politischer Philosophie und Geschichte des politischen Denkens. „Political philosophy is not a historical discipline ... In particular, political philosophy is different from the history of political philosophy itself" [9: STRAUSS, Political Philosophy, 56], heißt es in einem programmatischen Aufsatz von 1949. Und doch war Strauss gerade in diesem Jahr in seinen Chicagoer Walgreen Lectures dabei, die Geschichte des politischen Denkens vorzutragen, die seinen Ruf als politischer Philosoph mehr begründet hat als alles andere. Die damit ausgedrückte Ambivalenz, die eine theoretische war und gleichwohl praktisch gemeint, ist ein möglicher Schlüssel, um das nicht leicht zu ortende Zentrum der Schriften aufzuschließen, die man noch am ehesten als politische Philosophie im Sinne der modernen Politikwissenschaft wird einordnen können. Sie beginnen in den 30er Jahren mit einer Studie über Hobbes.

Hobbes
Leo Strauss' Hobbes-Buch kommt zeitlich an jenem folgenreichen lebensgeschichtlichen Bruch zu stehen, den die Emigration aus Hitler-Deutschland bedeu

tete, und verbirgt dies doch auf eine Weise, die die Unterscheidung von esoterischer und exoterischer Schreibweise bereits vorwegnimmt – während eines Forschungsaufenthalts in Oxford begonnen, wurde es 1936 auf Englisch publiziert, seine deutsche Urfassung aber erschien erst 1965. Strauss richtete sein Augenmerk nicht so sehr auf den mos geometricus, also auf Hobbes' neuartige Methode als solche, sondern auf deren Voraussetzungen, die er als explizit moralische bezeichnete und als selektive Umdeutung der aristotelischen Tugendlehre charakterisierte: Eitelkeit und Todesfurcht werden zu den anthropologischen Konstanten erklärt [4: STRAUSS, Hobbes, 16ff.], und aus diesem pessimistischen Menschenbild wird die Konstruktion eines staatlichen Souveräns nur gefolgert, der allmächtig und diesseitig, egalitär und maschinenförmig gleichzeitig sein muß, um die zentrale Aufgabe der Friedenssicherung zu erfüllen [4: 64ff.]. Entscheidend ist die Entdeckung des Reichs der Geschichte, die die Gehorsamsmoral gegenüber einer ewig-idealen Naturordnung ersetzt durch eine technisch orientierte Klugheitsmoral, „bürgerliche" Ideale wie Sparsamkeit, Arbeitsethik, Rechtssicherheit und Naturbeherrschung verdrängen die platonische Tugendhierarchie von Weisheit, Gerechtigkeit, Besonnenheit und Tapferkeit [4: 108ff., 129ff.].

Diese und andere moral-typologische Abgrenzungen faßte Strauss in Thesen zum Funktionswandel der politischen Philosophie zusammen: „Und aus diesem Grunde hat die politische Wissenschaft nicht mehr wie in der Antike die Funktion, das politische Leben an das ewig-gleiche Vorbild des vollkommenen Staates zu erinnern, sondern die eigentümliche moderne Aufgabe, das Programm des wesentlich zukünftigen Staates erstmalig zu entwerfen. Die Zurückdrängung der Geschichte zugunsten der Philosophie bedeutet in Wahrheit die Zurückdrängung der Vergangenheit zugunsten der Zukunft." [4: 106] Oder: „Der Bruch mit dem Rationalismus ist also die entscheidende Voraussetzung sowohl des Souveränitätsbegriffs als der Verdrängung des „Gesetzes" durch das „Recht", d. h. der Verdrängung des Primats der Verpflichtung durch den Primat des Anspruchs." [4: 159] Es lohnt sich, auf derartige Formulierungen genau zu achten, nicht nur weil sie glänzende Resultate geistesgeschichtlichen Forschens darstellen, sondern weil sie eine Unterscheidung nahelegen, die kritische Schlüsse auf Leo Strauss' eigenes Philosophieren vorzubereiten geeignet ist. Im Hobbes-Buch dominierte noch eine Haltung, die man als kultur-vergleichend bezeichnen kann, sie war zwar nicht wertfrei, aber betrieb Wertung im Sinne einer typologischen Abgrenzung und noch nicht primär im Sinn von Abwertung. Genau das letztere bezeichnet die Richtung, in der sich Strauss seit seinen Hobbes-Studien in Bewegung setzte.

Voraussetzung dafür war, daß Strauss seinen geistesgeschichtlichen Horizont noch einmal um mehr als ein Millenium erweiterte, und zwar in eben der rückwärtsgewandten Weise, die schon den Weg von Spinoza zu Maimonides und Farabi gebahnt hatte. Jetzt ging es um die Ausschöpfung der Quellen selber, die noch im mittelalterlichen Weltbild in ungetrübter Direktheit zu Tage getreten waren: um die Philosophie der Griechen. Indem Strauss diesen Weg zurücklegte und somit den Bogen in gewisser Weise abspannte, der seiner Hobbes-Deutung

Marginalien:

Funktionswandel der pol. Philosophie

Typologie versus Wertung

Urgeschichte der Philosophie

die produktive Spannung verliehen hatte, erreichte er die Ebene einer Urgeschichte des abendländischen Philosophierens, die fortan seinen epochenüberspringen-
den Argumentationsstil prägen sollte. Er entfachte die „querelle entre anciens et
modernes", die das 18. Jahrhundert nicht nur in Frankreich bewegt hatte, noch
einmal, und er schlichtete sie in einer Weise, die die Blickrichtung der Aufklärung
so diametral umkehrte, wie es die Widerrufung von Spinozas Orthodoxiekritik
bereits inauguriert hatte. Die detaillierte Antwort darauf war die Ausarbeitung
seiner Walgreen-Lectures zu dem Buch: „Natural Right and History" (1953), das
eine Einheit von Inhalt und Form auch insofern erreichte, als es ein moderner
Klassiker der politischen Philosophie wurde, rasch übersetzt in die wichtigsten
europäischen Sprachen.

Kritik des
Historismus

Schon die thematische Gliederung dieses Buches verdeutlicht, worauf es Strauss
ankam. Es beginnt mit einer immanenten Kritik des Historismus, der, weit mehr
als ein Strang im erkenntnistheoretischen und disziplinären Pluralismus des entwickelten Wissenschaftsbetriebs, diesen vielmehr als eine ebenso durchgreifende
wie unbegriffene Weltanschauung beherrscht [7: STRAUSS, Natural Right, 9ff.].
Der Kern dieser Weltanschauung ist, so Leo Strauss, die Behauptung von der
geschichtlichen Relativität nicht nur der Ideen und Wertvorstellungen, sondern
des menschlichen Erkenntnisvermögens überhaupt. Gerade auf dieser allgemein-
sten Ebene aber – die Vergeschichtlichung der Wahrheit kann nicht selber überge-
schichtlich wahr sein – zeigt sich bereits die falsche Radikalität, ja die Selbstwider-
sprüchlichkeit des Historismus. Doch nicht dieses erkenntnistheoretische Problem interessierte Strauss am meisten, sondern was ihm auf moralischer Ebene
korrespondiert: der Verlust von verbindlichen Wertorientierungen bzw. positiv

Nihilismus-
Vorwurf

ausgedrückt: der moderne Nihilismus. Dementsprechend irritierte ihn an der
zeitgenössischen Sozialwissenschaft, als deren Begründer er Max Weber analy-
sierte [7: 35ff.], nicht nur die methodische Trennung von Werten und Tatsachen,
sondern mehr noch, was ihr vorausgesetzt ist: ein grundsätzlicher Wertirrationa-
lismus.

Man muß sich dieses Negativums und seiner moralischen Qualität, also einer
radikalen Krisendiagnose versichern, um zu verstehen, wieso Strauss nach einem
Gegenpol strebte und was er an ihm suchte. Es war ein absoluter Bezugspunkt, in
dem das menschliche Wissen und Wollen gleichermaßen aufgehoben, des Zweifels
überhoben war, es galt Descartes gleichzeitig zu radikalisieren und in einer Rück-
wärtswendung zu überwinden. Dementsprechend fand er in den platonischen
Dialogen, die sich dafür mehr eigneten als die Werke des Aristoteles, nicht nur die
historisch früheste Denkweise, die den Namen „Philosophie" verdient, sondern
auch die ursprüngliche, weil nach den Ursprüngen selber fragende Wissensform:
„Philosophy is the quest for the ‚principles' of all things, and this means primarily
the quest for the ‚beginnings' of all things or for ‚the first things'" [7: 82]. Zwar ist
dieses Fragen nach dem Ursprung anti-konventionell, ja sogar anti-religiös und
insofern autoritätskritisch – der ironische Ausdruck dafür ist das sokratische: „Ich
weiß, daß ich nichts weiß" –, doch etabliert es in seinem Vollzug nur eine neue

Autorität, die nun eine vom menschlichen Denken selber geschaffene, ihm gemäße sein soll. Der Terminus für diese Autorität lautet „Natur": „Nature is older than any tradition; hence it is more venerable than any tradition ... By uprooting the authority of the ancestral, philosophy recognizes that nature is the authority" [7: 92]. „Natur" als Autorität

Innerhalb dieser prima philosophia konzentrierte sich Strauss besonders auf einen einzigen Punkt, den er mit dem Begriff des „Naturrechts" bezeichnete und an dem das kontemplative Ideal der griechischen Weltauffassung praktische Verbindlichkeit erreichte. Es war für ihn gleichzeitig der Punkt, von dem politisches Philosophieren einzig und allein seinen Ausgang nehmen konnte, nicht zuletzt deshalb, weil hier noch vereint erscheint, was in der modernen Weltauffassung auseinandergetreten ist: Tugendlehre und Institutionenkunde, Gerechtigkeit und Staatsgewalt, subjektives Recht und objektives Gesetz, Gesellschaft und Politik. Die Einheit aller dieser Elemente visierte er im Begriff der „politeia" an, den er mit „Constitution" oder „Regime" übersetzte, wobei er sich hier zunächst an die Verfassungslehre des Aristoteles hielt. Nun geht diese Lehre bekanntlich, dem aristotelischen Induktionsprinzip folgend, aus einer komparativen Einstellung hervor, doch mehr als dafür interessierte sich Strauss für die gleichermaßen implizierte Normseite, für das Modell der athenischen Polis: „The best regime will then be a republic in which landed gentry, which is at the same time the urban patriciate, well-bred and public spirited, obeying laws and completing them, ruling and being ruled in turn, predominates and gives society its character." [7: 142]. Politeia bei Aristoteles

Dementsprechend trat in den Vordergrund nicht der Pragmatismus der aristotelischen Politikauffassung, sondern die von Platon ausgearbeitete Konzeption des „Idealstaates", die auf einer naturrechtlich begründeten Tugendhierarchie aufbaut und diese in ein politisches Elitenmodell übersetzt, das seinen Gipfelpunkt in der Idee des Philosophenkönigtums findet. Die These, „that some men are by nature superior to others and therefore, according to natural right, the rulers of others" [7:135], etablierte konsequenterweise nicht nur ein soziales Ordnungsmodell, sondern eine Identität von philosophischer Erkenntnis und politischer Ordnung, die desto größere theoretische Verbindlichkeit fordern mußte, als sie in der Praxis prekär zu sein schien, und zwar in den klassischen Texten nicht minder als in ihrer Deutung durch Leo Strauss. Wenn ihm hier eine äußerst geschlossene und originelle Rekonstruktion der antiken politischen Philosophie gelungen war, die deren Wirkungsgeschichte über die Stoiker und Cicero bis zu Thomas von Aquin, dem letzten Vertreter des „klassischen Naturrechts" mit einschloß, so zeigte sich im Übergang zum „modernen Naturrecht" nicht nur ein analytischer Schritt, sondern mehr noch der einer moralischen Bewertung. Was sich hier auftat, war ein grundsätzlicher Hiatus, angesichts dessen das Unternehmen, das als eine unfreiwillige Historie des (an sich überhistorischen) Naturrechtsdenkens begonnen hatte, rasch in eine Verfallsgeschichte der politischen Philosophie umschlug. Platons „Idealstaat" Klassisches versus modernes Naturrecht

Dies wird schon offensichtlich in den Kapiteln, die der frühneuzeitlichen politi-

Hobbes schen Philosophie gewidmet sind. An Hobbes, wie allen ihm nachfolgenden Denkern, interessierte Strauss vor allem, „how modern he is or how much he deviates from the natural right tradition" [7: 165]. Konsequenterweise folgte die Analyse einer Methode, die nichts weiter war als die Umkehrung des modernen Fortschrittspathos selber: sie bewertete einen Denker nach dem Grad seiner Abweichung vom klassischen Naturrecht. Daß dies verblüffende Einsichten in die Ambivalenzen der entstehenden Moderne nicht ausschließt, haben wir bereits gesehen: Strauss zögerte z. B. nicht, Hobbes als den eigentlichen Begründer des Liberalismus zu bezeichnen, ein Ergebnis, das nicht nur dem ideologischen Neo-Liberalismus gerade im Nachkriegs-Amerika diametral widerstrebte, sondern zu einer bleibenden Vertiefung der philosophischen Grundlagen der modernen Demokratie in ihrer fortschrittlichen wie konservativen Version beigetragen hat;

Locke dementsprechend konnte er zu Lockes scheinbarer Rückkehr zu einer moderateren Auffassung der menschlichen Natur („pursuit of happiness") umgekehrt und ohne Widerspruch konstatieren: „Locke's teaching on property, and therewith his whole political philosophy, are revolutionary ... Through the shift of emphasis from natural duties or obligations to natural rights, the individual, the ego, had become the center and origin of the moral world ... man ows almost everything valuable to this own effort." [7: 248].

Die problematische Seite seiner Methode, die es gleichwohl zu konstatieren gilt, wurde desto offenbarer, je mehr Strauss sich der Epoche der bürgerlichen Freiheits- und Rechtsphilosophie annäherte. Nicht nur, daß es einer hochselektiven Wahrnehmung gleichkam, sich – unter dem Titel der „Krise des modernen Naturrechts" [7: 252ff.] – auf Rousseau und Burke zu beschränken, also die Denker beiseite zu lassen, die, wie Kant, Hegel und Marx, den neuzeitlichen Individualismus in eine objektive Gerechtigkeitsvorstellung aufzuheben versuchten, lautete sie nun Rechtsstaat, objektiver Geist oder Revolution. Strauss begab sich auch

Rousseau schon bei Rousseau der Möglichkeit, die Frage auszuloten, ob nicht z. B. in der Kategorie des Mitleids (statt des Egoismus) oder in der Idee der selbstverwalteten Demokratie (statt des staatlichen Absolutismus) Modelle angedeutet waren, die ein Äquilibrium von Freiheit und Ordnung, von Individuum und Gesellschaft postuliert und damit einer immanenten (statt transzendenten) Kritik der Moderne

Moderne als Ver- den Weg gewiesen hatten. Differenzierungen wie diese mußten in einer Verfallsge-
fallsgeschichte schichte des politischen Denkens zum Verschwinden kommen, in der die Beziehung von Klassik und Moderne nicht mehr als offenes Reflexionsverhältnis verstanden wurde, sondern unter ein Verdikt geriet, das dem Heideggerschen der „Seinsvergessenheit" kaum nachstand. Dabei muß allerdings offenbleiben, ob sich dieses Bild nicht verändern wird, wenn eines Tages der nicht-publizierte Teil von Leo Strauss' Werk, also vor allem seine enzyklopädische Lehrtätigkeit mitherangezogen werden kann.

Machiavelli Ein Höhepunkt in der aburteilenden (statt historisch urteilenden) Deutungsmethode war Leo Strauss' „Thoughts on Machiavelli" [8: STRAUSS, Machiavelli, bes. 9ff.]. Dieses Buch setzte zwar insofern einen neuen Akzent, als es den entscheidenden geistesgeschichtlichen Umbruch nicht mehr im englischen Rationalismus, sondern im Machtrealismus des großen Florentiners lokalisierte, doch zeigt es eine noch aufschlußreichere Seite, wenn man es in den Kontext der amerikanischen Zeitgeschichte stellt. Es liest sich dann, bei allen sorgfältigen Textinterpretationen, über weite Strecken fast wie eine Übung in geistesgeschichtlichem Exorzismus, in dem sich das dichotomische Weltbild von McCarthyismus und Kaltem Krieg und ein Strauss zu keiner Zeit fremder apokalyptischer Gestus bedeutungsreich überlagerten, ja sich gegenseitig verstärkten. Wenn Strauss es zumal in den 50er Jahren an einem demonstrativen, ja offensiven Antikommunismus nicht fehlen ließ, so erlaubte er umgekehrt, dokumentiert in etlichen pädagogischen Arbeiten aus dieser Zeit [gesammelt in 13: STRAUSS, Liberalism], keinen Zweifel daran, daß sein Angriff auf den Moralismus und Atheismus der modernen Politikauffassung den westlichen Liberalismus und zumal die amerikanische Gegenwart gleichermaßen betraf. Diese doppelte Gegnerschaft legt den Gedanken nahe, daß die Wirkung von Leo Strauss zwar nicht zu Unrecht als Plädoyer für einen amerikanischen Konservatismus aufgefaßt wurde, daß seine Position aber letztlich insofern „ultrakonservativ" war, als sie an *allen* zeitgenössischen Regimen Anstoß nahm. Diese Ultra-Position war seinem apokalyptischen Fundamentalismus, wie wir gesehen haben, von Anfang an inhärent und bezeichnet den Kern einer politischen Theologie, die freilich, gerade wegen ihres endgültigen Abschieds von der Moderne, auf eine konservative Tendenz nicht festgelegt werden kann.

Kritik der modernen Politikauffassung

Leo Strauss' Spätwerk, in dem sich dieser Abschied als eine endgültige Ankunft erweist, entzieht sich einem zusammenfassenden Diskurs und kann daher hier nicht dargestellt werden. Mit fünf Monographien und zwei Aufsatzbänden ist es nicht nur umfangreich, sondern konstituiert geradezu ein eigenes Genre, das von großer innerer Geschlossenheit ist und dessen absichtsvolle Esoterik bereits dazu angetan ist, die Geister zu scheiden. Unstrittig aber scheint wenigstens der Weg, den Leo Strauss in den 60er und frühen 70er Jahren zurücklegte, und das Ziel, das er dabei anstrebte. Der unfreiwillige Historiker, der Leo Strauss schon in „Natural Right and History" war und der in der Mitherausgabe einer Geschichte des politischen Denkens einen letzten Auftritt erlebte [vgl. 10: STRAUSS/CROPSEY, History], ließ jetzt die geschichtliche Reflexion insgesamt hinter sich und grub sich gleichsam ganz in jenen Ursprüngen ein, aus denen sein moralisierender Gestus, halb Theologie und halb Philosophie, immer schon gespeist war. Ins Zentrum dieser endgültigen prima philosophia tritt nun eine einzige Figur, die, weit mehr als ein Monument der abendländischen Philosophiegeschichte, zu einer Art Archetypus stilisiert wird: Sokrates. Er verkörpert für Strauss eine Lebens-, ja eine Seinsweise, die synonym mit Philosophieren überhaupt ist – auf dem Tätigkeitswort ist zu insistieren –, die von klassischer Einfachheit und, damit zusammenhängend, von unmittelbarer Gegenwärtigkeit ist.

Spätwerk

Sokrates als Archetypus

In iterativer Weise näherte sich Strauss seinem philosophischen Archetypus an: er grenzte ihn vom eher pragmatischen Stil der aristotelischen Politik ab [11: STRAUSS, The City], er verteidigte ihn gegen die Ridikülisierung durch die Komödie des Aristophanes [12: STRAUSS, Aristophanes], er schilderte ihn aus der Perspektive des einen prominenten Schülers, des Xenophon [14: STRAUSS, Xenophon], und er versuchte seinen inneren Kern freizulegen durch die minutiöse Lektüre seines noch prominenteren anderen Schülers, nämlich Platons. Es ist wohl kaum als ein lebensgeschichtlicher Zufall anzusehen, daß das letzte, von Strauss selber noch fertiggestellte Werk eine Zeile-für-Zeile voranschreitende Interpretation von Platons „Nomoi" ist, also jenes Dialogs, in dem Sokrates abwesend und doch als der „athenische Fremde" anwesend ist [15: STRAUSS, Nomoi]. Diese Konstellation ist aber auch noch aus einem anderen Grund eine beredte Symbolisierung des Endpunktes, den Strauss in seinem Spätwerk anstrebt und vermutlich auch erreicht: Wenn das Spätwerk des Platon als die Vollendung

Platonischer Idealismus nicht nur seiner Ideenlehre, sondern als die Offenlegung ihres theologischen Grundes zu gelten hat, so konnte dieser Schritt in die Transzendenz als die Krönung eines lebenslangen Bemühens erscheinen, Theologie und Politik zusammenzudenken; auf der anderen Seite ist bemerkenswert, wie einfach, lebensnah und humorvoll und in diesem Sinne anti-idealistisch sich Leo Strauss' Bild auch der späten Sokrates-Figur bisweilen ausnimmt: noch der „fromme Sokrates" wird letztlich in der Schwebe des dialogischen Denkstils belassen und bleibt, wie es scheint, gegenüber der theologischen Stilisierung resistent.

In eigentümlichem Gegensatz zu „letzten Fragen" wie diesen hat die Wirkungsgeschichte von Leo Strauss immer schon mit den Konjunkturen der intellektuellen Zeitgeschichte zu tun gehabt. In ihr bilden sich die leidvollen Wanderwege eines Hitler-Flüchtlings ebenso ab wie die wechselnden Kontexte, in die sie ihn brach-

Verhinderte Wirkung ten. Die Rezeption von Leo Strauss frühen Schriften wurde durch Hitlers Machtergreifung zunächst mit bitterer Konsequenz blockiert – HEINRICH MEIER [27: Schmitt und Strauss] hat dies beispielhaft an der Beziehung des jungen Gelehrten zu Carl Schmitt dokumentiert: aus dem zunächst äußerst lebhaften Gedankenaustausch wurde nach 1933 abrupt ein „Dialog unter Abwesenden", was wenig mit der Qualität von Leo Strauss' weiterer theoretischer Entwicklung und sehr viel mit dem Antisemitismus des Preußischen Staatsrates zu tun hatte. Auch die in England verfaßten Schriften und die Arbeiten aus den frühen amerikanischen Jahren überstiegen die Aufmerksamkeit der engeren Fachdiskussion nicht: Wie die religionsphilosophischen Schriften kaum außerhalb der Judaistik rezipiert wurden, so blieben die philosophiegeschichtlichen Aufsätze, die Leo Strauss zunehmend in der Hauszeitschrift der New School of Social Research publizierte, zunächst so randständig wie es die politische Philosophie an einer selber randständigen „University in Exile" war, die ihre Forschung und Lehre auf Ökonomie und Politik konzentrierte [Vgl. dazu 25: KROHN, Wissenschaft im Exil]. Das schloß umgekehrt nicht aus, daß er als Kollege intern hoch geschätzt wurde und nach außen alsbald, nicht zuletzt wegen seiner Beherrschung der antiken Kultursprachen, als Juwelier erlesener Bildungsgüter bekannt wurde.

Die eingreifende und bald auch fächerübergreifende Wirkung von Leo Strauss setzt erst nach 1950 ein und hängt mit einer Dogmatisierungstendenz in den amerikanischen social sciences eng zusammen. Wenn besonders die political science zunehmend vom Siegeszug des Behaviorismus geprägt war – nicht zu Unrecht hat man von der „behavioral revolution" gesprochen –, so kam Leo Strauss insofern eine herausragende Rolle zu, als er zur Inkarnation des Widerspruchs gegen diese Entwicklung wurde. Dazu trug nicht nur die anti-positivistische Denkrichtung bei, die er in der Einleitung von „Natural Right and History" eingeschlagen hatte, sondern auch die Tatsache, daß er ab 1949 in Chicago lehrte, an einer Universität, die – mit Charles Merriam und Harold Lasswell – eine Hochburg der „science of politics" war. „,Scientific' political science is in fact incompatible with political science" [9: STRAUSS, Political Philosophy, 14] – mit apodiktischen Sätzen wie diesen, aber auch mit beißender Ironie über die methodische Naivität und die Irrelevanz der empirischen Politikforschung sowie mit der Behauptung, daß durch sie alle großen und vor allem die praktischen Fragen der Politik eliminiert würden [bes. 13: STRAUSS, Liberalism, 103 ff.], formulierte er ein Programm, das man fast als die Proklamation einer theoretischen Konterrevolution bezeichnen kann.

Kritik des „Behaviorismus"

Während dieses Programm sich in der Bundesrepublik in den organischen „demokratiewissenschaftlichen" Konsens der politikwissenschaftlichen Gründergeneration einfügte [vgl. z. B 24: HENNIS, Politik], zeigte sich die Disziplin der political science, hochinstitutionalisiert und hochprofessionalisiert wie sie in den USA seit langem war, von solchen Angriffen zunächst wenig erschüttert. Dies gilt unbeschadet der Tatsache, daß sich in den 50er Jahren in der akademischen Region von Chicago ein anti-positivistisches Milieu entwickelte, zu dem nicht wenige andere Emigranten wie Hans Morgenthau und Hannah Arendt, aber auch die im benachbarten Notre Dame sich versammelnden Neo-Thomisten beitrugen. Leo Strauss aber stand nicht an, einen unmittelbaren Kurzschluß zwischen seiner Auffassung von „political philosophy proper" und politischer Lehre, ja sogar der gegenwärtigen politischen Praxis herzustellen. Er propagierte die Identität von Klassikerlektüre und „liberal education" und meinte damit nicht nur das „studying with the proper care the great books which the greatest minds have left behind" [13: STRAUSS, Liberalism, 3], sondern verband damit die Behauptung, daß Demokratie realistischerweise – und im Gegenzug zu ihrem Verfall in der modernen Massendemokratie – nichts anderes sein könne als die Tugendaristokratie der griechischen Antike: „Democracy, in a word, is meant to be an aristocracy which has broadened into a universal aristocracy" [13: 4]. Indem er das Modell des Philosophenkönigtums in die amerikanische Tradition des demokratischen common sense einbettete, suggerierte er den Umkehrschluß, daß Liberalismus und Demokratie eigentlich nichts miteinander zu tun hätten, und legte somit die Grundlagen der neo-konservativen Wirkungsgeschichte, mittels derer der Esoteriker Strauss, als ein deutlich exoterischer Faktor, in die unmittelbare Gegenwart hereinragt.

Klassikerlektüre als „Liberal education"

Liberalismus versus Demokratie

Von der größten, weil langfristigen Bedeutung dürfte der Einfluß sein, den Leo Strauss auf die Entwicklung der politischen Philosophie im engeren Sinn genom-

Stellenwert
der politischen
Philosophie

men hat und weiter nehmen wird. Wenn sein Spätwerk bereits als ein ebenso monumentaler wie rätselhafter Beweis für das vorläufige Ende der behavioristischen Ära wahrgenommen wurde, so entzündete sich an ihm darüber hinaus eine umfangreiche Kontroverse über die Frage, welchen Stellenwert die Subdisziplin der politischen Philosophie im Ganzen des Faches sinnvollerweise einzunehmen hat. Während eine Reihe von Autoren, die direkte Schüler von Strauss sind, mit der Figur ihres Meisters eine Renaissance des politischen Philosophierens im klassischen Stil verbanden [vgl. z. B. 22: GERMINO, Revival], formierte sich ihnen gegenüber eine Gegenposition, die dies als „Mythologisierung der Tradition" ablehnte und darin nicht nur einen antidemokratischen Elitismus am Werke sah, sondern die Renaissance eines neuen politischen Irrationalismus befürchtete [vgl. z. B. 23: GUNNEL, Philosophy, bes. 91 ff.; 20: DRURY, Natural Right]. So wichtig das darin steckende sachliche Problem indes auch sein mag – die Konstellation, die sich hier zeigt, verweist auf die eigentümliche Dialektik von esoterischer Gestalt und exoterischer Wirkung, in der man das Erfolgsge-

Strauss-Schule

heimnis von Leo Strauss überhaupt vermuten kann. Es liegt in der einfachen soziologischen Tatsache, daß er – als charismatischer Vertreter teutonischer Gelehrsamkeit im ganz anderen amerikanischen College-Milieu – eine mehr oder weniger verschworene Gemeinde von „Straussians" um sich zu scharen verstand.

Man kann den spätplatonischen Idealismus im Spätwerk von Leo Strauss als Indikator dafür nehmen, daß der Theologe endgültig über den Philosophen die Oberhand gewonnen hat [vgl. dazu: 28: PANGLE, Introduction]. Die Steigerung der reinen Textexegese spricht ebenso dafür wie die komplementäre Ausblendung alles sozial- und realgeschichtlichen Wissens über die kontrafaktische Realität der griechischen Polis [vgl. dazu: 26: MEIER, Entstehung des Politischen]. Im Sinne dieser anti-historischen Methode ist es dann nur konsequent, daß die platonischen Dialoge zu „heiligen Texten" stilisiert werden, die es pietätvoll nachzuvollziehen gilt und die sich – nach dem Grundsatz: Klassiker applizieren sich selbst! – gleichsam selber auslegen. Und konsequent ist es auch,

Klassizismus

daß der Klassizismus des „Meisters" von seinen Schülern zur Karikatur fortentwickelt wird. Dennoch ist nicht sicher, ob dieser einen zivilisationskritischen Bestseller wie den jüngsten von Allan Bloom nicht gerade *wegen* seines Erfolges verworfen hätte [17: BLOOM, American Mind], während die Formierung einer konservativen Schule des amerikanischen Verfassungsdenkens, das zu den Ursprüngen der „founding fathers" zurückgeht, sicherlich eine authentische Aktualisierung des „Straussian Mind" ist [vgl. dazu 30: WOOD, Fundamentalists; und 18: DEUTSCH/SOFFER, Crisis]. Das eine wie das andere gehört in das noch ungeschriebene Kapitel der deutschen Emigration in die USA, das mit der Paradoxie wird fertigwerden müssen, wieso gerade ein Gelehrter, der seine Herkunft aus der Tradition des „German Mandarin" (F. Ringer) keineswegs verleugnete, im modernsten Land der westlichen Welt so nachhaltige Wirkung zeitigte. Indem Strauss dessen anti-modernen Habitus jedoch ins Extrem steigerte, machte er den problematischsten Punkt dieser Tradition ebenso deutlich wie er ihn offenlegte: er kulminierte im Verhältnis zu dem selbst-beanspruchten Bewährungsfeld, zur gegenwärtigen politischen Praxis.

Doch selbst wenn man die Kluft zu einer demokratischen Politik für unübersteigbar hält – der Weg, den Strauss sich von Spinoza zu den jüdischen Klassikern des Mittelalters, und von hier noch einmal zum platonischen Sokrates bahnte, führte immerhin zu einer Heilslehre, in deren Zentrum nicht mehr der strenge Gesetzesgott der jüdischen Orthodoxie, sondern der mildere, polytheistische Humanismus Griechenlands zu stehen kommt. „Von Jerusalem nach Athen" – vielleicht steckte hinter dieser eindrucksvollen Denkbewegung der heimliche, dafür um so mächtigere Gewissenskonflikt eines jüdischen Häretikers, dessen charismatisches Temperament man ablehnen mag, dessen Mut jedoch außer Zweifel steht. Leo Strauss verkörperte jenen unbeirrbaren Widerspruchsgeist, der sich – nicht anders als bei Herbert Marcuse, den man sonst als seinen politischen Antipoden anführen möchte – auf einen einzigen Wirkungsstrang nicht wird festlegen lassen. In einer Gesellschaft, die die „Rache der Natur" tagtäglich erfährt, ist die Rede vom „Recht der Natur" von hochgradiger Ambivalenz. Losgelöst vom antidemokratischen Elitenmodell, könnte eine politische Theologie, gerade weil ihr Grundbegriff, wie der Name Jahwes, nicht ausgesprochen werden darf, zum Vehikel grundsätzlicher Veränderung werden: Utopie der Erlösung in einer heillosen Welt.

(Marginalie: Politische Theologie*)*

Auswahlbibliographie

A. Schriften von Leo Strauss

1. Die Religionskritik Spinozas als Grundlage seiner Bibelwissenschaft: Untersuchungen zu Spinozas Theologisch-politischem Traktat, Berlin 1930.
2. Anmerkungen zu Carl Schmitt, Der Begriff des Politischen, in: Archiv für Sozialwissenschaft und Sozialpolitik 67, 1932, 732ff.
3. Philosophie und Gesetz: Beiträge zum Verständnis Maimunis und seiner Vorläufer, Berlin 1935.
4. Hobbes politische Wissenschaft (1936), Neuwied/Berlin 1965.
5. Persecution and the Art of Writing, Glencoe, Ill. 1952.
6. Über Tyrannis (1948), Neuwied/Berlin 1963.
7. Natural Right and History, Chicago 1953.
8. Thoughts on Machiavelli, Glencoe, Ill. 1958.
9. What is Political Philosophy?, Glencoe, Ill. 1959.
10. Hrsg. mit J. Cropsey, History of Political Philosophy, Chicago 1963.

11. The City and Man, Chicago 1964.
12. Socrates and Aristophanes, New York 1966.
13. Liberalism Ancient and Modern, New York/London 1968.
14. Xenophon's Socrates, Ithaca 1972.
15. The Argument and the Action of Plato's Laws, Chicago 1975.
16. Studies in Platonic Philosophy, Chicago/London 1983, enthält eine vollständige Bibliographie.

B. Literatur

17. A. Bloom, The Closing of the American Mind, New York 1987.
18. K. L. Deutsch/W. Soffer (Ed.), The Crisis of Liberal Democracy. A Straussian Perspective, Albany 1987.
19. D. Diner (Hrsg.), Zivilisationsbruch. Denken nach Auschwitz, Frankfurt/M. 1988.
20. S. B. Drury, The Esoteric Philosophy of Leo Strauss, in: Political Theory, Vol. 13, 1985, 315 pp.
21. H.-G. Gadamer, Wahrheit und Methode, 2. Aufl. Tübingen 1965.
22. D. Germino, Beyond Ideology. The Revival of Political Theory, Chicago/London 1967.
23. J. G. Gunnel, Between Philosophy and Politics. The Alienation of Political Philosophy, Amherst 1986.
24. W. Hennis, Politik und praktische Philosophie, Neuwied/Berlin 1963.
25. C.-D. Krohn, Wissenschaft im Exil, Frankfurt/M. 1987.
26. C. Meier, Die Entstehung des Politischen bei den Griechen, Frankfurt/M. 1983.
27. H. Meier, Carl Schmitt, Leo Strauss und „Der Begriff des Politischen". Zu einem Dialog unter Abwesenden, Stuttgart 1988.
28. T. S. Pangle, Introduction to: Strauss, Studies in Platonic Philosophy, Chicago 1983.
29. G. Steiner, Martin Heidegger, München 1989.
30. G. S. Wood, The Fundamentalists and the Constitution, in: New York Review of Books, 18. Februar 1988.

Zeittafel

1899   Leo Strauss wird am 20. September in Kirchhain/Hessen geboren.

1917–1923 Studium der Philosophie in Freiburg und Hamburg.

1921 Promotion bei Ernst Cassirer mit einer Arbeit über das Erkenntnisproblem bei Friedrich Jacobi.

1925–1932 Assistent an der Akademie für die Wissenschaft des Judentums/Berlin, Publikationen in jüdischen Zeitschriften; Mitherausgeber der Gesammelten Schriften von Moses Mendelsohn.

1932–1934 Stipendiat der Rockefeller Foundation, Studium in Frankreich und England.

1934–1938 Emigration nach England, Hobbes-Forschung in Oxford.

1938 Emigration in die USA, Lecturer für Political Science an der New School of Social Research/New York.

1939–1940 Gastvorlesungen u. a. am Union College, Amherst College, an der Wesleyan University.

1941 Associate Professor an der New School.

1944 Amerikanische Staatsbürgerschaft, Full Professor an der New School.

1941–1948 Mitherausgeber von Social Research und Universal Jewish Encyclopedia.

1949–1968 Professor für politische Philosophie an der University of Chicago.

1953 Visiting Professor an der University of California/Berkeley.
1954–1955 Visiting Professor an der Hebrew University/Israel.
1959 Robert Maynard Hutchins Distinguished Service Professor an der University of Chicago.

1967–1969 Visiting Professor an der Claremont College Graduate School/Kalifornien.

1968 Emeritierung.

1969–1973 Scott Buchanan Distinguished Scholar am St. John's College/Annapolis.

1973 Leo Strauss stirbt am 18. Oktober in Annapolis/USA.

Jürgen Gebhardt/Wolfgang Leidhold

Eric Voegelin

I. Eric Voegelins Politische Philosophie: geistiger Ort und Selbstverständnis

Eric Voegelin gehört zu jenem Kreis europäischer Denker, welche die vielfachen Anstöße zur Erneuerung einer philosophisch-historischen Wissenschaft vom Menschen jenseits der verschiedenen Marxismen und Positivismen in den ersten Jahrzehnten unseres Jahrhunderts aufnahmen. In diesem Umkreis sind zu nennen: Arnold Toynbee, Raymond Aron, Michael Oakeshott, Bertrand de Jouvenel, und vor allem Leo Strauss und Hannah Arendt. Jede dieser Persönlichkeiten, mit denen Voegelin ungeachtet aller wissenschaftlichen Differenzen im freundschaftlichen geistigen Austausch stand, entzieht sich einer vorschnellen politisch-ideologischen Zuordnung. Ihnen allen aber ist gemeinsam, daß die conditio humana Ausgang und Ziel ihrer wissenschaftlichen Reflexion über die menschlichen Angelegenheiten ist. *(Erneuerung der Wissenschaft vom Menschen)*

Voegelins Oeuvre, das eine eigene Synthese von deutscher Wissenschaftskultur und angelsächsischer Erfahrungswelt darstellt, wurde immer wieder vereinfachend als konservativ, normativ oder essentialistisch etikettiert. Für solche Zurechnungen finden sich natürlich immer Belege in der Produktion eines Mannes, der über 60 Jahre hindurch kontinuierlich lehrte und forschte und zudem ein gleichsam transatlantisches Gelehrtenleben führte: er war als erster österreichischer Rockefellerstipendiat (1924–27), Emigrant (1938–58) und schließlich wiederum als Emeritus (1969 bis zu seinem Tod 1985) in den USA, als Student in Wien, Paris und Heidelberg, als Dozent in der zweiten österreichischen Republik und später als einer der Gründungsväter der neuen deutschen Politischen Wissenschaft in der Bundesrepublik (1958–1969) tätig.

Im Kontrast zu Kritikern, die Voegelins Werk allen möglichen Ideologien – vom „Kommunismus" über den „Alt-" und „Neoliberalismus" bis zum „Faschismus" – zuordnen wollen, bezog er selbst sich auf Max Webers Verständnis von intellektueller Rechtschaffenheit als Tugend des Gelehrten, welche allein eine unvoreingenommene Exploration der Strukturen der Wirklichkeit im Sinne einer kritischen rationalen Wissenschaft zulasse – und stellte fest, daß eine solche Haltung jeden Theoretiker naturgemäß zwischen die ideologischen Fronten geraten lasse; die Zuschreibung drücke natürlich die jeweilige *bête noir* des Kritikers *(Bezugnahme auf Max Weber)* aus und sage mehr über den intellektuellen Zustand der akademischen Welt, als über den Gegenstand der Kritik [15a: Voegelin, Autobiographical Reflections, 46]. Max Weber ist daher derjenige zeitgenössische Denker, mit dem Voegelin sich stets erneut auseinandersetzte und der, trotz prinzipieller wissenschaftlicher Vorbehalte, als Persönlichkeit Voegelins Auffassung vom Beruf zur Wissenschaft prägte. Weber war für ihn ein „Denker zwischen Abschluß und Neuanfang" einer Erforschung der geschichtlich-sozialen Realität [9: Voegelin, Neue Wissenschaft, 13] und Voegelin verstand sich selbst als Partner in einem kooperativen Unternehmen der theoretischen Erneuerung, dem Weber neue Wege wies, ohne daß es ihm vergönnt war, diese zu beschreiten.

Reflexion als offener Prozeß
Für Voegelin ist jedoch nicht nur die kritische Distanz zum jeweils zeitgenössischen Dogmenstreit und Meinungsklima charakteristisch, sondern ebenso die Fähigkeit, eigene Positionen in fortschreitender Reflexion immer neu kritisch aufzunehmen und gegebenenfalls zu revidieren. Mitunter führte dies dazu, daß Entwürfe, obschon bereits weitgehend durchgearbeitet, abgebrochen wurden, wenn sie neuen Einsichten Platz machen mußten. Deshalb läßt sich Voegelins Denken nicht en bloc zu einer Doktrin komprimieren. Den roten Faden seines Werkes bilden die Probleme, die er aufwirft und immer weiter präzisiert. In diesem Sinne sind die folgenden Ausführungen zu nehmen: als Zugang zu diesen Fragestellungen und als knappe Wegweisung zur Sukzession von Voegelins Antworten. Der folgende Abschnitt umreißt die Prinzipienprobleme, die übrigen geben eine tour d'horizon anhand einiger in historischer Folge ausgewählter Werke Voegelins, die exemplarisch seine am historisch-empirischen Material erarbeiteten Antworten vorführen.

II. Die Prinzipienprobleme: Natur des Menschen, Vernunft und Ordnungsstrukturen

Versuch theoretischer Grundlegung
Voegelins Werk kann als der Versuch einer „theoretischen Grundlegung der Wissenschaft von menschlicher und gesellschaftlicher Ordnung" beschrieben werden [9: Voegelin, Neue Wissenschaft, 13] – und zwar als Antwort auf eine doppelte Krise: auf die soziokulturelle Strukturkrise des 20. Jahrhunderts, die der Theoretiker ganz im Sinne der antiken Bedeutung von Krisis als Moment der Wahrheit begreift, in dem sich die Frage nach Ordnung und Unordnung gesellschaftlicher Existenz unausweichlich stellt; und als Antwort auf die Krise der Wissenschaft, die sich – insbesondere im Positivismus und im Bekenntnis zur „Wertfreiheit" – als unwillens oder unfähig erwies, ein fundiertes Urteil zu den ethischen und politischen Grundfragen der Gegenwart abzugeben. Voegelins Leitmotiv lautete also: Kann die Wissenschaft auf die ideologischen Konflikte und die intellektuelle Orientierungslosigkeit tatsächlich keine Antwort geben?

Erfahrungsgeleitete Erkenntnis
Für Voegelin ist eine Antwort auf die Krise nur dann intellektuell angemessen, wenn sie sich durch eine erfahrungsgeleitete Erkenntnis des Menschen von sich

selbst und seiner Stellung in der Wirklichkeit begründet, die weder in der Erkenntnis der positiven Wissenschaft der phänomenalen Welt aufgeht, noch aus einem
geschlossenen Geschichtsprozeß Hegelscher, Marxscher oder Comtescher Ob-
servanz deduziert wird. Aber auch aus dem Rekurs auf die Dogmatiken überkom-
mener Traditionen und Konservativismen lassen sich keineswegs die philosophischen Fundamente einer kritischen und rationalen Wissenschaft von der
Ordnung des Menschen in Gesellschaft und Geschichte gewinnen. Zwar besteht
Voegelin demgegenüber stets darauf, daß die rationale Grundlegung der politischen Wissenschaft des Platon und Aristoteles unabhängig von Zeit und Ort
Gültigkeit behalten hätte – doch dies bezieht er auf die erkenntnisleitenden
Prinzipien der Untersuchung, nicht auf deren materiale Gehalte [9: 19]. Der
epochale und paradigmatische Charakter der hellenischen Philosophie liegt für
Voegelin in der Herausarbeitung dessen, was den Menschen wesentlich ausmacht;
das zentrale Element, durch das sich die Humanität konstituiert, ist die Vernunft.
Die Natur des Menschen wird hierbei zu jenem Paradigma, das uns die Struktur
der geschichtlichen und politisch-sozialen Welt auf die Dimension des Geistes
und der Freiheit des Menschen hin durchsichtig werden läßt. Dies verhindert, den
Menschen lediglich durch seine biologischen Merkmale als Spezies zu bestimmen.
„Wenn der Mensch sich als existent erfährt, entdeckt er seine spezifische Humanität als bestimmt durch die Frage nach seinem Woher, und seinem Wohin, nach
dem Sinn und dem Grund seiner Existenz" [29: Voegelin, Reason, 241].

Die Beantwortung dieser Fragen ist nun in der Tat keine Domäne der Wissen- Vielfalt der
schaft, sie vollzieht sich vielmehr allenthalben im Selbstverständnis der Gesell- Antworten
schaften, in denen wir eine große Zahl vielfältiger Antworten finden – in Form von
Mythos, Religion und Ideologie, in philosophischer und politischer Reflexion, in
Kunst und Literatur. Was „menschliche Natur", ihr Sinn und Grund ist, beantworten sich Menschen immer schon in solchen Symboliken der Selbstauslegung.
Der gemeinsame Grund der Mannigfaltigkeit solcher Antworten erschließt sich in
der philosophischen Reflexion auf den Erfahrungskomplex des Menschlichen und
seiner Ordnung. Ihr Ziel ist ein prinzipielles Wissen vom Platz des Menschen in
der umfassenden Realität von Gott, Mensch und Welt, Gesellschaft und Geschichte, d. h. die Bestimmung seines ontischen Ortes.

Zum Menschen gehört dessen Charakter als psychisches, animalisches, vege- Bild vom
tatives und physisches Wesen wie auch die noetische Dimension des Geistes. Menschen
„Geist" ist dabei für Voegelin nicht ein abstraktes „Gespenst in der Maschine"
(Gilbert Ryle) sondern die in jedermanns Selbsterfahrung gegebene Dimension
der Bewußtheit, in der Erfahrung als solche präsent wird. Dabei sieht Voegelin im
Geist aber auch das Sensorium und den Ursprung aller Ordnungserfahrung,
insofern er sich der formenden Kraft einer ihm transzendenten, nichtgegenständlichen präpersonalen Wirklichkeit zu öffnen vermag. Für diese nichtgegenständli-
che Erlebniswirklichkeit wählt Voegelin Worte wie „Realissimum", „göttliches
Sein" oder „Seinsgrund". Die vielfältigen Modi der personalen, gesellschaftlichen
und geschichtlichen Verwirklichung machen insgesamt die Struktur des menschli-

chen Seins aus. Von zentraler Bedeutung ist hierbei schließlich die Spannung von menschlicher Autonomie und seinsgebundener Bedingtheit.

So verstanden liefert das klassische hellenische Denken erkenntnisleitende Prinzipien einer Untersuchung der politischen Welt. Voegelin faßt sie unter dem zentralen Begriff des „anthropologischen Prinzips" zusammen und bestimmt die Fragen nach der menschlichen Natur und ihrer richtigen Ordnung als den Komplex der Grundfragen einer rationalen und empirischen politischen Wissenschaft wie sie Aristoteles als die „philosophia peri ta anthropina" (Philosophie über das Menschliche) zusammengefaßt habe [9: VOEGELIN, Neue Wissenschaft, 93–95; 49: SCHMÖLZ, Naturrecht 122 f.]. Erstens und als allgemeines Prinzip zur Interpretation der Gesellschaft besagt es, „daß jede Gesellschaft in ihrer Ordnung den Typus der Menschen reflektiert, aus denen sie sich zusammensetzt". Die politische Ordnung einer Gesellschaft ist Ausdruck der dominanten Selbstinterpretation ihrer Mitglieder, die sich in jener Sphäre realisiert, die wir heute mit dem Wort politische Kultur umschreiben. Zweitens fungiert das Prinzip als Instrument der Sozialkritik. Denn die philosophische, d. h. vernunftbestimmte Existenz liefert auch einen kritischen Maßstab dafür ob und inwieweit die Aktualisierung des menschlichen Potentials in einer gegebenen personalen und soziopolitischen Ordnung menschlicher Existenz gelingt, sowie Kriterien dafür, begründete Urteile über Unordnungsphänomene auf individueller und gesellschaftlicher Ebene zu fällen.

Zwei weitere Aspekte einer solchermaßen konzipierten Vernunft- und Erfahrungswissenschaft des Menschlichen seien noch herausgestellt: Erstens, ausgehend von der zentralen Ordnungsfunktion der Vernunft unterscheidet Voegelin „zwischen dem rationalen Handeln in den peripheren Zonen der menschlichen Psyche und dem Handeln, das den zentralen Bereich der Psyche selbst betrifft". In dieser Unterscheidung von „pragmatischer Vernunft und noetischer Vernunft" ist sich Voegelin mit Denkern wie Mannheim und Horkheimer einig, die ihr kritisches Instrumentarium zur Gesellschaftsanalyse aus der ähnlichen Unterscheidung von formaler bzw. instrumenteller und materialer bzw. substantieller Rationalität beziehen und der Reflexion der Ziele menschlicher Lebensführung im klassischen Sinn wissenschaftliche Dignität zusprechen. Unter pragmatischer Vernunft versteht Voegelin „jedes rationale Handeln in den Wissenschaften der äußeren Welt, die Entwicklung der Technologie und die Koordinierung der Mittel und Ziele im auf die äußere Welt gerichteten Handeln". Unter noetischer Vernunft soll „jedes rationale Handeln in den Wissenschaften vom Menschen, von der Gesellschaft und von der Geschichte, wie auch in der Schaffung der psychischen Ordnung und der Gesellschaftsordnung verstanden werden". Diese beiden Zonen rationalen Handelns sind relativ unabhängig voneinander „insofern die Entwicklung einer pragmatischen Rationalität mit einer hohen Stufe von Irrationalität in der Sphäre der noetischen Vernunft möglich ist" [27: VOEGELIN, Die Industrielle Gesellschaft, 60 f.].

Hier also setzt Voegelins Antwort auf die oben angesprochene Krise ein.

Das anthropologische Prinzip

Vernunftbegriff

Geistes- und sozialgeschichtliche Forschung gibt in der Sicht Voegelins in der Ausweitung des modernen Gesellschaft die qualitativen Maßstäbe für das Leben der Vernunft wissenschaft- unter dem Horizont der geschichtlichen Erfahrung. Hieraus gewinnt sie ihre lichen Horizonts eigenständige, gesellschaftliche Bedeutung und kann sich befreien von der Fremdbestimmung durch gängige Interpretationsmuster, wie etwa den Utilitarismus und die instrumentelle Vernunft. Zweitens weist Voegelin daraufhin, daß sich die historisch-sozialen Wissenschaften vom Menschen auf dem Weg zu einer umfassenden Erkenntnis des Menschlichen und seiner Strukturen befinden, und sich dabei von dogmatischen und ideologischen Stereotypen und Verzerrungen mehr und mehr befreien. Hierzu zählt nicht zuletzt der traditionelle, eurozentrische Blickwinkel, an dessen Stelle nun eine interkulturelle Perspektive tritt. „Was heute in den verschiedenen Wissenschaften geleistet wird, von der Klassischen Philologie, der vergleichenden Religionswissenschaft, der Archäologie, der Orientforschung, der Mediävistik usw.", sagt Voegelin 1965 zur Ortsbestimmung seiner eigenen Arbeit, „ist eine Art konvergente Entwicklung einer Wissenschaft der allgemeinen Strukturen, welche nicht eine Besonderheit der westlichen Zivilisation sind, sondern ihre Wurzel in der menschlichen Natur und deren Spielarten haben, und deswegen überall, in allen Gesellschaften vorgefunden werden" [13: Voegelin, Conversations, 19].

Verknüpfen wir diese Aussage mit der in der klassisch-hellenischen Politik gelieferten Prinzipienlehre der wissenschaftlichen Untersuchung, so stellt sich der Wissenschaft der Zusammenhang wie folgt dar: Eine Wissenschaft der allgemeinen Strukturen allgemeinen entwickelt jene Generalnenner, welche für alle Varianten gesellschaftlicher Exi Strukturen stenz gültig sind, insofern sie in der menschlichen Natur wurzeln. In der Konstanz der menschlichen Natur und der Gleichartigkeit ihrer Ordnungsprobleme ist die Erkennbarkeit der Strukturen der geschichtlich-sozialen Welt begründet. In der Mannigfaltigkeit der Ausformungen ist die menschliche Welt jedoch Ausdruck der Geist- oder Vernunftnatur des Menschen jenseits aller biologischen Determiniertheit und dieses Wechselspiel von Konstanz und Variabilität in der menschlichen Natur führt zu den unterschiedlichen Varianten ihrer geschichtlichen Artikulation unter dem Horizont einer offenen Zukunft. Hieraus erklärt sich, warum der Mensch im geschichtlichen Prozeß zum Wissen seiner selbst gelangen kann, ohne sich je ganz zu wissen, ohne das Mysterium seiner Existenz je ganz selbst entschlüsseln zu können.

III. Voegelins Studie „Über die Form des amerikanischen Geistes" (1929)

In seiner Studie „Über die Form des amerikanischen Geistes" (1929), Frucht seines mehrjährigen USA-Aufenthalts, untersucht Voegelin Philosophie, Rechts Voegelins lehre, Wirtschaftsdenken und Gesellschaftsideen auf gemeinsame Formeneigen Methode tümlichkeiten hin und beschreibt den amerikanischen Gesellschaftskörper als einen von seiner geschichtlichen Herkunft geprägten „Inbegriff geistiger Gestaltungen". Uns sollen hier nicht der materiale Inhalt dieser Studie sondern primär ihre für die weitere intellektuelle Entwicklung Voegelins grundlegende Methode geisteswissenschaftlicher, d. h. sinnverstehender Analyse sozialer Gebilde interessieren. Voegelin möchte „aus dem Stoff selbst heraus die Mittel seiner Deutung und seinen Sinn ... entwickeln" [1: Voegelin, Form des amerikanischen Geistes, 1]. Die Kategorien der Interpretation sind nicht – wie im apriorischen Verfahren der Neokantianer – vorgegeben, sondern entwickeln sich im Verstehensprozeß selbst, der es mit „selbstsprechenden" Zeugnissen des sprachlichen Ausdrucks zu tun hat. „Naturwissenschaften sprechen nicht von sich selbst, sondern von Objekten, die ihrem Ausdrucksmedium wesentlich transzendent sind, während Philosophie ... zu einer Selbstbesinnung über ihren Gegenstand, d. h. über sich selbst kommt. Ihr Gegenstand ist wesentlich immanent und sein Medium – der Erkenntnisprozeß in seinen vielfältigen Erscheinungsformen – ist eben das Medium, in dem auch seine Untersuchung sich vollzieht" [1: 5].

Der in der Form gegebene Zusammenhang läßt sich durch den kategorialen Gegensatz von „personal und peripher" näher bestimmen; das erstere betrifft typische Formmerkmale von „sinnzentraler Lage", „während der periphere Typus Einzelzüge beschreibt, die erst mit den personalen zusammen verständlich werden" [1: 7]. Der Vorrang der personalen vor den sie ergänzenden anonymen Abläufen verweist auf die Empirie: „Wenn auch der Gedanke einer überpersönlichen Bewegung des Geistes gefaßt werden kann, so ist doch empirisch sein Leben an das der Menschen gebunden, das in der geistigen Form sich ausdrückt und bewegt". Die Gebilde des Geistes weisen eine Gemeinsamkeit in ihren Strukturen auf, die vom Selbstbewußtsein über die religiöse und soziale Beziehung bis zum Eigentumsverständnis und der wirtschaftlichen Wertung reicht. Darin drückt sich „ein schaffender Wille" aus, und zwar aus Motiven, die unmittelbar den „ersten Problemen des Lebens" entspringen: „Leiden der Einsamkeit, Verlangen nach der Gesellschaft der anderen, nach Intimität und Liebe, die seelischen Abenteuer der Jugend, die Entzauberung des Alters, die Erwartung des Todes" [1: 14, 18]. Ein solches Reich der geistigen Formen ist nicht fest gefügt, „sondern aufgelöst in der Bewegung des Geistes selbst". Sie vollzieht sich im „Medium der Geschichte", deren für die Deutung relevante Momente sich wiederum aller vorgängigen Kategorisierung entziehen: „die Auswahl des Gegenstandes hat der Auswahl zu folgen, die die Geschichte selbst getroffen hat". Denn die Sinnlinien des historischen Kontinuums setzen sich fort und wachsen, ebenso wie sie abbrechen und absterben; aus der unendlichen Mannigfaltigkeit möglicher Fortsetzungen wählt „das Leben selbst" [1: 14].

Die Offenheit und Beweglichkeit aller geistigen und historischen Form gilt auch für den symbolischen Charakter allen Seins. Analytisch können wir zwischen den Symbolordnungen und dem Symbolisierten trennen. Auf Seiten der Symbolordnungen stehen z. B. alle Zeichensysteme (etwa Sprache und Mathematik) und Symbolordnungen wie Kunst, Religion, Erotik, Recht und politisches Handeln;

Marginalien:
„personal" und „peripher"

Symbol und Symbolisiertes

auf der anderen Seite findet sich die Masse des Symbolisierten oder existentialen
Seins. Beide Seiten bilden jedoch eine Einheit und lassen sich nicht säuberlich in
zwei an-sich-seiende Reiche trennen, da sie einander durchdringen. Die Symbole
sind selbst Teil unserer Wirklichkeit, und diese selbst besitzen wir nicht als an-
sich-seiende:" ... was immer wir von [der Existenz] erobern ist wieder nur
symbolisch ... alles Sein ist symbolisch ..." [1: 20]. Alles symbolische Sein
widersetzt sich einer Schließung zum System, denn es ist offen im Transzendieren
in die Existenz. Alles existentiale Sein entzieht sich dem Besitzen-Wollen als „an
sich seiende Wirklichkeit", denn es ist selbst „von symbolischem Sein erfüllt". Wir
nähern uns in der Betrachtung der geistigen Formenwelt stets nur dem symbolischen Sein, dessen inneres Gefüge allein erfahren und gedeutet werden kann
[1: 19f.].

Über diesen Begriff des symbolischen Seins, dessen immer gleiche immanente
Spannung in der unterschiedlichen Typik philosophischer Diskurse Ausdruck
findet, dechiffriert Voegelin die für die geschichtliche Gestalt der amerikanischen
Gesellschaft eigentümliche Form des amerikanischen Geistes. Diese Form umschreibt er durch die personale Kategorie des „Offenen Ichs" und stellt sie der
europäischen Philosophie der Persönlichkeit vom Typ des „geschlossenen Ich"
gegenüber. Die „Offenheit des Ich", erwachsen aus dem amerikanischen Lebens-
zusammenhang, umfaßt eine gemeinsame Form des Denkens, welche bis in die
puritanische Mystik zurückreicht und im Denkstil von Peirce, James und Santaya-
na ihren beispielhaften Ausdruck findet.

Die „Staatswirklichkeit" drückt sich in den Ideen der Person und der Gemein- **Grund-**
schaft aus, „in dem prägnanten Sinn von Leitbildern und zwar Leitbildern beson- **erfahrungen und**
deren Inhalts, in denen sich für die Glieder der politischen Gemeinschaft die **Leitbilder**
Wirklichkeit der politischen Gemeinschaft aufbaut". Sie sind geschichtliche Erscheinungen, welche „wesensgesetzlich" ihren Ursprung in den genannten
Grunderlebnissen haben [17: VOEGELIN, Weber, 4]. Der Begriff „wesensgesetzlich" verweist darauf, daß nunmehr bei der Analyse sozialer Gebilde die sinnzen-
trale Kategorie des *Personalen* ihren systematischen Ort in einer Wesenslehre des
Menschen findet. Diese entspringt einem „Nachdenken über das Wesen des
Menschen und seine innere Gliederung" – das ewige, weil grundsätzlich unabge-
schlossene Problem philosophischer Spekulation, welche die Grunderfahrungen
innerhalb des menschlichen Daseinsbezirks selbst ebenso wie jene der anorgani-
schen, pflanzlichen und tierischen Natur zum Ausgangsmaterial der Konstruktion von menschlichen Selbstbildern macht. Die mannigfaltigen Selbstdeutungen
des Menschen hängen von den Konstruktionsprinzipien ab, mit deren Hilfe die
Einheitsgestalt des menschlichen Wesens erzeugt wird.

Aus der Anerkennung der Realität der wesentlichen menschlichen geistigen und **Offenheit des**
subhumanen Phänomene resultiert die Einsicht, daß der Mensch in seinem onti- **Geistes**
schen Gefüge allen Reichen des Seins zugleich angehört. Trotz dieses vielschichti-
gen Aufbaus ist er aber eine Einheit, u. zw. durch die Hinordnung auf ein organi-
sierendes Zentrum: den Geist. Dieses Betrachtungsprinzip des Menschen als

geistige Einheit ist auf den ersten Blick nur eines unter anderen möglichen Kon-struktionsprinzipien, denn der Mensch kann sowohl Gegenstand der Mechanik, der Chemie und der Biologie als auch der Geistforschung sein. Da aber die personale Kategorie die politische Welt als Ausdruck des geistigen Gesamtwesens des Menschen erschlossen hatte, ist diese Deutung empirisch als der angemessene Zugang ausgewiesen. Hierin läßt Voegelin sich von Scheler, Plessner und Jaspers leiten. Er macht jedoch darauf aufmerksam, daß es sich um die „Wiederherstellung der Probleme durch Heraufheben der klassischen Formulierungen in die Denk-situation unserer Zeit handele" und nennt Aristoteles, Descartes, Kant und den jüngeren Fichte als entscheidende Quellen [17: 20–36].

Person und
Offenheit des
Geistes

In Voegelins Begründung der geisteswissenschaftlichen Methode fallen also der Person und der Offenheit des Geistes die zentrale Rolle zu. Ihr Kernstück sieht er in dem durch die Erfahrungspsychologie des amerikanischen Pragmatismus infor-mierten Begriff der „Offenheit": Der Geist „ist gegen die Welt offen, nicht bloß in der Weise des Ausgreifens und Wirkens, sondern auch offen als Stelle des Einbru-ches von Geistwirklichkeit, die jenseits der Person liegt. Er hat Einfälle und Eingebungen. Er ist unmittelbar verbunden mit dem Weltgrund, und er ist einge-bettet in die geistigen Gemeinschaften aller Stufen: der Menschheit, der Nation bis zum Familienkreis und engen Freundschaftsbünden" [17: 69]. Die in dieser Trans-zendenzbewegung gegebene Offenheit wird nun zum Bestimmungsmerkmal des personalen Geistes, der in der Begegnung mit dem nichtexistentialen Sein des Weltgrundes seine konstitutive Grenzerfahrung macht. „Person", heißt es in einem unveröffentlichten Text von 1931, „ist die Erfahrung der Grenze, an der ein Diesseitig-Endliches sich gegen ein Jenseitig-Unendliches absetzt" [32: VOEGE-LIN, Herrschaftslehre, 17]. Diese Erfahrung bringt die Person zur Gewißheit ihres Eigenwesens, ihres Personkerns. Die – empirische – Bestimmung dessen, was Person in ihrem Kern sei, vollzieht sich in der philosophischen Selbstbesinnung. Voegelin hält also mit Dilthey daran fest, daß die Selbstbesinnung als zentrales Prinzip der Geisteswissenschaft deren Fundament bloßlegt, doch unter dem Eindruck von Augustin, Descartes und Husserl deutet er Selbstbesinnung als Meditation im klassisch-christlichen Sinn. Erst in der meditativen Bewegung zum Transzendenzpunkt des ‚nichtexistentialen' Seins bringt die Selbstbesinnung den ontischen Ort des menschlichen Wesens zum Vorschein.

Diese Grundlegung der philosophischen Anthropologie durch Selbstbesinnung dient jedoch nicht der freischwebenden Spekulation über den Menschen als sol-chen, sondern sie hat sich als heuristisches Instrument an der Erforschung der konkreten Zeugnisse des Geistes zu bewähren. Der Geist läßt sich nicht in seinem zeitlosen An-sich fassen, sondern man kann „zu ihm nur vordringen durch die wissenschaftliche Bearbeitung seiner historischen Wirklichkeit" [32: 20]. Darin wird versucht, die philosophische Anthropologie als Theorie der Geisteswissen-schaften begreiflich zu machen und in wissenschaftlicher Begrifflichkeit auszu-drücken.

IV. Von der kritischen Analyse der Rassenidee (1933) zu den politischen Religionen (1938)

Voegelin führte allerdings das Programm einer systematischen Hermeneutik der Staatswirklichkeit vorerst nicht durch, sondern macht die ideologisch-politischen Themen der Zeit zum Gegenstand seiner Analyse. In „Rasse und Staat" (1933), „Die Rassenidee in der Geistesgeschichte" (1933), „Der autoritäre Staat" (1936) und schließlich in den „Politischen Religionen" (1938) untersucht er die zentralen Aspekte der politischen Gemeinschaftsbildung in den verspäteten Nationen Europas und die hierfür konstitutiven Persons- und Gemeinschaftsideen. Während aber die westlichen Staatsnationen idealtypisch in ihrem politischen Bewußtsein und ihrem politischen Handeln nach noch im christlichen Horizont wurzeln und „den politischen Menschen noch wesentlich unter dem Primat der Kategorie der Person formen, nicht unter der Kategorie des Gliedes eines weltlichen Kollektivums", führt die Erschütterung des christlichen Kosmos insbesondere im deutschsprachigen Raum zu massenwirksamen Ideologien, welche sich um die Realfaktoren (Scheler) von Macht, Wirtschaft und Blut kristallisieren und Einfluß auf die Gestaltung des Staates gewinnen [21: VOEGELIN, Rasse und Staat, 98–102].

> Hinwendung zu aktuellen ideologisch-politischen Themen

Rekapitulieren wir den Zusammenhang: Der Entwurf einer philosophischen Anthropologie aus „der generellen und geschichtlichen Seinsoffenheit des Menschen" [4: VOEGELIN, Der autoritäre Staat, 107] restituiert die verlorene „Offenheit des Ich", um die metaphysischen und ethischen Voraussetzungen des sittlichen Handelns wiederzugewinnen, deren sich der Deutsche nicht mehr gewiß sein kann. Aus dem europäischen Gegentypus des „geschlossenen Ich" entfaltet Voegelin nunmehr die entscheidenden Momente eines nachchristlichen, zunehmend durch die Vitalstärke determinierten Bildes des menschlichen Wesens: Das „A-typische", das „Ab-normale", das „A-rationale", das „Un-geordnete" in der menschlichen Erfahrung gewinnt vermehrt Bedeutung für das Verständnis der menschlichen Existenz. In der ethischen Sphäre „zieht sich in dichter Reihe der Übergänge die Auflösung des Rationalen und die Neusetzung des a-rationalen Lebens als Quelle des Gesetzes über Fichte, Nietzsche, Bergson zu Simmel und Max Weber – in alle Spekulationen über das sittliche Phänomen, die um Begriffe wie Existenz, Haltung, konkrete Situation, Verantwortung, Augenblick, Entscheidung kreisen" [21: VOEGELIN, Rasse und Staat, 94f.; die Anspielung auf Schmitt und Heidegger ist unverkennbar]. In diesem Kontext steht die geisteswissenschaftliche Analyse der Rassenidee, ihrer geistesgeschichtlichen Herkunft aus der modernen Welterfahrung seit Ausgang des 18. Jahrhunderts und ihrer Funktion in der politischen Ideenwelt der völkischen Bewegung und des Nationalsozialismus. Voegelin unterzieht die Rassenlehre einer methodischen Kritik dahingehend, daß eine naturwissenschaftlich konzipierte Anthropologie niemals wissenschaftlich relevante Aussagen über geistige Sachverhalte, also den Men-

> Kritik des A-Rationalen

schen als geistiges Gesamtwesen machen könne [vgl. weiter: 2: VOEGELIN, Rasse und Staat].

Die 1938 erschienene Studie „Die politischen Religionen" ist unter dem Eindruck der politischen Entwicklung in einer sehr viel dezidierteren Sprache geschrieben. Sie erweitert den materialen Horizont für die Untersuchung von Nationalsozialismus, Faschismus und Kommunismus, und stellt das Phänomen in einen universalhistorischen Zusammenhang – bezeichnet durch den Begriff der „politischen Religion". Schließlich wird deutlich, daß die im ontisch strukturierten Spannungsgefüge des menschlichen Daseins eröffnete Erfahrungswirklichkeit und der in ihr gegebene Stufenbau des Seins sich in den menschlichen Möglichkeiten der Selbstdeutung und der politischen Vergesellschaftung widerspiegeln. Darüber hinaus zeigt sich, daß die Probleme der Ordnung und Unordnung der menschlichen Existenz in Gesellschaft unmittelbar mit der Selbstverständigung des Menschen über seine Stellung im umfassenden Ganzen des erfahrenen Seins verknüpft sind. Im Vorwort zur zweiten, in Schweden gedruckten Auflage, präzisiert Voegelin seine theoretische Intention: Es ist nicht mit der Verurteilung des Nationalsozialismus getan – sie „lenkt die Aufmerksamkeit davon ab, daß sich hinter den ethisch verwerflichen Handlungen ein tieferes und gefährlicheres Übel verbirgt, nämlich die Tatsache des Bösen als in der Welt wirksame Substanz und Kraft". Mit der Aufdeckung dieser religiösen Wurzeln des Nationalsozialismus in der Säkularisierung des Geistes und des Lebens kann erst der Kampf gegen den Nationalsozialismus radikal geführt werden, d. h. das „Luziferische" seiner Anziehungskraft erkannt und durch die Aktivierung der Kraft des Guten Widerstand geleistet werden [5: VOEGELIN, Politische Religionen, 8 f.]. Die geisteswissenschaftlich-anthropologische Position nimmt hier in Sprache und Argumentation eine ausgesprochen christliche Färbung an – wohl Folge des intensiven Thomas-Studium und der Beschäftigung mit der christlichen Philosophie des Mittelalters im Rahmen der Analyse des österreichischen Korporatismus.

Voegelin vertieft seine in „Rasse und Staat" angestellten Überlegungen zur modernen politischen Ideenbildung und stößt zum Quellgrund aller menschlichen Erfahrung vor: dem „religiösen" Erlebnis der Kreatürlichkeit und der Fragwürdigkeit der Existenz. Ihm entspringen eine Fülle von Erregungen, welche sich suchend „auf ein überpersönliches, übermächtiges Etwas" richten. „In allen Richtungen, in denen die menschliche Existenz zur Welt hin offen ist, kann das umgebende Jenseits gesucht und gefunden werden: im Leib und im Geist, im Menschen und in der Gemeinschaft, in der Natur und in Gott. Die große Zahl der grundsätzlichen Möglichkeiten und die unendliche der geschichtlich-konkreten, die sich hier auftut, verbindet sich mit den Versuchen der Selbstdeutung, mit allen Mißverständnissen und Kampfverzerrungen zu einer unerschöpflichen Fülle an Erlebnissen, ihren Rationalisierungen und Systembildungen".

Die grundsätzlichen Möglichkeiten resultieren aber aus dem ontischen Bau des menschlichen Wesens: „Dem einen stehen die Tore seiner Existenz weit offen über die Stufen des Seins von der unbelebten Natur bis zu Gott; die Welt entfaltet

Erweiterung der Ordnungsproblematik

Religiöse Dimension politischer Ordnung

sich ihm weit, ihre Inhalte treten in ein durchdachtes Verhältnis zueinander, sie schließen sich zu einer Seinsordnung mit der Wertordnung der Seinsstufen zu einer Rangordnung und als Antwort auf die Frage nach dem Grund des Seins zu einer Schöpfungsordnung". In der Offenheit des Daseins erwächst ein Bild von der Ordnung des Seins. Für andere Menschen aber wird die Natur, ein großer Mann, sein Volk, die Menschheit zum „Allerwirklichsten", es rückt an die Stelle Gottes, und verdeckt ihm dadurch alles andere, – auch, und vor allem Gott. Wo immer also „ein Wirkliches im religiösen Erlebnis sich als ein Heiliges zu erkennen gibt, wird es zum Allerwirklichsten" und die Wirklichkeit kristallisiert sich um das als Göttlich erkannte. „Welten von Symbolen, Sprachzeichen und Begriffen ordnen sich um den heiligen Mittelpunkt, verfestigen sich zu Systemen . . ., werden fanatisch als ‚richtige' Ordnung des Seins verteidigt" [5: 16–18].

Seinen geschichtlich-konkreten Ausdruck findet dieser Sachverhalt in der „politischen Religiosität" als Quellgrund politischer Gemeinschaftsbildung: „In der politischen Gemeinschaft lebt der Mensch mit allen Zügen seines Wesens von den leiblichen bis zu den geistigen und religiösen". Voegelin exemplifiziert dies in einer historischen tour d'horizon von den ägyptischen Pharaonen über die antike Polis, das mittelalterliche Imperium bis zum modernen Staat und den modernen politischen Massenbewegungen. „Immer ist die politische Gemeinschaft in den Zusammenhang des Welt- und Gotterlebens des Menschen eingegliedert, sei es, daß der politische Bereich eine untere Stufe der göttlichen Ordnung einnimmt, sei es, daß er selbst vergöttlicht wird". So kann Voegelin in Fortführung seiner Darlegung aus Rasse und Staat den spezifischen Charakter der modernen partikularen Gemeinschaftsbildung herausarbeiten: Sie gründen in einer innerweltlichen Religiosität, die das Göttliche in Teilinhalten der Welt findet, verbunden mit einem eigenen Mythos der Erlösung.

Die ins einzelne gehende Untersuchung des Nationalsozialismus erweist das rassisch determinierte Volk als Realissimum, in dem Erlösung gesucht wird, durchwaltet von triebhaften Ekstasen, die im „Blutrausch der Tat münden" [5: 60]. Sein Urteil kleidet Voegelin in die Sprache der „christlichen Entscheidung": „Die innerweltliche Religiosität, die das Kollektivum, sei es die Menschheit, das Volk, die Klasse, die Rasse oder den Staat als Realissimum erlebt, ist Abfall von Gott" [5: 65].

V. VOEGELINS THEORIE DES BEWUSSTSEINS: OFFENER DISKURS STATT DOGMATISCHER SATZUNG

Verwandelt Voegelin nunmehr die geisteswissenschaftliche Anthropologie in eine christliche Metaphysik? Dagegen spricht, daß die forschungsleitende Prämisse, nämlich der anthropologische Ursprung der Erkenntnis der Seinswirklichkeit in der symbolisch vermittelten Existentialerfahrung des Menschen nicht aufgegeben wird. Voegelin – im Jahre 1938 aus dem Universitätsdienst in Wien entlassen und in die USA emigriert – entfaltet in der Folge die theoretischen Implikationen der geisteswissenschaftlichen Anthropologie in einer Philosophie der gesellschaftlichen Ordnung. Trotz ihres gelegentlich apodiktischen Tones zielen Voegelins Formulierungen jedoch nicht auf die dogmatische Setzung letzter Wahrheiten über gesellschaftliche Ordnung. Sie sind vielmehr zu verstehen als die Beschreibung eines fortlaufenden offenen Diskurses, welcher das kognitive Moment der empirischen Forschung mit dem existentiellen Moment philosophierender Reflexion verschmilzt. Die meditative Öffnung des Bewußtseins und die wissenschaftliche Durchdringung der geschichtlichen Gestalten menschlicher Selbstdeutung sind wechselseitig aufeinander bezogen. Sie treffen sich in der Erkenntnis, daß in der Dynamik des menschlichen Bemühens um den richtigen Ausdruck von Ordnung das Formprinzip der geschichtlich-sozialen Realität zu finden ist.

Christliches Denken und hellenistische Philosophie

Diese Sätze fassen summarisch das Ergebnis der Forschungsarbeit Voegelins in den Jahren 1939 bis 1949 zusammen. Zum einen gewinnt in der Rezeption des transzendenzoffenen christlichen Denkens die meditativ gewonnene Offenheit der Person als Bestimmungsgrund der Menschenwesentlichkeit ihre geschichtliche Tiefe, welche der geisteswissenschaftlichen Anthropologie abging. In der anschließenden Zuwendung zu dem anderen großen Komplex der westlichen Tradition, der griechischen Philosophie, fand Voegelin eine Theorie der Gemeinschaft. Deren Bedeutung lag für Voegelin ursprünglich im platonischen Gedanken der Erneuerung einer krisengeschüttelten Gesellschaft. Er sah sich mit dem „Platonischen Problem der Schöpfung eines Menschenbildes" konfrontiert, „das einer Gesellschaft in ihrer geschichtlichen Situation als Ordnungsprinzip dienen sollte..." [23: VOEGELIN, Nietzsche, 195]. Zum zweiten aber warf ein solcher „Platonismus in der Politik", d. h. die Formulierung eines der Wesensgesetzlichkeit des Menschen entsprechenden „Modell(s) der richtigen Ordnung" die Frage nach dem Ursprung und Ort der Erfahrung von Ordnung auf. Wer die christlichen und platonischen Erfahrungen wiedergewinnen wollte, den mußte die meditative Reflexion zum Quellgrund dieser Erfahrungen, nämlich zum menschlichen Bewußtsein führen. Die philosophische Anthropologie kam bisher ohne diesen Begriff aus, weil Voegelin mit dem Schelerschen „Geist" arbeitete. Doch nunmehr mußte er das menschliche Ordnungszentrum selbst analysieren, und dieses war nur in Gestalt einer Analyse des Bewußtseins möglich. So erweitert sich die philosophische Selbstbesinnung zur Theorie des Bewußtseins.

Theorie des Bewußtseins

In der Theorie des Bewußtseins wird die Erfahrungspsychologie zur bewußtseinsphilosophischen Reflexion vertieft und die Erfahrung von Ordnung, ihre symbolischen Ausdrücke, die sie fundierenden Institutionen und schließlich die Ordnung des Bewußtseins selbst zum Gegenstand des Nachdenkens. Dieses Bewußtsein als ein in sich erhellter Prozeß, der einzige Prozeß den wir „von innen" kennen, muß als Grunderfahrung behandelt werden, von der das Philosophieren auszugehen habe. Die Momente augenblicklicher Erhellung gewinnen „Präsenz", d. h. innere Ordnung und Dimension, aufgrund des dem Bewußtsein als menschlichem, d. h. leiblich und außenweltlich fundiertem Bewußtsein unmittelbar gegenwärtigen Interpretationsrahmens in bewußtseinstranszendenten Prozessen. Indem das Bewußtsein sich dem partikularen Sein und der Welt einschließlich der mitmenschlichen Welt zuwendet, erhellt es sich die innerweltliche Struktur, gewinnt Wissen von ihr. Dieses Wissen betrifft aber niemals das „Sein im Ganzen". Es enthält aber sehr wohl das die raum-zeitliche Erfahrung übersteigende Moment des „ungegenständlichen" oder „nichtexistenten" Realen und impliziert eine der Bewußtseinsstruktur eigentümliche Spannung zum nichtgegenständlichen Pol des Seins in Gestalt eines wissenden Fragens und fragenden Wissens. Dem entspringt die meditative Bewegung des anamnetischen Rekurses auf den „ungegenständlichen" Grund alles Seienden, in der sich dem Menschen die volle Erfahrungswirklichkeit der Humanität unter dem Horizont seiner Endlichkeit eröffnet. Voegelin nennt den in dieser Spannung enthaltenen Richtungsfaktor Ratio und spricht von der Ratio „als der Sachstruktur des Bewußtseins und seiner Ordnung". In der existentiellen Offenheit zum Seinsgrund gewinnt der Mensch seine Rationalität, das Sichverschließen läßt sich „als Irrationalität charakterisieren" [23: 289].

Diese Erfahrungswirklichkeit des Bewußtseins spiegelt sich wider in der die Ordnungsrelationen des menschlichen Daseins bestimmenden Existenzspannung zwischen Ewigkeit und Zeit, Unsterblichkeit und Sterblichkeit, Fülle und Mangel, Wahrheit und Unwahrheit, Ordnung und Unordnung. Den durch diese Existenzspannung gegebenen ontischen Ort des Menschen belegt Voegelin später mit dem platonischen Begriff der *metaxy* – jenem „Zwischen", das weder Zeit noch Ewigkeit ist, sondern das Zusammenspiel von Zeitlichem und Ewigem in der Humanität des endlichen Menschen artikuliert.

Die Philosophie des Bewußtseins wird zum „Kernstück einer Philosophie der Politik". Diese ist, sagt Voegelin, „empirisch – im prägnanten Sinne einer Untersuchung von Erfahrungen, die ordnend den gesamten Erfahrungsbereich des Menschen durchdringen. Ihre Arbeit erfordert ... den steten Wechsel zwischen Untersuchungen konkreter Ordnungsphänomene und Analyse des Bewußtseins, von dem her die menschliche Ordnung in Gesellschaft und Geschichte verstehbar wird" [10: VOEGELIN, Anamnesis, 7 f.]. Hierin kommt die Einsicht zum Ausdruck, daß es keinen absoluten Ansatz des Philosophierens gibt: „Immer lebt der Philosophierende im Kontext seiner eigenen Geschichte als der Geschichte einer menschlichen Existenz in Gemeinschaft und in der Welt" [10: 58]. So ist die philosophische Reflexion auf die Ursprünge der Erfahrung von Ordnung in der psychischen Tiefe des philosophierenden Bewußtseins eingebunden in die geschichtliche Reflexion auf das geschichtliche Feld des menschlichen Ringens um Ordnung und Wahrheit der Existenz.

VI. DIE „NEUE WISSENSCHAFT DER POLITIK" (1952) UND „ORDER AND HISTORY" (1956FF)

Studien zur
Geschichte der
politischen Ideen

Auf der Basis einer bewußtseinsphilosophisch fundierten Hermeneutik des geschichtlich-sozialen Lebens arbeitet Voegelin im Verlauf umfangreicher geschichtlicher Studien eine Geschichte der politischen Ideen aus. Erste Resultate stellte die bereits mehrfach erwähnte programmatische Schrift „The New Science of Politics" (1952, dt. 1959) vor. Programmatisch deswegen, weil diese Studie aus dem Problem der Repräsentation die Grundfragen der politischen Vergesellschaftung entwickelte und derart in eine Interpretation der westlichen Geistesgeschichte integrierte, daß dem Leser schließlich eine in materialem Gehalt und Kategoriebildung konsequent auf die hellenisch-philosophische und die christliche Ordnungserfahrung bezogene Theorie der Politik entgegentrat [9: VOEGELIN, Neue Wissenschaft, 116]. Unter diesem Horizont aber dehnt Voegelin nun seine in den „Politischen Religionen" explizierte Sicht der politischen Massenbewegung auf die Moderne insgesamt aus. Sie ist für ihn ihrem Wesen nach vom Geist des „Gnostizismus" geprägt. Diese These geht von der religionsgeschichtlichen Feststellung aus, daß die Gnosis der Antike eine eigenständige, im geistigen Kraftfeld der nahöstlichen Kultur entstandene Religion sei (H. Jonas, G. Quispel), die das Christentum affiziert und in der häretischen Tradition des mittelalterlichen Sektenwesens fortgelebt habe. In ihrer modernen Gestalt ist sie gesellschafts- und geistesgeschichtlich ein Produkt der Wechselbeziehung von Zivilisationswachstum und Zerfall des christlichen Glaubens zum Ausgang des Mittelalters: Aus der häretisch-gnostischen Tradition erwächst eine variantenreiche innerweltliche Erlösungslehre. „Die gnostische Spekulation überwand die Ungewißheit des Glaubens dadurch, daß sie sich von der Transzendenz abwandte und den Menschen in seinem innerweltlichen Handlungsbereich mit dem Sinn einer eschatologischen Erfüllung ausstattete" [9: 182]. Diese Entwicklung kulminiert in den modernen ideologischen Massenbewegungen und ihrer gnostischen Politik der Destruktion des Menschen. Die deutsche Revolution aber „war ein Phänomen hemmungsloser Modernität" dem gegenüber „die amerikanische und englische Demokratie die älteste, am festesten konsolidierte Schicht kultureller Tradition darstellt" [9: 259].

Kulturzyklus

Seine Untersuchung regte Voegelin zu dem „Gedanken eines Kulturzyklus von welthistorischen Ausmaßen an ... ": „Den Höhepunkt dieses Zyklus würde das Erscheinen Christi bezeichnen; die vorchristlichen Zivilisationen wären sein aufsteigender, die moderne gnostische sein absteigender Ast" [9: 226]. Die oft apodiktische Sprache, der Verzicht auf die Erläuterung der bewußtseinsphilosophischen Probleme und schließlich die provokative geschichtsphilosophische Grundthese brachten Voegelin den Ruf eines dogmatischen christlichen Denkers ein, der er weder sein wollte, noch sein konnte. Denn schon die ersten, 1956 und 1957 publizierten Bände von „Order and History" – angelegt als „eine philosophische Erforschung der Ordnung des Menschen, der Gesellschaft und der Geschichte innerhalb der Grenzen der empirischen Wissenschaft" [7: VOEGELIN, Order and History I, X] – gehen nicht nur in ihrer Materialfülle sondern auch in der theoretischen Konzeption über die Position der „New Science of Politics" hinaus, wenngleich die Grundlinien der Argumentation erhalten bleiben. Der vierte Band jedoch, 1974 erschienen, zeugt zusammen mit anderen Arbeiten von grundsätzlichen Revisionen des ursprünglichen Ansatzes. Diese berührten nicht die erkenntnisleitenden Prinzipien des Forschungsprogrammes, sondern ergaben sich aus ihnen. Eine reflexive Exploration der in den geschichtlichen Symbolwelten beschlossenen „selbstinterpretativen Erfahrungswelt" [15a: VOEGELIN, Autobiographical Reflections, 50] des Menschlichen vollzieht sich praktisch unter dem empirischen Horizont des laufenden Forschungsprozesses der historisch-sozialen Wissenschaften und dessen jeweiliger Resultate. Das Unternehmen der Theoretisierung ist somit den eigenen Prinzipien entsprechend unabgeschlossen. Eine erschöpfende Darstellung des inhaltlichen Reichtums von „Order and History" ist – auch in gedrängter Form – unmöglich. Wir beschränken uns darum auf die Darlegung einiger zentraler Gedanken.

Ausgangspunkt ist die Verpflichtung des Menschen, seine Lage zu verstehen. Die gesellschaftliche Ordnung, in der der Mensch lebt, ist Teil der condition humaine und zum gegenwärtigen Zeitpunkt erdumspannend. Sie ist nicht neuen Datums und auch nicht einfach strukturiert, sondern enthält in sich als sozial wirksame Kräfte die Sedimente eines jahrtausendealten Ringens um die Wahrheit der Ordnung [7: XIII]. In der philosophisch-historischen Vergegenwärtigung der geschichtlichen Gestalten dieses Ringens gewinnt der Mensch die entscheidende Einsicht in seine geschichtliche Lage, indem er den westlichen Zivilisationsprozeß retrospektiv als einen intelligiblen Zusammenhang begreift, dessen innere Ordnung die Ordnung der Geschichte insgesamt als einen sinnhaften Prozeß der Selbstverständigung des Menschen über sich selbst im Drama des Seins durchsichtig macht. Die Ordnung der Geschichte geht aus der Geschichte der Ordnung hervor, in der sich die Menschheit als Subjekt der Geschichte konstituiert. „Die Menschheit ist weder eine bloße Spezies im biologischen Sinn, noch ist die einzelne Gesellschaft ausschließlich bestimmt durch Merkmale, die den Gattungscharakter der menschlichen Gesellschaft schlechthin ausmachen. Während alle Gesellschaften und ihre Ordnungen die Gattungsmerkmale besitzen, durch welche wir sie als solche erkennen, bleiben diese Merkmale doch unauflöslich verwoben mit den singularen Merkmalen, welche die Gesellschaften aufgrund ihres Status in der Geschichte und kraft ihrer Teilhabe an einer sich entfaltenden Ordnung haben, welche die Menschheit als mehr erweist als nur eine Spezies" [8: VOEGELIN, Order and History II, 2]. Da dieser Prozeß verstehbar ist, lassen sich in der Geschichte Sinnlinien feststellen. Dies führt aber nicht zur Entdeckung des Sinnes oder Zieles des prinzipiell zukunftsoffenen Geschichtsprozesses. Indem die Untersuchung „empirisch den Sinnmustern folgt, wie sie sich in der Selbstinterpretation von Personen und Gesellschaften in der Geschichte offenbaren" [11: VOEGELIN, Order and History IV, 57], eröffnet sich ihr das „Bewußtsein des

Ordnung und Geschichte

Menschen von seiner Humanität im Prozeß seiner geschichtlichen Differenzierung" als das bewegende Moment des geschichtlichen Prozesses [11: 302].

Materialiter war „Order and History" in seiner ursprünglichen Konzeption die Darstellung der Haupttypen politischer Ordnung und ihrer symbolischen Ausdrucksformen in einer linearen Abfolge von den altorientalischen Reichen bis zur Krise der westlichen Zivilisation. Die einzelnen Bände behandeln die imperiale Organisation des Alten Orients und ihrer Existenz in der Form des kosmologischen Mythos und das Auserwählte Volk und seine Existenz in geschichtlicher Form unter dem Titel „Israel and Revelation". Dann folgen die Polis und ihr Mythos, sowie die Entwicklung der Philosophie als symbolische Form der Ordnung in den beiden Bänden „The World of the Polis" und „Plato and Aristotle".

Zivilisation und „Achsenzeit" Methodisch hält sich Voegelin an die von Toynbee vorgeschlagene Konzeption der Zivilisation als Untersuchungseinheit. Den inneren Zusammenhang der Entfaltung des Ordnungsdenkens findet Voegelin in einem erweiterten und revidierten Begriff der Jaspers'schen weltgeschichtlichen „Achsenzeit", jener für die großen Zivilisationen eigentümlichen geistig-religiösen Aus- und Umbrüche zwischen 800 v. Chr. und 200 v. Chr. mit ihrem Höhepunkt um 500 v. Chr., in denen „der Mensch sich des Seins im Ganzen, seiner selbst und seiner Grenzen bewußt wird" [JASPERS, Vom Ursprung und Ziel der Geschichte, Frankfurt 1955, 15]. Im Gegensatz zu Jaspers hält Voegelin den Ausschluß des Christentums für empirisch unzulässig und revidiert das Konzept dementsprechend. Andererseits läßt er China und Indien beiseite, weil die dortigen Durchbrüche zu einem Bewußtsein der Humanität die kosmologische Ordnung nicht überwunden haben. Im Falle Chinas und Indiens vermißt er die vollendete Differenzierung der Erfahrungswirklichkeit von Gott und Mensch, Welt und Natur, Gesellschaft und Geschichte, in welcher der Mensch erst zum vollen Bewußtsein seiner Erkenntnis und Handlungsfähigkeiten in einer von ihm verantworteten Welt gelangt.

Zentrales Thema Voegelins ist der Bruch mit der kosmologischen Ordnungserfahrung und deren kompaktem Mythos. Die Antwort ist das Voranschreiten von den kompakten zu den differenzierten Erfahrungen und Symbolen. Der Mensch tritt dabei aus der kosmisch-göttlichen Ordnung der frühen Hochkultur in die differenzierte Erfahrung der von ihm zu verantwortenden Freiheit unter einer göttlich-transzendenten Ordnung. Die Akte der Differenzierung in Israel und Israel und Hellas Hellas – Voegelin nennt sie Sprünge der Seinserfahrung – sind die menschheitsgeschichtlich-epochalen Antworten auf die Krise der kosmologischen Gesellschaften. Die altisraelisch-christliche Antwort entspringt der Auslegung der Worte des transzendenten „Gottes": Dieser in einer gemeinschaftsstiftenden Erfahrung als Grund aller Dinge begriffene Gott akzentuiert den *geschichtlichen* Auftrag an das Auserwählte Volk als Repräsentation einer alle Menschen erfassenden Wahrheit. In der hellenischen Bürgerpolis knüpft die Antwort an die Solonsche Suche nach dem ‚unsichtbaren Maß' der Ordnung in Kosmos und Polis an. In der Erfahrung des einen Grundes (der *Logos* des Heraklit, das *Agathon* Platons, der *Nous* des Aristoteles) finden die Menschen das orientierende Zentrum ihres gemeinsamen Lebens qua ihres Menschseins. Aus der Entdeckung der universalen Ordnung der Menschen unter Gott im alten Israel resultiert der Begriff der Menschheit als Subjekt der Geschichte. Aus der Erfahrung des „unsichtbaren Maßes" in der hellenischen Philosophie konstituiert sich das Wissen um die gesellschaftliche Verfassung des Menschen. Israelische Gotteserfahrung und hellenische Seinserfahrung treffen sich in der eigentümlichen geschichtlichen Form der westlichen Gesellschaft, der allein wir die Bedingungen der Möglichkeit einer Philosophie der Ordnung und der Geschichte verdanken. Denn ohne den „Seinssprung", welcher Gott und Mensch in ihre wechselseitige Präsenz bringt, ohne die Kreation der Geschichte, als die innere Form der Existenz in Opposition zur kosmologischen Ordnungsform, gäbe es kein Problem einer Geschichte der Menschheit; und „ohne die Entdeckung des Logos in der Psyche und in der Welt, ohne die Kreation der philosophischen Existenz würde das Problem der Geschichte nicht zu einem Problem der Philosophie" [8: VOEGELIN, Order and History II, 7]. Wenn auch der Horizont der Untersuchung angesichts des wachsenden geschichtlichen Wissens global sein muß, so ist doch eine kritische Philosophie der Ordnung und der Geschichte ihrem Begründungszusammenhang nach mit Notwendigkeit eine westliche Symbolform mit universalgeschichtlichem Anspruch.

Die Folgebände sollten der ursprünglichen Konzeption entsprechend „die multizivilisatorischen Reiche seit Alexander und die Entwicklung des Christentums" unter dem Titel „Empire and Christianity" sowie den modernen Nationalstaat Revision des und die Entwicklung der Gnosis als symbolischer Ordnungsform unter den Titeln Konzepts „The Protestant Centuries" und „The Crisis of Western Civilisation" behandeln. Doch die Logik der empirischen Forschung und die durch diese inspirierte theoretische Reflexion ließen Voegelin von dem ursprünglichen Programm der linear angelegten Entwicklung der gesellschaftlichen und symbolischen Ordnungsformen abkommen. Der vierte Band – „The Ecoumenic Age", vollendet nach Abschluß seiner zehnjährigen Tätigkeit in Deutschland – stellt die Interpretation des Christentums, der antiken Gnosis, des Islam und des Alten China in den Kontext der geschichtlichen Konstellation des Oikoumenischen Zeitalters von 800 v. Chr. bis 800 n. Chr. Innerhalb des Spektrums der Ordnung des Oikoumenischen Zeitalters, entfalten sich die für das Bewußtsein einer universalen Menschheit konstitutiven Elemente: geistiger Durchbruch in Differenzierungserlebnissen, Entdeckung der Geschichtlichkeit in der Historiographie und die damit verknüpften Formen der Weltreichbildung. In den parallelen Erscheinungen einer westlichen und einer fernöstlichen Menschheitsoikumene stellt sich die Frage nach einer globalen Menschheit, die nicht mehr Subjekt *einer* Zivilisationsgeschichte sein kann.

Die Entdeckung einer globalen Menschheit im Oikoumenischen Zeitalter ließ Universale Voegelin von der These abgehen, daß die Menschheit in der hellenisch-christlich- Humanität jüdischen Formierung zu ihrem Bewußtsein als Subjekt der Geschichte gelangt ist. „Waren die Gesellschaften, die nicht in den (westlichen J.G.) Prozeß involviert waren – das nicht-mediterrane Afrika und Europa, der Ferne Osten und die Amerikas – ausgeschlossen von der Universalität?" [8: 85] Es ist nun nicht mehr möglich, die empirischen Ordnungstypen unter dem Gesichtspunkt der Manifestation der Wahrheit in einer linearen Folge anzuordnen. Vielmehr handelt es sich um „ein offenes geschichtliches Feld größerer und kleinerer Begegnungen von Göttlichem und Menschlichem, weit verstreut in Raum und Zeit über die Gesellschaften, welche insgesamt die Menschheit in ihrer Geschichte ausmachen" [33: VOEGELIN, The Beginning and the Beyond, 12]. Die Sinnlinien und -muster dieses geschichtlichen Feldes reflektieren „die Vielfalt differenzierender Akte, die sich an verschiedenen Punkten in der Zeit und voneinander unabhängig in konkreten menschlichen Wesen und Gesellschaften ereignen" [15a: VOEGELIN, Autobiographical Reflections, 83]; sie konstituieren in ihrer Gesamtheit den intelligiblen geschichtlichen Prozeß als den offenen Prozeß der universalen Humanität. Die universale Humanität, so lautet die Schlußfolgerung, ist nicht eine existierende Entität, sondern symbolisiert die geschichtliche Äquivalenz der pluralen Modi der Teilhabe menschlicher Wesen an der einen präpersonalen nichtgegenständlichen Realität, welche über die immanente Wirklichkeit in der *metaxy* hinaus auf den transzendenten Grund der Humanität hinweist.

Der von Voegelin seinerzeit konzipierte Kulturzyklus der westlichen Geschichte geht in der übergreifenden weltgeschichtlichen Struktur auf, die vom Oikoumenischen Zeitalter ihren Ausgang nimmt: „(E)s tritt ein neuer Typ der oikoumenischen Humanität hervor, welcher mit all seinen aufs komplizierteste miteinander verflochtenen Sinngehalten als eine jahrtausendealte Konstante in die moderne westliche Zivilisation hineinreicht" [33: 58]. Die Implikationen für das komplexe Sinnmuster der gesellschaftlichen Antworten auf die Frage nach dem Sinn und Grund unserer Existenz erschließen sich der philosophischen Reflexion erst in der modernen Krise ihrer geschichtlich ausgebildeten doktrinären Formen. „Die Erweiterung des Horizontes" hatte Voegelin schon 1963 bemerkt, „wurde im klassischen wie auch christlichen Bereich des Philosophierens dadurch behindert, daß von den Ansätzen her die Durchbildung der philosophischen Begriffe, die zur Untersuchung des geschichtlichen Feldes notwendig werden, Schranken gesetzt waren, die erst in der Neuzeit fielen und heute soweit gefallen sind, daß das Arbeitsfeld freigeworden ist ... ". „Wir stehen heute am Anfang großer philosophischer Entwicklungen durch die Entwicklung einer Philosophie der Geschichte, die zum erstenmal den Phänomenbereich in seiner globalen Breite und zeitlichen Tiefe zu erforschen hat" [10: VOEGELIN, Anamnesis, 278].

Die letzten Arbeiten Voegelins, insbesondere der unvollendete fünfte Band „In Search of Order" (1987 posthum veröffentlicht) kreisen um das Problem der philosophischen Reflexion und ihrer Sprache. Also um das Problem einer zeitgemäßen Symbolisierung des Ordnungsgehaltes der Suche des Menschen nach seiner Humanität in der Moderne, die der wesentlichen Aufgabe der Philosophie von heute gerecht wird: „Die Offenheit gegenüber der Realität wiederzugewinnen" [15a: VOEGELIN, Autobiographical Reflections, 72].

VII. DIE REZEPTION VOEGELINS

Wie schon einleitend angemerkt, ist es schwer, sich ein Bild von der Rezeption des Werkes Voegelins in den wissenschaftlichen und intellektuellen Diskursen zu machen. In den 40er Jahren fiel Voegelin zusammen mit Leo Strauss in den USA eine entscheidende Rolle in der theoretischen Grundlagendiskussion der amerika-nischen politischen Wissenschaft zu, in deren Zusammenhang Voegelin als Reprä-sentant einer antipositivistischen Philosophie der Politik eine gewisse Bedeutung erlangte [40: GUNNELL, Amer. Pol. Science]. Die Aufnahme seiner Arbeiten in der politikwissenschaftlichen Fachwelt war zumeist mit erheblicher Kritik verbunden [39: GERMINO, Use, Misuse, and Neglect]. Erst in neuerer Zeit läßt sich ein wachsendes Interesse jüngerer politischer Philosophie an Voegelin feststellen, doch die „Schule Leo Strauss" ebenso wie die hermeneutischen Schulen Gadamers und Habermas' haben eine ungleich größere Bedeutung als Voegelin erlangt, der, schon aufgrund seiner weitgespannten wissenschaftlichen Horizonte, keine ei-gentliche Schule hervorgebracht hat. *(Wirkung in den USA)*

Eines gewissen Bekanntheitsgrades erfreut sich Voegelin nach wie vor bei den verschiedenen „konservativen Denkschulen" der USA, welche ebenso wie seine Gegner spezifischen Theoriestücken ihre besondere Aufmerksamkeit schenken; Voegelin selbst hat sich allerdings stets dezidiert gegen jede politische Einvernah-me ausgesprochen. Bemerkenswert ist die Voegelin-Rezeption in der amerikani-schen Theologie und Religionswissenschaft [42: KIRBY/THOMPSON (Hrsg.), Voe-gelin and the Theologians]. Eine Vielzahl von Veröffentlichungen belegt die Resonanz der Ideen Voegelins in unterschiedlichen theologischen und religions-wissenschaftlichen Diskursen.

Im deutschen Sprachraum kann, nach dem Weggang von Voegelin aus Europa 1969, von einer Fortentwicklung nur sehr bedingt gesprochen werden. Seine Werke wurden in Grenzen in der Freiburger und Münchener Schule der Politik-wissenschaft rezipiert, doch insgesamt ergab eine Durchsicht der politikwissen-schaftlichen Literatur im deutschsprachigen Raum, daß auf Voegelin nur ganz abstrakt unter Bezug auf „The New Science of Politics" als Vertreter einer ontologisch-normativen Wissenschaft hingewiesen wird [47: OPITZ, Spuren-suche]. *(Deutscher Sprachraum)*

Große Aufmerksamkeit findet Voegelin neuerdings in Italien, wo seine Werke zum Teil schon in den 60er Jahren übersetzt und gelesen wurden. Die nachmarxi-stische Renaissance der italienischen politischen Philosophie führte zu einer be-merkenswerten Rezeption der Gedanken Voegelins [35: DUSO, Filosofia politica; 48: RACINARO: Ordine e Storia]. Im übrigen Westeuropa und in Osteuropa beschäftigen sich mit Voegelin zumeist nur einzelne Gelehrte oder Gruppie-rungen. *(Italien)*

Auswahlbibliographie

A. Werke Voegelins

I. Selbständige Veröffentlichungen

1. Über die Form des amerikanischen Geistes, Tübingen 1928.
2. Rasse und Staat, Tübingen 1933.
3. Die Rassenidee in der Geistesgeschichte von Ray bis Carus, Berlin 1933.
4. Der autoritäre Staat, Wien 1936.
5. Die politischen Religionen, Wien, 1938, 2. Aufl., mit neuem Vorwort, Stockholm, Berlin 1939.
6. The New Science of Politics/An Introduction, Chicago 1952, New Foreword by Dante Germino, 1987.
7. Order and History, Vol. I: Israel and Revelation, Baton Rouge 1956.
8. Order and History, Vol. II: The World of the Polis, Baton Rouge 1957; Vol. III: Plato and Aristotle, Baton Rouge 1957.
9. Die neue Wissenschaft der Politik, München, 1959, mit neuem Vorwort versehene Übersetzung von The New Science of Politics, Sonderausgabe, Salzburg 1977.
10. Anamnesis. Zur Theorie der Geschichte und Politik, München 1966.
11. Order and History, Vol. IV: The Ecumenic Age, Baton Rouge 1974.
12. From Enlightenment to Revolution, H. Hallowell (Hrsg.), Durham 1975.
13. Conversations with Eric Voegelin, E. O'Connor (Hrsg.), Montreal 1980.
14. Order and History, Vol. V: In Search of Order, Baton Rouge 1987.
15. Ordnung, Bewußtsein, Geschichte, J. Opitz (Hrsg.), Stuttgart 1988. Enthält eine vollständige Bibliographie der Schriften und eine Auswahlbibliographie der Sekundärliteratur.
15a. Autobiographical Reflections, E. Sandoz (Hrsg.), Baton Rouge. 1989.

II. Aufsätze

16. Über Max Weber, in: Deutsche Vierteljahresschrift für Literaturwissenschaft und Geistesgeschichte, Halle, Bd. III. 1925, 177–193.
17. Max Weber, in: Kölner Vierteljahreshefte für Soziologie IX (1930) 1–16.
18. Die Einheit des Rechts und das soziale Sinngebilde Staat, in: Internationale Zeitschrift für Theorie des Rechts 1930/31 (1930) 58–89.
19. Die Verfassungslehre von Carl Schmitt, Versuch einer konstruktiven Analyse ihrer staatstheoretischen Prinzipien, in: Zeitschrift für öffentliches Recht XI (1931) 89–109.
20. Das Sollen im System Kants, in: Gesellschaft, Staat und Recht, Untersuchungen zur Reinen Rechtslehre. Festschrift für Hans Kelsen zum 50. Geburtstag, A. Verdross (Hrsg.), Wien 1931, 136–173.
21. Rasse und Staat, in: Psychologie des Gemeinschaftslebens, O. Klemm (Hrsg.), Jena 1935, 91–104.
22. The Growth of the Race Idea, in: The Review of Politics 2 (1940) 283–317.
23. Nietzsche, The Crisis and the War, in: The Journal of Politics 6 (1944) 177–212.
24. Political Theory and the Pattern of General History, in: The American Political Science Review XXXVIII (1944) 746–754.
25. Gnostische Politik, Merkur, Stuttgart IV (1952) 301–317.
26. Religionsersatz. Die gnostischen Massenbewegungen unserer Zeit, in: Wort und Wahrheit, XV (1960) 5–18.
27. Die industrielle Gesellschaft auf der Suche nach der Vernunft, in: Die industrielle Gesellschaft und die drei Welten, Das Seminar von Rheinfelden, Zürich 1961, 46–64.
28. Equivalences of Experience and Symbolization in History. In: Eternità e Storia: I valori permanenti nel divenire storico. Firenze 1970, 215–234. Deutsche Übersetzung, in: 17, S. 99–126.
29. Reason: The Classical Experience, The Southern Review, New Series X (1974) 237–264. Deutsche Übersetzung, in: 17, S. 127–165.
30. Quod Deus Dicitur, in: Journal of the American Academy of Religion LIII (1985) 569–584. Deutsche Übersetzung, in: 17, S. 180–204.
31. Rezension: Plessner Hellmuth, Macht und menschliche Natur, in: Kölner Vierteljahreshefte für Soziologie 10 (1931) 255–257.

III. Unveröffentlichtes

32. Herrschaftslehre.
33. The Beginning and the Beyond.

B. Sekundärliteratur

34. B. Cooper, The Political Theory of Eric Voegelin, New York 1986.

35. G. Duso, Filosofia Politica E Pratica Del Pensiero, Mailand 1988.

36. J. Gebhardt, Was heißt Philosophieren über Politik heute? in: Zeitschrift für Politik 28 (1981) 138–149.

37. D. Germino, Political Philosophy and the Open Society, Baton Rouge 1982.

38. Ders., Eric Voegelin and the ‚Between‘ of human life, in: A. de Crespigny/ K. Minogue (Hrsg.), Contemporary Political Philosophers. New York 1975, 100–118.

39. Ders., The Use, Misuse and Neglect of Eric Voegelin, in: American Political Science Review (erscheint demnächst).

40. J. G. Gunnell, American Political Science, Liberalism, and the Invention of Political Theory, in: American Political Science Review 4 (1988) 71–87.

41. Th. Hollweck, Gedanken zur Arbeitsmethode Eric Voegelins, in: Philosophisches Jahrbuch 88 (1981) 136–152.

42. J. Kirby/W. Thompson (Hrsg.), Voegelin and the Theologian: Ten Studies in Interpretation, New York 1983.

43. H. Kuhn, Das Problem einer philosophischen Historiographie. Zum Werk von Eric Voegelin, in: Zeitschrift für Politik 28 (1981) 116–129.

44. F. Lawrence (Hrsg.), The Beginning and the Beyond: Papers from the Gadamer Voegelin Conferences: supplementary issue of the Lonergan Workshop V, Chico/Cal. 1984.

45. K. Metz, Unordnung und Geschichte, Historiographische Randbemerkungen zum Werk Eric Voegelins, in: Saeculum 34 (1983) 105–125.

46. P. Opitz/G. Sebba (Hrsg.), The Philosophy of Order: Essays on History, Philosophy, Consciousness and Politics: For Eric Voegelin on His Eightieth Birthday, Stuttgart 1981.

47. P. Opitz, Spurensuche – zum Einfluß Eric Voegelins auf die Politische Wissenschaft in der Bundesrepublik Deutschland, in: Zeitschrift für Politik 36 (1989).

48. R. Racinaro (Hrsg.), Ordine e Storia in Eric Voegelin, Neapel 1988.

49. F. M. Schmölz (Hrsg.), Das Naturrecht in der politischen Theorie, Wien 1963.

50. E. Sandoz (Hrsg.), Eric Voegelin's Thought. A Critical Appraisal, Durham 1982.

51. E. Sandoz, The Voegelinian Revolution. A Biographical Introduction, Baton Rouge 1981.

52. E. Webb, Eric Voegelin: Philosopher of History, Seattle 1981.

Zeittafel

1901   Eric Voegelin wird am 3. Januar in Köln geboren.

1910   Umzug der Familie nach Wien.

1922   Promotion zum Dr.rer.pol. in Wien.

1924–1927   Stipendiat der Rockefeller Foundation in den USA und Paris.

1928   Habilitation für Staatslehre und Soziologie.

1929–1936   Privatdozent an der Universität Wien.

1936–1938   Außerordentlicher Professor.

1938   Entlassung aus dem Universitätsdienst und Emigration in die USA.

1942–1959   Professor of Political Science Louisiana State University, Baton Rouge, USA.

1958–1969   o.Professor für Politische Wissenschaft, Universität München.

1969–1974   H. Salvatori Distinguished Scholar, Hoover Institution on War, Revolution, and Peace, Stanford, USA.

1974–1985   Senior Research Fellow ebenda.

1985   Eric Voegelin stirbt am 19. Januar in Stanford, USA.

Karl Graf Ballestrem

Das politische Denken des Marxismus

I. Vorbemerkungen

Das marxistische politische Denken im 20. Jahrhundert unterscheidet sich in mehrfacher Hinsicht von allen Richtungen der politischen Philosophie dieser Zeit. Der Marxismus ist eine Weltanschauung des 19. Jahrhunderts. Sie ist zwar im 20. Jahrhundert theoretisch weiterentwickelt und praktisch wirksam geworden, lebt aber immer noch im wesentlichen von den Erfahrungen und Einsichten ihrer Gründer. Zwar haben auch andere moderne Denkrichtungen ihre geistesgeschichtlichen Wurzeln im 19. Jh.. Aber bei keiner von ihnen spielen einzelne Denker des 19. Jh. als Quelle der Autorität bzw. der Inspiration eine so hervorragende Rolle. Für die Darstellung hat dies zweifache Konsequenzen: (a) Zunächst muß relativ ausführlich auf Marx und Engels eingegangen werden; (b) die Wirkung wird zur Hauptsache, denn der Marxismus des 20. Jhs. muß vor allem als Wirkungsgeschichte und kann nur in zweiter Linie als eigenständige Theoriebildung gedeutet werden.

Eine Weltanschauung des 19. Jh.

Was Marx und Engels und ihre Nachfolger über Politik schreiben, ist keine politische Philosophie im traditionellen und bis heute üblichen Sinne (von Aristoteles bis H. Arendt). Es ist kein Nachdenken über die Prinzipien und Institutionen einer guten politischen Ordnung, sondern eine kritische Gesellschaftstheorie zur Anleitung revolutionären Handelns, mit dem Ziel, Politik (auch im Sinne von „legitimer" Herrschaft) schließlich unnötig und unmöglich zu machen. Während sich in einigen Schriften des jungen Marx noch Ansätze zu einer politischen Philosophie im herkömmlichen Sinne finden, kommen seit der „Deutschen Ideologie" (1845/46) negativ besetzte Begriffe von Philosophie (als einer Form des entfremdeten Bewußtseins) und von Politik (als eines zu überwindenden Zustands von Kampf und Herrschaft) zum Tragen.

Keine politische Philosophie

So ergeben sich thematische Besonderheiten des marxistischen politischen Denkens. Gegenüber der politischen Philosophie weist die marxistische Theorie einerseits eine ungewöhnliche thematische Breite dadurch auf, daß Politik im Rahmen einer umfassenden, ökonomisch begründeten Gesellschaftstheorie erklärt wird. Andererseits ist das, was an Politik in den Blick kommt, auf die Perspektive sozialer Konflikte, der Organisation von Herrschaft, des Kampfes um Macht verengt, oder – in anderen Worten – auf die Begriffe Klasse, Staat und Revolution konzentriert.

Thematische Besonderheiten

Theorie und Praxis   Das Problem der Einheit von Theorie und Praxis, das bereits am Ausgangspunkt des Marxschen Denkens steht, prägt auch die weitere Geschichte des Marxismus in mehrfacher Hinsicht. *Erstens* versuchen Marxisten diese Einheit in ihrem Leben zu verwirklichen. Viele bedeutende politische Denker des Marxismus waren deshalb keine reinen Theoretiker, sondern vor allem Politiker und Revolutionäre (z. B. Lenin, Trotzki, Bucharin; Bernstein, Kautsky, Luxemburg; zunächst auch Gramsci, Korsch und Lukacs). *Zweitens* wird, sobald ihnen das revolutionäre Engagement versagt bleibt, diese Einheit zum theoretischen Problem. Ihr politisches Denken umkreist die objektiven und subjektiven Voraussetzungen der Revolution (z. B. Korsch und Lukacs in den 20er Jahren). *Drittens* verlieren sie oft gänzlich das Interesse an politischen Fragen, wenn sich die Gelegenheit zur revolutionären Praxis auf absehbare Zeit nicht mehr zu bieten scheint. Dies gilt nicht nur für den „westlichen Marxismus", der sich vielfach Fragen der Erkenntnistheorie und Methodologie, der Ästhetik und Philosophiegeschichte zuwandte [vgl. 59: P. ANDERSON, Considerations on Western Marxism], sondern auf andere Weise auch für den orthodoxen Marxismus-Leninismus, der seine Revolution hinter sich hat und durch die Ausformulierung einer allgemeinen Weltanschauung der Legitimation eines etablierten Herrschaftssystems dienen soll.

Methode der Untersuchung   Daß die Geschichte eines politischen Denkens, das so auf revolutionäre Praxis fixiert ist, nicht als reine Theoriegeschichte interpretiert werden kann, ist mehr als offensichtlich. Deshalb soll im folgenden der realhistorische Kontext, insbesondere die Geschichte der Arbeiterbewegung, ansatzweise mitbedacht werden. Ansonsten steht hinter unserer Interpretation die Frage, inwiefern eine von den Ideen des Klassenkampfs, des Klassenstaats und der proletarischen Revolution beherrschte politische Theorie imstande ist, die verschiedenen Herrschaftssysteme des 20. Jahrhunderts zu erklären. Im Mittelpunkt steht dabei die marxistische Staatstheorie und ihr Versuch, den Staat des 20. Jahrhunderts in seinen verschiedenen Erscheinungsformen zu deuten.

II. MARX UND ENGELS

Wissenschaft und Utopie   Bei der ideengeschichtlichen Einordnung von Marx und Engels unter die sozialistischen Theoretiker des 19. Jahrhunderts hat die von Engels stammende Einteilung in utopische und wissenschaftliche Sozialisten weite Anerkennung gefunden. Dabei gerät leicht in Vergessenheit, daß die Begründer des wissenschaftlichen Sozialismus, was die Radikalität der Kritik aller bestehenden Gesellschaften und die Erwartung einer zukünftigen Gesellschaft ohne Waren und Geld, ohne Klassen und Herrschaft angeht, die größten Utopisten sind. Die Wendung zum wissenschaftlichen Sozialismus, die Marx und Engels mit der „Deutschen Ideologie" (1845/46) vollziehen, besteht nicht darin, daß sie den Traum einer kommunistischen Gesellschaft aufgeben, sondern darin, daß sie die Verwirklichung dieses

Traums als notwendiges Resultat objektiver Prozesse oder der Logik der Geschichte ausgeben. Aber ohne die normative Grundintuition, die Marx erstmals 1844 formuliert, lassen sich weder ihre theoretischen Schriften, noch ihr praktisches Engagement der späteren Jahre verstehen.

Der Grundwert, den Marx in seine Frühschriften artikuliert, heißt „wahrhaft menschliche Emanzipation". Was damit gemeint ist, erklärt er in dem Aufsatz „Zur Judenfrage" (1844) zunächst durch den Gegenbegriff der „politischen Emanzipation": Politische Emanzipation – darunter versteht er das Programm von 1789: Abschaffung herkömmlicher Privilegien; Befreiung der Unterprivilegierten von den Fesseln der Sklaverei, der Leibeigenschaft, der Untertänigkeit; Herstellung gleicher Menschen- und Bürgerrechte. Marx betont, daß das Ziel des modernen Menschen, sich von allen inneren und äußeren Fesseln zu befreien, auf diesem Wege nicht erreicht werden könne. Dazu sei vielmehr erforderlich: nicht Religionsfreiheit, sondern die Befreiung von der Religion; nicht Erwerbsfreiheit und freier Handel, sondern die Abschaffung von Privateigentum und Warentausch; kein freiheitlicher Staat, sondern eine Gesellschaft ohne Staat; kein System legitimer Herrschaft, sondern die Abschaffung aller Herrschaft [2: MEW 1, 353; MEW 2, 119f.]. Menschliche Emanzipation – das ist demnach ein Ideal radikaler Selbstbefreiung, welches den Rahmen der bürgerlichen Gesellschaft von Grund auf sprengt. Sein Ziel ist eine Gemeinschaft altruistischer Menschen, die im gegenseitigen Einverständnis nach einem gemeinsamen Plan ihr Leben gestalten. Der Kommunismus, schreibt Marx, ist die Lösung aller philosophischen Probleme und aller Rätsel der Geschichte „und weiß sich als die Lösung" [2: MEW EB I, 356]. Dazu ist zu bemerken: Die Verwirklichung einer solchen Utopie würde allerdings einer radikalen Revolution bedürfen, denn hier soll der Traum eines neuen Menschen und einer neuen Welt, der bisher in der Geschichte nur in der Gestalt religiöser Mythen und Hoffnungen auftauchte, in die Tat umgesetzt werden.

Bei der Suche nach dem revolutionären Subjekt, das die menschliche Emanzipation bewirken könnte, stößt Marx auf das moderne Industrieproletariat. Die Revolutionstheorie, die er in „Zur Kritik der Hegelschen Rechtsphilosophie. Einleitung" (1844) entwickelt, basiert noch auf einer säkularisierten theologischen Dialektik von Elend und Erlösung, Erniedrigung und Befreiung: das Proletariat als „der völlige Verlust des Menschen", welcher „nur durch die völlige Wiedergewinnung des Menschen sich selbst gewinnen kann" [2: MEW 1, 390]. Wenig später zeigt er auch die ökonomischen Gründe für die Notwendigkeit und Wirksamkeit einer proletarischen Revolution: kapitalistische Ausbeutung und ökonomische Krisen führten zur Vermehrung des Reichtums bei wenigen, des Elends bei vielen; die bürgerliche Gesellschaft könne diejenigen nicht ernähren, die ihren Reichtum produzieren; Fabrikarbeit und Klassenkampf führten dazu, daß sich die Arbeiter ihrer gemeinsamen Interessen bewußt werden und sich organisierten [2: MEW 4, 473f.].

Die wichtigsten Einsichten, die Marx in seiner radikalen Kritik der bürgerlichen

Marginalien (rechter Rand):

Politische und menschliche Emanzipation

Frühe Revolutionstheorie

Kritik der bürgerlichen Gesellschaft

Gesellschaft zu vermitteln sucht, sind die folgenden: (1) Obgleich die Individuen der bürgerlichen Gesellschaft in rechtlicher Hinsicht frei und gleich sind, gehören *Klassen* sie in ökonomischer und sozialer Hinsicht zu verschiedenen Klassen mit gegensätzlichen Interessen. Das Lebensprinzip der kapitalistischen Ökonomie sei die Ausbeutung des Lohnarbeiters durch den Kapitalisten, die unter dem Mantel *Staat* freier Arbeitsverträge stattfinde. – (2) Obgleich der moderne Staat kein Privilegien- und Ständestaat sei, vertrete er doch nur scheinbar die allgemeinen Interessen. In Wirklichkeit sei er Klassenstaat, „die organisierte Gewalt einer Klasse zur Unterdrückung einer anderen" [2: MEW 4, 482]. – (3) Obgleich sich die bürgerliche Gesellschaft ständig zu reformieren suche, sei sie doch, wegen der Irrationalität der kapitalistischen Produktion und wegen der Unversöhnlichkeit der Klassengegensätze, letztlich unfähig zur Reform. Für die Arbeiterbewegung seien *Revolution* Reformen ein Mittel, um zur Revolution, zur radikalen Umformung der bürgerlichen Gesellschaft zu gelangen. – Im folgenden sollen diese drei Thesen kurz erläutert und kommentiert werden.

Klassentheorie

Eine systematische Darstellung der Klassentheorie sucht man bei Marx und Engels vergebens. Dort wo Marx dazu ansetzt, bricht der 3. Band des „Kapital" ab [2: MEW 25, 893]. Dennoch ist dieses zentrale Thema sowohl in den ökonomischen, als auch in den politischen Schriften überall präsent.

Klassenstruktur Durch das Studium der klassischen Nationalökonomie erhält Marx einen Begriff von der Klassenstruktur der bürgerlichen Gesellschaft. Von Adam Smith übernimmt er die Dreiteilung in Grundbesitzer, Kapitalisten und Lohnarbeiter, ebenso die Überzeugung, daß langfristig der Unterschied zwischen Grundbesitzer und Kapitalist, sowie zwischen Land- und Manufakturarbeiter verschwinden wird [2. MEW EB I, 510]. Ganz in diesem Sinne heißt es dann im „Manifest der Kommunistischen Partei" von 1848: „Unsere Epoche, die Epoche der Bourgeoisie, zeichnet sich … dadurch aus, daß sie die Klassengegensätze vereinfacht hat. Die ganze Gesellschaft spaltet sich mehr und mehr in zwei große feindliche Lager, in zwei große, einander direkt gegenüberstehende Klassen: Bourgeoisie und Proletariat." [2: MEW 4, 463].

Klassengegen- Zwischen diesen beiden Klassen, davon sind Marx und Engels zutiefst über-
satz zeugt, besteht ein Verhältnis des unversöhnbaren Gegensatzes. Damit ist weit mehr gemeint, als wenn z. B. Smith und Ricardo von gegensätzlichen Interessen sprechen, weil die Höhe der Profite und Löhne jeweils umgekehrt proportional ist. Denn für die Klassiker der Nationalökonomie sind diese beiden Klassen, trotz gegensätzlicher Interessen, aufeinander angewiesen. Für Marx und Engels dagegen verhält es sich so, daß zwar unter den gegebenen Produktionsverhältnissen der Lohnarbeiter in stärkerem Maße vom Kapitalisten abhängig ist, als umgekehrt; daß aber grundsätzlich und langfristig gesehen der Kapitalist nicht ohne den Lohnarbeiter existieren, der Lohnarbeiter jedoch sehr wohl ohne den Kapitalisten

leben, ja letztlich nur überleben kann, wenn die Kapitalistenklasse als solche verschwindet.

Der Klassengegensatz zwischen Bourgeoisie und Proletariat sei demnach nichts, was beiderseitiger guter Wille oder eine kluge Wirtschafts- und Sozialpolitik überwinden könnte. Er sei ein Strukturmoment jeder Gesellschaft, in der sich die Menschen als Besitzer von Waren gegenübertreten und die Besitzer von Produktionsmitteln mit freien Lohnarbeitern Verträge schließen, die ihnen erlauben, die Ware Arbeitskraft zur Produktion von Mehrwert zu gebrauchen. Wenn Marx, trotz erheblicher theoretischer Schwierigkeiten, daran festhielt, daß Mehrwert und Profit nur durch die Ausbeutung „lebendiger Arbeit" (nicht etwa durch die Produktivität von Maschinen) erklärt werden könne, so hat dies seinen Grund darin, daß die Unversöhnlichkeit des Konflikts und damit die notwendige Überwindung des Kapitalismus nur auf diesem Wege plausibel gemacht werden können. | Unversöhnlicher Konflikt

Wenn Marx in seinen ökonomischen Schriften von der Dreiteilung der Klassen bzw. von der einfachen Dichotomie von Bourgeoisie und Proletariat ausgeht, so ignoriert er doch keineswegs die Zwischenklassen oder Klassenfraktionen mit ihren konkreten Interessen, wenn es um die Analyse politischer Ereignisse geht. In den „Klassenkämpfen in Frankreich" (1850), im „18. Brumaire des Louis Bonaparte" (1852) oder im „Bürgerkrieg in Frankreich" (1871), ebenso in den Schriften zur deutschen Revolution von 1848/49, treten z. B. Finanzaristokratie, industrielle Bourgeoisie, Kleinbürgertum, Arbeiter und Parzellenbauern als Agenten und Faktoren der Politik auf. Mit kritischem Interesse verfolgt Marx insbesondere die Politik des Kleinbürgertums, die meist auf demokratische und soziale Reformen zielt und deshalb die Gefahr in sich birgt, die Arbeiter vom revolutionären Weg abzubringen [z. B. 2: MEW 7, 246 f.]. | Zwischenklassen und Fraktionen

Wie verhält sich die ökonomische zur politischen Klassenanalyse bei Marx? Beide bewegen sich auf einem unterschiedlichen Abstraktionsgrad und in verschiedenen zeitlichen Dimensionen. Die politische Analyse verfolgt die Interessen und Absichten einzelner Gruppen in ihrer konkreten Vielfalt, die ökonomische Analyse das Grundverhältnis der zwei Klassen, deren Antagonismus das gesellschaftliche Leben letztlich bestimmt. Die politische Analyse bezieht sich auf die Gegenwart oder unmittelbare Vergangenheit, die ökonomische Analyse zeigt die zugrundeliegenden Entwicklungen, die sich mit der Zeit durchsetzen. So läßt sich etwa auf Grund der ökonomischen Analyse sagen, „die bisherigen kleinen Mittelstände, die kleinen Industriellen, Kaufleute und Rentiers, die Handwerker und Bauern, alle diese Klassen fallen ins Proletariat hinab" [2: MEW 4, 469]. Angesichts dieser oft nur halb verstandenen Bedrohung tendierten die Mittelstände dazu, eine reaktionäre Politik zu betreiben, um „das Rad der Geschichte zurückzudrehen" [2: MEW 4, 472]. Für die Strategie einer revolutionären Arbeiterpartei habe dies z. B. die Konsequenz, durch Hinweis auf die notwendigen ökonomischen Entwicklungen darüber aufzuklären, daß die Interessen des Mittelstandes letztlich auf Seiten des Proletariats liegen. | Ökonomische und politische Klassenanalyse

Staatstheorie

Zugang zur
Marxschen
Staatstheorie

Das Buch über den Staat, das Marx im Rahmen seiner Kritik der politischen Ökonomie geplant hatte [2: MEW 13, 7], wurde nie geschrieben. Wer dennoch die Marxsche Staatstheorie verstehen und darstellen möchte, dem stehen zwei Wege offen: entweder aus verstreuten Texten, vor allem in den politischen Schriften, die wesentlichen Einsichten herauszufiltern (wie es hier ansatzweise versucht wird); oder aus den Prinzipien der Kritik der politischen Ökonomie seine Theorie des bürgerlichen Staates zu rekonstruieren (wie es in der sog. „Ableitungsliteratur" der 70er Jahre geschah). Zur Ergänzung kann Engels herangezogen werden, der auch auf diesem Gebiet zur Popularisierung Marxscher Gedanken beigetragen, darüber hinaus aber mit seiner Schrift „Über den Ursprung der Familie, des Privateigentums und des Staates" [2: MEW 21, 25–173] einen eigenständigen Beitrag zur Erklärung der Entstehung und Entwicklung staatlicher Organisationsformen geleistet hat.

Frühe
Staatstheorie

Daß der Staat Ausdruck und Funktion einer gesellschaftlichen Ordnung, nicht umgekehrt diese Ordnung Ausdruck des gestaltenden Willens oder der höheren Vernunft des Staates sei, betont Marx bereits 1843 gegenüber Hegel [2: MEW 1, 203–333]. Ebenfalls zu den frühen Einsichten gehört, daß der moderne Staat, obwohl er wegen der formellen Rechtsgleichheit seiner Bürger den Eindruck erwecke, das Gemeinwohl zu verwirklichen, in Wirklichkeit den Privatinteressen diene. Nachdem Marx zur Erkenntnis der Klassenstruktur der bürgerlichen Gesellschaft gekommen war, bestimmte er den Staat als Klassenstaat, den modernen Staat als Staat der Bourgeoisie [2: MEW 3, 62].

Verselbständi-
gung der
Exekutive

Bonapartismus

Diese einfache Grundthese wird in verschiedener Hinsicht differenziert. Bürgerlicher Staat – das bedeutet im konkreten Fall, daß eine Fraktion der Bourgeoisie den entscheidenden Einfluß auf die Regierung nimmt. Wenn etwa gleichstarke Fraktionen der Bourgeoisie im Kampf miteinander liegen, mehr noch, wenn zwei feindliche Klassen einander neutralisieren, kann es zu einer Verselbständigung der Exekutive kommen. Die relative Machtfülle Napoleons III. erklärt Marx dadurch, daß die Fraktionen des Bürgertums, von der Politik des vereinigten Proletariats bedroht, sich in der Einsicht zusammenfinden, „daß ihr eigenes Interesse gebietet, sie der Gefahr des Selbstregierens zu überheben" [2: MEW 8, 154]. Mit dieser Deutung des Bonapartismus, die spätere marxistische Erklärungen des Faschismus vorwegnimmt, wird aber der Grundgedanke des Staates als Klassenstaat nicht zurückgenommen. Vielmehr betonen Marx und Engels, daß solche Regime (vergleichbar sei „das neue deutsche Reich Bismarckscher Nation") nur scheinbar über der Gesellschaft schweben, in Wirklichkeit doch von den Klassen abhängen, zwischen denen sie vermitteln wollen; daß hinter ihrer zur Schau getragenen Machtfülle oft Schwäche und Wankelmütigkeit stehen [2: MEW 8, 196–208; MEW 21, 167]. Entscheidend für die Zuordnung eines Staates zu einer Klasse ist, ob er langfristig die Produktionsverhältnisse garantiert, unter denen eine bestimmte Klasse ihre ökonomische Vormachtstellung ausübt. Jeder Staat, der kapi-

talistische Produktionsverhältnisse sichert, kann daher als bürgerlicher Staat be- Bürgerlicher
zeichnet werden. Er ist „Werkzeug der Ausbeutung der Lohnarbeit durch das Staat
Kapital" [2: MEW 21, 167], auch wenn sich der einzelne Kapitalist dieses Werk-
zeugs nicht zu seinen besonderen Zwecken bedienen kann, sondern der Staat ihm
– wie Marx und Engels zuweilen schreiben – als „Gesamtkapitalist" gegenübertritt
[2: MEW 18, 158; MEW 19, 222].

Zur Begründung der These vom Staat als Klassenstaat erübrigt sich der Nachweis, daß bestimmte Gruppen von Macht und Einfluß ausgeschlossen sind, während andere ein Monopol der öffentlichen Gewalt ausüben. Zwar weisen Marx
und Engels darauf hin, daß auch moderne Repräsentativstaaten den Zensus kennen bzw. das allgemeine Wahlrecht, sobald es von den Arbeitern in ihrem Sinne Wahlrecht
genutzt wird, wieder zurücknehmen [2: MEW 8, 158]. Aber sie betonen zugleich,
daß dies keine notwendige Voraussetzung für die Herrschaft der Bourgeoisie sei.
„Die höchste Staatsform, die demokratische Republik, ... weiß offiziell nichts
mehr von Besitzunterschieden. In ihr übt der Reichtum seine Macht indirekt, aber
umso sicherer aus". In diesem Zusammenhang ist von „direkter Beamtenkorrup-
tion", sowie einer „Allianz von Regierung und Börse" die Rede [2: MEW 21, 167].
Natürlich stellt sich hier die Frage, warum sich die Arbeiter diese Unterdrückung
gefallen lassen und nicht von ihrem Wahlrecht Gebrauch machen, um einer Bewußtsein des
revolutionären Arbeiterpartei an die Macht zu helfen. Engels' Antwort: „Solange Proletariats
die unterdrückte Klasse, in unserem Fall das Proletariat, noch nicht reif ist zu
seiner Selbstbefreiung, solange wird sie, der Mehrzahl nach, die bestehende Gesellschaftsordnung als die einzig mögliche erkennen und politisch der Schwanz
der Kapitalistenklasse, ihr äußerster linker Flügel sein". [2: MEW 21, 168].

Wir finden hier bei Engels eine Argumentationsweise, die später im Marxismus
oft wiederholt wird. Wenn Arbeiter ihr Wahlrecht nicht dazu benutzen, für eine
kommunistische Partei zu wählen, kann dies nicht etwa als Indiz dafür gelten, daß
sie relativ zufrieden sind, weil sie in einem vergleichsweise gerechten Staat leben;
es muß vielmehr als Zeichen mangelnder Reife gedeutet werden. Dabei wird Seine mangelnde
deutlich, daß die marxistische Staatstheorie die Kritik der politischen Ökonomie Reife
voraussetzt. Wer nicht daran glaubt, daß der Kapitalismus ein System ist, das von
der Ausbeutung einer Klasse durch eine andere lebt und letztlich an den Krisen
zugrunde gehen muß, die dieser Widerspruch hervorruft, für den ist auch nicht
plausibel, daß ein Staat, der eine kapitalistische Eigentumsordnung schützt, als
Klassenstaat der Bourgeoisie beurteilt werden muß. Wer davon ausgeht, daß der
Kapitalismus, soweit er in einem demokratischen Rechts- und Sozialstaat gebändigt ist, allen Staatsbürgern den relativ größten Nutzen bringt, der wird im
Verhalten von Arbeitern, die für eine reformistische Politik wählen, nicht mangelnde Reife, sondern die höhere Vernunft am Werk sehen.

Eine Folge des negativ besetzten und instrumentellen Staatsbegriffs bei Marx Beurteilung des
und Engels ist, daß sie selbst im liberalen und demokratischen Rechtsstaat nur ein liberalen und
Werkzeug zur Überwindung des Kapitalismus sehen. Grundrechte wie Mei- demokratischen
nungs-, Presse- und Versammlungsfreiheit seien Mittel, deren man sich bediene, Rechtsstaats

um sich zu organisieren und den bürgerlichen Staat zu bekämpfen. Die demokratische Republik sei das Schlachtfeld, auf dem „der Klassenkampf definitiv auszufechten ist" [2: MEW 19, 29; vgl. MEW 21, 167]. Daß dieser Staat einmal selbst zur Überwindung des Klassenkampfes beitragen könnte, ist aus der historischen Perspektive der Begründer des „wissenschaftlichen Sozialismus" undenkbar. Wie in den ökonomischen Krisen, die den Kapitalismus regelmäßig erschüttern, die sozialen Konflikte immer deutlicher werden, so trete „nach jeder Revolution, die einen Fortschritt des Klassenkampfes bezeichnet, ... der rein unterdrückende Charakter der Staatsmacht offener und offener hervor". [2: MEW 17, 336].

Revolutionstheorie

Zwei Revolutionstheorien   Die Aussagen von Marx und Engels zum Thema Revolution stehen in zwei verschiedenen Bezugssystemen. Einmal im Kontext einer allgemeinen Theorie der Revolution, nach der Revolutionen als historische Prozesse aus objektiven Ursachen erklärt werden können. Zum anderen im Kontext konkreter Überlegungen und Anweisungen für revolutionäres Handeln. Darstellungen der allgemeinen oder objektiven Revolutionstheorie findet man etwa in Teil I des „Manifests der Kommunistischen Partei" [2: MEW 4, 462–474], im Vorwort zur Schrift „Zur Kritik der politischen Ökonomie" [2: MEW 13. 8 f.], oder im 24. Kapitel des „Kapital" [2: MEW 23, 741–791]. Zu den Texten, in denen die konkrete oder subjektive Revolutionstheorie zum Ausdruck kommt, gehören u. a. Teil II des „Manifestes" [2: MEW 4, 474–482], „Der Bürgerkrieg in Frankreich" [2: MEW 17, 131–365], sowie die „Kritik des Gothaer Programms" [2: MEW 19, 13–32].

Ihr gegenseitiges Verhältnis   Über das Verhältnis zwischen diesen beiden Ansätzen zur Erklärung bzw. Anleitung von Revolutionen ist viel gerätselt und diskutiert worden. Marx selbst schreibt dazu im Vorwort zum ersten Band des „Kapital": „Auch wenn eine Gesellschaft dem *Naturgesetz ihrer Bewegung* auf die Spur gekommen ist – und es ist der letzte Endzweck dieses Werks, das ökonomische Bewegungsgesetz der modernen Gesellschaft zu enthüllen – kann sie naturgemäße Entwicklungsphasen weder überspringen noch wegdekretieren. Aber sie kann die Geburtswehen abkürzen und mildern". [2: MEW 23, 15 f.]. Zum Verständnis dieses und ähnlicher Texte muß man sich klarmachen, daß Marx innerhalb der sozialistischen Arbeiterbewegung an zwei Fronten kämpfte. Einmal gegen Hitzköpfe wie Weitling oder Bakunin, die Revolutionen ohne Rücksicht auf objektive Voraussetzungen und langfristige Folgen vom Zaun brechen wollten. Zum anderen gegen den weit verbreiteten Reformismus, der sich – etwa unter dem Einfluß der Ideen Lassalles oder Proudhons – mit der Kritik an einzelnen Symptomen zufriedengab. Beiden sollte gezeigt werden, daß die soziale Umwälzung des Kapitalismus historische Notwendigkeit ist, daß aber unter Anleitung des Theoretikers, der die Voraussetzungen kennt und die Folgen abzuschätzen weiß, der Gang der Revolution beschleunigt und unnötige Opfer vermieden werden können.

Bereits die „Deutsche Ideologie" enthält Überlegungen zum Problem der not- Voraussetzungen
wendigen Voraussetzungen zum Gelingen einer proletarischen Revolution: 1. die der prolet. Revolution
Masse der Menschheit muß zu eigentumslosen Proletariern geworden sein; 2.
diese müssen einer Welt des Reichtums und der Bildung gegenüberstehen (damit
nicht die Revolution nur den „Mangel verallgemeinert"); 3. diese Grundbedin-
gungen des entwickelten Kapitalismus müssen weltweit bestehen, der Kommunismus ist „nur als die Tat der herrschenden Völker ... gleichzeitig möglich ... " [2:
MEW 3, 34 f.]. Obgleich Marx und Engels mit solchen Erwägungen jedem kopflo-
sen Aktionismus entgegentragen, wurden auch sie zuweilen von voreiligen revolutionären Hoffnungen beflügelt. Anfang 1848 sagten sie für Deutschland eine Prognosen
proletarische Revolution voraus, die unmittelbar auf die bürgerliche Revolution
folgen sollte [2: MEW 4, 493], obwohl hier kein nennenswertes Proletariat existierte. Die Partei des Proletariats sollte die politische Macht erobern, die Bour-
geoisherrschaft stürzen, durch „despotische Eingriffe in das Eigentumsrecht" die
Umwälzung der bürgerlichen Gesellschaft in Gang setzen. Am Ende dieser Entwicklung würde die Aufhebung der Klassengegensätze und jeder politischen
Herrschaft stehen [2: MEW 4, 474, 481 f.].

Unter dem Eindruck der Ereignisse von 1848-51 und 1870-71, sowie der in- Neue Akzente:
dustriellen Entwicklung in der zweiten Jahrhunderthälfte, haben Marx und Engels
ihre Revolutionstheorie in verschiedener Hinsicht modifiziert und präzisiert:

Die industrielle Expansion nach 1850 zeigte ihnen, daß die Erwartung einer Industrielle
proletarischen Revolution 1848 verfrüht war. Aber regelmäßige ökonomische Entwicklung
Krisen und besonders der steigende Druck auf den Staat, große Privatunterneh-
mungen in eigener Regie zu übernehmen, erschien ihnen später als Indiz, daß die
entwickelten kapitalistischen Länder – vor allem England, Frankreich und
Deutschland – reif dafür waren, die proletarische Revolution auszulösen.

Zwar gaben sie das Recht auf gewaltsame Machtergreifung, auf Umsturz und Legale Mittel
Straßenkämpfe, nie auf. Aber es erschien ihnen später als klüger, die legalen Mittel
demokratischer Machtgewinnung zu gebrauchen und damit die „Ordnungspar-
tei" vor die Wahl zu stellen, die Gesetze zu brechen oder die Macht abzugeben [2:
MEW 22, 525–527].

Das Beispiel der Pariser Kommune ließ Marx erkennen, daß die proletarische Zerschlagen der
Revolution die alte Staatsmaschinerie nicht einfach übernehmen könne, sondern alten Staats-
sie zerschlagen und durch radikaldemokratische Strukturen ersetzen müsse. Es maschinerie
gehe ihr ja um viel mehr, als eine Herrschaftselite durch eine andere zu ersetzen.
Das ganze Volk müsse beteiligt werden bei der Ablösung der alten Klassengesellschaft.

Aber auch ein radikaldemokratisch organisierter Staat höre zunächst nicht auf, Diktatur des
ein Herrschaftssystem zu sein. Auch wenn das Volk auf Grund des allgemeinen Proletariats
Wahlrechts Räte wähle, deren Mitglieder durch Auftrag der Wähler gebunden,
jederzeit absetzbar und finanziell nicht privilegiert seien; auch wenn das Berufs-
heer durch Bürgermilizen ersetzt, Polizei und Beamtenschaft zu wirklich ausfüh-
renden Organen der Räte würden, so bleibe doch die Unterdrückung der Minder-

heit durch die Mehrheit, der Besitzenden durch die Besitzlosen [2: MEW 17, 336–342]. „Zwischen der kapitalistischen und der kommunistischen Gesellschaft liegt die Periode der revolutionären Umwandlung der einen in die andere. Der entspricht auch eine politische Übergangsperiode, deren Staat nichts anderes sein kann als die *revolutionäre Diktatur des Proletariats*" [2: MEW 19, 28].

Sozialismus und Kommunismus

Der Kommunismus kann also nicht ohne weiteres aufgebaut werden. Auch wenn das Privateigentum an Produktionsmitteln in staatliches oder genossenschaftliches Eigentum (beides wird nicht klar unterschieden) überführt und bei der Verteilung der Konsumgüter jeder nach seiner Arbeitsleistung bewertet wird, so bedürfe es noch des Staates, um die Koordination der Produktion und die Verteilung nach diesem „bürgerlichen Rechtsprinzip" durchzusetzen. Erst wenn „mit der allseitigen Entwicklung der Individuen auch ihre Produktivkräfte gewachsen und alle Springquellen des genossenschaftlichen Reichtums voller fließen, erst dann kann ... die Gesellschaft auf ihre Fahnen schreiben: „Jeder nach seinen Fähigkeiten, jedem nach seinen Bedürfnissen"". [2: MEW 19, 21]. Und erst dann könne man endgültig vom Absterben des Staates sprechen [2: MEW 21, 168]. Das ist der Kommunismus, der Zustand „wahrhaft menschlicher Emanzipation", das Ziel aller theoretischen Bemühungen und praktischen Tätigkeit von Marx und Engels.

III. Der frühe Reformismus und seine Gegner (1890-1917)

Reformismus als Folge ökonomischer und politischer Entwicklungen

Daß der Reformismus in der Arbeiterbewegung – ganz entgegen den Annahmen von Marx und Engels – auch weiterhin stark blieb, läßt sich im Rahmen der materialistischen Geschichtsauffassung erklären. Wenn das gesellschaftliche Sein das Bewußtsein prägt, so folgt daraus, daß die Teile der Arbeiterschaft und des Mittelstandes, die weder vom Elend verfolgt, noch in ihrer Existenz bedroht sind, auch weiterhin von kleinbürgerlichen Wertvorstellungen ausgehen werden. Wenn sich die bürgerliche Gesellschaft, trotz immer wieder auftauchender ökonomischer Krisen, als relativ entwicklungs- und integrationsfähig erweist, so ist selbstverständlich, daß diejenigen, die etwas in dieser Gesellschaft erreicht haben (wie die Gewerkschaften, aber auch die in Parlamenten vertretenen Parteien), das Erreichte nicht für eine unsichere Zukunft aufgeben wollen. Solange der Staat, statt seinen „rein unterdrückenden Charakter" immer offener hervortreten zu lassen, nicht nur seinen Charakter als liberaler Rechtsstaat wahrt, sondern Sozialgesetze erläßt, ist nichts anderes zu erwarten, als daß der revolutionäre Elan zurückgeht. Muß unter diesen Umständen nicht die Idee des Klassenkampfes verblassen? Muß nicht Marx' Auffassung, die demokratische Republik könne – zumindest in Europa – nur die Umwälzungsform, nicht aber die „konservative Lebensform" der bürgerlichen Gesellschaft sein [2: MEW 8, 122], der Hoffnung auf demokratische Reformen weichen?

Selbst in der SPD, der größten Arbeiterpartei Europas, die sich unter dem

Eindruck der Sozialistengesetze (1878-90) auf ihrem Erfurter Parteitag (1891) ein marxistisches Programm gegeben hatte, gab es starke reformistische Strömungen. Als Eduard Bernstein in seiner 1896/97 in der „Neuen Zeit" veröffentlichten Aufsatzreihe „Probleme des Sozialismus" die Partei aufforderte, ihre revolutionäre Phraseologie fallenzulassen, um als das zu erscheinen, „was sie heute in Wirklichkeit ist, eine demokratisch-sozialistische Reformpartei", hatte er die Praxis der Parteimitglieder vor Augen. Um in ihrer Praxis glaubwürdig zu sein, sollte die Partei ihre theoretischen Grundlagen revidieren und von einem Teil der Marxschen Überzeugungen Abstand nehmen. Sie sollte zugeben, daß die Prognosen über das allmähliche Verschwinden des Mittelstandes und die zunehmende Verelendung der Arbeiter falsch waren. Sie sollte aber auch begreifen, daß die Zukunft des Sozialismus nicht von der historischen Notwendigkeit des Zusammenbruchs des Kapitalismus durch ökonomische Krisen und gewaltsame Revolution abhängig sei. Im Gegenteil sah Bernstein in dieser Vorstellung ein Element Hegelscher Dialektik und von Utopie, welches durch die Einsicht zu überwinden sei, daß der Sozialismus nur auf der Grundlage der ökonomischen, politischen und moralischen Errungenschaften der bürgerlichen Gesellschaft in schrittweisen Reformen verwirklicht werden könne. Für ihn waren deshalb liberale Grundrechte mehr als nur Waffen, die Demokratie weit mehr als nur das Schlachtfeld, auf dem der Kampf für den Sozialismus ausgefochten werden mußte. Für ihn gab es „keinen liberalen Gedanken, der nicht auch zum Ideengehalt des Sozialismus gehörte" [19: Die Voraussetzungen des Sozialismus, 186]. Unter „Demokratie" verstand er eine politische Ordnung, in der alle Privilegien abgeschafft, Rechtsgleichheit aller Bürger hergestellt und insofern alle Klassenherrschaft überwunden wäre [19: 176f.]. Um die Verwirklichung eines solchen Staates, nicht um das utopische Endziel einer Gesellschaft ohne Staat, sollte es der Partei in ihrer politischen Arbeit gehen.

E. Bernsteins Revisionismus

    Für Rosa Luxemburg, die im sog. Revisionismusstreit den äußersten Gegenpol zu Bernstein bildet, ist nicht die Anpassung der Theorie an die reformistische Praxis das Gebot der Stunde, sondern eine konsequent revolutionäre Politik, die sich an der Marxschen Theorie orientiert. Damit ist nicht gemeint, daß theoretische Schulung Voraussetzung für revolutionäres Bewußtsein sei. Die Masse der Arbeiter, die sich spontan zum Aufstand entschließt und aus den Erfahrungen des Klassenkampfs lernt, bedarf dazu keiner theoretischen Begründung. Aber für die Partei, die sich an die Spitze einer solchen Bewegung setzt, um sie zu leiten, um ihr unnötige Opfer zu ersparen, um langfristig eine neue Gesellschaftsordnung heraufzuführen, ist theoretische Orientierung wesentlich. Die Partei hat zwar kein fertiges Programm für die Zukunft, aber sie muß wissen, daß sie die Logik der Geschichte auf ihrer Seite hat. Die entscheidende Voraussetzung ist der Zusammenbruch des kapitalistischen Systems. Denn „ohne Zusammenbruch ist die Expropriation der Kapitalistenklasse unmöglich" [11: Ges. Werke I, 1, 436]. Wenn dieser Zusammenbruch nicht naturnotwendig erfolgte, so wäre der Sozialismus nichts weiter als ein schöner Traum oder ein ethisches Postulat. Der

Rosa Luxemburgs Theorie der Revolution

„wissenschaftliche Sozialismus" aber ist imstande, die wachsende Anarchie im Kapitalismus nachzuweisen, „die ihn in eine ausweglose Sackgasse drängt". [11: Ges. Werke I, 1, 376].

Kritik an Bernstein

In ihrer Schrift „Sozialreform oder Revolution?" (1900) ist Luxemburg darum bemüht, die Wahrheit der Marxschen Theorie gegen Bernsteins Kritik zu verteidigen. Sie will zeigen, daß Bernstein wesentliche Elemente der Marxschen Lehre mißverstanden, äußere Erscheinungsformen mit dem Wesen des Kapitalismus verwechselt, kurzfristige Entwicklungen fälschlicherweise für langfristige Tendenzen gehalten hat. Insbesondere wirft sie ihm vor, die dialektische Methode falsch aufzufassen; nicht zu begreifen, daß Sozialreformen keine Überwindung von Klassengegensätzen bedeuten, vielmehr der Erhaltung des Kapitalismus dienen können; den bürgerlichen Parlamentarismus mit der Abschaffung des Klassenstaates zu verwechseln.

Imperialismus-theorie

Obwohl Luxemburg an Marx' ökonomischer Analyse festhält und Bernsteins Hinweise auf den Lebensstandard von Arbeitern bzw. die Festigung des Mittelstandes als nicht beweiskräftig zurückweist, sieht sie sich doch gezwungen, eine neue Erklärung dafür zu finden, daß der Zusammenbruch des Kapitalismus auf sich warten läßt. In ihrem Buch „Die Akkumulation des Kapitals" (1913), in dem sie Gedanken aus Rudolf Hilferdings „Finanzkapital" (1910) aufgreift, stellt sie die Entwicklung der kapitalistischen Länder in den weltweiten Zusammenhang des Imperialismus, d. h. des Kampfes der vom Monopol- und Finanzkapital beherrschten Nationen um die kolonialen Rohstoffe und Absatzmärkte. Daß die Verwertung des Kapitals von der Existenz vorkapitalistischer Regionen abhängt und mit der vollständigen Einbeziehung dieser Gebiete in den kapitalistischen Markt schließlich an ihre Grenzen stößt, ist die Grundthese des Werks. Solange solche Regionen noch vorhanden sind, so folgert sie, kann der Kapitalismus in den Industrieländern expandieren und dadurch ein gewisses Maß an Reformen finanzieren. Von daher erklärt sich die vorübergehend ruhige Entwicklung, die scheinbare Überwindung des Klassenkampfes, die teilweise Verbürgerlichung des Proletariats in Ländern wie England oder Deutschland.

Lenin als Gegner des Reformismus

Auch bei Lenin läßt sich die Weiterentwicklung des marxistischen politischen Denkens als Antwort auf den Reformismus deuten. Seine Schriften verdanken ihre Entstehung in der Regel der Polemik gegen Genossen, die er des Reformismus oder Revisionismus oder kleinbürgerlichen Opportunismus verdächtigt. Lenin hat auch einen speziellen Grund dafür, sich für die Reinheit der Marxschen Lehre in der Partei einzusetzen. Anders als Luxemburg sieht er objektive Gründe für den in der Arbeiterschaft weit verbreiteten Reformismus. Die unmittelbare Erfahrung des einfachen Arbeiters erstreckt sich auf die Mühen des Arbeitslebens, daneben auf die Not und kleinen Freuden des Privatbereichs. Dieser Erfahrung entspricht es, sich gewerkschaftlich zu organisieren, um bessere Arbeitsbedingungen und höhere Löhne zu erhalten. Wie Lenin in seiner Schrift „Was tun?" (1902) ausführt, ist es nicht sinnvoll, auf spontane Erhebungen zu hoffen, weil „die Arbeiterklasse aus eigener Kraft nur ein tradeunionistisches Bewußtsein hervorzubringen vermag" [8: Ausgewählte Werke I, 166]. Ein revolutionäres Bewußtsein kann nur von außen an sie herangetragen werden, durch eine straff organisierte Partei von theoretisch geschulten Berufsrevolutionären, die ihr die weiteren historischen Perspektiven aufzeigt und sie zum Kampf anleitet. *Parteitheorie*

Von daher erklärt sich Lenins Zorn, wenn führende Mitglieder sozialistischer Parteien zum Reformismus tendieren. Was ihn bei solchen Genossen bzw. „Renegaten" (wie dem ehemals verehrten Kautsky) vor allem ergrimmt, ist ihre Unfähigkeit, den Zusammenhang von Klassenkampf, Staat und Revolution zu verstehen und dementsprechend ihre Bereitschaft, an eine Versöhnung der Klassengegensätze in der Demokratie zu glauben. Wegen dieser weit verbreiteten Mißverständnisse sieht er sich noch im Sommer 1917 genötigt, ein Buch zur „Wiederherstellung der wahren Marxschen Lehre vom Staat" zu schreiben [8: Ausgewählte Werke II, 321]. „Staat und Revolution" besteht über weite Passagen aus Marx- und Engels-Zitaten. Dennoch setzt Lenin in diesem Werk wenigstens in dreifacher Hinsicht neue Akzente: *„Staat und Revolution"*

1. Die gewaltsame Machtergreifung: Zwar hatten auch Marx und Engels keine grundsätzlichen moralischen Bedenken gegen die Anwendung von Gewalt, aber ihre Überlegungen darüber, unter welchen Voraussetzungen zumindest in den demokratisch entwickelten Ländern Gewalt vermieden werden könnte, lassen Sensibilität für das Problem der Opfer erkennen. Dagegen heißt es bei Lenin kategorisch: „Die Ablösung des bürgerlichen Staates durch den proletarischen ist ohne gewaltsame Revolution unmöglich". [8: Ausgewählte Werke II, 335]. *Gewalt ist notwendig*

2. Die Diktatur des Proletariats als systematische Entrechtung und Unterdrückung des Klassenfeinds: Wenn Marx am Beispiel der Pariser Kommune seine Vorstellung von der Diktatur des Proletariats beschreibt, so handelt es sich um radikaldemokratische Organisationsformen und um Mehrheitsentscheidungen, die auf Grund des allgemeinen Wahlrechts getroffen werden. Er geht zwar davon aus, daß eine demokratische Mehrheit die Enteignung der Besitzer von Produktionsmitteln beschließen wird, aber nichts läßt darauf schließen, daß Marx den ehemals Privilegierten die Bürgerrechte absprechen will. Lenin dagegen betont, daß die Diktatur des Proletariats zwar in dem Sinne Demokratie ist, als hier das einfache Volk, die Mehrheit der Bevölkerung ihre Interessen durchsetzt, daß es aber dabei insofern höchst undemokratisch zugeht, als „für die Unterdrücker, die Ausbeuter, die Kapitalisten" Freiheitsbeschränkungen eingeführt werden. Er fordert „ihre Ausschließung von der Demokratie". [8: Ausgewählte Werke II 391]. *Keine Bürgerrechte für den Klassenfeind*

3. Sozialismus als Bürokratie: Bei der Diskussion der Frage, wie man sich das allmähliche „Absterben des Staates" bzw. die Organisationsformen einer kommunistischen Gesellschaft vorzustellen habe, unterscheidet Lenin, im Anschluß an Marx, zwei Entwicklungsphasen. In der ersten Phase, die er Sozialismus nennt, herrscht allgemeiner Arbeitszwang und wird nach Leistung entlohnt. In der zweiten Phase, dem eigentlichen Kommunismus, arbeitet jeder freiwillig nach seinen Fähigkeiten und erhält nach seinen Bedürfnissen Güter zugeteilt. Lenins *Organisation der sozialist. Gesellschaft*

Interesse gilt der ersten Phase, insbesondere dem Problem, wie Arbeit und Leistung durch die Arbeiter selbst kontrolliert werden können. Er stellt sich das zu
diesem Zeitpunkt offenbar ziemlich einfach vor: durch ihre Arbeit in großen
Industrien und Verwaltungen seien die Arbeiter so geschult und diszipliniert, daß
sie selbst – ohne von Spezialisten abhängig zu werden – Produktion und Verteilung überwachen können. „Rechnungslegung und Kontrolle – das ist das Wichtigste . . . Alle Bürger verwandeln sich hier in entlohnte Angestellte des Staates . . . Die
gesamte Gesellschaft wird *ein* Büro und *eine* Fabrik mit gleicher Arbeit und
gleichem Lohn sein". [8: Ausgewählte Werke II, 402 f.]. Daß ein solches System,
statt Herrschaft abzubauen, neue Herrschaftsstrukturen aufbauen muß, hat Lenin
erst nach seinen Erfahrungen mit der sowjetischen Planwirtschaft begriffen.

Bedingungen in
Rußland

Die Akzentuierung und Weiterentwicklung der Marxschen Lehre, die Lenin in
„Staat und Revolution" vornimmt, ist auch dadurch erklärbar, daß er die Macht in
einem Land erobern will, das keine demokratischen Traditionen besitzt und in
dem das Proletariat eine kleine Minderheit darstellt. Bedenkt man zudem Lenins
Auffassung von der entscheidenden Rolle der Partei, von der in „Staat und
Revolution" auffallend wenig die Rede ist, so erkennt man schon in seinen
Schriften vor der Revolution die Umrisse der Erziehungsdiktatur einer Handvoll

R. Luxemburgs
Kritik der
jakobinischen
Herrschaft

aufgeklärter Politiker nach jakobinischem Muster – so beschrieb Luxemburg 1918
Lenins und Trotzkis Herrschaft in ihrer Schrift „Zur Russischen Revolution"
[11: Gesammelte Werke IV, 362].

IV. Marxistische Interpretationen des sowjetischen Staates

Die Jahre 1890-1914 waren in den industriell entwickelten Ländern Europas eine
Zeit relativer wirtschaftlicher Prosperität, sozialer Reformen und patriotischer
Gesinnung. Wir haben an einigen Beispielen gezeigt, wie sich die marxistischen
Denker dieser Zeit ständig mit der Versuchung des Reformismus (und – so wäre

Situation nach
dem Ersten
Weltkrieg

zu ergänzen – des Nationalismus) auseinanderzusetzen hatten. Nach dem Ersten
Weltkrieg und in den zwanziger Jahren bestand dagegen eine ganz neue Situation,
die dem Marxismus in vieler Hinsicht Recht zu geben schien. Waren nicht, um mit
Lenin zu sprechen, die „Opportunisten" und „Sozialchauvinisten" durch die
Geschichte ad absurdum geführt worden? Der von Marxisten lange vorausgesagte
„imperialistische Krieg" hatte stattgefunden und eine bürgerliche Gesellschaft
zurückgelassen, die von weltweiten ökonomischen Krisen, politischer Instabilität
und weltanschaulicher Desorientierung erschüttert war. Hinzu kam der Erfolg
der ersten sozialistischen Revolution in Rußland. Wer nicht durch eine andere
Tradition gebunden, wer intellektuell beweglich war, der konnte sich in den
zwanziger Jahren zum Marxismus hingezogen fühlen. Allein von deutschsprachigen Intellektuellen, die damals Marxisten wurden, ließe sich eine lange Liste
erstellen (darunter Franz Borkenau, Arthur Koestler, Richard Löwenthal, Georg
Lukacs, Karl Korsch, Herbert Marcuse, Manes Sperber, Karl August Wittfogel).

Für die theoretische Weiterentwicklung des Marxismus nach dem Ersten Welt- Korsch Lukacs
krieg sind vor allem drei Werke von Bedeutung: Korschs „Marxismus und Philo- Gramsci
sophie" (1923), Lukacs' „Geschichte und Klassenbewußtsein" (1923), sowie
Gramscis „Quaderni del carcere" (geschrieben 1929–35, veröffentlicht 1947).
Gemeinsam ist diesen (ansonsten höchst unterschiedlichen) Essaysammlungen,
daß sie unter dem Eindruck der in Mittel- und Westeuropa gescheiterten, im
rückständigen Rußland zunächst gelungenen Revolution, Ansätze zu einer Rekonstruktion des Marxismus bieten, die von einer Kritik des offiziellen Partei-
Marxismus der II. Internationale ausgehen. Im Gegensatz zu der von Engels,
Kautsky und Labriola geprägten Auffassung des Marxismus als objektiver Wissenschaft von den historischen Gesetzmäßigkeiten – einer Auffassung, die zur
Folge hatte, daß man auf die Revolution wartete, statt sie aktiv herbeizuführen –
betonen sie das Bewußtsein und den Willen des revolutionären Subjekts. Sie
erinnern an die Hegelschen Wurzeln der Marxschen Dialektik, an die dialektische
Einheit von Subjekt und Objekt der Geschichte, von Theorie und Praxis des
Klassenkampfs. Die kritische Gesellschaftstheorie des Marxismus sei keine Wi-
derspiegelung objektiver Verhältnisse, sondern Ausdruck und Mittel des revolutionären Klassenkampfs. Dabei gelte es, gegenüber dem sich ständig verflachen-
den Reformismus der Sozialdemokratie und dem seit Entmachtung der Räte
zunehmend diktatorischen Sowjetsystem (so zumindest die Kritik bei Gramsci
und Korsch), an dem ursprünglichen Ziel einer kommunistischen Gesellschaft
festzuhalten. [zum Vergleich von Gramsci, Lukacs und Korsch s. 71: KOLAKOWS-
KI, Hauptströmungen, Bd. III, 243–352].

Daß die deutschen Sozialdemokraten und die sowjetischen Führer hierzu je- Kautskys Kritik
weils anderer Meinung waren, ist nicht zu verwundern. Für Kautsky befand sich der Sowjetunion
Deutschland nach dem Ersten Weltkrieg auf dem konsequenten Weg zum demokratischen Sozialismus, das bolschewistische Rußland dagegen auf dem Weg „Von
der Demokratie zur Staatssklaverei" (Berlin 1921). Denn in Rußland fehlten die
objektiven Voraussetzungen für den Aufbau des Sozialismus: Kapitalakkumulation und ein entwickeltes Industrieproletariat. Mit einer Bevölkerung von Klein-
bürgern und Bauern, so Kautsky, ließe sich der Sozialismus ebenso wenig verwirklichen wie mit einem Proletariat, dem die Erfahrung des gewerkschaftlichen
und politischen Kampfes abginge. Den einen fehlte der Wille, den anderen die
Fähigkeit zum demokratischen Sozialismus. Wie Kautsky bereits im August 1918
ausgeführt hatte, müßte unter solchen Umständen an die Stelle einer Diktatur des
Proletariats, wie Marx sie verstand – nämlich einer Herrschaft der großen Mehrheit, die ihre Interessen gegenüber einer vormals privilegierten Minderheit mit
demokratischen Mitteln durchsetzt – die Diktatur einiger Parteiführer gegenüber
der Bevölkerung treten [38: KAUTSKY, Die Diktatur des Proletariats].

Aus der Sicht Lenins und Bucharins, des jungen Chefideologen der KPdSU, Lenins und
handelt es sich bei dem neuen sowjetischen Staatstypus um eine Diktatur des Bucharins Inter-
Proletariats im Marxschen Sinne. In Schriften aus den frühen Jahren der Revolu- pretation des
tion (z. B. Lenin: Die nächsten Aufgaben der Sowjetmacht, 1918; Bucharin: Die sowjet. Staates

Sowjetmacht, 1919) unterscheiden sie zwei Hauptaufgaben dieses Staates: eine negative, die Vernichtung der ehemals Privilegierten und eine positive, den Auf-

Aufbau des Sozialismus

bau des Sozialismus. Zum Aufbau des Sozialismus gehört (1) die Entwicklung eines „proletarischen Demokratismus", d. h. die aktive Beteiligung der Werktätigen an der betrieblichen und staatlichen Organisation; (2) die Steigerung der Arbeitsproduktivität durch mehr Disziplin, Fleiß und technische Innovationen. „Sowjets und Elektrifizierung" – unter diese einprägsame Parole stellte Lenin den Aufbau des Sozialismus, in dessen Verlauf der Staat immer mehr seinen Zwangscharakter verlieren sollte. Die Entwicklung gab ihm nur zu einem Teil recht: Nach der Disziplinierung und Entmachtung der Sowjets, nach der Ausschaltung jeder Opposition (auch innerhalb der Partei) und Abschaffung der Meinungsfreiheit,

Elektrifizierung ohne Sowjets

entfiel die proletarische Demokratie und blieb nur die Elektrifizierung. Statt einer Diktatur des Proletariats entwickelte sich die Diktatur der Parteiführer, die mit Hilfe einer stets wachsenden Partei- und Staatsbürokratie die Industrialisierung des Landes vorantrieb. Auch als die Reste des Adels und der Bourgeoisie längst vertrieben oder vernichtet waren, war von einem Absterben des Staates nicht einmal ansatzweise etwas zu erkennen.

Ideologische Probleme der sowjet. Führung

Die Schwierigkeiten der sowjetischen Führung und ihrer Ideologen sind von daher verständlich. Einerseits wollten sie, um die Bevölkerung trotz aller Entbehrungen zu motivieren und die eigene Macht zu legitimieren, am utopischen Gehalt der Marxschen Lehre, insbesondere am Ziel einer klassenlosen Überflußgesellschaft ohne staatlichen Zwangsapparat festhalten – mit der Konsequenz, erklären zu müssen, warum dieses Ziel bis heute nicht in greifbare Nähe rückte. Andererseits mußten sie sich, trotz aller Bekenntnisse zum Marxismus davor hüten, die Methode der Marxschen Kritik auf die Sowjetunion selbst anzuwenden. Denn eine von Marx ausgehende Analyse würde zu einem der Ergebnisse führen, zu dem die marxistischen Kritiker der Sowjetunion gelangten: daß es sich hier entweder um eine undemokratische Form von *Staatssozialismus* oder um eine neue Klassengesellschaft mit einem *staatskapitalistischen* Herrschaftssystem handelte.

Erklärungsversuche für die Fortdauer des sowjet. Staates

An offiziellen Erklärungsversuchen für die ungebrochene Existenz eines mächtigen Staatsapparates hat es seit Stalins Zeiten nicht gefehlt. Von Stalin selbst stammt das „dialektische" Argument, vor dem „Absterben" des Staates müsse noch einmal eine äußerste Konzentration seiner Kräfte erfolgen [12: Werke XII, 323]. Ebenso ein außenpolitisches Argument: die von feindlichen Ländern umgebene Sowjetunion benötige den Staatsapparat zu ihrem Schutz. Schließlich ein rein organisatorisches Argument: zur Planung und Kontrolle der Wirtschaft, zur Organisation von Erziehung und Kultur sei eine staatliche Bürokratie erforderlich. Dabei erscheint der Staat nicht mehr als Funktion der Gesellschaft, sondern als relativ selbständige, auf die Gesellschaft einwirkende Instanz [54: Rechenschaftsbericht, 53–63].

Parteiprogramm von 1961

Mit Händen zu greifen sind die ideologischen Schwierigkeiten im Parteiprogramm von 1961. Einerseits wird, um die Existenz des sowjetischen Staates auf

Dauer zu rechtfertigen, der Lassalle'sche Begriff des „Volksstaates" eingeführt, den Marx stets als unsinnig bezeichnet hat. Andererseits wird für das Jahr 1980 das Ende der „zweiten Etappe des Ausbaus des Kommunismus" und damit der Anfang der Marxschen Utopie vorausgesagt. Trotz dieser Widersprüche bot das Programm von 1961 sowjetischen Staatsrechtslehrern und Philosophen die Möglichkeit, zwischen rein organisatorischen, vom Klassencharakter der Gesellschaft weitgehend unabhängigen Funktionen jedes Staates und Zwangsfunktionen, die mit dem Klassencharakter variieren, zu unterscheiden. Seit dieser Zeit konnte man z. B. in den Arbeiten von S.L. Fuks, L.S. Mamut und V.O. Tenenbaum eine beachtliche Differenzierung der sowjetischen Staatstheorie beobachten, die auch zur genaueren Beurteilung westlicher Staaten geführt hat. Dabei war vom „Absterben des Staates" kaum mehr die Rede [vgl. dazu 76: SCHROEDER, Wandlungen der sowjetischen Staatstheorie].

> Kein „Absterben des Staates"

Die Möglichkeit, die Methoden der Marxschen Kritik auf die Sowjetunion selbst anzuwenden, blieb bis vor kurzem den Marxisten vorbehalten, die sich außerhalb des kommunistischen Machtbereichs aufhielten. Aus ihrer Sicht stand die Frage im Mittelpunkt, ob und in welchem Sinne die sowjetische Gesellschaft als Klassengesellschaft bzw. als sozialistische Gesellschaft bezeichnet werden kann. Ohne Zweifel gibt es dort eine herrschende Klasse, die allein über die Produktionsmittel verfügt und diese zum Zweck der Kapitalakkumulation einsetzt, die deshalb auch über politische Macht und gesellschaftliche Privilegien verfügt, während auf der anderen Seite die Mehrheit der Bevölkerung als einfache Lohnarbeiter mehr oder weniger ausgebeutet wird. Wenn man bedenkt, daß es sich bei dieser Klasse um die Partei- und Staatsbürokratie handelt, kann es als sinnvoll erscheinen, das sowjetische System als Staatskapitalismus zu interpretieren [z. B. 41: KORSCH, 43: MARCUSE, 47: PANNEKOEK]. Wenn man dagegen jede Gesellschaft, in der es keinen Privatbesitz an Produktionsmitteln gibt, als sozialistisch bezeichnet, so muß man die Sowjetunion als sozialistische Gesellschaft gelten lassen, was freilich nicht ausschließt, sie als Staatssozialismus, den Stalinismus als bürokratisch-autoritäre Entartung des Staatssozialismus zu deuten [z. B. 57: TROTZKI im Exil und seine Anhänger, aber auch Eurokommunisten wie 26: ELLENSTEIN]. Andere Marxisten, die zur Charakterisierung der Sowjetunion sowohl den Begriff Sozialismus, wie den des Kapitalismus ablehnen, sprechen von „Etatismus" [z. B. 55: STOJANOVIC, 58: VRANICKI], oder Absolutismus [25: CARILLO].

> Staatskapitalismus

> Staatssozialismus

In der Sowjetunion gehörte die Staatstheorie bisher zu jenem politisch relevanten Teil des „ideologischen Kernglaubens" [61: BOCHENSKI, 48], der zunächst in Partei und Staatsdokumenten festgelegt wurde, um dann in offiziellen Lehrbüchern und in der Fachliteratur weiter erläutert zu werden. Im Zeichen von Glasnost' hat neuerdings eine Emanzipation der Sozialwissenschaften stattgefunden, die eine realistische Klassen- und Machtanalyse vornehmen und dabei nicht vor einer kritischen Untersuchung der Bürokratie zurückschrecken. Hier ist die sowjetische Ökonomin und Soziologin Tatjana Saslawskaja zu nennen, die bereits

> Interne Kritik des sowjetischen Staates

in ihrem „Novosibirsker Manifest" (1983) die These vertrat, daß die Produktions-
und Machtverhältnisse in der Sowjetunion für die Stagnation der Produktivkräfte
verantwortlich seien; und die in ihrem neuesten Werk sechs Formen der Ausbeutung in der sowjetischen Gesellschaft unterscheidet: des Landes durch die Stadt,
der kleinen und mittleren Städte durch die Metropolen, der Peripherie durch das
Zentrum, der kreativen durch die unqualifizierte Arbeit, der Konsumenten durch
die Handelsbürokratie, schließlich der Mehrheit durch die Nomenklatura. Mit
ihrer Analyse der politischen Klasse, deren „uneingeschränkte Vollmacht über das
nationale Eigentum" sie betont, kommt sie der Theorie des Staatskapitalismus
sehr nahe. In ihrer Interpretation der Perestroika als Revolution wird deutlich,
daß es dabei nicht nur um größere Effizienz, sondern um die Überwindung eines
Privilegiensystems, also um Klassenkampf geht [53: T. SASLAWSKAJA, Die Gorbat-
schow-Strategie].

V. MARXISTISCHE FASCHISMUSTHEORIEN

Die Zeit
zwischen den
Weltkriegen

Wenn auch die Zeit zwischen den Weltkriegen, als eine Epoche der Krisen der
bürgerlichen Gesellschaft, dem Marxismus Auftrieb gab, so konfrontierte sie ihn
zugleich, als eine Epoche der Krisen der Arbeiterbewegung, mit einer Reihe von
Problemen. Die Einheit der sozialistischen Arbeiterbewegung zerbrach endgültig.
Aus den großen, mehrheitlich reformistisch gesinnten Arbeiterparteien spalteten
sich die Kommunistischen Parteien ab, die sich im Rahmen der Komintern unter
die Führung der KPR (B) bzw. (seit 1925) KPdSU stellten. In mehreren Ländern
Europas entstanden starke faschistische Bewegungen, die in Italien und Deutschland, später auch in Spanien an die Macht kamen. Um welche Gesellschaftsordnung und welchen Staatstypus handelte es sich bei den faschistischen Regimen?
Warum besaßen sie eine Massenbasis fanatischer Anhänger? Warum war offenbar
auch ein Teil der Arbeiterschaft bereit, sich unter die Fahnen ihrer Feinde zu
stellen? Unter den marxistischen Erklärungsversuchen des Faschismus – unter
diesen Begriff wird von marxistischer Seite immer auch der Nationalsozialismus
subsumiert – unterscheidet man gewöhnlich erstens die Theorie des Faschismus
als Diktatur des Monopolkapitals (von ihren Kritikern als Agententheorie bezeichnet), zweitens die Bonapartismustheorie, drittens eine Reihe von sozialpsy-
chologischen Ansätzen. Viertens verdient die Totalitarismustheorie hier insoweit
Beachtung, als sie von ehemaligen Marxisten entwickelt wurde, ja den Punkt ihrer
Abkehr vom Marxismus markiert.

Diktatur des
Monopol- oder
Finanzkapitals

1. Faschismus als Diktatur des Monopolkapitals: Nach dieser Theorie, die bis
heute den Status einer offiziellen marxistisch-leninistischen Deutung besitzt, ist
der Faschismus „die offene terroristische Diktatur der am meisten reaktionären,
chauvinistischen und imperialistischen Elemente des Finanzkapitals" (wie es in
einer Erklärung des Exekutivkomitees der Komintern von 1933 heißt). Dieser
Erklärungsversuch bewegt sich also im Rahmen der Leninschen Imperialismus-

theorie, nach der in den fortgeschrittenen kapitalistischen Ländern die Finanzbourgeoisie an den Hebeln der Macht sitzt. Diese habe angesichts der „Krise des
Kapitalismus" und der „Revolutionierung der werktätigen Massen" ihre Rettung
im Faschismus gesucht. Das bedeutet hier aber nicht, daß sie ihre Macht aufgegeben haben, um ihre Profite zu retten. Vielmehr wird vorausgesetzt, daß es sich bei
den faschistischen Führern und ihrem Herrschaftsapparat um Handlanger eines
Teils der Finanzbourgeoisie oder des „Monopolkapitals" handle [Vgl. 72: KÜHNL,
Texte zur Faschismusdiskussion, Bd. 2, 213–240].

    2. Bonapartismustheorie: Nach dieser – vor allem von A. Thalheimer, in An-
sätzen auch von A. Gramsci (unter dem Stichwort „Cäsarismus") und O. Bauer
entwickelten – Theorie ergab sich aus dem Machtgleichgewicht zwischen Bourgeoisie und Proletariat die Voraussetzung für eine „Verselbständigung der Exeku- Verselbständi-
tive". Ähnlich wie bei Marx die Herrschaft Napoleons III. wird hier die Herr- gung der
Exekutive
schaft Mussolinis und Hitlers aus der Pattsituation im Klassenkampf, sowie aus
der demagogischen Manipulation deklassierter Elemente verschiedener Herkunft
erklärt. Im Gegensatz zur Monopolkapital- oder Agententheorie wird durchaus
berücksichtigt, daß sich die Spitzen der Bourgeoisie, um ihre Geschäfte in Ruhe
fortsetzen zu können, in eine Position relativer Machtlosigkeit begeben haben.
Warum faschistische Bewegungen auch in halb feudalen Agrarländern wie Spanien, oder Jugoslawien und Rumänien, zumindest vorübergehend zur Macht
kommen konnten, kann diese Theorie freilich ebenso wenig erklären wie die
Agententheorie.

    3. Sozialpsychologische Ansätze: Hier geht es um die Frage, warum der Fa-
schismus eine Massenbasis hatte. Während im Rahmen der Agententheorie der
Verrat der Sozialdemokratie dafür verantwortlich gemacht wird, daß ein Teil der
Arbeiter in ihrem reformistischen Bewußtsein verharrten, haben Marxisten wie
W. Reich, ebenso wie Vertreter der kritischen Theorie (Adorno, Fromm, Horkheimer) das Problem der speziellen Anfälligkeit des Mittelstandes für den Faschismus untersucht. Aus der sozialen Stellung einer vom Abstieg bedrohten, aber
gesellschaftlich nach oben orientierten Mittelschicht wird die psychische Struktur Die psychische
Struktur des vom
des durchschnittlichen Kleinbürgers theoretisch und empirisch ermittelt: Wan- Abstieg bedroh-
kelmütigkeit, sexuelle Verklemmtheit, soziale Schizophrenie (im Büro der Unter- ten Kleinbürgers
tan – zu Hause der Boss), Sympathien für autoritären Führungsstil (v. a. wenn mit
Aufstiegschancen verbunden), werden dem Charakter des typischen Kleinbürgers
zugeschrieben.

    4. Totalitarismustheorie: Zuweilen kann man lesen, die Totalitarismustheorie
sei zur Zeit des Kalten Krieges von Konservativen entwickelt worden, die durch
den Vergleich mit dem Faschismus das Sowjetsystem diskreditieren wollten. In
Wirklichkeit hat zur Entwicklung der Totalitarismustheorie eine Reihe linker
Schriftsteller das Wesentliche beigetragen, die sich in dem Moment vom revolutio- Strukturelle
nären Sozialismus lossagten, als ihnen die strukturelle Ähnlichkeit zwischen Ähnlichkeit fa-
schistischer und
faschistischen und kommunistischen Diktaturen klar wurde. F. Borkenau, R. kommunisti-
Hilferding, A. Koestler und G. Orwell gehören zu dieser Gruppe. Der Zeitpunkt, scher Diktaturen

an dem sie ihre Einsicht gewannen, läßt sich genau bestimmen. Es sind die Jahre 1936/37 und darin die Erfahrungen mit den Stalinschen Schauprozessen und mit dem spanischen Bürgerkrieg (über den drei von ihnen Bücher schrieben). Der Hitler-Stalin-Pakt galt ihnen als Bestätigung für ihre Einschätzung des Totalitarismus. Borkenaus „The Totalitarian Enemy" (1940), Hilferdings „State Capitalism or Totalitarian State Economy" (1940), vor allem aber die Romane – Koestlers „Darkness at Noon" (1940), sowie Orwells „Animal Farm" (1945) und „1984" (1949) – haben das Bild totalitärer Diktaturen bis heute geprägt.

VI. Neuere marxistische Theorien des bürgerlichen Staates

Nach dem Zweiten Weltkrieg

Mit dem Ende des Zweiten Weltkrieges schien für viele Marxisten die Epoche des weltweiten Sozialismus endgültig anzubrechen. Als sich aber in den vom Faschismus befreiten Staaten, sofern sie nicht in den Machtbereich der Sowjetunion gefallen waren, von neuem der Kapitalismus und bürgerliche Republiken etablierten; als diese Länder in eine neue, gegen die Sowjetunion gerichtete, Allianz der westlichen Industrieländer integriert wurden; da war zu erklären, warum der Kapitalismus wieder einmal seinem naturnotwendigen Untergang entkommen war. Denn aus orthodox marxistischer Perspektive erschien die Entwicklung in Westeuropa nach 1945 nicht als die Wiedergewinnung von freiheitlichen Institutionen, sondern als die Fortsetzung der Versuche, den Kapitalismus trotz seiner inneren Krisen und äußeren Gegner zu retten. Aus dieser Sicht bilden die politischen Systeme, die etwa in Deutschland seit 1871 aufeinander folgen, nichts weiter als Formen bürgerlicher Herrschaft, die dem Wandel der ökonomischen Verhältnisse – vom Konkurrenzkapitalismus über den Monopolkapitalismus zum Staatsmonopolistischen Kapitalismus – entsprachen.

Kontinuität der Entwicklung aus marxist. Sicht

Stamokap

Die in den 1960er Jahren in der Sowjetunion, in der DDR und in Frankreich entwickelte Theorie des Staatsmonopolistischen Kapitalismus (Stamokap) geht davon aus, daß die Monopol- oder Finanzbourgeoisie, als Antwort auf ökonomische und soziale Krisen, den Staatsapparat immer unmittelbarer zur Organisation und Kontrolle des Wirtschaftslebens einsetzt. Eine kleine Gruppe von Konzernherren und Bankiers lenkt die Wirtschafts- und Finanzpolitik des Staates, um den marktbeherrschenden Unternehmen – auch gegen alle ökonomische Vernunft – ihre Profite zu sichern. Um soziale Konflikte nicht offen ausbrechen zu lassen, wird ein Teil des Mehrwerts in strukturpolitische und sozialstaatliche Maßnahmen investiert. Aber auf Dauer müssen sich die ökonomischen Krisen des Kapitalismus auch hier durchsetzen. Bei der dann einsetzenden letzten Schlacht gegen die bürgerliche Gesellschaft wird nicht nur das Proletariat, sondern ein breites „antimonopolistisches Bündnis" auf Seiten der sozialistischen Kräfte stehen [36: Der Imperialismus der BRD; 49: Politische Ökonomie des heutigen Monopolkapitalismus; 21: P.Boccara: Der staatsmonopolistische Kapitalismus].

Diskussion um die Stamokap-Theorie

Die Stamokap-Theorie hat in den 70er Jahren vor allem in Deutschland und

Frankreich zu einer lebhaften Diskussion geführt. In der Bundesrepublik kam es einerseits zu einer Theoriedebatte, bei der, im Rückgriff auf die Marxsche Kritik der politischen Ökonomie, Strukturen und Funktionen des bürgerlichen Staates aus dem allgemeinen Kapitalverhältnis abgeleitet werden sollten; andererseits zu einer Strategiedebatte, in der die Jungsozialisten um eine revolutionäre Alternative zum Godesberger Programm rangen. Bei einem Großteil der auf höchstem Abstraktionsgrad sich bewegenden sog. „Ableitungsliteratur" ging es darum, Marxsche Einsichten gegen die Stamokap-Theorie geltend zu machen. Man wandte sich gegen die instrumentalistische Auffassung des Staates als eines von der herrschenden Klasse beliebig einsetzbaren Gewaltapparates, insbesondere gegen die von Lenin stammende Überzeugung, daß der Konzentration des Kapitals auch die Konzentration der Machtmittel in wenigen Händen entsprechen müsse. Statt dessen war man bemüht zu zeigen, wie der Struktur des Kapitalverhältnisses, das auf der „Zirkulationssphäre" als „Äquivalententausch" zwischen freien und gleichen Vertragspartnern erscheint, die politische Struktur des demokratischen Rechtsstaats entspricht. Ebenso ließ sich erklären, warum der Staat als wirklicher „Gesamtkapitalist", der nicht nur die Interessen kleiner Gruppen, sondern die Erhaltung des ganzen Systems garantieren soll, auch die Aufgabe partieller Umverteilung übernehmen muß und dadurch die Illusion eines Sozialstaats erweckt [22: C. VON BRAUNMÜHL u. a., Probleme einer materialistischen Staatstheorie; 29: S. VON FLATOW/F. HUISKEN, Zum Problem der Ableitung des bürgerlichen Staates; 34: J. HIRSCH, Staatsapparat und Reproduktion des Kapitals; 46: W. MÜLLER/ CHR. NEUSÜSS, Die Sozialstaatsillusion].

> Bundesrepublik Deutschland

In Frankreich verlief die Diskussion anders, weil sie im Umfeld einer Partei geführt wurde, die traditionell enge Beziehungen zur KPdSU unterhalten hatte, aber unter dem Eindruck der Stalinismuskritik ihre Wähler zu verlieren drohte. Nicht Marx-Exegese, sondern die Erhaltung der Glaubwürdigkeit im Mutterland der europäischen Demokratie war das Problem. Zwar hielt die KPF offiziell an der Stamokap-Theorie fest, aber sie duldete es, wenn ihre Intellektuellen diese Theorie mit bürgerlich-demokratischen Akzenten versahen: zwar diene der Staat den Interessen der Monopolbourgeoisie, aber angesichts einer Vielfalt von sozialen Kräften, die auf ihn einwirken, doch nicht diesen allein; obwohl der bürgerliche Staat den Kapitalismus schütze, nehme er zugleich Funktionen wahr, die der Gesamtgesellschaft zugute kommen; und er tue dies im demokratischen Rechtsstaat auf eine Weise, die auch von Kommunisten nicht nur als Mittel zum Zweck der Revolution, sondern als bleibender Wert geachtet werden sollten. Deshalb müsse das anti-monopolistische Bündnis als demokratische Mehrheit verstanden werden, die mit legalen Mitteln nach der Macht strebe und nach dem Machtwechsel die Transformation der Gesellschaft auf dem Wege demokratischer Selbstverwaltung in Staat und Betrieben unter Beibehaltung bürgerlicher Freiheiten betreibe [28: J. FABRE/F. HINCKER/L. SEVE, Les communistes et l'Etat; 27: J. ELLENSTEIN, Une certaine idée du communisme; 50: N. POULANTZAS, L'etat, le pouvoir, le socialisme].

> Frankreich

> Für und wider den bürgerlichen Staat

Die gegen Stamokap gerichteten marxistischen Theorien versuchen den heutigen bürgerlichen Staaten auch dadurch gerecht zu werden, daß sie sie nicht als reine Gewaltregime interpretieren. Vor allem die französischen, italienischen und spanischen Marxisten greifen dabei auf Antonio Gramscis Hegemoniebegriff zurück, um den Grundkonsens und die Massenbasis westlicher Demokratien zu erklären. Gramsci hatte bereits in den 20er und 30er Jahren in seinen „Kerkerheften" darauf hingewiesen, daß es zum Verständnis der Stabilität bürgerlicher Staaten notwendig sei, neben ihren ökonomisch-politischen Funktionen auch ihre ideologische Führungsrolle ins Auge zu fassen. Er nahm den Marxschen Gedanken ernst, daß die herrschenden Ideen einer Gesellschaft die Ideen ihrer herrschenden Klasse seien. Er wies auf die Rolle hin, die den Schulen, den Kirchen, den Medien und der bürgerlichen Kultur insgesamt bei der Verankerung der Grundwerte über alle Klassengrenzen hinweg zukam. Und er zog daraus die praktische Konsequenz, daß der Revolution ein Kampf mit geistigen Waffen, ein Kampf der Intellektuellen um das öffentliche Bewußtsein, um die geistige Hegemonie vorausgehen müßte [31: GRAMSCI, Philosophie der Praxis, 20–23, 252, 279–281].

Die Bedeutung von Gramscis Hegemoniebegriff

Während der französische Marxist Louis Althusser die Gedanken Gramscis nur insofern aufgreift, als er von „ideologischen Staatsapparaten" in Händen der herrschenden Klasse spricht, ohne zwischen der ideologischen Gleichschaltung faschistischer Regime und der politischen Kultur westlicher Demokratien einen wesentlichen Unterschied zu sehen [17: ALTHUSSER, Ideologie, 108–168], wird bei Autoren, die dem sog. „Eurokommunismus" nahestehen, sehr wohl der Zusammenhang von Konsens und Freiheit in den bürgerlichen Staaten gesehen. Für sie sind daher, sofern man ihren Worten glauben darf, geistige Freiheit und politischer Pluralismus nicht nur Mittel zur Kritik des bürgerlichen Staates, sondern bleibende Werte, an denen auch der Sozialismus festhalten sollte [64: C. BUCI-GLUCKSMANN, Gramsci et l'Etat; 25: S. CARILLO, „Eurokommunismus" und Staat; 68: L. GRUPPI, Gramsci].

L. Althusser

Eurokommunismus

Bei Autoren, die sowohl an einem „demokratischen Weg zum Sozialismus", als auch an Parteienpluralismus und Rechtsstaat im Sozialismus festhalten wollen, stellt sich allerdings die Frage, ob sie noch zur marxistischen Tradition im engeren Sinne gehören. Die Antwort auf diese Frage hängt teilweise von der Marx-Interpretation ab, die man zugrunde legt. Wer davon ausgeht, es sei ihm um die Verwirklichung des Programms von 1789 gegangen, der kann eine Linie von Marx zur modernen Sozialdemokratie ziehen. Wer dagegen Marxs eigene Auskunft ernstnimmt, sein Ziel sei nicht die politische, sondern die menschliche Emanzipation gewesen, wird ihn nicht auf diese Weise domestizieren wollen. Insofern stehen politische Utopisten wie Ernst Bloch und Herbert Marcuse mit ihrer radikalen Kritik des bürgerlichen Staates [20: BLOCH, Naturrecht, Kap. 20; 44: MARCUSE, Der eindimensionale Mensch] Marx gewiß näher als Realisten wie der späte Kautsky oder manche Vordenker des Eurokommunismus (wie Galvano Della Volpe). Gerade Marcuse relativiert den Wert bürgerlicher Grundfreiheiten mit aller nur wünschbaren Deutlichkeit. Wenn Toleranz nicht mehr der Kritik

Demokratischer Sozialismus und Marxismus

Bloch und Marcuse

und letztlich der Revolution dient, sondern der Verfestigung bestehender Verhältnisse, so gilt sie als Unwert, als in Wahrheit repressiv. Ähnlich steht es mit der Volkssouveränität, die nichts mehr gilt, sobald die Volksmassen konservativ sind [45: MARCUSE, Repressive Toleranz, 96; 44: Der eindimensionale Mensch, 263–267].

Bis zuletzt also bewegt sich die Geschichte des marxistischen Denkens zwischen den Polen des Reformismus und der Utopie. Der Reformist setzt bei seiner Kritik der bürgerlichen Gesellschaft den Maßstab tiefer an als Marx und gibt sich auch in der Praxis mit weniger zufrieden als der „wahrhaft menschlichen Emanzipation". Für den Utopisten dagegen sind alle Katzen grau. Ihm gelten alle politischen Systeme des 20. Jahrhunderts, in denen Klassengegensätze, Herrschaft des Kapitals und die Entfremdung der Individuen nicht überwunden sind, als gleichermaßen verwerflich (für Marcuse ist die amerikanische Demokratie ebenso totalitär wie die stalinistische Sowjetunion). Reformismus
und Utopie

Wenn man heute (Juni 1989) auf die Geschichte des marxistischen politischen Denkens zurückblickt, so ist es schwer, zwischen Wirkungsgeschichte und Stand der Forschung zu unterscheiden. Vieles von dem, was über Marx und spätere Marxisten geschrieben wird, sind Versuche, die Grundeinsichten von Marx lebendig zu erhalten und weiterzuentwickeln, oder durch Kritik zum Schweigen zu bringen – gehört also in die politische Geschichte des Marxismus und seiner Gegner. Doch daneben besteht eine inzwischen unübersehbare Menge von Literatur, die mehr oder weniger *sine ira et studio* alle möglichen Teilprobleme der marxistischen Theorie behandelt. Für eine Theorie, die sich als Anleitung zum revolutionären Handeln versteht, ist das freundliche Interesse, das in solchen akademischen Pflichtübungen vielfach zum Ausdruck kommt, ein ebenso großes Zeichen der Schwäche, wie die Langeweile, die sie überall dort verbreitet, wo sie von Amts wegen gelehrt wird. Wirkungsgeschichte und
Stand der
Forschung

Auswahlbibliographie

A. MARXISTISCHE POLITISCHE DENKER

Gesammelte Werke
1. K. MARX/F. ENGELS, Historisch-kritische Gesamtausgabe (MEGA), Frankfurt 1927–35, Nachdruck Glashütten 1970.
2. DIES., Werke (MEW), 41 Bde., Berlin (Ost) 1956–68.
3. DIES., Gesamtausgabe (Neue MEGA), Berlin (Ost) 1975 ff.
4. A. GRAMSCI, Opere, 10 Bde., Torino 1947 ff.

5. K. KORSCH, Gesamtausgabe, bis 1989 2 Bde., Frankfurt 1980 ff.
6. V. I. LENIN, Werke (russisch), 55 Bde., 5. Aufl., Moskau 1959–65; dt. Übers.: Werke, 44 Bde., Berlin (Ost) 1961 ff.
7. DERS., Ausgewählte Werke, 12 Bde., Wien 1928.
8. DERS., Ausgewählte Werke, 2 Bde., Moskau 1946.
9. G. LUKACS, Werke, 17 Bde., Neuwied 1964–73.
10. R. LUXEMBURG, Politische Schriften, 3 Bde., Köln 1975.
11. DIES., Gesammelte Werke, 5 Bde., Berlin (Ost) 1982.
12. I. V. STALIN, Werke (russisch), 13 Bde., Moskau 1949–52; dt. Übers.: Werke, 13 Bde., Berlin (Ost) 1950–55.
13. L. D. TROTZKI, Werke (russisch), 21 Bde., Moskau 1925–27.

Einzelne Werke

14. M. ADLER, Die Staatsauffassung des Marxismus, Wien 1922, Neuaufl. Darmstadt 1964.
15. TH. W. ADORNO u. a., The Authoritarian Personality, New York 1950; dt. Übers.: Der autoritäre Charakter, Amsterdam 1968.
16. L. ALTHUSSER, Pour Marx, Paris 1965; dt. Übers.: Für Marx, Frankfurt 1968.
17. DERS., Ideologie und ideologische Staatsapparate, Aufsätze zur marxistischen Theorie, Hamburg 1977.
18. O. BAUER u. a., Faschismus und Kapitalismus. Theorien über die sozialen Ursprünge und die Funktionen des Faschismus. Frankfurt 1967.
19. E. BERNSTEIN, Die Voraussetzungen des Sozialismus und die Aufgaben der Sozialdemokratie, Stuttgart 1899, Neuaufl. Bonn 1973.
20. E. BLOCH, Naturrecht und menschliche Würde, Frankfurt 1961.
21. P. BOCCARA, Traité marxiste d'économie politique: le capitalisme monopoliste d'Etat, 2 Bde., Paris 1971; dt. Übers.: Der staatsmonopolistische Kapitalismus, Frankfurt 1973.
22. C. v. BRAUNMÜHL u. a., Probleme einer materialistischen Staatstheorie, Frankfurt 1973.
23. N. BUCHARIN, Theorie des historischen Materialismus, Hamburg 1922.
24. DERS. u. E. PREOBRAZHENSKI, Das ABC des Kommunismus, Hamburg 1921.
25. S. CARILLO, ‚Eurocomunismo' y Estado, Madrid 1977; dt. Übers.: ‚Eurokommunismus' und Staat, Hamburg 1977.
26. J. ELLENSTEIN, L'histoire du phénomène stalinien, Paris 1975; dt. Übers.: Geschichte des ‚Stalinismus', Hamburg 1977.
27. DERS., Une certaine idée du communisme, Paris 1979.
28. J. FABRE u. a., Les communistes et l'Etat, Paris 1977.
29. S. v. FLATOW/F. HUISKEN, ‚Zum Problem der Ableitung des bürgerlichen Staates'. In: Projekt Klassenanalyse, 7, 1973.
30. E. FROMM, Die Furcht vor der Freiheit, Zürich 1945; Neuaufl. Frankfurt 1966.

31. A. Gramsci, Philosophie der Praxis. Eine Auswahl. Frankfurt 1967.
32. R. Hilferding, Das Finanzkapital, Wien 1910; Neuaufl.: Frankfurt 1968.
33. Ders., State Capitalism or Totalitarian State Economy, London 1940.
34. J. Hirsch, Staatsapparat und Reproduktion des Kapitals, Frankfurt 1974.
35. M. Horkheimer (Hrsg.), Autorität und Familie, Paris 1936.
36. Der Imperialismus der BRD. Arbeit eines Autorenkollektivs des Instituts für Gesellschaftswissenschaften beim ZK der SED, Frankfurt/M. 1972.
37. K. Kautsky, Bernstein und das sozialdemokratische Programm, Stuttgart 1899.
38. Ders., Die Diktatur des Proletariats, Wien 1918.
39. Ders., Von der Demokratie zur Staatssklaverei, Berlin 1921.
40. K. Korsch, Marxismus und Philosophie (1923), Neuaufl. Frankfurt 1966.
41. Ders., Politische Texte, Frankfurt 1974.
42. G. Lukacs, Geschichte und Klassenbewußtsein, Berlin 1923, Neuaufl. Amsterdam 1967.
43. H. Marcuse, Soviet Marxism, New York 1958; dt. Übers.: Die Gesellschaftslehre des sowjetischen Marxismus, Darmstadt 1964.
44. Ders., One-Dimensional Man, Boston 1964; dt. Übers.: Der eindimensionale Mensch, Neuwied 1964.
45. Ders./R. P. Wolff/B. Moore, A Critique of Pure Tolerance, Boston 1967; dt. Übers.: Kritik der reinen Toleranz, Frankfurt 1966.
46. W. Müller/C. Neusüss, ,Die Sozialstaatsillusion und der Widerspruch von Lohnarbeit und Kapital'. In: Sozialistische Politik 6/7, 1970.
47. A. Pannekoek, Lenin als Philosoph, Frankfurt 1969.
48. E. B. Paschukanis, Allgemeine Rechtslehre und Marxismus (1924), Wien 1929.
49. Politische Ökonomie des heutigen Monopolkapitalismus, Übers. aus dem Russischen, Berlin (Ost) 1972.
50. N. Poulantzas, L'Etat, le pouvoir, le socialisme, Paris 1977; dt. Übers.: Staatstheorie: Politischer Überbau, Ideologie, Sozialistische Demokratie. Hamburg 1978.
51. Ders./R. Miliband, Kontroverse über den kapitalistischen Staat, Berlin 1976.
52. W. Reich, Massenpsychologie des Faschismus, Kopenhagen 1933.
53. T. Saslawskaja, Die Gorbatschow-Strategie, Wien 1989.
54. I. V. Stalin, Rechenschaftsbericht an den XVIII. Parteitag (1939), Berlin (Ost) 1952.
55. S. Stojanović, Kritik und Zukunft des Sozialismus, München 1970.
56. A. Thalheimer, ,Über den Faschismus' (1930), in: W. Abendroth (Hrsg.), Faschismus und Kapitalismus, Frankfurt 1967.
57. L. D. Trotzki, Die verratene Revolution, 2 Bde., Antwerpen 1936 u. 1937.
58. P. Vranicki, Marxismus und Sozialismus, Frankfurt 1983.

B. Literatur

59. P. Anderson, Considerations on Western Marxism, London 1976; dt. Übers.: Über den westlichen Marxismus, Frankfurt 1978.
60. T. Ball/J. Farr, After Marx, Cambridge 1984.
61. J. M. Bochenski, Marxismus-Leninismus, Wissenschaft oder Glaube, München 1974.
62. F. Borkenau, The Totalitarian Enemy, London 1940.
63. Ders., Der europäische Kommunismus, Bern 1952.
64. C. Buci-Glucksmann, Gramsci et l'Etat, Paris 1975.
65. J. Esser, Einführung in die materialistische Staatsanalyse, Frankfurt 1975.
66. I. Fetscher, Karl Marx und der Marxismus. Von der Philosophie des Proletariats zur proletarischen Weltanschauung, München 1967.
67. Ders., Der Marxismus. Seine Geschichte in Dokumenten. 3 Bde., München 1976.
68. L. Gruppi, Il concetto di egemonia in Gramsci, Rom 1972.
69. B. Guggenberger; Wem nützt der Staat? Kritik der neomarxistischen Staatslehre, Stuttgart 1974.
70. B. Jessop, The Capitalist State, Oxford 1982.
71. L. Kolakowski, Die Hauptströmungen des Marxismus, 3 Bde., München 1977, Neuaufl. 1981.
72. R. Kühnl, Texte zur Faschismusdiskussion, 2 Bde., Reinbek 1974 u. 1979.
73. G. Lichtheim, Marxism, An Historical and Critical Study, London 1961.
74. D. Mclellan, Marxism after Marx, London 1979.
75. K. Priester; Studien zur Staatstheorie des italienischen Marxismus. Gramsci und Della Volpe, Frankfurt 1981.
76. F. C. Schroeder, Wandlungen der sowjetischen Staatstheorie, München 1979.
77. P. Vranicki, Geschichte des Marxismus, 2 Bde., Frankfurt 1972, Neuaufl. 1983.

Biographische Skizzen

Angesichts der Vielzahl marxistischer Denker, die bisher erwähnt wurden, war hier eine Auswahl zu treffen. Die Wahl fiel auf solche, die einerseits nicht allzu bekannt sind (wie z. B. Lenin und Trotzki), die andererseits für die Entwicklung des marxistischen Denkens von Bedeutung waren. Vgl. auch im Anschluß an den Artikel „Kritische Theorie" die biographischen Angaben über Adorno, Horkheimer und Marcuse.

OTTO BAUER (1881–1938)

Geb. 5. 9. 1881 in Wien. Stößt früh zur sozialistischen Bewegung und ist schon in jungen Jahren einer der führenden Politiker und Publizisten der österreichischen Sozialdemokratie. Sekretär der Parlamentsfraktion der SPÖ (1904). Wichtigstes Werk: „Die Nationalitätenfrage und die Sozialdemokratie" (1907). Österr. Außenminister (1918), unterzeichnet geheimes Anschlußprotokoll mit Deutschland, nach Verbot durch die Alliierten tritt er zurück (1919). Ähnlich wie sein Parteifreund *Max Adler* (1873-1937) äußert er scharfe Kritik an der Oktoberrevolution der Bolschewiki: „Bolschewismus oder Sozialdemokratie?" (1920). „Das Weltbild des Kapitalismus" (1924). Mitglied des österr. Nationalrats (1929–34), danach im Exil, zunächst in der Tschechoslowakei (1934–38), dann in Paris, wo er am 4. 7. 1938 stirbt.

EDUARD BERNSTEIN (1850–1932)

Geb. 6. 1. 1850 in Berlin als Sohn einer jüdischen Arbeiterfamilie. Von Beruf Bankangestellter (1869–78), später Parteijournalist und Politiker. Mitglied der SDAP (Eisenacher) seit 1872, Delegierter auf dem Vereinigungsparteitag in Gotha (1875). Unter dem Eindruck von Engels' „Anti-Dühring" (1878) wird er Marxist. Herausgeber des „Socialdemokrat" in Zürich (1880–88), nach Ausweisung aus der Schweiz auf Antrag Bismarcks in London. Dort Freundschaft mit Engels, Kontakte zur Fabian Society. Entwicklung des Revisionismus (1895–99). 1902 Rückkehr nach Deutschland, 1903 erstmals für die SPD in den Reichstag gewählt (Abgeordneter bis 1928). Zahlreiche Beiträge in den „Sozialistischen Monatsheften" (dem theoret. Organ des Reformismus) und Arbeit als Hrsg. der „Documente des Sozialismus" (1902–05). Trotz seiner reformistischen Haltung steht er 1905 auf Seiten der Befürworter des Massenstreiks, 1914 auf Seiten der Kriegsgegner (wird Mitglied der USPD). Nach dem Ersten Weltkrieg wieder volle Mitarbeit in der SPD. Gest. 18. 12. 1932 in Berlin.

ERNST BLOCH (1885–1977)

Geb. 8. 7. 1885 in Ludwigshafen. Studium der Philosophie in München und Berlin. Schon früh entwickelt er die Grundgedanken einer utopisch-chiliastischen Philosophie (Ansätze bereits in der Doktorarbeit von 1909), der Marxismus wurde erst später, seit der Zeit des Ersten Weltkriegs, „sozusagen von außen als eine politische Ideologie hinzugefügt" (Kolakowski). Erstes bedeutendes Werk: „Geist der Utopie" (1918). Lebt als freier Schriftsteller in Deutschland, nach 1933 in der Emigration, zuletzt in den USA (1938–49). Analyse der kulturellen Ursachen des Nazismus in „Erbschaft dieser Zeit" (1935). Politisch identifiziert er sich mit dem Stalinismus (einschließlich der Säuberungen und Schauprozesse). Übernimmt 1949 einen Lehrstuhl für Philosophie an der Universität Leipzig und lebt bis 1961 – mit zunehmender Distanz zum SED-Regime – in der DDR. Dort erscheint u. a. sein Hauptwerk „Das Prinzip Hoffnung" (Bd. 1, 1954; Bd. 2, 1955; Bd. 3, 1959). Kehrt 1961, nach dem Mauerbau, von einer Reise nach Westdeutschland nicht zurück. Übernimmt einen Lehrstuhl an der Universität Tübingen und wird zu einem der Vordenker eines demokratischen Reformkommunismus. Werke der letzten Jahre: „Naturrecht und menschliche Würde" (1961), „Atheismus im Christentum" (1968). Gest. 4. 8. 1977 in Tübingen.

NIKOLAJ IVANOVIC BUCHARIN (1888–1938)

Geb. 9. 10. 1888 in Moskau als Sohn einer bildungsbürgerlichen Familie. Mehr als das Studium der Wirtschaftswissenschaften (seit 1907) beschäftigt ihn die Politik als führendes Mitglied der Moskauer Bolschewiki (seit 1908). Verhaftet (1910) und deportiert (1911), Flucht nach Westeuropa, wo er mit Lenin an der Parteizeitung „Pravda" arbeitet und sich mit der Kritik der politischen Ökonomie (insbs. der österr. Schule) beschäftigt. Reist 1916 nach New York, wo er eine leninistische Zeitung herausgibt. Nach der Februarrevolution 1917 Rückkehr nach Rußland, wo er im August ins ZK der Bolschewiki gewählt und im November Herausgeber der „Pravda" wird. 1918, nach dem Frieden von Brest-Litowsk, kurze Periode der Opposition gegen Lenin als Führer der „linken Kommunisten" (die für eine Ausweitung des Krieges zu einer allg. europ. Revolution eintraten). Nach Lenins Tod 1924 Vollmitglied des Politbüros. Mit Stalin gegen schnelle Industrialisierung und Kollektivierung, bis Stalin 1928 umschwenkt und Bucharin angreift. Nov. 1929 Ausschluß aus dem Politbüro. Hrsg. der „Izvestija" (1934) und Mitarbeiter an der sowjet. Verfassung (1936), aber damals schon machtlos. Jan. 1937 verhaftet, März 1938 Angeklagter im großen Schauprozeß und wegen Spionage und konterrevolutionärer Aktivitäten am 14. 3. 1938 hingerichtet. Theoret. Werke: „Die Ökonomie der Übergangsperiode" (1920), „Das ABC des Kommunismus" (zus. mit Preobrazhenski, 1921), „Die Theorie des Histor. Materialismus" (1921).

ANTONIO GRAMSCI (1891–1937)

Geb. 23. 1. 1891 als Sohn einer verarmten Beamtenfamilie in Ales (Sardinien). Studium der Philosophie, Geschichte und Sprachwissenschaft in Turin (von 1911 bis zum Abbruch 1915). Einfluß Croces, Sorels und des Marxismus (den er von 1914–18 intensiv studiert). Mitglied der Sozialist. Partei Italiens (von 1913 bis zur Abspaltung des von ihm mitbegründeten PCI 1921). Von Beruf Journalist, seit 1919 als Hrsg. der Wochenzeitschrift „L'Ordine Nuovo". Von Mai 1922 bis Nov. 1923 ist er als Vertreter der italienischen Partei im Executivkomitee der Komintern in Moskau tätig. 1924 kehrt er als Parteivorsitzender und Parlamentsmitglied nach Italien zurück, wo er nach Verbot der Partei 1926 verhaftet und zu 20 Jahren Gefängnis verurteilt wird. Die Briefe, die er aus dem Gefängnis schreibt und vor allem die Notizen, mit denen er seine „Gefängnishefte" füllt, gehören zu den originellsten Beiträgen zum marxistischen Denken des 20. Jh. Gest. kurz nach der Entlassung aus Gesundheitsgründen am 27. 4. 1937.

Rudolf Hilferding (1877–1941)

Geb. 10. 8. 1877 in Wien. Tritt bereits während seines Medizinstudiums als überzeugter Sozialist auf. Beschäftigt sich neben seiner berufl. Tätigkeit als Arzt mit Fragen der marxistischen polit. Ökonomie. „Böhm-Bawerks Marx-Kritik" (1904). Dozent an der SPD Parteihochschule in Berlin (seit 1906), Hrsg. des „Vorwärts" (1907–15). Sein Hauptwerk, „Das Finanzkapital" (1910), enthält eine Theorie der Weltwirtschaft in der Epoche des Imperialismus. Während des 1. Weltkriegs als Arzt der österr. Armee an der ital. Front. Mitglied der USPD (1915–18). Nimmt die deutsche Staatsangehörigkeit an (1920). Für die SPD Mitglied des Reichstags (1924–33) und zweimal Finanzminister (1923 und 1928). 1933 Flucht nach Prag und später Frankreich. Am 11. 2. 1941 Selbstmord in einer Gefängniszelle in Paris, nachdem er von der Vichy-Regierung an die Nazis ausgeliefert worden war.

Karl Kautsky (1854–1938)

Geb. 16. 10. 1854 in Prag. Studium der Geschichte, Philosophie und polit. Ökonomie in Wien (seit 1874). Mitglied der sozial-demokrat. Partei (seit 1875). Schriftsteller und Journalist für verschiedene Parteiorgane. Gründet 1883 „Die Neue Zeit", die damals wichtigste theoret. Zeitschrift des Marxismus, die er bis 1917 leitet. Freundschaft mit E. Bernstein (seit 1880), mit dem er das Erfurter Programm (1891) formuliert. Seit 1897 lebt er in Berlin und nimmt in den Strategiedebatten der SPD eine mittlere Position sowohl gegen die Revisionisten, als auch gegen die linken Radikalen ein (Zentrismus). Während des Krieges Mitglied der USPD. Kritik der Oktoberrevolution und Auseinandersetzung mit Lenin und Trotzki. Nach 1918 gibt er in Berlin die Archive des Auswärtigen Amtes heraus. Von 1924–38 lebt er als Schriftsteller in Wien. Kurz nach seiner Flucht nach Amsterdam stirbt er am 17. 10. 1938. Viele Werke zu Fragen der Philosophie, der Ideengeschichte, der polit. Ökonomie und der Politik. Darunter: „Karl Marx' ökonomische Lehren" (1887), „Die Vorläufer des neueren Sozialismus" (1895), „Ethik und materialistische Geschichtsauffassung" (1906), „Der politische Massenstreik" (1914), „Die materialistische Geschichtsauffassung" (1927).

Karl Korsch (1886–1961)

Geb. 15. 8. 1886 als Sohn einer Beamtenfamilie in Tostedt (Lüneburger Heide). Studium der Jurisprudenz und Philosophie in München, Genf und Jena, Promotion zum Dr. iur. in Jena (1911). Mitglied der SPD (seit 1911) und der Fabian Society in London (1912–14). Folgt Einberufung in den Krieg, aber weigert sich Waffen zu tragen, wird dreimal verwundet, schließlich degradiert und entlassen (1914). Habilitation (1919) und Professur (1923–33) in Jena. Justizminister der kurzlebigen linken Koalitionsregierung Thüringens (1923). Philosophisch vom Neukantianismus herkommend, beschäftigt er sich seit 1919 intensiv mit dem Marxismus, dessen objektivistische Deutung (vor allem Kautskys) er ablehnt: „Marxismus und Philosophie" (1923, 1930[2]). „Karl Marx" (1938). Seit 1920 Mitglied der KPD, 1924 für die KPD in den Reichstag, 1926 als „Ultralinker" aus der Partei ausgeschlossen. 1933 Emigration nach England, später nach Dänemark und 1936 in die USA, wo er bis zu seinem Tod am 21. 10. 1961 (in Belmont, Mass.) lebt.

Georg Lukacs (1885–1971)

Geb. 13. 4. 1885 als Sohn eines Bankiers in Budapest. Studium der Philosophie und Literaturwissenschaft in Budapest, Berlin und Heidelberg. Philosophisch steht der junge Lukacs u. a. unter dem Einfluß von Hegel und Kierkegaard, sowie in Auseinandersetzung mit den Neukantianern; politisch gilt er als links, ohne Marxist zu sein. Für viele überraschend daher sein Eintritt in die KP (1918). Kommissar für Kultur und Erziehung unter Bela Kun (1919). Hrsg. der Zeitschrift „Kommunismus" in Wien (1920–29), später arbeitet er am Marx-Engels-Institut in Moskau (1930–31; 1933–45). 1945 kehrt er nach Budapest zurück, lehrt als Professor für Ästhetik und Kulturphilosophie. Trotz vielfach abweichender Meinungen hält er sich nach außen an die Parteidisziplin. Kultusminister der Regierung Nagy (1956), nach dem sowjet. Eingreifen in Ungarn nach Rumänien deportiert. Kehrt 1957 nach Budapest zurück, wo er bis zu seinem Tod am 4. 6. 1971 relativ zurückgezogen als Schriftsteller lebt. Von seinen zahlreichen Werken zur Ästhetik und Literaturkritik seien hier nur genannt seine „Theorie des Romans" (1920) und die „Essays über Realismus" (1948). Für sein Verständnis der Theorie und Praxis des Marxismus vgl. „Geschichte und Klassenbewußtsein" (1923), sowie „Lenin" (1924).

Rosa Luxemburg (1871–1919)

Geb. 5. 3. 1871 in Zamosc (im zu Rußland gehörenden Teil Polens) als Kind einer kleinbürgerl. jüdischen Familie. Gilt bereits im Gymnasium als subversiv. Emigration nach Zürich (1889), wo sie Recht und polit. Ökonomie studiert und 1898 promoviert. Damals bereits Marxistin. In Diskussionen mit anderen Emigranten immer konsequent internationalistisch, sogar gegen die Wiederbelebung eines polnischen Staates. Heiratet 1898 Gustav Lubeck, um die dt. Staatsangehörigkeit zu erhalten und in Berlin zu arbeiten. Engagiert sich im Revisionismusstreit gegen Bernstein: „Sozialreform oder Revolution" (1899). Die spontane Aktion der Massen in der russ. Revolution von 1905 läßt sie entsprechende Aktionen auch für Deutschland fordern: „Massenstreik, Partei und Gewerkschaften." (1906). Nach Teilnahme an revol. Unruhen in Warschau 1905 eingesperrt (bis 1907). Danach Dozentin an der Parteihochschule in Berlin (1907–14). Hier entsteht ihr theoret. Hauptwerk: „Die Akkumulation des Kapitals" (1913). Scharfe Kritik an der SPD nach Kriegseintritt. Wegen Antikriegsagitation während der Kriegsjahre fast ständig im Gefängnis. Dort schreibt sie unter dem Pseudonym *Junius* „Die Krise der Sozialdemokratie" (1916), die theoret. Grundlagenschrift des von ihr und Karl Liebknecht gegründeten Spartakusbundes. Im Nov. 1918 aus dem Gefängnis befreit, gründen beide im Dez. 1918 die KPD. Am 15. 1. 1919 wird sie in Berlin von Soldaten der Freikorps ermordet.

Herfried Münkler

Die kritische Theorie der Frankfurter Schule

KRITISCHE THEORIE – FRANKFURTER SCHULE – INSTITUT FÜR SOZIALFORSCHUNG: INSTITUTIONSGESTÜTZTE ODER WISSENSCHAFTSPARADIGMATISCHE IDENTITÄT

Kritische Theorie und Frankfurter Schule werden im allgemeinen mit den Namen Max Horkheimer und Theodor W. Adorno identifiziert; in der Regel werden auch Jürgen Habermas, häufig Friedrich Pollock, Herbert Marcuse und Walter Benjamin dazugerechnet, mitunter Erich Fromm und Leo Löwenthal, gelegentlich Franz Neumann, Otto Kirchheimer, Arkadij R. L. Gurland und Heinz Maus, seltener nur Karl August Wittfogel, Franz Borkenau und Henryk Grossmann. Der Grund dieser Identitäts- bzw. Zurechnungsprobleme liegt darin, daß Kritische Theorie bzw. Frankfurter Schule wissenschaftsparadigmatische Selbstetikettierungen (Kritische Theorie) bzw. Fremdzuschreibungen (Frankfurter Schule) waren und sind und nicht Institutionen mit formeller Mitgliedschaft – im Unterschied zu dem 1923 in Frankfurt am Main eröffneten Institut für Sozialforschung, das den institutionellen Kern dessen bildete, woraus sich die Kritische Theorie bzw. die Frankfurter Schule entwickelt hat. Wer also jeweils der Frankfurter Schule noch oder nicht mehr zugerechnet wird, hängt entscheidend davon ab, ob man die Schule institutionsgestützt – Institut für Sozialforschung (IfS) bzw. Institute of Social Research (von 1940–1951); Zeitschrift für Sozialforschung (ZfS, 1932–1939) bzw. Studies in Philosophy and Social Science (SPSS, 1940–1941); Schriften des Instituts für Sozialforschung (5 Bde. 1929–1936), Publications of the International Institute of Social Research (2 Bde. 1939 und 1940), Frankfurter Beiträge zur Soziologie (22 Bde., 1955–1971) – oder wissenschaftsparadigmatisch (gemeinsame Fragestellung, Forschungsprogramm, Methoden etc.) identifiziert und wie weit oder wie eng das schulbildende Paradigma jeweils definiert wird.

Der Begriff Kritische Theorie geht zurück auf einen 1937 in der ZfS veröffentlichten Aufsatz HORKHEIMERS unter dem Titel „Traditionelle und kritische Theorie" [mit „Nachtrag" wiederabgedruckt in 2: Kritische Theorie, Bd. 2, 137–200], in dem HORKHEIMER, anknüpfend an seinen programmatischen Vortrag anläßlich der Übernahme der Institutsleitung Anfang 1931 [abgedruckt in 1: Ges. Werke, Bd. 2, 20–35], das Programm einer Kritischen Theorie als eigenständiges Wissenschaftsparadigma umrissen hatte [vgl. 67: A. SCHMIDT, Zur Idee der Kritischen

Schule oder Institut

Horkheimers Programm einer kritischen Theorie

Theorie, 333–358]: Vom kontemplativen Denken der traditionellen Theorie, die das Gegebene als unhinterfragbaren Ausgangspunkt des Denkens nehme, unterscheide sich Kritische Theorie durch „eingreifendes Denken"; weiterhin gelte ihr Forschungsinteresse nicht Partialbereichen der Gesellschaft, wie sie von den spezialisierten Einzelwissenschaften untersucht würden, sondern der gesamten Gesellschaft, da deren Teile untrennbar zusammenhängen und miteinander in Wechselbeziehung stünden. In der Konsequenz lief dies auf die Verbindung einer ökonomisch fundierten Gesellschaftsanalyse im Anschluß an Marx mit der Psychoanalyse Freuds hinaus [vgl. 61: JAY, Dialektische Phantasie, 113 ff.]. Kritische Theorie war für Horkheimer – aus Furcht, andernfalls die Aufnahme des Instituts

Kritische Theorie und Marxismus

in den USA zu gefährden – aber auch ein Deckname für die Marxsche Theorie, der sich das Institut von seiner Gründung an verbunden fühlte, bei gleichzeitiger tiefer Differenz zum „revisionistischen" Marxismus der SPD wie zum „revolutionären" Marxismus der KPD und unter Ablehnung jeder politischen Bindung. Insofern sind die Ursprünge der Kritischen Theorie durchaus im Rahmen dessen anzusiedeln, was PERRY ANDERSON als „westlichen Marxismus" bezeichnet hat: ein in Distanz zu politischen Parteien und unter Verzicht auf unmittelbare Praxis vonstatten gehender Versuch zur Reformulierung der Marxschen Theorie [79: Über den westlichen Marxismus, 50 f., 68 f.]. Der Begriff „kritische Theorie" signalisiert freilich eine geringere Nähe zum Marxismus als die zuvor häufig verwendete Bezeichnung „materialistische Theorie" [vgl. 60: WIGGERSHAUS, Frankfurter Schule, 211] und bringt darin die spätestens seit dem Sieg des Nationalsozialismus

Distanz zum Proletariat

in Deutschland bei Horkheimer und den meisten seiner Mitarbeiter gewachsene Skepsis gegenüber dem Proletariat als welthistorischem Subjekt der revolutionären Veränderung zum Ausdruck – eine Skepsis, die HORKHEIMER vor 1933 bereits in seinem „Die Ohnmacht der deutschen Arbeiterklasse" überschriebenen Aphorismus zum Ausdruck gebracht hatte [3: Notizen 1950–1969 und Dämmerung, 281]. Immer mehr begreift sich die Kritische Theorie selbst als letzten Widerstand gegen das hereinbrechende Unheil, wobei sie dieses weder aufhalten noch gar abwehren, sondern nur bezeichnen kann. Adorno hat dafür später den Begriff „Flaschenpost" geprägt, der zum Ausdruck bringen soll, daß hier ein Wissen eingekapselt wird, von dem unklar ist, ob jemand und, wenn ja, wer es später zur Kenntnis nehmen wird.

Der Begriff „Frankfurter Schule" und seine Berechtigung

Die Bezeichnung Frankfurter Schule bürgerte sich ein, nachdem das Institut für Sozialforschung Anfang der 50er Jahre nach Frankfurt zurückgekehrt war – eine Bezeichnung, die von Horkheimer sofort akzeptiert wurde. Gemeint waren mit dieser die ursprüngliche Herkunft wie den erneuten Ort der Zusammenarbeit heraushebenden Apostrophierung die aus dem amerikanischen Exil zurückkehrenden Horkheimer und Adorno sowie die neu zum IfS gestoßenen Mitarbeiter Jürgen Habermas, Ludwig von Friedeburg, Oskar Negt und Alfred Schmidt, während die in den USA gebliebenen Marcuse und Löwenthal mit dieser Bezeichnung eher an den Rand gedrängt wurden. Aber der Begriff Frankfurter Schule suggerierte, wie auch der Begriff Kritische Theorie, eine Geschlossenheit, die so

keineswegs bestand: neben der Kritik, die Horkheimer und Adorno an Marcuses –
ihrer Einschätzung nach – zu optimistischen Sicht der Möglichkeiten einer eman-
zipatorischen, revolutionären Veränderung übten [vgl. 60: WIGGERSHAUS, Frankfurter Schule 564 f., 680], bestanden auch schwerwiegende Differenzen zwischen
Horkheimer und Habermas: Horkheimer, der in den 50er Jahren zu einem
arrivierten Hochschullehrer avanciert war [vgl. 85: GUMNIOR/RINGGUTH, Horkheimer, 91 ff.], hielt deutlich Distanz zu dem ihm politisch zu weit links stehenden
Habermas und hätte sich am liebsten öffentlich von ihm distanziert [60: WIGGER-
HAUS, Frankfurter Schule, 615 ff.].

Auf den ersten Blick am unstrittigsten scheint die Zurechnung zur Kritischen
Theorie bzw. Frankfurter Schule auf der Grundlage formeller Zugehörigkeit zum
IfS zu sein – ein Verfahren, das seit den späten 40er Jahren sicherlich seine Vorzüge
hat, für die Zeit davor aber überaus problematisch ist, insofern dann auch Henryk
Grossmann, Karl August Wittfogel und Franz Borkenau zur Kritischen Theorie
gerechnet werden müssen. GROSSMANN war 1929 mit einer vom Institut als Bd. I
seiner Schriftenreihe herausgegebenen Studie über das Akkumulations- und Zusam-
menbruchsgesetz der kapitalistischen Produktion [47] hervorgetreten; WITTFO-
GEL beschäftigte sich vornehmlich mit Wirtschaft und Gesellschaft Chinas, eine
diesbezügliche Veröffentlichung erschien 1931 als Bd. III der Institutsschriften
[49] (sie bildete die Grundlage für Wittfogels spätere berühmte Studie über die
Orientalische Despotie [50]); BORKENAU schließlich zeichnete mit einer 1936
veröffentlichten ideen- und sozialgeschichtliche Arbeit über das 16. und 17. Jahrhundert für Bd. IV der Institutsschriften verantwortlich [51]. Keiner der drei, die
alle zunächst stark zur KPD tendierten bzw. deren Mitglieder waren, kann jedoch
dem von Horkheimer entworfenen Paradigma einer Kritischen Theorie zugerechnet werden, zumal keiner psychoanalytische Überlegungen, auf die Horkheimer
großen Wert legte, in seine Arbeit einbezog. Gleichwohl blieben Grossmann und
Wittfogel bis in die 40er Jahre hinein Mitarbeiter des Instituts für Sozialforschung.

Jede der drei Identifizierungsvarianten weist demnach Probleme auf, wobei
freilich die institutionsgestützten schwerwiegender sind als die wissenschaftspara-
digmatischen. Aus forschungs- wie darstellungsstrategischen Gründen bietet es
sich daher an, den Kernbestand der Kritischen Theorie durch Rückbezug auf das
von Horkheimer in den 30er Jahren entwickelte Forschungsparadigma zu identifizieren, wobei jedoch klar ist, daß der dort formulierte Anspruch keineswegs
immer mit den tatsächlich durchgeführten wissenschaftlichen Arbeiten übereinstimmen muß. Folgt man Horkheimers Anspruch, so gehen die der Kritischen
Theorie verpflichteten Arbeiten von vier Hypothesen aus, die sie entweder in
empirischen Untersuchungen zu bestätigen suchen oder aber als gesichert voraus-
setzen: (1) Die Entwicklung der Wissenschaften, insbesondere die der Natur-,
aber auch die der Sozialwissenschaften, hat sich von moralischen Normen, darunter auch den Idealen des frühen Bürgertums, abgelöst und folgt einer rein wissen-
schaftsimmanenten Rationalität, die im Zusammenspiel mit anderen Teilrationali-
täten jedoch in blanke Irrationalität umschlägt; (2) die Gesellschaftsstruktur ist

Marginalien:

Das Institut für Sozialforschung als „institutio-neller Kern" der Kritischen Theorie

Kritische Theorie als Forschungs-paradigma

von Grund auf antagonistisch, weswegen Partialreformen, die nicht auf die Veränderung der Gesellschaft als Ganzes abzielen, nicht in der Lage sind, Elend und Unterdrückung, Armut und Not zu beseitigen, sondern vielmehr eher dazu tendieren, diese festzuschreiben und zu zementieren; (3) die gesellschaftlichen Antagonismen fungieren jedoch – und hier liegt die entscheidende Differenz der Kritischen Theorie zu im engeren Sinn marxistischen Theoretikern wie Georg Lukács, Karl Korsch oder auch Ernst Bloch – nicht länger als Hebel zu ihrer Überwindung: Das Proletariat hat als revolutionäres Subjekt abgedankt und hat sich partiell in eine Gesellschaft integrieren lassen, die es gleichzeitig mit der Integration um seine fundamentalen Rechte betrügt; (4) da die dialektische Bewegung der Geschichte, wie sie von Hegel und Marx in den Mittelpunkt ihrer Überlegungen gestellt wurde, zum Stillstand gekommen ist, überlebt revolutionäres Bewußtsein, humaner Widerstand allein in der Theorie: Die Kritische Theorie begreift sich selbst als Ort dieses Überlebens.

Daraus folgt dreierlei für eine Darstellung der politischen Philosophie, wie sie

Primat der Gesellschaft

sich in den Schriften von Horkheimer, Adorno, Marcuse und anderen finden läßt: (1) Politik ist für die der Kritischen Theorie verpflichteten Autoren nicht als ein eigenständiger Bereich mit einer ihm immanenten Rationalität analysierbar, sondern Politikanalyse bleibt unauflöslich verschlungen in Gesellschaftsanalyse. (2)

Politische Philosophie und empirische Forschung

Philosophie und empirische Forschung sind in der Kritischen Theorie aufs engste miteinander verbunden, präziser: Die Ergebnisse empirischer Untersuchungen haben die Fortentwicklung der Kritischen Theorie entscheidend zu beeinflussen vermocht, insofern diese nicht auf apriorischen Konstruktionen, seien sie nun epistemologischer oder ontologischer Art, begründet ist. Als erste der großen empirischen Studien des IfS ist die am Ende der Weimarer Republik aufgelegte Untersuchung über die psychische Verfassung von Arbeitern und Angestellten in Deutschland zu nennen, welche die im Institut gehegten Zweifel am demokratischen, gar am revolutionären Bewußtsein der Arbeiter und erst recht der Angestellten untermauerte. Diese von ERICH FROMM verantwortete, auf Druck Horkheimers zunächst unveröffentlicht gebliebene Studie wurde erst 1980 von W. BONSS bearbeitet und publiziert [40]. Den Untersuchungen über Arbeiter und Angestellte folgten die Studien über Autorität und Familie, in denen Veränderungen in der gesellschaftlichen Stellung der Familie, der inneren Struktur der Familie und der Sozialisation der Kinder im Hinblick auf Widerstands- und Anpassungsbereitschaft untersucht wurden [41]. Ihnen folgten die „Studies in Prejudice" [42], Untersuchungen zur Geschichte des Antisemitismus und über antisemitische Einstellungen unter amerikanischen Arbeitern, an denen das Institut in den USA mehrere Jahre lang gearbeitet hatte; in Deutschland bekannt wurden sie vor allem durch einen der fünf Teilberichte: die von ADORNO und anderen verantwortete Spezialstudie über den autoritären Charakter [43]. Zwei weitere Teilberichte wurden später ins Deutsche übersetzt: der von PAUL MASSING über die Vorgeschichte des politischen Antisemitismus [44] und der von LEO LÖWENTHAL und NORBERT GUTERMANN über faschistische Agitation [45]. Die Reihe der für die

Fortentwicklung der Kritischen Theorie relevanten großen empirischen Arbeiten des Instituts wird beschlossen durch eine zu Beginn der 50er Jahre durchgeführte Untersuchung über das politische Bewußtsein der Westdeutschen nach dem Krieg, in deren Mittelpunkt die Mechanismen der Abwehr und Verdrängung von Schuld und Verantwortung stehen. Sie erschien unter dem fast als Tarnung zu verstehenden Titel „Gruppenexperiment" [46]. (3) Die Fortentwicklung der kritischen Theorie war kein einheitlicher, in sich geschlossener Prozeß, sondern war **Innere** (und ist) mit Kontroversen, Trennungen, Spaltungen verbunden: So schied Erich **Kontroversen** Fromm 1939 aus dem Institut aus, nachdem es zu tiefgreifenden Meinungsverschiedenheiten über die Freudsche Trieblehre gekommen war, die Fromm, etwa in seinem bald nach der Trennung vom IfS veröffentlichten Werk „Escape from Freedom" [8], als gesellschaftlich präformiert und insofern als historisch variant begriff. 1942 schied Franz Neumann aus, der den Faschismus als Variante des **Faschismus-** Monopolkapitalismus begriff, womit er Pollocks Theorie des Staatskapitalismus **debatte** widersprach, die von einer weitreichenden Ablösung kapitalistischer Mechanismen ausging: An die Stelle des Marktes seien, so Pollock (in den Aufsätzen „Staatskapitalismus" und „Ist der Nationalsozialismus eine neue Ordnung" [wiederabgedruckt in 4: HORKHEIMER U. A., Wirtschaft, Recht und Staat, 81–109; 11–128]) Staat und Plan getreten und der Faschismus sei die totalitäre Variante einer Entwicklung (mit dem Sowjetsystem hat sich nur MARCUSE in seiner Studie „Soviet Marxism" [18] beschäftigt), deren demokratische Seite in Roosevelts New Deal in den USA zu beobachten sei [vgl. 75: WILSON, Das Institut für Sozialforschung und seine Faschismusanalysen, 112 ff.]. NEUMANNS „Behemoth", seine monumentale Studie über die nationalsozialistische Herrschaft in Deutschland [23], ist mit ihrer zentralen These von der Polykratie und der partiellen Anarchie des faschistischen Herrschaftssystems darum nicht nur gegen Carl Schmitt gerichtet, sondern auch gegen Pollocks Theorie des Staatskapitalismus und gegen Horkheimer, der ihr in den Aufsätzen „Die Juden und Europa" und „Autoritärer Staat" [wiederabgedruckt in 4: HORKHEIMER U. A., Wirtschaft, Recht und Staat, 33–53, 55–79] gefolgt war. Als 1955 MARCUSES Hauptwerk „Eros und Civilization" [17] **Revolutionärer** erschien, kritisierten Horkheimer und Adorno dessen triebökonomische Fundie **Optimismus** rung revolutionärer Impulse und zeihen Marcuse eines grundlosen Optimismus. – **und skeptische** Dennoch wird man nicht davon sprechen können, die Fortentwicklung der Kriti **Resignation** schen Theorie habe sich als Ausbildung einer Orthodoxie unter Abstoßung von Häresien vollzogen. Vielmehr entstanden zunehmend Auffächerungen und Varianten, ohne daß verbindlich auszumachen wäre, welcher der Stränge als „authentische" Kritische Theorie zu gelten habe – eine Tendenz, die sich mit Horkheimers allmählichem Rückzug aus der Institutsleitung seit Mitte der 50er Jahre noch verstärkte.

GRÜNDUNG UND ANFÄNGE DES INSTITUTS FÜR SOZIALFORSCHUNG IN FRANKFURT – PROGRAMM DER KRITISCHEN THEORIE

Die Stiftung des Instituts

Das Institut für Sozialforschung verdankt seine Entstehung einer Stiftung des deutsch-argentinischen Getreidegroßhändlers Hermann Weil, der, nachdem er sich während des Ersten Weltkriegs als Propagandist des totalen U-Boot-Krieges gegen England exponiert hatte, Teile seines Vermögens in humanitäre und wissenschaftliche Projekte investierte, dabei unterstützt durch seinen Sohn Fritz Weil, der dem Institut zeitlebens eng verbunden blieb [vgl. 62: U. MIGDAL, Frühgeschichte des Frankfurter Instituts, 10–29]. Bert Brecht, der, ähnlich wie Georg Lukács, in Ansatz und Fragestellung der Kritischen Theorie eine Flucht vor der Parteinahme für das Proletariat sah, hat dazu am 15. Mai 1942 in seinem Arbeitsjournal notiert: „die geschichte des frankfurter soziologischen instituts, ein reicher alter mann (der weizenspekulant weil) stirbt, beunruhigt über das elend auf der welt. er stiftet in seinem testament eine große summe für die errichtung eines instituts, das die quelle des elends erforschen soll. das ist natürlich er selber." – Immerhin hat diese Stiftung nicht nur die Unabhängigkeit des Instituts in Frankfurt gesichert – Unabhängigkeit gegenüber der preußischen Kultusverwaltung wie den politischen Parteien –, sondern auch nach der Emigration (das Stiftungskapital war 1930 bereits ins Ausland transferiert worden) den Fortbestand des Instituts im Exil. Unter seinem ersten Direktor Carl Grünberg (1924–1928), einem Kathedersozialisten und akademischen Lehrer zahlreicher Austromarxisten [vgl. 62: MIGDAL, Frühgeschichte des Frankfurter Instituts, 56–75], widmete sich das IfS ökonomischen Analysen – neben den bereits erwähnten Arbeiten von GROSSMANN [47] und WITTFOGEL [49] ist FRIEDRICH POLLOCKS Studie über die sowjetische Planwirtschaft zu nennen [48, dazu 69: M. GANGL, Politische Ökonomie und Kritische Theorie, 168–200] – und Studien zur Geschichte der Arbeiterbewegung, die in Veröffentlichungen in Grünbergs „Archiv für die Geschichte des Sozialismus und der Arbeiterbewegung" ihren Niederschlag fanden [vgl. 62: MIGDAL, Frühgeschichte des Frankfurter Instituts, 76–117]. Mit der Übernahme des Direktorats durch Horkheimer wurde nicht nur Grünbergs „Archiv" eingestellt und die „Zeitschrift für Sozialforschung" begründet [vgl. 82: A. SCHMIDT, Die ‚Zeitschrift für Sozialforschung‘, 36 ff.], sondern dem Institut wurden auch neue Aufgaben gestellt: Dem Prozeß der gesellschaftlichen Differenzierung, so Horkheimer, entspreche ein Prozeß einzelwissenschaftlicher Separierung, und so summiere sich aufs äußerste gesteigerte Partialrationalität zuletzt auf zur Irrationalität des Ganzen. Dagegen setzte Horkheimer wissenschaftsorganisatorisch das Programm einer interdisziplinären Forschung, deren Ergebnisse verbunden werden sollten zu einer Kritischen Theorie der Gesellschaft, um so, wie Horkheimer im Anschluß an die Kant-Hegelsche Unterscheidung zwischen Verstand und Vernunft hervorhebt, einzelwissenschaftliche Rationalität für das vernünftige Ziel menschlichen Glücks dienstbar zu machen [vgl. 83: W. BONSS/N. SCHINDLER, Kritische Theorie als interdisziplinärer Materialismus, 31 ff.; 64: H. DUBIEL, Wissenschafts-

Grünberg als erster Institutsdirektor

Horkheimers Programm interdisziplinärer Forschung

organisation und politische Erfahrung; 65: A. SÖLLNER, Geschichte und Herrschaft; 88: H. HESSE, Vernunft und Selbsterhaltung, 46 ff.]. Horkheimers Vorstellungen zielten freilich nicht nur auf wissenschaftsorganisatorische Fragen; parallel zum Prozeß einzelwissenschaftlicher Separierung glaubte er auch, einen Zerfall des Marxismus und der Arbeiterbewegung feststellen zu können: Größere Tatsachenerkenntnis bei der Sozialdemokratie und Entschlossenheit zur revolutionären Gesellschaftsveränderung bei den Kommunisten standen einander unversöhnlich gegenüber [vgl. 69: M. GANGL, Politische Ökonomie und Kritische Theorie, 136–167]. Bei gleichzeitiger Abgrenzung gegen doktrinären Revolutionarismus stellte Horkheimer fest, pure Tatsachenerkenntnis sei unzureichend; vielmehr gelte es, dem Marxschen Vorbild gemäß die ökonomischen und soziologischen Daten philosophisch zu durchdringen, um ihre Gewordenheit ebenso sichtbar werden zu lassen wie ihre Vergänglichkeit [dazu 78: W. BONSS, Die Einübung des Tatsachenblicks].

Für die Formierungsphase der Kritischen Theorie in den 30er Jahren ist charakteristisch, daß Horkheimer im Anschluß an die Philosophie des deutschen Idealismus von einem emphatischen Vernunftbegriff ausgeht, von der Fähigkeit philosophischen Denkens, nicht nur, wie die Einzelwissenschaften, Mittel und Wege zu erkunden, sondern auch Ziele auszumachen und sie als erstrebenswert zu begründen. In einer späteren Phase der Kritischen Theorie, als die von HORKHEIMER und ADORNO gemeinsam verfaßte, 1947 veröffentlichte „Dialektik der Aufklärung" [5] entstand, ist dieses Vertrauen in die Selbstbegründungs- und Selbstkorrekturfähigkeit der Vernunft gebrochen. Doch die Vernunft, auf die HORKHEIMER in den 30er Jahren setzt, ist eine ohne jede geschichtsmetaphysische Erfolgsgarantie [vgl. mit unterschiedlichen Nuancierungen 68: A. SCHMIDT, Die Kritische Theorie als Geschichtsphilosophie, passim sowie 88: H. HESSE, Vernunft und Selbstbehauptung, 31 ff.]. HORKHEIMER wendet sich gegen jede identitätsphilosophische Konstruktion eines Subjekt-Objekts der Geschichte, als welches das Proletariat, etwa in LUKÁCS' „Geschichte und Klassenbewußtsein", begriffen und dargestellt wird. Der Gang der Geschichte folgt dialektischen Gesetzen, doch die Dialektik der Geschichte ist unabgeschlossen, so daß, bei aller Anstrengung, sie zum besseren zu wenden, im voraus nicht ausgemacht werden kann, wohin sie führen wird. „Indem die Dialektik", so HORKHEIMER in dem Aufsatz „Zum Problem der Wahrheit" [wiederabgedruckt in 2: Kritische Theorie, Bd. 1 246], „aus der Verbindung mit dem überspannten Begriff des isolierten, seine Bestimmung aus sich selbst setzenden, in sich vollendeten Denkens gelöst wird, verliert die von ihr bestimmte Theorie notwendig den metaphysischen Charakter der Endgültigkeit, die Weihe einer Offenbarung, und wird zu einem in das Schicksal der Menschen verflochtenen, selbst vergänglichen Element."

Vernunft und Geschichte

Integration von Sozialpsychologie und Psychoanalyse, messianische Theologie, Analyse der Massenkultur und ästhetische Theorie

Sozial-
psychologie und
Psychoanalyse

Die von Horkheimer geforderte systematische Einbeziehung sozialpsychologischer wie psychoanalytischer Überlegungen in die Theoriebildung sollte vor allem dazu dienen, die Verbindungslinien zwischen sozio-ökonomischen Entwicklungen und Einstellungen wie Verhaltensweisen der Menschen genauer zu untersuchen und darstellen zu können. Dieser Ansatz lief – verglichen mit der marxistischen Orthodoxie – auf eine klar reduzierte Bedeutung der politischen Ökonomie für die Kritische Theorie und ein verstärktes Interesse an Ideologien und kulturellen Phänomenen hinaus. Kultur war für die Kritische Theorie nicht länger ein aus der ökonomischen Basis heraus ableitbares Epiphänomen; gleichzeitig fungierte – zumindest in den Arbeiten HORKHEIMERS und ADORNOS, weniger in denen MARCUSES (vgl. dessen Aufsatz „Über die philosophischen Grundlagen des wirtschaftswissenschaftlichen Arbeitsbegriffs [wiederabgedruckt in 20: Kultur und Gesellschaft, Bd. 2, 7–48], der im Anschluß an Hegel und den jungen Marx Arbeit als spezifische Form menschlicher Selbstverwirklichung begreift, daraus jedoch keine Revolutionstheorie ableitet – die Arbeit nicht länger als Schlüsselkategorie der Gesellschaftsanalyse, was den Autoren von Seiten eines orthodoxen Marxismus immer wieder zum Vorwurf gemacht worden ist.

Die Verteidigung
des Hedonismus

Als eines der ersten Beispiele für die Einlösung dieses Programms kann HORKHEIMERS 1936 veröffentlichter Aufsatz „Egoismus und Freiheitsbewegung. Zur Anthropologie des bürgerlichen Zeitalters" [wiederabgedruckt in 2: Kritische Theorie, Bd. 2, 1–81] angesehen werden. HORKHEIMER kritisiert darin die der bürgerlichen Kultur innewohnende Tendenz zur Verpönung von Lust und Genuß, die er darauf zurückführt, daß das Zusammenspiel von Eigeninteresse und Gemeinwohl im Rahmen der bürgerlichen Gesellschaft nur durch eine repressive Moral hergestellt werden kann; gleichzeitig wurde die Unterdrückung von Triebwünschen zum Antriebsmoment kapitalistischen Wirtschaftens: an die Stelle des Genusses der Güter trat das Horten von Werten. HORKHEIMER begreift Tugend also nicht als ein republikanisches Ideal, sondern als Mechanismus der Integration durch Ideologie: Von Cola di Rienzo über Savonarola und Robespierre zu Mussolini und Hitler zeigt er die Gestalt des bürgerlichen Führers als Dompteur einer Ethik der Selbstverleugnung, des Verzichts und des Opfers. Dagegen setzt er – ähnlich wie MARCUSE in dem zwei Jahre später veröffentlichten Aufsatz „Zur Kritik des Hedonismus" [wiederabgedruckt in 20: Kultur und Gesellschaft, Bd. 1, 128–168] – auf ein Recht zum Egoismus als eine die Verlogenheit der bürgerlichen Welt sprengende Potenz. Horkheimers Wertschätzung der von ihm so genannten „dunklen Schriftsteller des bürgerlichen Zeitalters" (Machiavelli, Hobbes, Mandeville, de Sade u. a.) resultiert nicht zuletzt aus dieser Überlegung.

Fromms Kon-
zeption des geni-
talen Charakters

Einen anderen Ansatz zur Integration psychoanalytischer Theoreme in die Kritische Theorie vertrat ERICH FROMM in dem Aufsatz „Die psychoanalytische

Charakterologie" [7] mit seiner an Sigmund Freud, Karl Abraham und Ernest Jones anknüpfenden Charakterologie. Fromm unterschied zwischen prägenitalen (oralen und analen) und genitalen Charaktertypen, wobei er – in einer gewissen Nähe zu Wilhelm Reich – den genitalen Typ mit Freiheit, Unabhängigkeit und Freundlichkeit in Verbindung brachte, während der anale Charakter aus seiner Sicht mit Rationalität, Besitzgier und Ordnungsstreben in Zusammenhang stand. Der von Werner Sombart und Max Weber herausgestellte Träger des kapitalistischen Geistes findet sich so bei Fromm wieder als analer Zwangscharakter. Diesem – inzwischen überwiegend im Kleinbürgertum zu findenden – Charaktertypus stellt Fromm den genitalen Typen gegenüber, der, gewisse widerständige, wenn nicht gar revolutionäre Neigungen aufweisend, vor allem im Proletariat – aber auch im Großbürgertum – zu finden sei. In dieser Charakterologie glaubte Fromm ein analytisches Instrumentarium gefunden zu haben, mit dem sich die Widerstands- und Revolutionspotentiale einer Bevölkerung relativ genau messen ließen.

In gewisser Hinsicht hat HERBERT MARCUSE mehr als zwanzig Jahre später in „Eros and Civilization" [17] diese Überlegungen fortgeführt, wobei er seine politischen Hoffnungen jedoch nicht auf den genitalen, sondern auf den prägenitalen, den polymorph-perversen Charaktertypus setzte. In „Eros and Civilization", sicherlich dem Höhepunkt der Verschmelzung von Marx und Freud im Rahmen der Kritischen Theorie, wird die Freudsche Libidotheorie zum materialistischen Kern der Gesellschaftskritik. Aus ihr heraus entwickelt Marcuse die Utopie emanzipatorischer Triebbefriedigung, der gegenüber sich fast alle Ethiken, seien sie noch so liberal oder revolutionär in ihren Schlußfolgerungen, als schlichtweg repressiv ausnehmen. Freuds Todestrieb, den Fromm als Ontologisierung der destruktiven Potentiale der bürgerlichen Gesellschaft kritisiert hatte, wird bei Marcuse zum Lackmuspapier gesellschaftlicher Repression und gleichzeitig zum Signum möglichen Glücks: Er ist Ausdruck der durch die Gesellschaft hervorgebrachten destruktiven Potentiale, aber sein Ziel ist nicht eigentlich Zerstörung, sondern Beseitigung jener Spannung, die in jeder repressiven Gesellschaft vorherrscht. Insofern erweist sich der Todestrieb für Marcuse als utopisch uminterpretierbar: Er verweist auf ein Leben in einer repressionsfreien, wieder erotisierten Welt, in welcher der Tod seine Macht verloren hat. Voraussetzung für die Erreichung dieses Ziels ist für Marcuse die Überwindung der genitalen Fixierung und die triebdynamische Rückkehr in die polymorph-perverse Welt der frühen Kindheit. – Daß Triebbefriedigung jedoch nicht eo ipso emanzipatorische Züge hat, sondern – vor allem dort, wo sie mit der Rücknahme zivilisatorischer Entwicklungsschritte verbunden ist – auch eine Form der Einbindung in unfreie Gesellschaften sein kann, hat MARCUSE in „The One-Dimensional Man" [19] gezeigt, seiner zweiten großen Arbeit nach seiner Trennung vom IfS. Marcuse hat für solche Formen nicht-emanzipatorischer Triebbefriedigung den Begriff „repressive Entsublimierung" geprägt. Dennoch hat er, wie „An Essay on Liberation" [21: 21 ff.] sowie „Counterrevolution and Revolt" [22: 72 ff.] zeigen, weiter-

Marcuses Konzeption des polymorph-perversen Charakters

Emanzipatorische versus repressive Entsublimierung

hin an seiner Überzeugung festgehalten, daß die menschliche Triebökonomie die Grundlage aller Hoffnung auf zukünftige Befreiung sei – ein Vorstellung, die ihm die Möglichkeit eröffnete, das Proletariat durch andere revolutionäre Subjekte zu ersetzen, von den rebellischen Jugendlichen der 60er Jahre bis zu den Befreiungsbewegungen der Dritten Welt. Indem Marcuse die menschliche Triebausstattung und Bedürfnisstruktur zum Maßstab für die Legitimität von Bedürfnissen macht, glaubt er eine Basis gefunden zu haben, von der aus er die Überbefriedigung der Bedürfnisse, als welche er den Konsumismus der westlichen Gesellschaften begreift, kritisieren kann. Gleichzeitig vermag er von hier aus eine Revolution ins Auge zu fassen, die nicht nur die politischen und gesellschaftlichen Verhältnisse betrifft, sondern auch die Beziehung zwischen Mensch und Natur.

Benjamins messianische Theorie der Geschichte

Die Überlegungen, die Walter Benjamin, seit Mitte der 30er Jahre Mitarbeiter des IfS [vgl. 103: W. FULD, Walter Benjamin, passim], zu einem selbstläufig gewordenen Fortschritt und den Möglichkeiten revolutionärer Veränderungen angestellt hat, ähneln denen Marcuses in vielerlei Hinsicht – mit dem freilich gewichtigen Unterschied, daß den Platz, den bei Marcuse die menschliche Natur, verstanden im Sinne der Freudschen Trieblehre, innehat, bei Benjamin die Theologie einnimmt, und zwar in der Gestalt eines radikalen Messianismus [vgl. 105: R. TIEDEMANN, Dialektik im Stillstand, sowie 106: N. W. BOLZ/R. FABER, W. Benjamin]. „Bekanntlich soll es einen Automaten gegeben haben", so BENJAMIN in der posthum veröffentlichten Thesensammlung „Über den Begriff der Geschichte" [9: Ges. Schr., Bd. I, 2, 693; vgl. 108: P. BULTHAUP: Materialien], „der so konstruiert gewesen sei, daß er jeden Zug eines Schachspielers mit einem Gegenzug erwidert habe, der ihm den Gewinn der Partie sicherte. Eine Puppe in türkischer Tracht, eine Wasserpfeife im Munde, saß vor dem Brett, das auf einem geräumigen Tisch aufruhte. Durch ein System von Spiegeln wurde die Illusion erweckt, dieser Tisch sei von allen Seiten durchsichtig. In Wahrheit saß ein buckliger Zwerg darin, der ein Meister im Schachspiel war und die Hand der Puppe an Schnüren lenkte. Zu dieser Apparatur kann man sich ein Gegenstück in der Philosophie vorstellen. Gewinnen soll immer die Puppe, die man ‚historischen Materialismus' nennt. Sie kann es ohne weiteres mit jedem aufnehmen, wenn sie die Theologie in ihren Dienst nimmt, die heute bekanntlich klein und häßlich ist und sich ohnehin nicht darf blicken lassen." – Alleine freilich kann es der Histori-

Kritik des Fortschrittsbegriffs

sche Materialismus mit niemandem aufnehmen, wie Benjamin an der Verflachung des Marxschen Arbeitsbegriffs zur Vorstellung von bloßer Weiterentfaltung und Steigerung der Produktivkräfte zu zeigen versucht: Der technische Fortschritt wird zum Fetisch, und die Abschaffung von Herrschaft als Beherrschung von Menschen durch Menschen steht nicht mehr auf der Tagesordnung: So verwandelt sich die marxistische Antithese zur bestehenden Gesellschaft selbst in ein Moment der Dynamik der kapitalistischen Ökonomie. Was aber, wenn der Fortschritt nichts als Niedergang und Verhängnis wäre? BENJAMIN hat diesen Gedanken anhand von Paul Klees Bild Angelus Novus entfaltet: „Ein Engel", schreibt er [9: Ges. Schr., Bd. I, 2, 697], „ist darauf dargestellt, der aussieht, als wäre er im Begriff, sich von etwas zu entfernen, worauf er starrt. Seine Augen sind aufgerissen, sein Mund steht offen und seine Flügel sind ausgespannt. Der Engel der Geschichte muß so aussehen. Er hat das Antlitz der Vergangenheit zugewendet. Wo eine Kette von Begebenheiten vor uns erscheint, da sieht er eine einzige Katastrophe, die unablässig Trümmer auf Trümmer häuft und sie ihm vor die Füße schleudert. Er möchte wohl verweilen, die Toten wecken und das Zerschlagene zusammenfügen. Aber ein Sturm weht vom Paradiese her, der sich in seinen Flügeln verfangen hat und so stark ist, daß der Engel sie nicht schließen kann. Dieser Sturm treibt ihn unaufhaltsam in die Zukunft, der er den Rücken kehrt, während der Trümmerhaufen vor ihm zum Himmel wächst. Das, was wir Fortschritt nennen, ist dieser Sturm." BENJAMINS Vermutung, es könne der materielle und technologische Fortschritt selber sein, der die Menschheit von ihrem angestrebten Ziel, statt sie hinzuführen, immer weiter wegtreibt, läßt ihn in einer im Nachlaß gefundenen Notiz [9: Ges. Schr., I, 3, 1232] eine radikale Umkehrung des Revolutionsbegriffs in Erwägung ziehen: „Marx sagt, die Revolutionen sind die Lokomotiven der Weltgeschichte. Aber vielleicht ist dem gänzlich anders. Vielleicht sind die Revolutionen der Griff des in diesem Zuge reisenden Menschengeschlechts nach der Notbremse." Wie freilich das reisende Menschengeschlecht zum Griff nach der Notbremse gebracht werden könne, ließ BENJAMIN offen. In dem Mitte der 30er Jahre entstandenen Essay „Das Kunstwerk im Zeitalter seiner technischen Reproduzierbarkeit" [9: Ges. Schr. I, 2, 431–598] hatte er das marxistische Theorem von der Sprengung der Produktionsverhältnisse durch die Entfesselung der Produktivkräfte auf die Kunst übertragen und von der Zerstörung des Auratischen der Kunst infolge ihrer technischen Reproduzierbarkeit sowie der im Film möglich gewordenen kollektiven Simultanrezeption von Kunst aufklärende, ja geradezu revolutionierende Folgen für das Bewußtsein des Proletariats erwartet [dazu und zum folgenden vgl. 84: H. MÜNKLER, Der Verlust des revolutionären Subjekts, 58 ff.]. THEODOR W. ADORNO hat Benjamin, mit dem er sich damals in regem Austausch befand und von dem er zentrale Motive seines Denkens übernommen hat [vgl. 80: S. BUCK-MORSS, The Origin of Negative Dialectics, insbes. 136 ff.], in einem langen Brief widersprochen [abgedr. in 15: TH. W. ADORNO, Über Walter Benjamin, 126–134] und das revolutionäre Potential der Kunst nicht in der Massenkultur, sondern im autonomen Kunstwerk angesiedelt. Über die Massenkultur bemerkten HORKHEIMER und ADORNO in der „Dialektik der Aufklärung" [5: 148 f.], nunmehr von der Konsumtions- zur Produktionsseite gewendet, also nicht von Massenkultur, sondern von Kulturindustrie sprechend, sie sei nichts als Massenbetrug, da sie niemals einlöse, was sie verspreche; ihr Mechanismus bestehe darin, stets neuen Appetit zu wecken, um so davon abzulenken, daß sie den alten noch nicht befriedigt habe, den neuen erneut unbefriedigt zu lassen und so einen ungestillten wie unstillbaren Hunger nach Attraktion und Sensation zu produzieren, der von wahrer Reflexion ablenke – Überlegungen, die bereits in ADORNOS musiksoziologischen Aufsätzen „Über Jazz" [11] und „Über den Fetischcharakter in der Musik" [12] angelegt sind. Dort schon deutet sich an, was

Die Debatte über
Massenkultur
und authentische
Kunst

Kritik der Kulturindustrie

ADORNO in seiner posthum veröffentlichten „Ästhetischen Theorie" [16] als Signum wahrer Kunst ausgemacht hat: das Asketische, das dem von der Kulturindustrie verbreiteten lügnerischen Versprechen aufs Üppige Widerstand leistet.

Kunst als Residualform des Widerstands

Kunst vermag, so Adornos These, nicht länger den Weg zum erhofften Glück zu weisen, denn dann würde sie sich mit einer lügnerischen Kulturindustrie gemein machen; als Residualfunktion ihrer revolutionären Rolle ist nur die des Widerstands gegen Massenkunst und Kulturindustrie geblieben, und diesen Widerstand leistet autonome Kunst durch die Rehabilitation des Häßlichen, des Schwarzen, des Unkommunizierbaren. Doch der Preis dieser Widerständigkeit gegen universelle Vermittlung und totale Verwaltung ist die politische Wirkungslosigkeit von Kunst, ihr Verzicht auf jede Parteinahme. „Daß Kunstwerke", so ADORNO [16: Ästhetische Theorie, 359]. „politisch eingreifen, ist zu bezweifeln; geschieht es einmal, so ist es ihnen meist peripher; streben sie danach, so pflegen sie unter ihrem Begriff zu gehen. Ihre wahre gesellschaftliche Wirkung ist höchst mittelbar, Teilhabe an dem Geist, der zur Veränderung der Gesellschaft in unterirdischen Prozessen beiträgt und in Kunstwerken sich konzentriert; solche Teilhabe gewinnen diese allein durch ihre Objektivation." Von hier aus wird auch die dezidierte Absage verständlich, die Adorno Ende der 60er Jahre allen Versuchen einer Politisierung der Kunst erteilt hat: „Amusie ist nicht über, sondern unter der Kultur, Engagement vielfach nichts als Mangel an Talent oder an Anspannung, Nachlassen der Kraft. Mit ihrem jüngsten, freilich schon im Faschismus praktizierten Trick funktioniert Ichschwäche, die Unfähigkeit zur Sublimierung, sich ins Höhere um, belohnt die Linie des geringsten Widerstands mit einer moralischen Prämie" [16: 373]. (In der Akzentuierung einer durch Triebsublimation gewonnenen Ich-Stärke als Voraussetzung von Kunst wird einer der entscheidenden Unterschiede zwischen der Philosophie Adornos und der Marcuses sichtbar.) Dennoch besteht Adorno darauf, daß der Wahrheitsgehalt der Kunstwerke auch eine politische Dimension habe: Richtiges Bewußtsein enthält Kunst dann, wenn sie „das fortgeschrittenste Bewußtsein der Widersprüche im Horizont ihrer möglichen Versöhnung" [16: 285] zum Ausdruck bringt [vgl. 88: H. MÜNKLER, Der Verlust des revolutionären Subjekts, 52 ff., 63 ff.].

VON DER „DIALEKTIK DER AUFKLÄRUNG" ZUR „THEORIE DES KOMMUNIKATIVEN HANDELNS"

„Dialektik der Aufklärung" als Wendepunkt Kritischer Theorie

Zusammen mit HORKHEIMERS „Eclipse of Reason" [6] und ADORNOS „Minima Moralia" [13] markiert die von beiden Autoren gemeinsam verfaßte „Dialektik der Aufklärung" [5] den entscheidenden Wendepunkt der Kritischen Theorie von einer, entsprechend Horkheimers ursprünglicher Aufgabenstellung – fortschrittsorientierten Theorie der Gesellschaft zu einer pessimistisch gefärbten Zivilisations- und Kulturkritik. Dementsprechend deutlich hat sich JÜRGEN HABERMAS, selbst dem Konzept einer Evolutionstheorie der Gesellschaft zutiefst verpflichtet,

von den der „Dialektik der Aufklärung" zugrundeliegenden Thesen distanziert
[35: Theorie des Kommunikativen Handelns, Bd. 1, 505 ff. sowie 36: Die Verschlingung von Mythos und Aufklärung, 418 ff.] und deren verhängnisvolle Folgen für eine mögliche Fortentwicklung der Horkheimerschen Konzeption Kritischer Theorie hervorgehoben [39: Bemerkungen zur Entwicklungsgeschichte,
169 ff. sowie 35: Theorie des kommunikativen Handelns, Bd. 1, 461 ff., 489 ff.].
Anhand dreier Thematiken haben Horkheimer und Adorno ihre These vom   Das Umschlagen
Umschlag des aufklärererischen Anspruchs, der auf einen Zuwachs an Freiheit   von Aufklärung
abzielte, in sein Gegenteil vorgeführt [vgl. 81: A. HONNETH, Kritik der Macht,
48 ff.]: an der Selbstdestruktion menschlicher Vernunft im Prozeß ihrer Steigerung und Ausdifferenzierung; an dem Verfall der Persönlichkeit, der parallel zum
Prozeß der Orientierung von Natur und Gesellschaft am Schutz des Individuums
voranschreitet; und an der Aufsaugung authentischer Kunst durch Massenkunst
in eben dem Maße, in dem Kunst die abgesteckten und gehegten Bereiche beschränkter Wirksamkeit überschritt. Aufklärung, so die Autoren, schlug um in ihr
Gegenteil, seit sie das Moment der Negation strich, um direkt zur Versöhnung zu
gelangen: So mißlang sie als ganze. Die Vorstellung einer möglichen Befreiung der
Menschen von Angst und Furcht durch Mehrung der Mittel, die deren Ursachen   Hypertrophie
beseitigen sollten; die Beförderung der Freiheit durch Anhäufung von Herr-   des Instrumen-
schaftsinstrumentarien; die perspektivische Reduzierung der Vorstellung vom   tellen
guten Leben auf die Mehrung der Lebens-Mittel; kurzum: die Hypertrophie des
Instrumentellen, ließ den Zweck im Mittel verschwinden und das Mittel zum
Zweck werden. Die Sorge um die Zwecke wurde ersetzt durch die größere Sorge
um die Mittel – mit der Folge, daß ein realer Zugewinn an Beherrschung äußerer
Natur beglichen wurde mit einer wachsenden Deformation der inneren Natur:
Odysseus dient den Autoren als Beispiel. In einer der zahlreichen geschichtstheo-
retisch-spekulativen Thesen des Buches begreifen Horkheimer und Adorno den
Antisemitismus als Folge dieses Zerstörungsprozesses: als idiosynkratischen oder
projektiven Haß derer, die sich diesem Zivilisierungsprozeß restlos überließen,
auf jene, die an sein Mißlingen erinnern. – Der Preis für diese vor allem dem –
sekundär dialektisierten – Rationalisierungstheorem Max Webers geschuldeten
Geschichtstheorie der „Dialektik der Aufklärung" ist das starke Zurücktreten
sozialer Antagonismen in der Sicht der Autoren und die fast ausschließliche   Die Beziehung
Konzentration auf das Verhältnis zwischen Mensch und Natur, äußere wie innere.   Mensch-Natur
Da Horkheimer und Adorno – im Unterschied etwa zu Marcuse in „Eros and
Civilization" – die Natur nicht als potentiell dialektischen Widerpart des Rationa-
lisierungsprozesses begreifen, bleibt ihnen zuletzt nur die resignative Feststellung,
daß eine Wendung zum Besseren nicht in Sicht sei: Die „Revolte der Natur", von
der HORKHEIMER in „Eclipse of Reason" [6] spricht, bleibt ambivalent: Sie reicht
von der Geisteskrankheit über Jugendsekten bis zum Faschismus. Max Horkheimer hat in „Eclipse of Reason" viele Thesen der „Dialektik der Aufklärung"   Kritik der
wieder aufgenommen, sie in der Radikalität der Aussage jedoch gemildert und   instrumentellen
relativiert [dazu 88: H. HESSE, Vernunft und Selbstbehauptung, 98 ff.; insbes. 87;   Vernunft

G.-W. KÜSTERS, Der Kritikbegriff in der kritischen Theorie Max Horkheimers].
Horkheimer geht es noch einmal um die Apotheose des Subjekts und um das die
sozio-kulturelle Formierung des neuzeitlichen Individuums begleitende Prinzip
der Selbsterhaltung als Grundlage neuzeitlicher Philosophie. Beides, so Horkheimers These, kulminiert infolge einer Verkürzung der Vernunft aufs Instrumentelle in der äußersten Negation des Individuums, wie sie in der Gegenwart zu
beobachten sei. Der Zerfall der Persönlichkeit, die Dissolution des Individuellen,
ein Horkheimer zeitlebens beschäftigendes Thema, werden in Zusammenhang
gebracht mit dem Niedergang des Liberalismus, den Horkheimer nicht als Ent-
wicklungsetappe der bürgerlichen Gesellschaft, sondern als Episode der Geschichte begreift. Wie schon MARCUSE in seinem 1934 veröffentlichten Aufsatz
„Der Kampf gegen den Liberalismus in der totalitären Staatsauffassung" [wieder-
abgedruckt in 20: Kultur und Gesellschaft, Bd. 1, insbes. 23 ff.] sieht auch Horkheimer im Liberalismus weniger den Widerpart als vielmehr den Wegbereiter des
Faschismus. Eine Wiederbelebung des Liberalismus, so hatte HORKHEIMER schon
in dem Aufsatz „Die Juden und Europa" [wiederabgedruckt in 4: HORKHEIMER
U. A.: Wirtschaft, Recht und Staat, 33 ff.] erklärt, sei unmöglich, denn der Liberalismus beruhe auf einer ökonomisch vermittelten Form von Herrschaft, die zwi-
schenzeitlich abgelöst worden sei durch eine jede Vermittlung entbehrende direkte Form der Herrschaft, die HORKHEIMER als Herrschaft der Rackets begreift [vgl.
89: I. FETSCHER, Die Ambivalenz des liberalistischen „Erbes", 311 ff.]. Die An-
führer von Monopolen, zu denen Horkheimer übrigens auch die Gewerkschaften
als Monopolisten menschlicher Arbeitskraft zählt, ringen miteinander um Macht
und Einfluß bzw. stecken die Claims ihrer Herrschaft gegeneinander ab. Der
Klassenkampf, so HORKHEIMER in dem Aufsatz „On the Sociology of Class
Relations" [erstmals veröffentlicht in 1: Ges. Schr., Bd. 12, 75–104, dt. Übers.], hat
sich in ein System des Handels zwischen Monopolen verwandelt, in ein Mittel der
Klassenanpassung. Opfer dieses sozio-ökonomischen Wandels ist das Individuum, dessen Verteidigung Horkheimers Anstrengung gerade dort gilt, wo er zunehmend auf Schopenhauer zurückgreift [vgl. 90: W. POST, Kritische Theorie und
metaphysischer Pessimismus].

Das Individuum steht auch im Mittelpunkt von ADORNOS Aphorismensamm-
lung „Minima Moralia" [13]: Jeder Systematik mißtrauend, tritt hier subjektive
Reflexion an die Stelle des geschlossenen Systems. Die an Nietzsche orientierte
Auflösung systematischen Philosophierens in Aphorismen ist der stilistische Aus-
druck einer allein aufs Individuum vertrauenden reflektierenden Durchdringung
der verwalteten Welt, Widerstand des Intellektuellen als letztem Statthalter der
Humanität, „Reflexionen aus dem beschädigten Leben", wie der Untertitel lautet.
Was später der Künstler in der „Ästhetischen Theorie" sein wird, ist in den
„Minima Moralia" der Intellektuelle: keiner, der sich als Berufsrevolutionär oder
Lohnschreiber in den Dienst einer bestimmten Klasse oder Partei stellt, sondern
jemand, der auf sich allein gestellt, bewaffnet allein mit Sensibilität und kritischem
Verstand der Wirklichkeit den entlarvenden Spiegel vorhält [vgl. 101: I. FET-

Die Herrschaft
der Rackets

Reflexionen aus
dem beschädig-
ten Leben

SCHER, Zur kritischen Theorie der Sozialwissenschaften in Adornos „Minima Moralia", 226 ff.]. Was bleibt, ist Verzweiflung, aber eine Verzweiflung, die bezogen wird auf die (Denk-)Möglichkeit der Erlösung: „Philosophie", so der Schlußaphorismus [13: 333], „wie sie im Angesicht der Verzweiflung einzig noch zu verantworten ist, wäre der Versuch, alle Dinge so zu betrachten, wie sie vom Standpunkt der Erlösung aus sich darstellten." – In gewisser Hinsicht enthält ADORNOS fünfzehn Jahre später veröffentlichte „Negative Dialektik" [14: vgl. 93: F. GRENZ, Adornos Philosophie in Grundbegriffen sowie 94: H.-J. KÖHLER, Adornos Konzeption einer kritischen Theorie der Gesellschaft] eine Präzisierung dessen, was unter dem „Standpunkt" der Erlösung zu verstehen sei: Auf keinen Fall ist es die Herrschaft des Begriffs, gegen dessen unifizierende und nivellierende, alles Heterogene ausschließende Macht Adorno zu Felde zieht; eher schon ist es der „Standpunkt" des Nicht-Identischen, Besondern, Begrifflosen, das sich wehrt gegen die Systeme der Identifizierung. Adornos „Negative Dialektik" folgt einer „Logik des Zerfalls", die – abseits philosophischer Subsumtion unter Begriffe – die Sache selbst zu Wort kommen lassen will [vgl. 95: J. SCHMUCKER, Adorno): Wenn schon nicht Versöhnung zwischen Mensch und Natur, so doch zumindest ein Umgang mit dem Besonderen, der nicht sogleich die Spuren von Herrschaft hinterläßt. So enden Horkheimers wie Adornos Reflexionen zuletzt beim Individuellen und Besonderen als dem selten gewordenen einzig Integren in einer von Herrschaft restlos überzogenen Welt.

Begrifflichkeit als Herrschaftsform

JÜRGEN HABERMAS ist den in der „Dialektik der Aufklärung" vorgelegten Gesellschaftsdiagnosen Horkheimers und Adornos nicht gefolgt. Die darin ausgebreiteten Befunde, so sein Einwand in der Vorlesungsreihe „Der philosophische Diskurs der Moderne" [38: 137 ff.], übersähen „den vernünftigen Gehalt der Moderne", den die bürgerlichen Ideale ihrer Instrumentalisierung zum Trotz festhielten: So treibe die Selbstreflexion von Wissenschaft immer wieder über die pure Produktion technisch verwertbaren Wissens hinaus, die universalistischen Grundlagen von Recht und Moral hätten in den politischen Institutionen des Verfassungsstaates und in den Formen demokratischer Willensbildung – alle Deformation in Rechnung gestellt – ihren Niederschlag gefunden, und die Kraft ästhetischer Grunderfahrung sei, allen Konventionalisierungen zum Trotz, ein Garant der Selbstverwirklichung des Subjekts. HABERMAS geht es, wie er im Vorwort seiner „Theorie des kommunikativen Handelns" [35: Bd. 1, 7] erklärt, um die normative Begründung einer kritischen Gesellschaftsanalyse, um eine Gesellschaftstheorie, die in der Lage ist, die Maßstäbe ihrer Kritik ausweisen und begründen zu können, was im Verfolg der von Adorno entwickelten Gesellschaftskritik unmöglich geworden sei. Die angeführte Kritik in den Vorlesungen über den philosophischen Diskurs der Moderne zeigt aber auch, daß nicht allein ein theorieimmanentes Begründungsdilemma, sondern zugleich eine fundamental andere Beurteilung gesellschaftlicher Evolution in den letzten zweihundert Jahren Habermas' Bruch mit der Kritischen Theorie seit der „Dialektik der Aufklärung" veranlaßt hat. Für Habermas sind zudem – im Unterschied zum späten Adorno –

Habermas' Verteidigung der Moderne

Der Anspruch auf Selbstbegründung kritischer Gesellschaftstheorie wahre Aussagen nur unter Einbezug der Ergebnisse einzelwissenschaftlicher Forschungen möglich, womit Habermas an die Anfänge der Kritischen Theorie wiederanknüpft. „Wenn man sich an Wahrheitsfragen orientiert", so Habermas in einem Interview [zit. nach 37: Die Neue Unübersichtlichkeit, 204], „und sich dabei nicht selber mißversteht, dann darf man nicht, wie es Heidegger und Adorno gemeinsam versuchen, Wahrheiten an den Wissenschaften vorbei produzieren wollen und auf irgendeine höhere Einsicht setzen, auf ein Andenken des Seins oder auf ein Eindenken der gequälten Natur." Statt Adornos verzweifeltem Rückzug in einen einsamen Widerstand gegen die totale Verblendung will HABERMAS, so der Anspruch, den er in seiner „Theorie des kommunikativen Handelns" [35: Bd. 1, 516 f.] erhebt, an Horkheimers ursprünglichem Ansatz interdisziplinärer Forschung wiederanknüpfen: „Die Philosophie, die sich hinter die Linien des diskursiven Denkens aufs ‚Eindenken der Natur' zurückzieht, bezahlt für die erhebende Kraft ihres Exerzitiums mit der Abkehr vom Ziel theoretischer Erkenntnis – und damit von jenem Programm des ‚interdisziplinären Materialismus', in dessen Namen die kritische Gesellschaftstheorie Anfang der dreißiger Jahre einmal angetreten war." Habermas' eigene Theoriebildung ist dementsprechend

Habermas' Rezeptionsstrategie
angelegt als umfassende Auseinandersetzung mit den großen philosophischen und soziologischen Theorien des Jahrhunderts von Weber über Parsons zu Luhmann und von Gadamer zu Austin und Searle [vgl. 117: TH. MCCARTHY, Kritik der Verständigungsverhältnisse]. Habermas' Verteidigung der Moderne wider ihre Verächter ist nicht in der unmittelbaren Beschäftigung mit sozio-ökonomischen Untersuchungen entstanden, auch nicht mit historischen Studien, sondern sie entwickelt sich über die vermittelnde Auseinandersetzung mit Theorien der gesellschaftlichen Entwicklung. Das hatte – unter anderem – zur Folge, daß die mikrologische Beobachtung im Sinne Benjamins und Adornos, wie sie sich bei HABERMAS in den in „Arbeit, Erkenntnis, Fortschritt" [30] gesammelten frühen Aufsätzen mitunter noch findet, abgelöst wird durch eine auf breite Entwicklungstrends abhebende, systematisierende Großtheorie und daß an die Stelle eines begrifflicher Identifikation und Subsumtion sich verweigernden Stils, wie ihn Adorno gepflegt hat, eine sich insbesondere nach der Auseinandersetzung mit Systemtheorie und analytischer Sprachphilosophie immer stärker ausprägende szientifische Sprache tritt.

Zweckrationales und kommunikatives Handeln
Habermas setzt am Rationalisierungstheorem Max Webers an, kritisiert aber dessen Unilinearität und das ihm zugrundeliegende einsinnige Entwicklungsmuster, das bei Weber ebenso wie in der „Dialektik der Aufklärung" zu überaus pessimistischen Konsequenzen geführt hatte. HABERMAS unterscheidet, an die Differenzierung zwischen Arbeit und Interaktion [in 28: Technik und Wissenschaft als „Ideologie", 9 ff.] sowie an die Auffächerung von Erkenntnisinteressen in ein technisches, praktisches und emanzipatorisches Interesse [in 28: Technik und Wissenschaft als „Ideologie", 146 ff.] anknüpfend, zwischen zweckrationalem und kommunikativem Handeln: Ersteres, in sich noch einmal differenzierbar in instrumentelles (gegen Objekte) und strategisches Handeln (gegen Subjekte), ist

erfolgs-, letzteres hingegen verständigungsorientiert. Indem Habermas gesellschaftliche Evolution nicht nur aus der Entwicklung instrumentellen, sondern
ebenso aus dem Prozeß kommunikativen Handelns heraus entwickelt, gewinnt er
einen Begriff gesellschaftlicher Evolution, deren Entwicklungslogik nicht unmittelbar der des instrumentellen Handelns folgt. „Die Gattung", so HABERMAS in
„Rekonstruktion des Historischen Materialismus" [33: 162f.], „lernt nicht nur in
der für die Produktivkraftentfaltung entscheidenden Dimension des technisch
verwertbaren Wissens, sondern auch in der für die Interaktionsstrukturen aus-
schlaggebenden Dimension des moralisch-praktischen Bewußtseins. Die Regeln
kommunikativen Handelns entwickeln sich wohl in Reaktion auf Veränderungen
im Bereich des instrumentellen und strategischen Handelns, aber sie folgen dabei
einer eigenen Logik." Habermas geht davon aus, daß die Entwicklung instrumentellen Handelns, die Unterwerfung und Verfügbarmachung der äußeren Natur, in
ihren Entwicklungsstrukturen durch Marx hinreichend expliziert worden sei –
mit der freilich folgenreichen Reduktion von Interaktion auf Arbeit in der Verkürzung der beiden Evolutionsstränge instrumentellen wie kommunikativen Handelns auf die Dimension der Instrumentalität: „Die Marxsche Gesellschaftstheorie", schreibt er in „Erkenntnis und Interesse" [29: 58f.], nimmt in ihrem Ansatz
neben den Produktivkräften, in denen sie das instrumentelle Handeln sedimen-
tiert, auch den institutionellen Rahmen auf, die Produktionsverhältnisse; sie
unterschlägt in Praxis nicht den Zusammenhang symbolisch vermittelter Interaktion und die Rolle kultureller Überlieferung, aus denen Herrschaft und Ideologie
allein zu begreifen sind. Aber in das philosophische Bezugssystem geht diese Seite
der Praxis nicht ein. (...) In seinen inhaltlichen Analysen begreift Marx die
Gattungsgeschichte unter Kategorien der materiellen Tätigkeit und der kritischen
Aufhebung von Ideologien, des instrumentellen Handelns und der umwälzenden
Praxis, der Arbeit und der Reflexion in einem; aber Marx interpretiert, was er tut,
in dem beschränkten Konzept einer Selbstkonstitution der Gattung allein durch
Arbeit." Gegen die hegemoniale Stellung des Arbeitsparadigmas bei Marx setzt
Habermas die Untersuchung kommunikativen Handelns [vgl. 121: A. HONNETH/
H. JOAS, Kommunikatives Handeln], und zwar mit dem Anspruch, durch die
Rekonstruktion der Geltungsansprüche vernünftiger Rede ohne geschichtsphilo-
sophischen Rekurs auf ein weltgeschichtliches Subjekt (etwa das Proletariat) die
normativen Grundlagen einer kritischen Gesellschaftstheorie explizieren zu können. Rekonstruktion heißt für Habermas dabei die systematische Explikation
eines implizit immer schon vorhandenen Regelwissens, d. h., die Rekonstruktion
der Idee vernünftiger Rede zielt auf die Explikation kommunikativer Kompetenz,
und zwar als Gattungskompetenz. Jeder Teilnehmer empirischer Gesprächssitua-
tion setzt nämlich, wie HABERMAS in „Vorbereitende Bemerkungen zu einer
Theorie der kommunikativen Kompetenz" [31: 136ff.] zeigt, – womöglich kon-
trafaktisch – folgende Geltungsansprüche der idealen Sprechsituation voraus:
Verständlichkeit (bezogen auf das Medium der Sprache), Wahrheit (bezogen auf
die thematisierte objektive Welt), Wahrhaftigkeit (als Form der Selbstbezüglich-

Marginalien:

Interaktion und
Arbeit

Der rekonstruk-
tive Ansatz

Kompetenz- und
Evolutions-
theorie

keit des Sprechenden) und Richtigkeit (bezogen auf die Normen der sozialen Welt). Indem Habermas die damit gewonnene Typologie kognitiver, linguistischer und interaktiver Kompetenz im Anschluß an Piaget und Kohlberg in eine Theorie ontogenetischer wie gesellschaftlicher Evolution übersetzt, gelingt ihm der Entwurf einer Evolutionstheorie der Gesellschaft, die zu ihrer Begründung nicht auf ein Gattungssubjekt zurückgreifen muß, das erst in evolutionsgeschichtlich späten Phasen auftreten kann [vgl. 120: F. Koch, Jürgen Habermas' Theorie des kommunikativen Handelns].

Von der Bewußtseinsphilosophie zur Kommunikationstheorie Habermas hat den Übergang seiner gesellschaftstheoretischen Fragestellung von der Arbeit zur Interaktion mit einem Paradigmenwechsel von der Bewußtseinsphilosophie zur Kommunikationstheorie verbunden: Das erkennende und handelnde Subjekt wird nicht länger in eine prinzipiell monologische Ausgangssituation versetzt, aus der heraus es der gegenständlichen Welt gegenübertritt, sondern es wird hineingedacht in einen Entwicklungsprozeß intersubjektiver Verständigung über das, was Erkennen von und Handeln mit Objekten meint [vgl. 116: H. Gripp, Habermas, 82 ff.]. Nicht die kognitiv-instrumentelle, sondern die kommunikative Rationalität wird damit zur Basis dessen, was Habermas als Theorie der Rationalität entfaltet. Als kritische Gesellschaftstheorie ist diese Theorie der Rationalität vor allem ein normativer Maßstab für „Pathologien" und Deformationen, wie sie etwa in der Kolonisierung der Lebenswelt durch expansi**System und Lebenswelt** ve Übergriffe gesellschaftlicher Teilsysteme sichtbar wird. Habermas unterscheidet zwischen System und Lebenswelt als unterschiedlichen Formen sozialer Integration: Beruht die lebensweltliche Integration auf den Orientierungen der Handelnden, so die des Systems auf der funktionalen Vernetzung von Handlungsfolgen. Beide Bereiche sind im Prozeß der gesellschaftlichen Evolution fortschreitender Rationalisierung unterworfen: auf der Ebene des Systems einer Rationalisierung der Hauptsteuerungsmedien Geld und Macht und im Bereich der Lebenswelt einer Form von Rationalisierung, die sich als wachsender Begründungszwang für Orientierungen darstellt, wodurch traditionelle Überzeugungen und Selbstverständlichkeiten „rationalisiert" werden. Habermas erhält damit eine theoretische Folie, auf der er Deformationen und „Pathologien" sichtbar machen kann und die es ihm zugleich erlaubt, dem generellen Anathema Adornos über die gegenwärtige Welt zu entgehen. Insgesamt ist Habermas jedoch davon überzeugt, die Evolution lasse sich als Fortschritt charakterisieren – „Die Entfaltung der Produktivkräfte in Verbindung mit der Reife der Formen der Sozialintegration", so schreibt er in „Rekonstruktion des Historischen Materialismus" [33: 194], „bedeutet Fortschritte bei der Lernfähigkeit in beiden Dimensionen, Fortschritte in der objektivierenden Erkenntnis und in der moralisch-praktischen Einsicht" –, weswegen er auch das „Projekt Moderne" der Verteidigung für wert befindet.

Wirkungsgeschichte und Stand der Forschung

Die inzwischen vorliegende Forschungsliteratur zur Kritischen Theorie, zu einzelnen ihrer Vertreter und zu deren Rezeption ist kaum noch zu überschauen. Auch in Anbetracht des nur in beschränktem Umfang zur Verfügung stehenden Raumes ist es daher unmöglich, hier einen auch nur annähernd vollständigen Überblick zu geben. Statt dessen sollen die wichtigsten Monographien zur Kritischen Theorie angesprochen sowie einige Hauptlinien der von der Kritischen Theorie ausgehenden Diskussion nachgezeichnet werden. Ansonsten sei auf die angeführten Bibliographien [52–59] verwiesen.

Mit ROLF WIGGERSHAUS' umfangreichem Werk „Die Frankfurter Schule" [60] liegt inzwischen eine umfassende Darstellung vor, von den Anfängen des Instituts für Sozialforschung bis zu heutigen Denkströmungen, die mehr oder minder eng an die Kritische Theorie anschließen. Dennoch sind durch Wiggershaus' Werk frühere Arbeiten, etwa MARTIN JAYS „Dialektische Phantasie" [61], HELMUT DUBIELS „Wissenschaftsorganisation und politische Erfahrung" [64] oder ALFONS SÖLLNERS „Geschichte und Herrschaft" [65] keineswegs überholt, da bei Wiggershaus die Werkanalysen ausgesprochen knapp ausgefallen sind und statt dessen die Diskussionen, welche die Entstehung und Rezeption der Werke innerhalb der Kritischen Theorie begleiteten, breit dargestellt werden. Zur Entstehung und den Anfängen des Instituts nach wie vor unverzichtbar ist ULRIKE MIGDALS Arbeit „Die Frühgeschichte des Frankfurter Instituts für Sozialforschung" [62], da Migdal bis jetzt als einzige Zugang zum Archiv der Johann Wolfgang Goethe-Universität erhalten hat. Migdals Arbeit wird jetzt ergänzt durch die inhaltlichen Analysen der unter dem ersten Institutsdirektor Carl Grünberg entstandenen Arbeiten, die von MANFRED GANGL in „Politische Ökonomie und Kritische Theorie" [69: 65–135, 168–200] vorgelegt worden sind. Das politische, soziale und kulturelle Umfeld von Universität und Stadt, in dem Institut und Schule entstanden sind, ist dargestellt in WOLFGANG SCHIVELBUSCHS Buch „Intellektuellendämmerung" [63: 117 ff.].

Die Arbeiten von JAY und WIGGERSHAUS, die beiden wichtigsten Darstellungen der Kritischen Theorie, unterscheiden sich freilich nicht nur in der Anlage der Untersuchung – stärker werkgeschichtlich die JAYS, eher historisch, gestützt auf umfängliches Archivmaterial die von WIGGERSHAUS –, sondern differieren auch inhaltlich im Hinblick auf das, was als Kritische Theorie der Frankfurter Schule anzusehen sei. JAY akzentuiert die Eindringlichkeit der Fragestellung, die relative innere Geschlossenheit der Kritischen Theorie und den Zusammenhang der im Rahmen des Instituts für Sozialforschung geleisteten empirischen Untersuchungen. Dagegen treten bei WIGGERSHAUS persönliche Differenzen, inhaltliche Brüche und Gegensätze sowie das Ungenügen gegenüber dem ursprünglichen Anspruch, eine auf interdisziplinärer Forschung begründete Gesellschaftstheorie zu entwickeln, in den Vordergrund. Horkheimers Bedürfnis nach materieller Sekurität und Adornos Eifersucht auf potentielle Konkurrenten werden zu einem prä-

Die wichtigsten Monographien

Institutionen-Geschichte und Werkanalyse

genden Charakteristikum der Schule. Damit wird die Frage nach dem tatsächli-

chen Ausmaß von Kooperation und Diskussion innerhalb der Schule thematisch.
Hatte DUBIEL in „Wissenschaftsorganisation und politische Erfahrung" [64] Kontinuität der Fragen und Kohärenz der Antworten herausgestellt, so ist MICHAEL
WILSON in seiner Untersuchung der Faschismusanalysen des Instituts [75: 9ff.] zu
dem Ergebnis gelangt, es könne keineswegs von einer koordinierten Arbeit innerhalb des Instituts gesprochen werden: Vieles sei nebeneinander hergelaufen, kontroverse Auffassungen seien nur selten miteinander diskutiert worden, von inter-
disziplinärem Arbeiten könne kaum die Rede sein – ein Urteil, das in dieser
Schärfe sicherlich am ehesten hinsichtlich der Faschismusanalysen gefällt werden
kann, das jedoch nicht generalisierbar ist. Insgesamt wird man sagen können, daß
die eher forschungsparadigmatischen Darstellungen der kritischen Theorie, so
auch WILLEM VAN REIJENS Einführung „Philosophie als Kritik" [71], dazu nei-
gen, diese als geschlossene Theorie, als „Schule" darzustellen, während institutio-
nenbezogene Darstellungen stärker die Unterschiede und Gegensätze heraus-
heben.

Dissens herrscht auch hinsichtlich der formativen Elemente des Forschungspa-
radigmas der Kritischen Theorie: Hat ALFRED SCHMIDT in „Kritische Theorie als
Geschichtsphilosophie" [68] die Idee der kritischen Theorie im wesentlichen aus
philosophie-immanenten Diskursen heraus zu entwickeln versucht, so hat HEL-
MUT DUBIEL in „Wissenschaftsorganisation und politische Erfahrung" [64] die
Kritische Theorie aus den politischen Erfahrungen der Weimarer Republik heraus
begriffen. MANFRED GANGL [69: Politische Ökonomie und Kritische Theorie,
136ff.] hat jetzt versucht, beide Zugangsweisen miteinander zu verbinden.

Im Gefolge von Jürgen Habermas' explizitem Wiederanknüpfen an Horkhei-
mers ursprüngliches Programm einer Kritischen Theorie und seine Kritik an
Adorno [s. oben, S. 169f.] ist es in den letzten Jahren zu einer kontroversen
Diskussion über die Bedeutung Horkheimers bzw. Adornos für eine mögliche
Weiterentwicklung der Kritischen Theorie gekommen. Dabei hat HEIDRUN
HESSE [88: 97f., 117ff.] unabhängig von Habermas die These entwickelt, Hork-
heimers „Kritik der instrumentellen Vernunft" versuche, „den begrenzten ge-
schichtlichen Horizont zu erhellen (...), in dem sich die methodische technische
Rationalität der Neuzeit entfalten konnte", während die „Dialektik der Aufklä-
rung" „die tragikomische Geschichte vom Menschen" erzähle, „der sich hoff-
nungslos in Naturzwänge verwickelt, weil er sie zu durchbrechen versucht".
Anschlußfähig ist in dieser Sicht allein Horkheimers Programm. Dagegen hat
STEFAN BREUER in dem 1985 veröffentlichten Aufsatz „Horkheimer und Adorno.
Differenzen im Paradigmakern der Kritischen Theorie" [73: 357ff.] die Akzente
umgekehrt gesetzt: Nicht Horkheimers sich zuletzt konservativer Kulturkritik
annähernder Ansatz, der die (guten) bürgerlichen Ideale gegen die (schlechte)
Realität der bürgerlichen Gesellschaft auszuspielen versuche, sondern Adornos
formanalytische Kritik „reiner Vergesellschaftung" und seine historisch nicht
terminierte Annahme einer sich auf dem Identitätsprinzip begründeten Herr-

schaft seien heute für eine Kritische Theorie der Gesellschaft allein anschlußfähig. ALFRED SOHN-RETHEL, der in den 30er Jahren zum Umfeld des Instituts
im Exil gehörte, hat Breuers Thesen nachhaltig unterstützt [vgl. 74: A. SOHN-
RETHEL/ST. BREUER/B. VON GREIFF, Differenzen in der Kritischen Theorie II, Paradigmakern
312ff.]. – Demgegenüber hat ROLAND ROTH in seiner Arbeit „Rebellische Subjektivität" [115] – darin übrigens frühere Überlegungen BREUERS [109: 80ff.]
weiterführend – die Marcusesche Variante der Kritischen Theorie als deren heute
am ehesten entwicklungsfähigen Teil bezeichnet.

Zur Diskussion einer gesellschaftskritischen Aktualität der Frankfurter Schule Berührungs-
punkte nach
rechts?
gehört die Auseinandersetzung mit der Frage, inwiefern und inwieweit es Berüh-
rungspunkte zwischen linker und rechter Gesellschaftskritik in der Weimarer
Republik gegeben habe und was dies für eine mögliche Weiterführung Kritischer
Theorie heute bedeute. So sind in den letzten Jahren die Anknüpfungen Franz
Neumanns an Carl Schmitt relativ ausführlich untersucht worden [122: A. SÖLL-
NER, Linke Schüler der Konservativen Revolution, 226ff.], ebenso Parallelen
zwischen Marcuse und Freyer [124: P. DEMO, Herrschaft und Geschichte], zwi-
schen der „Dialektik der Aufklärung" und Hans Freyer [125: M. TH. GREVEN,
Konservative Kultur- und Zivilisationskritik, 144ff.] sowie Nähen zwischen
Adorno und Heidegger [126: H. MÖRCHEN, Macht und Herrschaft; 127: DERS.,
Adorno und Heidegger]. Überraschende Brisanz erhielten diese Untersuchungen erst durch ELLEN KENNEDYS 1986 veröffentlichten Aufsatz „Carl Schmitt
und die ‚Frankfurter Schule'", in dem sie das Fortleben Schmittscher Denkfiguren auf deren Übernahme durch die Kritische Theorie zurückführt und insbesondere Jürgen Habermas eines kryptischen Links-Schmittianismus bezichtigte
[128: 402ff.]. In der sich an Kennedys Aufsatz anschließenden Debatte in „Geschichte und Gesellschaft" [vgl. 129: A. SÖLLNER, Jenseits von Carl Schmitt;
130: U. K. PREUSS, Carl Schmitt und die Frankfurter Schule; 131: M. JAY, Les
extremes se ne touchent pas] sind KENNEDYS Thesen teils relativiert, teils widerlegt worden.

Auswahlbibliographie

A. PRIMÄRTEXTE

1. M. HORKHEIMER, Gesammelte Schriften. Hrsg. von A. Schmidt u. G. Schmid Noerr, 18 Bde., Frankfurt am Main 1985 ff.

2. DERS., Kritische Theorie. Eine Dokumentation. Hrsg. von A. Schmidt, 2 Bde., Frankfurt am Main 1968.

3. DERS., Notizen 1950 bis 1969 und Dämmerung. Notizen aus Deutschland. Hrsg. von W. Brede. Einleitung von A. Schmidt. Frankfurt am Main 1974.

4. DERS. / POLLOCK / NEUMANN / KIRCHHEIMER / GURLAND / MARCUSE, Wirtschaft, Recht und Staat im Nationalsozialismus. Analysen des Instituts für Sozialforschung 1939–1942. Hrsg. von H. Dubiel und A. Söllner, Frankfurt am Main 1981.

5. DERS./TH. W. ADORNO, Dialektik der Aufklärung. Philosophische Fragmente. Frankfurt am Main 1969.

6. DERS., Eclipse of Reason. New York 1947. Dt.: Zur Kritik der instrumentellen Vernunft. Übers. von A. Schmidt. Frankfurt am Main 1967.

7. E. FROMM, Die psychoanalytische Charakterologie und ihre Bedeutung für die Sozialpsychologie, in: Zeitschrift für Sozialforschung, Bd. I, Heft 3, 1932.

8. DERS., Escape from Freedon. New York 1941. Dt.: Die Furcht vor der Freiheit. Zürich 1945 u. ö.

9. W. BENJAMIN, Gesammelte Schriften. Unter Mitw. von Th. W. Adorno und G. Scholem, hrsg. von R. Tiedemann u. H. Schweppenhäuser. Frankfurt am Main 1974 ff.

10. TH. W. ADORNO, Gesammelte Schriften. Hrsg. von R. Tiedemann. 20 Bde. Frankfurt am Main 1970–1986.

11. DERS., (unter dem Pseudonym Hektor Rottweiler), Über Jazz, in: Zeitschrift für Sozialforschung, Bd. V, Heft 2, 1936.

12. DERS., Über den Fetischcharakter in der Musik und die Regression des Hörens, in: Zeitschrift für Sozialforschung, Bd. VII, Heft 3, 1938.

13. DERS., Minima Moralia. Reflexionen aus dem beschädigten Leben. Frankfurt am Main 1951.

14. DERS., Negative Dialektik. Frankfurt am Main 1966.

15. DERS., Über Walter Benjamin. Hrsg. von R. Tiedemann. Frankfurt am Main 1970.

16. DERS., Ästhetische Theorie. Hrsg. von G. Adorno und R. Tiedemann. Frankfurt am Main 1970.

17. H. MARCUSE, Eros and Civilization. A Philosophical Inquiry into Freud. Boston 1955. Dt.: Eros und Kultur. Stuttgart 1957. Triebstruktur und Gesellschaft. Frankfurt am Main 1965.

18. DERS., Soviet Marxism: A Critical Analysis. New York 1958. Dt.: Die Gesellschaftslehre des sowjetischen Marxismus. Neuwied/Berlin 1964.

19. DERS., The One-Dimensional Man. Studies in the Ideology of Advanced Industrial Society. Boston 1964. Dt.: Der eindimensionale Mensch. Studien zur Ideologie der fortgeschrittenen Industriegesellschaft. Ins Dt. übers. von A. Schmidt. Neuwied/Berlin 1967.

20. DERS., Kultur und Gesellschaft. 2. Bde. Frankfurt am Main 1965.

21. DERS., An Essay on Liberation. Boston 1969. Dt.: Versuch über die Befreiung. Übers. von H. Reinicke und A. Schmidt. Frankfurt am Main 1969.

22. DERS., Counterrevolution and Revolt. Boston 1973. Dt.: Konterrevolution und Revolte. Übersetzt von R. u. R. Wiggershaus. Frankfurt am Main 1973.

23. F. NEUMANN, Behemoth. The Structure and Practice of National Socialism. New York 1942. Sec. rev. Ed., with new Appendix. Toronto/New York/London 1944. Dt.: Behemoth. Struktur und Praxis des Nationalsozialismus 1933–1944. Dt. von H. Wagner u. G. Schäfer. Hrsg. von G. Schäfer. Frankfurt am Main 1977.

24. DERS., Demokratischer und autoritärer Staat. Beiträge zur Soziologie der Politik. Frankfurt am Main 1967.

25. DERS., Die Herrschaft des Gesetzes. Eine Untersuchung zum Verhältnis von politischer Theorie und Rechtssystem in der Konkurrenzgesellschaft. Übers. und mit einem Nachwort von A. Söllner. Frankfurt am Main 1980.

26. J. HABERMAS, Strukturwandel der Öffentlichkeit. Untersuchungen zu einer Kategorie der bürgerlichen Gesellschaft. Neuwied/Berlin 1962.

27. DERS., Theorie und Praxis. Sozialphilosophische Studien. Neuwied/Berlin 1963.

28. DERS., Technik und Wissenschaft als „Ideologie". Frankfurt am Main 1968.

29. DERS., Erkenntnis und Interesse. Frankfurt am Main 1968.

30. DERS., Arbeit, Erkenntnis, Fortschritt. Aufsätze 1954–1970. Amsterdam 1970.

31. DERS., Vorbereitende Bemerkungen zu einer Theorie der kommunikativen Kompetenz, in: J. Habermas/N. Luhmann, Theorie der Gesellschaft oder Sozialtechnologie. Was leistet die Systemforschung? Frankfurt am Main 1971, 101–141.

32. DERS., Legitimationsprobleme im Spätkapitalismus. Frankfurt am Main 1973.

33. DERS., Zur Rekonstruktion des Historischen Materialismus. Frankfurt am Main 1976.

34. DERS., Kleine Politische Schriften (I–IV). Frankfurt am Main 1981.

35. DERS., Theorie des kommunikativen Handelns. 2 Bde. Frankfurt am Main 1981.

36. DERS., Die Verschlingung von Mythos und Aufklärung. Bemerkungen zur ‚Dialektik der Aufklärung' – nach einer erneuten Lektüre, in: Mythos und Moderne. hrsg. von K. H. Bohrer. Frankfurt am Main 1983, 405–431.

37. DERS., Die Neue Unübersichtlichkeit. Kleine Politische Schriften V. Frankfurt am Main 1985.

38. DERS., Der philosophische Diskurs der Moderne. Zwölf Vorlesungen. Frankfurt am Main 1985.

39. DERS., Bemerkungen zur Entwicklungsgeschichte des Horkheimerschen Werkes, in: Max Horkheimer heute: Werk und Wirkung. [86] 163–179.

40. E. FROMM, Arbeiter und Angestellte am Vorabend des Dritten Reiches. Ein sozialpsychologische Untersuchung. Bearbeitet von W. Bonß. Stuttgart 1980.

41. M. HORKHEIMER, E. FROMM, H. MARCUSE u. a., Studien über Autorität und Familie. Forschungsberichte aus dem Institut für Sozialforschung. Paris 1936. ND Lüneburg 1987.

42. M. HORKHEIMER/S. H. FLOWERMAN (Hrsg.), Studies in Prejudice. New York 1949f.

43. TH. W. ADORNO/E. FRENKEL-BRUNSWIK/D. J. LEVINSON/F. N. SANFORD, The Authoritarian Personality. New York 1950. Dt. Auswahlausgabe, Studien zum autoritären Charakter. Dt. von M. Weinbrenner. Vorrede von L. von Friedeburg. Frankfurt am Main 1973.

44. P. MASSING, Rehearsal for Destruction. A Study of Political Anti-Semitism in Imperial Germany. New York 1949. Dt.: Vorgeschichte des politischen Antisemitismus. Übersetzt und bearb. von F. J. Weil. Frankfurt am Main 1959.

45 L. LÖWENTHAL/N. GUTERMANN, Prophets of Deceit. A Study of the Techniques of the American Agitator. New York 1949 (dt.: Falsche Propheten. Studien zur faschistischen Agitation. Dt. von S. Hoppmann-Löwenthal, in: L. Löwenthal, Schriften 3. Frankfurt am Main 1982.

46. Gruppenexperiment. Ein Studienbericht. Bearb. von F. Pollock. Mit einem Geleitwort von F. Böhm. Frankfurt am Main 1955.

47. H. GROSSMANN, Das Akkumulations- und Zusammenbruchgesetz des kapitalistischen Systems. Leipzig 1929.

48. F. POLLOCK, Die planwirtschaftlichen Versuche in der Sowjetunion 1917–1927. Leipzig 1929.

49. K. A. WITTFOGEL, Wirtschaft und Gesellschaft Chinas. Versuch der wissenschaftlichen Analyse einer großen asiatischen Agrargesellschaft. Bd. 1: Produktivkräfte, Produktions- und Zirkulations-Prozeß. Leipzig 1931.

50. K. A. WITTFOGEL, Die orientalische Despotie. Eine vergleichende Untersuchung totaler Macht. Dt. von Frits Kool. Köln 1962.

51. F. Borkenau, Der Übergang vom feudalen zum bürgerlichen Weltbild. Studien zur Geschichte der Philosphie der Manufakturperiode. Paris 1934. ND Darmstadt 1971.

B. Bibliographien

52. Bibliographie der Erstveröffentlichungen Max Horkheimers. Zusammengestellt von G. Schmid Noerr, in: Max Horkheimer heute: Werk und Wirkung. Hrsg. von A. Schmidt und N. Altwicker. Frankfurt am Main 1986, 372–383.
53. Auswahlbibliographie der Horkheimer-Rezeption. Zusammengestellt von R. Görtzen, in: Max Horkheimer heute, a. a. O., 384–399.
54. R. Görtzen, Theodor W. Adorno. Vorläufige Bibliographie seiner Schriften und der Sekundärliteratur, in: Adorno-Konferenz 1983. Hrsg. von L. v. Friedeburg und J. Habermas. Frankfurt am Main 1983, 402–471.
55. R. Tiedemann, Bibliographie der Erstdrucke Walter Benjamins, in: Zur Aktualität Walter Benjamins. Hrsg. von S. Unseld. Frankfurt am Main 1972, 227–279.
56. B. Lindner, W. Benjamin. Werkbibliographie und kommentierte Bibliographie, in: Text und Kritik 31/32 (in 2. Aufl. ergänzt bis 1978), 107–120.
57. K. H. Sahmel, Ausgewählte Bibliographie der Schriften von und über Herbert Marcuse, in: Jahrbuch Arbeiterbewegung. Hrsg. von C. Pozzoli. Bd. 6. Frankfurt am Main 1979, 271–301.
58. W. Luthardt, Ausgewählte Bibliographie der Arbeiten von Franz L. Neumann, in: F. Neumann, Behemoth. Struktur und Praxis des Nationalsozialismus 1933–1944. Frankfurt am Main 1977, 777–784.
59. R. Görtzen, Jürgen Habermas. Eine Bibliographie seiner Schriften und der Sekundärliteratur 1952–1981. Frankfurt am Main 1982.

C. Literatur

60. R. Wiggershaus, Die Frankfurter Schule. Geschichte – Theoretische Entwicklung – Politische Bedeutung, München 1986.
61. M. Jay, Dialektische Phantasie. Die Geschichte der Frankfurter Schule und des Instituts für Sozialforschung 1923–1950. Dt. von H. Herkommer u. B. von Greiff, Frankfurt am Main 1976.
62. U. Migdal, Die Frühgeschichte des Frankfurter Instituts für Sozialforschung. Frankfurt am Main/New York 1981.
63. W. Schivelbusch, Intellektuellendämmerung. Zur Lage der Frankfurter Intelligenz in den zwanziger Jahren. Frankfurt am Main 1982.
64. H. Dubiel, Wissenschaftsorganisation und politische Erfahrung. Studien zur frühen kritischen Theorie. Frankfurt am Main 1978.

65. A. SÖLLNER, Geschichte und Herrschaft. Studien zur materialistischen Sozialwissenschaft 1929–1942. Frankfurt am Main 1979.

66. T. BOTTOMORE, The Frankfurt School. London 1984.

67. A. SCHMIDT, Zur Idee der kritischen Theorie, in: M. Horkheimer, Kritische Theorie [2], 333–358.

68. A. SCHMIDT, Die Kritische Theorie als Geschichtsphilosophie. München 1976.

69. M. GANGL, Politische Ökonomie und Kritische Theorie. Ein Beitrag zur theoretischen Entwicklung der Frankfurter Schule. Frankfurt am Main 1988.

70. U. GMÜNDER, Kritische Theorie. Horkheimer, Adorno, Marcuse, Habermas. Stuttgart 1985.

71. W. VON REIJEN, Philosophie als Kritik. Einführung in die Kritische Theorie. Königstein/Ts. 1986.

72. A. HONNETH, Kritische Theorie, in: Pipers Handbuch der Politischen Ideen. Hrsg. von I. Fetscher u. H. Münkler, Bd. 5. München 1987, 601–611.

73. ST. BREUER, Horkheimer und Adorno: Differenzen im Paradigmakern der Kritischen Theorie, in: Leviathan. 13 Jg., H. 3/1985, 357–375.

74. A. SOHN-RETHEL/ST. BREUER/B. VON GREIFF, Differenzen im Paradigmakern der Kritischen Theorie, Teil II, in: Leviathan. 14. Jg., H. 2/1986, 308–320.

75. M. WILSON, Das Institut für Sozialforschung und seine Faschismusanalysen. Frankfurt am Main/New York 1982.

76. W. BONSS/A. HONNETH (Hrsg.), Sozialforschung als Kritik. Zum sozialwissenschaftlichen Potential der Kritischen Theorie. Frankfurt am Main 1982.

77. A. HONNETH/A. WELLMER (Hrsg.), Die Frankfurter Schule und die Folgen. Referate eines Symposiums der von- Humboldt-Stiftung vom 10.–15. Dezember 1984 in Ludwigsburg. Berlin/New York 1986.

78. W. BONSS, Die Einübung des Tatsachenblicks. Zur Struktur und Veränderung empirischer Sozialforschung. Frankfurt am Main 1982.

79. P. ANDERSON, Über den westlichen Marxismus. Dt. von R. Kaiser. Frankfurt am Main 1978.

80. S. BUCK-MORSS, The Origin of Negative Dialectics. Theodor W. Adorno, Walter Benjamin and the Frankfurt Institute. Hassochs, Sussex 1977.

81. A. HONNETH, Kritik der Macht. Reflexionsstufen einer kritischen Gesellschaftstheorie. Frankfurt am Main 1985.

82. A. SCHMIDT, Die ‚Zeitschrift für Sozialforschung' – Geschichte und gegenwärtige Bedeutung, in: Ders., Zur Idee der Kritischen Theorie. Elemente der Philosophie Max Horkheimers. München 1974, 36–124.

83. W. BONSS/N. SCHINDLER, Kritische Theorie als interdisziplinärer Materialismus, in: Sozialforschung als Kritik. [64], 31–66.

84. H. MÜNKLER, Vom Verlust des revolutionären Subjekts. Die politische

Dimension modernener und postmoderner Ästhetiken, in: Kultur und Politik. Brechungen der Fortschrittsperspektive heute. Hrsg. von H. Münkler u. R. Saage. Opladen 1990, 49–74.

85. H. GUMNIOR/R. RINGGUTH, Max Horkheimer in Selbstzeugnissen und Bilddokumenten. Reinbek b. Hamburg 1973.

86. A. SCHMIDT/N. ALTWICKER (Hrsg.), Max Horkheimer Heute: Werk und Wirkung. Frankfurt am Main 1986.

87. G.-W. KÜSTERS, Der Kritikbegriff in der Kritischen Theorie Horkheimers. Frankfurt am Main 1980.

88. H. HESSE, Vernunft und Selbstbehauptung. Kritische Theorie als Kritik der neuzeitlichen Rationalität. Frankfurt am Main 1984.

89. I. FETSCHER, Die Ambivalenz des liberalistischen „Erbes" in der Sicht von Max Horkheimer. Eine Skizze zu seinen politischen Reflexionen im Exil, in: Max Horkheimer heute. [86] 298–327.

90. W. POST, Kritische Theorie und metaphysischer Pessimismus. Zum Spätwerk Max Horkheimers. München 1971.

91. R. WIGGERSHAUS, Theodor W. Adorno. München 1987.

92. H. L. ARNOLD (Hrsg.), Theodor W. Adorno. Text + Kritik. Sonderband. München 1977.

93. F. GRENZ, Adornos Philosophie in Grundbegriffen. Auflösung einiger Deutungsprobleme. Frankfurt am Main 1974.

94. H. J. KÖHLER, Th. W. Adornos Konzeption einer Kritischen Theorie der Gesellschaft. Berlin 1974.

95. J. F. SCHMUCKER, Adorno – Logik des Zerfalls. Stuttgart 1977.

96. TH. MIRBACH, Kritik der Herrschaft. Zum Verhältnis von Geschichtsphilosophie, Ideologiekritik und Methodenreflexion in der Gesellschaftstheorie Adornos. Frankfurt am Main/New York 1979.

97. J. NAEHER (Hrsg.), Die Negative Dialektik Adornos. Opladen 1984.

98. B. LINDNER/W. M. LÜDKE (Hrsg.), Materialien zur ästhetischen Theorie Theodor W. Adornos. Konstruktion der Moderne. Frankfurt am Main 1980.

99. L. VON FRIEDNBURG/J. HABERMAS (Hrsg.), Adorno-Konferenz 1983. Frankfurt am Main 1983.

100. M. LÖBIG/G. SCHWEPPENHÄUSER (Hrsg.), Hamburger Adorno-Symposion. Lüneburg 1984.

101. I. FETSCHER, Zur Kritischen Theorie der Sozialwissenschaften in Adornos „Minima Moralia", in: Die Frankfurter Schule und die Folgen. [77] 223–245.

102. A. WELLMER, Zur Dialektik von Moderne und Postmoderne. Vernunftkritik nach Adorno. Frankfurt am Main 1985.

103. W. FULD, Walter Benjamin. Zwischen den Stühlen. Eine Biographie. München/Wien 1979.

104. B. WITTE, Walter Benjamin. Reinbek b. Hamburg 1985.

105. R. TIEDEMANN, Dialektik im Stillstand. Versuche zum Spätwerk Walter Benjamins. Frankfurt am Main 1983.

106. N. W. Bolz/R. Faber (Hrsg.), W. Benjamin. Profane Erleuchtung und rettende Kritik. Würzburg 1982.

107. B. Lindner (Hrsg.), „Links hatte noch alles sich zu enträtseln ..." Walter Benjamin im Kontext. Frankfurt am Main 1978.

108. P. Bulthaup (Hrsg.), Materialien zu Benjamins Thesen „Über den Begriff der Geschichte". Beiträge und Interpretationen. Frankfurt am Main 1975.

109. St. Breuer, Die Krise der Revolutionstheorie. Negative Vergesellschaftung und Arbeitsmetaphysik bei Herbert Marcuse. Frankfurt am Main 1977.

110. D. Claussen, Spuren der Befreiung – Herbert Marcuse. Darmstadt 1981.

111. V. Geoghegan, Reason and Eros: The Social Theory of Herbert Marcuse. London 1981.

112. D. Kellner, Herbert Marcuse and the Crisis of Marxism. London u. a. 1984.

113. R. Roth, Rebellische Subjektivität. Herbert Marcuse und die neuen Protestbewegungen. Frankfurt am Main/New York 1985.

114. A. Söllner, Neumann zur Einführung. Hannover 1982.

115. R. Erd (Hrsg.), Reform und Resignation. Gespräche über Franz L. Neumann. Frankfurt am Main 1985.

116. H. Gripp, Jürgen Habermas. Und es gibt sie doch – Zur kommunikationstheoretischen Begründung der Vernunft bei Jürgen Habermas. Paderborn u. a. 1984.

117. Th. McCarthy, Kritik der Verständigungsverhältnisse. Zur Theorie von Jürgen Habermas. Frankfurt am Main 1980.

118. R. Geuss, Die Idee einer kritischen Theorie. Aus dem Amerikan. von A. Kuster. Königstein/Ts. 1983.

119. R. J. Bernstein (Hrsg.), Habermas and Modernity. Cambridge/Oxford 1985.

120. F. Koch, Jürgen Habermas' Theorie des kommunikativen Handelns als Kritik der Geschichtsphilosophie. Frankfurt am Main u. a. 1985.

121. A. Honneth/H. Joas (Hrsg.), Kommunikatives Handeln. Beiträge zu Jürgen Habermas' „Theorie des kommunikativen Handelns". Frankfurt am Main 1986.

122. A. Söllner, Linke Schüler der konservativen Revolution? – Zur politischen Theorie von Neumann, Kirchheimer und Marcuse am Ende der Weimarer Republik, in: Leviathan. 11. Jg., 2/1983, 214–232.

123. V. Neumann, Kompromiß oder Entscheidung? Zur Rezeption Carl Schmitts in den Weimarer Arbeiten Franz L. Neumanns, in: J. Perels (Hrsg.), Recht, Demokratie und Kapitalismus. Baden-Baden 1984, 65–78.

124. P. Demo, Herrschaft und Geschichte. Zur politischen Gesellschaftstheorie Freyers und Marcuses. Meisenheim/Glan 1973.

125. M. Th. Greven, Konservative Kultur- und Zivilisationskritik in „Dialektik der Aufklärung" und „Schwelle der Zeiten". Über einige Gemeinsamkeiten

bei aller Verschiedenheit, in: Konservatismus. Eine Gefahr für die Freiheit? Hrsg. von E. Hennig u. R. Saage. München 1983, 144–159.

126. H. MÖRCHEN, Macht und Herrschaft im Denken von Heidegger und Adorno, Stuttgart 1980.

127. H. MÖRCHEN, Adorno und Heidegger. Untersuchungen zu einer philosophischen Kommunikationsverweigerung. Stuttgart 1981.

128. E. KENNEDY, Carl Schmitt und die „Frankfurter Schule". Deutsche Liberalismuskritik im 20. Jahrhundert, in: Geschichte und Gesellschaft, 12. Jg., 1986, 380–419.

129. A. SÖLLNER, Jenseits von Carl Schmitt. Wissenschaftsgeschichtliche Richtigstellungen zur politischen Theorie im Umkreis der „Frankfurter Schule", in: Geschichte und Gesellschaft. 12 Jg., 1986, 502–529.

130. U. K. PREUSS, Carl Schmitt und die Frankfurter Schule: Deutsche Liberalismuskritik im 20. Jahrhundert, in: Geschichte und Gesellschaft. 13. Jg. 1987, 400–419.

131. M. JAY, Les extrêmes ne se touchent pas, in: Geschichte und Gesellschaft. 13. Jg., 1987, 542–558.

Zeittafel

MAX HORKHEIMER

1895	Max Horkheimer wird am 14. Februar als Sohn des Textilfabrikanten Moritz Horkheimer in Stuttgart-Zuffenhausen geboren.
1911	Horkheimer verläßt das Gymnasium und beginnt eine Handelslehre, anschließend Volontariat in Brüssel, Bildungsreisen zusammen mit Friedrich Pollock.
1914	Rückkehr nach Stuttgart.
1916	Militärdienst.
1918/1919	Wiederaufnahme des Gymnasialbesuchs in München. Dort Augenzeuge der Münchner Räterepublik, Abitur und anschließend Universitätsstudium, zunächst in München, dann in Freiburg/Br. und Frankfurt/M.
1922	Promotion in Frankfurt bei Hans Cornelius. Thema der Dissertation: „Zur Antinomie der teleologischen Urteilskraft".
1925	Habilitation in Frankfurt. Thema der Habilitationsschrift: „Kants Kritik der Urteilskraft als Bindeglied zwischen theoretischer und praktischer Philosophie".

1930   Ernennung zum Ordinarius für Sozialphilosophie an der Goethe-Universität Frankfurt/M.

1931   Direktor des Instituts für Sozialforschung.

1933   Flucht in die Schweiz; am 13. April Amtsenthebung.

1934–1949 Exil in den USA, dort weiterhin Leitung des Instituts für Sozialforschung, zunächst in New York, dann in Kalifornien.

1949   Rückkehr nach Frankfurt, Berufung zum Ordinarius für Philosophie an der Goethe-Universität.

1950   Wiedereröffnung des Instituts für Sozialforschung in Frankfurt/M.

1951–1953 Rektorat der Goethe-Universität.

1959   Emeritierung.

1973   Horkheimer stirbt am 7. Juli in Nürnberg.

Theodor W. Adorno

1903   Theodor Wiesengrund wird am 11. September als Sohn des Weinhändlers Wiesengrund und seiner Frau, geb. Caluelli Adorno, geboren.

1921   Abitur. Beschäftigung mit Blochs „Geist der Utopie" und Lukács' „Theorie des Romans".

1922/1923 Studium der Philosophie, Soziologie, Psychologie und Musiktheorie, erste musiktheoretische Arbeiten.

1924   Promotion in Frankfurt bei Hans Cornelius. Thema der Dissertation: „Die Transzendenz des Dinglichen und Noematischen in Husserls Phänomenologie".

1925   Studium der Kompositionslehre und Musiktheorie bei Alban Berg in Wien.

1927   Einreichung einer Habilitationsschrift bei Cornelius. Thema: „Der Begriff des Unbewußten in der transzendentalen Seelenlehre". Adorno zieht die Arbeit vor Eröffnung des Verfahrens zurück.

1929–1930 Redakteur bei der Kulturzeitschrift „Anbruch".

1931   Habilitation bei Paul Tillich. Thema der Habilitationsschrift: „Kierkegaard. Konstruktion des Ästhetischen".

1934   Emigration nach Oxford. Dort Arbeit am Merton College.

1938   Emigration in die USA. Definitive Annahme des Namens Adorno, vor allem auf Drängen Horkheimers, der eine negative Reaktion der amerikanischen Öffentlichkeit auf die zahlreichen Mitarbeiter des Instituts mit jüdischen Namen befürchtete. Eintritt ins Institut.

1949   Zeitweilige Rückkehr nach Deutschland.

1953   Endgültige Rückkehr nach Deutschland, Stellvertretender Direktor des Instituts für Sozialforschung.

1958   Übernahme der Leitung des Instituts.

1969   Adorno stirbt am 6. August bei einer Bergwanderung in der Schweiz.

HERBERT MARCUSE

1898   Herbert Marcuse wird am 19. Juli in Berlin als Sohn des Kaufmanns Carl Marcuse und seiner Ehefrau Gertrud geboren.

1916   Ende der Schulzeit. Militärdienst und Teilnahme am Ersten Weltkrieg.

1919   Aufnahme des Studiums der Philosophie, Germanistik und Ökonomie, zunächst in Berlin, später in Freiburg/Br.

1922   Promotion in Freiburg. Thema der Dissertation: „Der deutsche Künstlerroman".

1922–1929 Tätigkeit in einem Verlag und in einer Berliner Buchhandlung.

1929   Wiederaufnahme des Studiums der Philosophie in Freiburg bei Husserl und Heidegger.

1932   Marcuse gibt die Absicht auf, bei Heidegger zu habilitieren; Veröffentlichung der nicht eingereichten Habilitationsschrift „Hegels Ontologie und die Grundlegung einer Theorie der Geschichtlichkeit".

1934   Exil in den USA, Mitarbeiter des Instituts für Sozialforschung.

1934   Mitarbeiter des OSS (Office of Strategic Services).

1952   Lehrtätigkeit an verschiedenen amerikanischen Universitäten: Columbia, Harvard, Brandeis.

1965   Lehrtätigkeit an der Universität von San Diego, Kalifornien.

1979·   Herbert Marcuse stirbt während eines Deutschlandbesuchs in Frankfurt/M.

WALTER BENJAMIN

1892   Walter Benjamin wird am 15. Juli in Berlin geboren.

1912   Abitur in Berlin und Aufnahme des Studiums in Freiburg/Br., später Fortsetzung des Studiums in München und Bern.

1919   Promotion. Titel der Dissertation: „Der Begriff der Kunstkritik in der deutschen Romantik".

1923   Nach dem Scheitern von Habilitationsplänen in Bern und Heidelberg versucht Benjamin, sich in Frankfurt zu habilitieren.

1925   Benjamin zieht seinen Habilitationsantrag zurück. Die vorbereitete Habilitationsschrift wird später veröffentlicht unter dem Titel „Der Ursprung des deutschen Trauerspiels".

1933   Exil in Frankreich.

1934   Längerer Besuch bei Brecht in Dänemark; finanzielle Unterstützung durch das Institut für Sozialforschung.

1940   Nach einem gescheiterten Versuch, die französische Grenze Richtung Spanien zu passieren, nimmt sich Benjamin das Leben.

JÜRGEN HABERMAS

1929   Jürgen Habermas wird am 18. Juni in Düsseldorf geboren.

1949   Nach Abitur in Gummersbach Studium der Philosophie, Geschichte, Psychologie und Germanistik in Göttingen, Zürich und Bonn.

1954   Promotion. Titel der Dissertation: „Das Absolute und die Geschichte".

1956–1959 Assistent Adornos am Frankfurter Institut für Sozialforschung.

1961   Habilitation in Marburg bei Wolfgang Abendroth. Titel der Habilitationsschrift: „Strukturwandel der Öffentlichkeit".

1961   Außerordentliche Professur in Heidelberg.

1964–1971 Ordinarius für Philosophie und Soziologie an der Goethe-Universität Frankfurt/M.

1971–1982 Zusammen mit Carl-Friedrich von Weizsäcker Leitung des Starnberger Max-Planck-Instituts zur Erforschung der Lebensbedingungen der wissenschaftlich-technischen Welt.

1983   Erneute Professur für Philosophie an der Goethe-Universität Frankfurt/M.

Alexander Schwan

Existenzphilosophie und Existentialismus

Die deutsche Existenzphilosophie und der französische Existentialismus sind in Nachkriegs-phänomene ihrem Ursprung und mehr noch in ihrer Wirkung typische Nachkriegsphänome-ne: Die Existenzphilosophie entstand in Deutschland nach dem Ersten Weltkrieg, der Existentialismus reicht mit seinen Wurzeln in die Zeit der Résistance gegen die deutsche Besetzung Frankreichs ab 1940, hat seine durchschlagende Geltung jedoch nach dem Ende des Zweiten Weltkriegs gewonnen, ein Vorgang, der auch den beiden Repräsentanten der Existenzphilosophie, Karl Jaspers und mehr noch Martin Heidegger, in Frankreich und in der gesamten romanischen Welt zu neuer Bedeutung verhalf, die auf (West-)Deutschland zurückwirkte. Die beiden großen Kriege, die zum ersten Mal die beteiligten Völker in ihr Geschehen total und unmittelbar hineinzogen, die somit zu ideologisierten Massenkriegen wurden, haben früher gültige Grundlagen und Maßstäbe der europäischen Zivilisation ins Wanken gebracht, ja weitgehend zerrüttet. So stellte es sich zumindest für das Bewußtsein größerer Teile der Intelligenz der hauptsächlich betroffenen Länder dar. Die alten haltgebenden kulturellen Selbstverständlichkeiten waren und wur-Infragestellung traditioneller Selbstverständ-lichkeiten den in der Substanz infrage gestellt. Die Menschen konnten sich auf ihre in allem – materiell und politisch, mehr noch geistig, weltanschaulich und religiös – unge-sicherte Existenz zurückgeworfen sehen, und es ging nun darum, aus der zutiefst bedrohlichen Konstellation eines scheinbar voraussetzungslosen Existierens neue Denk- und Handlungs-, ja Weltstrukturen zu entwickeln.

In dieser Grundsituation traf die Existenzphilosophie von Karl Jaspers und von Martin Heidegger wie später der Existentialismus Jean-Paul Sartres, in dessen Nähe gemeinhin besonders Albert Camus gerückt wird, einen empfindlichen Nerv, so daß diese philosophischen Richtungen rasch zu intellektuellen Moden werden konnten. Sie kündeten – im Banne und in der Nachfolge Sören Kierke-Die ungesicherte Existenz als Ausgangspunkt gaards und Friedrich Nietzsches – von der Geworfenheit des Menschen in eine seinsverlorene Weltungewißheit, von der in der Angst aufbrechenden Sorge um sein endliches Seinkönnen, von seinem Hinausgehaltensein ins Nichts oder ins Absurde, das mit dem Zusammenbruch der traditionellen Werte als grundlegende Befindlichkeit für das geschichtliche In-der-Welt-sein der Existenz erfahren wur-de, somit vom Sein-zum-Tode und schließlich von der Aufgabe der Existenz, in je neuen Entwürfen die Zukunft zu ergreifen, aber ohne Aussicht auf ein sicheres Gelingen, vielmehr im ständigen Blick auf das Scheitern, das Schuldigsein und die bleibende Ausständigkeit der Existenz. Mit Kierkegaard und Nietzsche wurde die

Ende der
Metaphysik

überlieferte Metaphysik, namentlich die Systemphilosophie des Deutschen Idealismus, für beendet und erledigt erklärt.

In solchen recht allgemeinen Andeutungen sind bereits die wesentlichen Gemeinsamkeiten der Hauptvertreter der Existenzphilosophie und des Existentialismus genannt. Die genauere Auslegung des zentralen Existenzgedankens, die philosophische Explikation der in dem Ansatz liegenden Probleme und insbeson-

Bedeutende
Unterschiede
im einzelnen

dere die gezogenen Schlußfolgerungen für Fragen der Praxis und der Politik zeigen sich dagegen bei Jaspers, Heidegger, Sartre und Camus sehr unterschiedlich – so sehr, daß diese Autoren über lange Zeiten nichts voneinander wissen und nicht miteinander in einen geistigen Zusammenhang gebracht werden wollten. Wir müssen sie demzufolge je für sich darstellen und würdigen. Gemeinsam ist ihnen eigentlich nur noch zweierlei.

Selbstinfragestel-
lung der Exi-
stenzphilosophie

Erstens haben sie alle es abgelehnt, durch die Bezeichnungen „Existenzphilosophie" bzw. „Existentialismus" etikettiert zu werden, Heidegger und Camus ganz entschieden von Anfang an, Jaspers und Sartre zumindest im Verlauf ihrer philosophischen Entwicklung. Heidegger will seine Philosophie stattdessen als Seinsdenken gewürdigt wissen, Camus' philosophisch-literarisches Schaffen bemüht sich um eine Theorie und Praxis der (nicht-revolutionären) Revolte, Sartre hat seine existentialistischen Untersuchungen später nur noch als Teilstücke des Marxismus ausgegeben, Jaspers war bestrebt, die Existenzphilosophie in eine Vernunft- und Weltphilosophie zu transformieren. Dennoch sind sie sämtlich am Anfang und im Ursprung einem Philosophieren verpflichtet, das seinen Ausgang von einer Reflexion auf die Bedingungen und Grundmöglichkeiten der ganz auf sich geworfenen und zurückverwiesenen Existenz nimmt. Daß die Existenz in der scheinbar zunächst bestehenden Isolierung nicht belassen bleiben kann, sondern den Überschritt zu einer (jeweils unterschiedlich interpretierten) Welt tun muß, so daß die „Existenzphilosophie" und der „Existentialismus" sich selbst zu überwinden haben, ist nur zu plausibel.

Gedankliche Ab-
folge: Existenz,
Welt, Politik

Zweitens ergibt sich – mehr oder minder – für alle hier zu behandelnden Autoren konsequent, daß ihr Denkweg von der Existenz aus- und zu Welt und Sein, danach auch zu Gesellschaft und Politik erst übergeht. Sie sind nicht originär, sondern nur in zweiter (oder eigentlich dritter) Linie politische Philosophen. Das gilt für Jaspers und Heidegger ganz ausdrücklich, es trifft aber auch auf Sartre und Camus zu, deren literarisches Engagement zwar stets von einem politischen begleitet war, die jedoch als Philosophen durchaus zunächst eine im Existenzdenken begründete Anthropologie und Seinstheorie entfalten, aus der dann Folgerungen für die Praktische und Politische Philosophie bzw. für politische Optionen abgeleitet werden. Wir müssen diese Zusammenhänge in unserer Darstellung und Interpretation beachten, diese also jeweils von den philosophischen Grundlagen zu den politischen Aussagen führen, wenngleich in knappster Form.

Mit Blick auf die darzulegenden politikphilosophischen Positionen jedoch wählen wir für die Einzelerörterung eine Reihung, die von der der zeitlichen Abfolge abweicht: wir behandeln nacheinander Martin Heidegger, Jean-Paul

Sartre, Albert Camus und Karl Jaspers. Wir werden – zugegeben: in unserer subjektiven Sicht – auf diese Weise von zutiefst problematischen zu immer konstruktiveren Auskünften gelangen.

Martin Heidegger (1889–1976)

Der eigenständige philosophische Weg von Martin Heidegger, der ursprünglich katholischer Theologe werden wollte, sich aber unter dem Einfluß insbesondere der Phänomenologie Edmund Husserls davon abgewandt hatte, beginnt 1923 mit der Übernahme einer Professur in Marburg; diese hatte er fünf Jahre inne, um dann als Ordinarius und Nachfolger Husserls an seine Ursprungsuniversität Freiburg i. Br. zurückzukehren. Die Marburger Jahre stehen im Zeichen der Arbeit an „Sein und Zeit" [10] – einem der bedeutendsten Werke der Philosophiegeschichte –, mit dem dem 38jährigen 1927 der Durchbruch an die Spitze der deutschen Philosophie gelingt. Mit einem Schlage gilt daraufhin Heidegger neben dem sechs Jahre älteren Karl Jaspers als der Repräsentant einer Existenzphilosophie – diese Bezeichnung hat er für sich selbst stets abgelehnt –, die trotz ihrer schwierigen Sprache und ihres strengen wissenschaftlichen Ernstes das Lebensgefühl der durch den großen Krieg und seine Folgen aufgewühlten akademischen Jugend verständlich und appellativ zum Ausdruck brachte.

Heideggers Anfänge

„Sein und Zeit" [10] entfaltet eine Daseinsanalytik, die der „Ausarbeitung der Seinsfrage" dienen will (§ 2). Ausarbeitung der Seinsfrage besagt hier für Heidegger zunächst das „Durchsichtigmachen" des „fragenden" Seienden, d. h. des Menschen, in seinem Sein. Der Mensch ist unter allem Seienden dadurch ausgezeichnet, daß er das, was er ist, erst noch zu sein hat, daß er also das Wesen der möglichen, aber ausstehenden Erschlossenheit seiner selbst ist, die er in der vorlaufenden Entschlossenheit des Sich-selbst-erstrebens eigens ergreift (§ 62). Er wird so für Heidegger das Wesen des Seinsverständnisses: Aufgrund seines Zuseins ist Sein für den Menschen erschließbar und immer auch schon erschlossen, jedoch so, daß er dieses Verstehen eigens aufzubringen hat. Er ist in diesem Sinne das Da-sein, dem es um sein Sich-zueigen-sein als solches, um seine Eigentlichkeit geht. Heidegger nennt das Sein des so gefaßten Daseins dann auch „Existenz" (§ 4).

„Sein und Zeit" als Früh- und Hauptwerk

Der Mensch als Zu-sein und Da-sein

Der Existenz kommt Freiheit zu als „die Möglichkeit des Freiseins für das eigenste Seinkönnen" (§ 31). Freiheit meint bei Heidegger nicht etwa die Selbstbestimmung des Menschen, gar des Individuums, zu diesem oder jenem Lebensweg, zu dieser oder jener weltanschaulichen Orientierung, zu dieser oder jener politischen Richtung oder dergl.: es geht vielmehr um Sein oder Nichtsein der Existenz im Sinne der Wahl zwischen dem eigentlichen oder dem uneigentlichen Verstehen ihrer selbst. Das eigentliche Verstehen entspringt „aus dem eigenen Selbst als solchen" (a.a.O.), das uneigentliche bedeutet Verfallen an die Alltäglichkeit, Durchschnittlichkeit und vor allem auch den Öffentlichkeitscharakter des „Man".

Existenz zwischen Eigentlichkeit und Uneigentlichkeit

Die Öffentlichkeit „regelt zunächst alle Welt- und Daseinsauslegung", nimmt sie der Existenz ab und bringt sie so unter die „Botmäßigkeit des Anderen"; das „Belieben der Anderen verfügt über die alltäglichen Seinsmöglichkeiten des Daseins" (§ 27). Die Existenz steht folglich vor der über ihre Daseinswirklichkeit im Ganzen entscheidenden Wahl zwischen Selbstsein und Verfallensein.

Mit der Wahl des Selbstseins aber geschieht nichts anderes, als daß der Mensch sich als das Wesen des Seinsverständnisses eigens übernimmt. Damit ist ihm zugleich seine Verwiesenheit an Welt, sein striktes In-der-Welt-sein erschlossen.

Sich auf ihre Möglichkeiten entwerfend, erschließt sich die Existenz in ihrem In-der-Welt-sein als geworfene; auf ihre Zukunft gerichtet, erfährt sie sich als immer schon durch Gewesenheit und situative Gegenwart bestimmt. Die Existenz lebt ek-statisch in den Zeitigungsweisen von Zukünftigkeit, Gewesenheit und

Wesenhafte Zeitlichkeit der Existenz

Gegenwart; ihr Sein entbirgt sich als Zeitlichkeit, Sein selbst als Zeit. Solche Zeitlichkeit in ihren drei Ekstasen macht einerseits die Ganzheit des Daseins aus, andererseits enthüllt sie, daß das Dasein nie seine „Gänze" erreicht: auf sein Zusein ausgerichtet, muß es seinkönnend je immer etwas noch nicht sein; es ist durch konstitutive Vorläufigkeit, Abständigkeit und Endlichkeit geprägt, ist in diesem Sinne Sein-zum-Ende (§§ 47 ff.).

Das aber besagt letztlich nichts anderes, als daß der Mensch als Dasein und Existenz sein Selbst in Wirklichkeit gar nicht endgültig erreichen kann, daß er seine Grundmöglichkeit stets auch verfehlt, daß er in einem ständigen Schuldig-

Schuldigsein und Nichtigkeit

sein verbleibt: im Wählen und Entwerfen einer Möglichkeit schließt er jeweils andere aus, ist sein Dasein folglich von einem unhintergehbaren Nichten durchherrscht. Dasein ist deshalb immer auch „Grundsein einer Nichtigkeit" (§ 58). Als solches wird es in der Grundstimmung der Angst erfahren. Diese wird zur ausgezeichneten Erschlossenheit des Daseins, sofern es sich gerade in seiner Nichtigkeit übernimmt. Ganzheit, Selbstsein und Eigentlichkeit gewinnt das Dasein letztlich also nur so, daß es auf die ursprünglich intendierte Fülle dieser Gehalte verzichtet. Seine Existenz ist im Grunde genommen eine zutiefst verzweifelte Existenz. Vielleicht erklärt es sich von daher, daß der zunächst ganz a-politische, ja eher antipolitische Heidegger von „Sein und Zeit" im vorletzten, mit „Zeitlichkeit und Geschichtlichkeit" überschriebenen Kapitel plötzlich das endli-

Ohnmacht der Überlassenheit an das völkische Schicksal

che, nichtige Dasein in die *„Ohnmacht"* der Überlassenheit an das gemeinsame „Geschick" alles „schicksalhaft" einer gleichen Grundsituation ausgelieferten Daseins- und das heißt jetzt für ihn: eines Volkes, des völkisch-geschichtlich artikulierten Daseins – eingewiesen sieht (§ 74). Das Volk bzw. das völkische Schicksal blitzt kurz auf als das das Dasein in seiner Nichtigkeit Umfangende und so noch Tragende.

Angesichts der grundlegend aporetischen Situation, der Heideggers früher existenzphilosophischer (von ihm selbst „fundamentalontologisch" genannter)

Auseinandersetzung mit Nietzsches Nihilismus

Ansatz verhaftet bleibt, war es konsequent, daß der Philosoph – bis dahin primär Kierkegaard folgend – sein weiteres Denken mit der Nihilismusproblematik konfrontierte, wie Nietzsche sie aufgeworfen hat. Das geschieht mit zunehmender

Intensität seit der aufsehenerregenden, von Leibniz und Schelling übernommenen Fragestellung „Warum ist überhaupt Seiendes und nicht vielmehr Nichts?" am Schluß der Freiburger Antrittsvorlesung „Was ist Metaphysik?" [11] von 1929.

Die intensive Auseinandersetzung mit Nietzsche wird in den dreißiger Jahren für Heidegger deshalb entscheidend, weil Nietzsche das Ende der abendländischen Metaphysik auf philosophische Weise vollzieht. Doch bleibt Nietzsche in Heideggers Sicht inkonsequent, wenn er den „europäischen Nihilismus" – die „Entwertung der Werte" – aus dem Willen zur Macht noch einmal positiv metaphysisch begründet und mit einer „Umwertung der Werte" zu überwinden sucht. Für Heidegger stellt sich immer dringlicher die Frage, wie es komme, daß im abendländischen, bei den Griechen anhebenden Denken fortwährend Seiendes sich als Sein und Grund von allem vordrängt, selbst noch im Nihilismus Nietzsches. Das Seiende muß eine eigentümliche Herkunft haben, um in dieser aufdringlichen Weise scheinbildend in den Vordergrund aller Erfahrung zu rücken. Diese seine Seiendheit und Nichtigkeit zugleich stiftende Herkunft sucht Heidegger nun als „Sein" zu denken. Das Denken vollzieht insofern eine „Kehre" von der existenzphilosophischen Daseinsanalytik zur Seinsfrage selbst. „Kehre" zum Seinsdenken

Im von Heidegger behaupteten Unterschied zur metaphysischen Tradition soll Sein jetzt aus der ontologischen Differenz zum Seienden begriffen werden. Es ist dann das gegenüber allem Seienden schlechthin Inkommensurable, aber gerade deshalb ohne (vom Seienden her noch Erschließbares) eigenes Grund- und Fürsich-sein. Vielmehr ist es das die Unverborgenheit des Seienden Entspringenlassende und darin sich Verbergende, der Widerstreit von Entbergung und Verbergung, von Wahrheit und Unwahrheit in der Geschichte des Seienden, des Menschen, der Welt und ihrer Werke und als diese. Das Sein ist insofern mit dieser Geschichte identisch, aber als das Signum ihrer unausweichlichen Differenz, Abgründigkeit und Irre [vgl. bes. 18: Identität und Differenz]. Von Epoche zu Epoche, Augenblick zu Augenblick ereignet sich die Geschichte neu, aus einem freien, unbegründeten Geschick (ἐποχή) des Seins, das sich in der Gabe („Gewähr") sogleich auch wieder ins Geheimnis entzieht. Alle Geschichte ist folglich un-bedingt kontingent, ihrer jeweiligen Wahrheit – in Einheit mit ihrer Unwahrheit – überliefert, ohne substantiellen Halt. Wahrheit und Unwahrheit des Seins

In den dreißiger Jahren sieht Heidegger diese Geschichte sich seinsgeschichtlich auf signifikante Art in den großen Werken der Kunst, der Dichtung, des Denkens und der Politik ereignen. In formaler Anknüpfung an Aristoteles, doch gravierender inhaltlicher Umprägung wird die von den herausragenden „Schaffenden" gewalt-tätig gestaltete Geschichte des Ins-Werk-setzens der Wahrheit (und Irre) zum maßgeblichen Orientierungsmuster des Denkens und Handelns. Diese Zusammenhänge führten Heidegger von seiner Philosophie her in den Bannkreis des autoritären Führer-Gefolgschafts-Gedankens, der 1933 mit der nationalsozialistischen Bewegung in Deutschland zur Macht kam. Insofern war es konsequent, daß er sich dieser Bewegung als Rektor der Freiburger Universität zur Verfügung stellte. In seiner Rektoratsrede vom 27. Mai 1933 rühmt Heidegger die „Herrlich- Ins-Werk-setzen der Wahrheit Bejahung des autoritären Führerstaates keit" und „Größe" des neuen geschichtlichen „Aufbruchs", kündigt er die traditionelle akademische Freiheit auf, unterstellt er die Universität dem neuen Arbeits-, Wehr- und Wissensdienst. In anderen Ansprachen des Jahres 1933 wird seine Bejahung des nationalsozialistischen Führer- und Volks-Staates noch deutlicher.

Da der Philosoph aber selbst die ἐποχή der nationalsozialistischen Machtergreifung als ein schicksalhaftes – allerdings ausgezeichnetes – Ereignis der Wahrheit *und* Unwahrheit des Seins, also auch der „Irre" und „Weltungewißheit" verstehen mußte, tritt seine Differenz zur totalitären Ideologie doch sehr bald zutage. Wie nicht wenige ähnlich denkende und sich verhaltende deutsche Intellektuelle und Kulturschaffende – es sei im Zusammenhang mit Heidegger lediglich an Ernst Jünger erinnert, dessen Schrift „Der Arbeiter" (von 1931) Heidegger stark beeindruckt hat – ist Heidegger damals ein Anhänger des autoritären Machtstaates – gegen die für dekadent und schwächlich erachtete liberale Demo-

Gegen den
ideologischen
Totalitarismus
kratie –, aber nicht des weltanschaulichen Absolutheitsanspruchs der totalen Herrschaft, die sich mehr und mehr herausbildete. Heidegger muß im April 1934 das Rektorat niederlegen; er zieht sich in eine Art partieller innerer Emigration zurück. In seinen Lehrveranstaltungen, besonders den berühmten, damals nicht publizierbaren Nietzsche-Vorlesungen (seit 1936) vollführt er die schrittweise Abkehr von seiner positiven Einstellung zum Nationalsozialismus.

Apolitische Spät-
philosophie
Diese Abkehr erbringt in seiner Spätphilosophie jedoch keineswegs eine Hinwendung zu anderen – etwa demokratischen – politischen Positionen. Sie verschärft sich vielmehr zu einer Abwendung von der politischen Kultur der Gegenwart in allen ihren Formen überhaupt, vornehmlich jedoch der des Westens und seines „Amerikanismus". Die Epoche der Gegenwart verfällt einem generellen seinsgeschichtlichen Verdikt: Das „Atomzeitalter", das „Zeitalter der Technik"

Das technische
Zeitalter
mit ihren alle Lebensbereiche erfassenden Mechanismen gilt einschließlich sämtlicher heutiger politischer Strömungen nun als das Zeitalter der Seinsvergessenheit, einer langdauernden Ausprägung der Irrnis, also eines Geschicks des Seins selbst, das als „Ge-stell" das verborgene Wesen der Technik ist. In diesem werkunfähig gewordenen Zeitalter sind dann alle Einzelerscheinungen prinzipiell gleichförmig und gleichgültig. Im Sinne seinsgeschichtlicher Notwendigkeit werden die totalitären politischen Systeme dieses ohnehin insgesamt als totalitär gedeuteten technischen Zeitalters noch einmal von Heidegger bedingt gerechtfertigt. Dabei gewinnen Nationalsozialismus und Kommunismus gleichermaßen einen relativen Vorrang vor anderen Richtungen, weil sie am ehesten bewußt machen, „was weltgeschichtlich ist", ohne daß ihnen jetzt noch die äußere und innere Zustimmung des Heideggerschen Denkens zuteil würde [vgl. dazu bes. 21: Wegmarken, S. 171 ff.].

„Verwindung"
der Gegenwart
Dieses Denken selbst versucht sich nun in einer „Gelassenheit" zu halten, das die unheilvolle Gegenwart „verwindet", indem es sich offenhält für das Geheimnis und sein „vielleicht" einmal andersartiges Geschick, also im Gegenzug gegen jedwedes Planenwollen der Zukunft. Heidegger hat sich dabei auf ein zunehmend stiller, schweigsamer, schlichter, „abschiedlicher" werdendes Bedenken von

Ding, Ort und Raum eingelassen, das zu vage bleibt, um klar erkenntlich zu machen, wieweit er das frühere Fragen nach Existenz, Dasein, Sein, Zeit, Seinsgeschichte, Werk und Ge-stell sowie seinen damit verknüpften komplexen Wahrheitsbegriff hinter sich gelassen oder aber in eine erneute Kehre aufgehoben hat. Vagheiten

JEAN-PAUL SARTRE (1905-1980)

Jean-Paul Sartre, zunächst Philosophielehrer an Gymnasien in Le Havre, Laon und Paris, seit 1945 freier Schriftsteller (zeitweise Herausgeber und Chefredakteur der Zeitschrift „Les Temps Modernes"), hat nach einigen Anfangsarbeiten 1943 mit seinem ersten philosophischen Hauptwerk „Das Sein und das Nichts" [43: L'Etre et le Néant] und dem Schauspiel „Die Fliegen" [44: Les Mouches] sowie 1946 mit der Abhandlung „Ist der Existentialismus ein Humanismus?" [46: L'Existentialisme est un humanisme] den französischen Existentialismus begründet. Steht er politisch auf der Seite der Widerstandsbewegung gegen den Nationalsozialismus und die deutsche Besatzung in Frankreich, so folgt er philosophisch in einigen Stücken zunächst Martin Heidegger, wobei jedoch schon sein Ansatz sich deutlich von dem deutschen Denker unterscheidet. Sartre übernimmt aus „Sein und Zeit" [10] den Grundgedanken, daß das Sein des Daseins (des Menschen) in seiner Existenz liege, d. h. daß der Mensch allererst zu sein hat, indem er sich entwirft, womit er zugleich seine Geworfenheit in diese sich stets situativ artikulierende Grundsituation übernimmt. Sartre radikalisiert den Grundgedanken dahingehend, daß er den Menschen als das Wesen bezeichnet, bei dem die Existenz der Essenz vorausgeht, das also existiert, bevor es durch irgendeinen Begriff definiert werden kann, das sich stattdessen selbst definiert und sein Wesen allererst schafft. Damit wird die Sichtweise der traditionellen Metaphysik von Platon bis Hegel, für die die Existenz dem jeweils vorgegebenen Wesen (des Menschen und alles Seienden) nachfolgt, radikal umgestülpt, und zwar zugunsten einer entschiedenen Philosophie der Subjektivität. Von dieser hat sich Heidegger in seinem „Brief über den Humanismus" [13] 1946 scharf abgegrenzt, indem er ihr die eigene Entfaltung der Seinsfrage gegenüberstellte. Der Existentialismus und das (in „Sein und Zeit" existenzphilosophisch vorbereitete) seinsgeschichtliche Denken sind seitdem durch eine tiefe Kluft voneinander getrennt – nicht nur politisch, sondern auch philosophisch. Sartre als Begründer des französischen Existentialismus und sein Verhältnis zu Heidegger

Für Sartre gibt es keine feststehende Natur des Menschen, da es keinen Gott gibt, um sie zu entwerfen. Vielmehr entwirft, konzipiert, macht und gestaltet der Mensch sich selbst so, wie er sich jeweils will; er ist nichts anderes als das, wozu er sich macht. Er plant sich in die Zukunft, seine Essenz liegt in dieser Zukunft und bestimmt sich aus der Art des Vollzugs seiner Existenz. Diese Existenz ist Wahl, und die Essenz ist Folge und Inhalt der Wahl, einer subjektiven Setzung. Als sich setzendes und herstellendes Wesen ist der Mensch Subjektivität in abso- Existenz als Wahl der Essenz luter Freiheit. Zur Freiheit aber gehört, daß der Mensch ganz und gar für sich vor sich verantwortlich ist. Das heißt: Er hat das zu verantworten, was er ist.

Das Individuum und der Andere

Sartres Existenzverständnis ist in der Wurzel streng individualistisch konzipiert. Der andere Mensch begegnet mir als sich für sich entwerfende Existenz, als Rivale und Konkurrent meines Entwurfes, meiner Wahl. Jedes Individuum, das sich wählt, entwirft immer auch ein Bild des Menschen überhaupt, so wie es meint, daß der Mensch sein solle. Dann sind aber alle anderen Menschen in diesem Bild mitgewählt und von meiner Wahl betroffen. Ich erlege ihnen meine Wahl auf und

Der Blick des Anderen

sie die ihrige mir. Der Blick (le regard) des Anderen richtet sich auf mich, und zwar so, daß er mich in meinem Entwurf, in meiner Wahl stört, infragestellt, bedroht. Deshalb kann Sartre sagen, die Hölle – das seien die Anderen [vgl. bes. die Schauspiele 45: Bei geschlossenen Türen und 48: Das Spiel ist aus]; genauer: mein Erblickt- und Angeblicktwerden durch die anderen ist Hölle für mich. Mitmenschlichkeit gestaltet sich bei Sartre originär als ein Verhältnis von Übermächtigen und Übermächtigtwerden.

Zur Freiheit verurteilt

Mit dem individuellen Wählen und Setzen verbindet sich Angst, weil ich mit meiner Wahl die ganze Menschheit mitverpflichte, ohne allgemeingültige Richtlinien für mein Tun vorzufinden, die mir die Entscheidung abzunehmen oder auch nur zu erleichtern vermöchten. Stattdessen bin ich zu meiner Freiheit und Verantwortung verurteilt, in die Wahl, d. h. in mein Entwerfen geworfen. Aller Wert liegt nur in der Wahl. Sie muß getroffen, es muß gehandelt werden. Die menschliche Wahrheit liegt einzig und allein in der konkreten Tat. Die Praxis ist so, wie sie sich vollzieht, die einzige verfügbare Wahrheit.

Dann erhebt sich die Frage, ob das Wählen nicht gänzlich beliebig und willkürlich ist. Ist der Wahl nicht alles erlaubt? Gegenüber dieser Fragestellung hält Sartre zunächst einmal fest, daß es unmöglich ist, nicht zu wählen. Ich kann und muß immer wählen, und ich muß mir bewußt sein, daß ich, wenn ich formell nicht wähle, trotzdem wähle und die anderen mitwähle. Es besteht für den Menschen die strikte Nötigung, das Gesetz seines (und der Anderen) Handelns immer wieder selber zu erfinden. Daraus folgt für Sartre, daß nur der bewußte und

Der engagierte als der gute Wille

engagierte Wille, der dies anerkennt und vollbringt, ein guter Wille ist. Sich solcher Freiheit und solchem Zwang zum permanenten – permanent neuen – Engagement entziehen zu wollen, bedeutet dagegen, einen schlechten Willen zu haben.

Von der Philosophie der Tat zur Philosophie der Revolution

Diese moralische Unterscheidung aus gänzlich aktionistischen (nicht inhaltlichen) Grundvorstellungen wird für Sartres Existentialismus zur Grundlage auch der politischen Optionen. Seine radikale Philosophie der Tat wendet sich gegen alle sozialen und politischen Verfestigungen, die die freie Wahl zunichtemachen oder gravierend behindern. Darum schließt sie die Forderung nach permanenter Revolution in der Geschichte ein: Stets von neuem müssen die Fesseln der Freiheit in der Geschichte radikal abgeworfen werden, um eine neue Epoche der Freiheit für eine möglichst große Gruppe von Menschen zu eröffnen. Zu diesem Zweck ist vorübergehende Gewaltanwendung in Kauf zu nehmen. Sie ist in Sartres Sicht jedoch nur (allerdings dann doch) als situationsbedingte zu rechtfertigen, wenn die jeweils Unterdrückten auf andere Weise ihr Schicksal, die Not ihrer Unfreiheit, nicht brechen können. Eine Revolution der Freiheit vollbringen sie, wenn sie für eine ganze Epoche ein neues umfassendes Freiheitsgesetz heraufführen. Darum muß die Revolution immer die Revolution einer ganzen Klasse sein, die sich in ihrer Totalität zur Freiheit eines Kollektivs erhebt.

Die zunächst individuell gefaßte Freiheit ist folglich aus dem Bedürfnis des Existentialismus, sie philosophisch-moralisch mit Verbindlichkeit auszustatten, schließlich an historische Kollektive abgetreten. Die revolutionäre Klasse im Zeitalter der Vorherrschaft der Bourgeoisie ist für Sartre die Arbeiterklasse. Deren revolutionäre Praxis insgesamt und revolutionären Aktionen im einzelnen gilt es im Namen der Philosophie der Freiheit und der Tat zu unterstützen, jedoch unter der Bedingung, daß sie zu einer neuen, möglichst universellen Ermöglichung der Freiheit führen. Die darin liegende geschichtliche Aufgabe des Proletariats ist auf die Gegenwart und nächste Zukunft beschränkt, ebenso die Unterstützung dieser Aufgabe; sie kann eines Tages durch das Erfordernis einer neuen Revolution gegen inzwischen zur Vorherrschaft gelangte neue Machtbildungen abgelöst werden. Das gilt zumal dann, wenn sich im Namen des Proletariats, aber in Wahrheit gegen seine Interessen, seine Freiheit und seine Mission eine neue Oberschicht von Funktionären und Managern der Macht etabliert.

Zeitbedingte revolutionäre Mission der Arbeiterklasse

Sartre vertritt insofern das Prinzip der permanenten Revolution und Revision von Herrschaftsverhältnissen. Sein revolutionärer Impetus steht eigentlich nur dort auf Seiten der kommunistischen Partei, wo sie noch nicht zur Herrschaft gelangt ist, d. h. in allen vorrevolutionären Situationen (wie besonders in Frankreich). Seine Einstellung zu den kommunistischen Regimen im Ostblock war ambivalent. Lange Zeit glaubte Sartre, der Führungsrolle der Partei das Wort reden zu müssen, weil sie das aktive politische Potential darstelle, das die Revolution weitertreiben könne, während die Volksmassen dazu nicht disponiert seien, wenigstens nicht allein. Doch hat er gegen das Vorgehen der Sowjetmacht in Ungarn 1956 und in der ČSSR 1968 deutlich protestiert. Seit 1968 befindet er sich in klarer Distanz zum Kommunismus als politischer Bewegung und als politischem System.

Sartres ambivalente Einstellung zum Kommunismus

Von grundlegenderer Bedeutung ist Sartres Auseinandersetzung mit dem Marxismus als der – von ihm so eingeschätzten – gegenwärtig wirksamen revolutionären Ideologie geworden. Positiv erscheint Sartre am Marxismus neben der Marxschen Analyse der Lage des Proletariats in der kapitalistischen Gesellschaft die Rolle, die die Dialektik als revolutionäres Denkinstrument in ihm spielt. Sartres Essay „Materialismus und Revolution" [47] zufolge ist die Dialektik, so wie Hegel sie formulierte, die schlechthin revolutionäre Denkstruktur, weil mit ihr eine Idee und eine Bewegung eine andere hervorruft und herausfordert, weil jede aus sich ihr Gegenteil hervorbringt und weil die Triebfeder der unermeßlichen Bewegung, in die jede einzelne eingefügt ist, die Anziehung ist, welche die Zukunft auf die Gegenwart und welche das Ganze selbst und gerade dann, wenn es noch nicht

Auseinandersetzung mit dem Marxismus

Die positive Rolle der Dialektik

existiert, auf seine Teile ausübt. Wenn es wie bei Sartre keine feststehende menschliche Natur gibt, sondern der Mensch seine Essenz erst entwirft, dann wird verständlich, daß jede Epoche und die gesamte Geschichte von Epochen sich nach dialektischen Gesetzen entwickeln soll, wonach die Gegensätze einander überwinden, indem sie sich auf eine zukünftige Einheit hin durch Revolution, also gerade vermöge der Ausschaltung des einen durch den anderen, entwerfen. Die Gegensätze streben in diesem (vernichtenden) Prozeß insofern (konstruktiv) ein Neues an, als sie eine neue Freiheit zu begründen suchen. Solange dabei der Materialismus als wissenschaftliche Analyse der sozialen und politischen Bedingungen von Unterdrückung und Freiheit begriffen werden kann, ist auch er als Hilfsmittel in die revolutionäre Philosophie der Freiheit einbeziehbar.

Sartre grenzt die Anerkennung der Dialektik und des Materialismus somit streng auf die menschliche Geschichte ein. Sie allein ist dialektisch und materialistisch erhellbar, da sie der Bereich des von uns Gestalteten ist. Deshalb tritt Sartre in scharfen Gegensatz zum Dialektischen Materialismus, der zum weltanschaulichen Mythos wird, weil er die Dialektik von einem Instrument menschlichen Denkens und Handelns zum Prinzip der Natur, der Welt, des Seins selbst erklärt und den Materialismus von einer wissenschaftlichen Methode der geschichtlichen Analyse zur universalen Ontologie stilisiert – so im Übergang von Marx zu Engels. Dann sichert sich die revolutionäre Praxis in einer Seinsphilosophie ab, womit sie sich selbst und alle weiteren Revolutionen – und damit die menschliche Freiheit – erstickt.

Gegensatz zum Dialektischen Materialismus

Solange diese Gefahr besteht, muß laut Sartre der Existentialismus wachgehalten werden, um dem Marxismus die ursprünglich angestammte humanistische Grundlage in immer neuem Aufbrechen seines Hanges zum Dogmatismus fort und fort wieder zu erstreiten. In der „Kritik der dialektischen Vernunft" [49: Critique de la raison dialectique] von 1960 sieht Sartre die Funktion des Existentialismus nur noch darin, als kritische Teildisziplin – als Systemfragment – der proletarischen Revolutionstheorie, nämlich des so verstandenen (und philosophisch wie geschichtlich damit seinerseits eingeschränkten) Marxismus zu wirken, mit der Zielsetzung, sich in Zukunft überflüssig zu machen.

Existentialismus als Teildisziplin des Marxismus

Doch die unmittelbare Zukunft entwickelte sich anders. Der parteioffizielle Marxismus wies – durch den Mund seines damaligen französischen Chefideologen Roger Garaudy – die ihm angediente revisionistische Wächterrolle des Existentialismus schroff zurück. Er zeigte in Frankreich wie im Ostblock selbst zu starre Konturen einer ideologischen und politischen Versteinerung, als daß Sartres Unterwerfung von langer Dauer sein konnte. Seit 1968 hat Sartre diese Verbindung mehrmals widerrufen – zugunsten einer Hinwendung zur anarchistischen, teilweise maoistischen Ultralinken. Aber auch die neue Orientierung hat er zusammen mit seiner gesamten Philosophie einschließlich aller Facetten seiner wechselhaften politischen Optionen kurz vor seinem Tode nochmals infragegestellt: Sartre erklärt sein zweifellos großes und gewichtiges Lebenswerk rundweg für gescheitert. Dieses Fazit läßt sich nur als die tragische Konsequenz der inneren

Nach 1968 Hinwendung zur anarchistischen Ultralinken

Selbsterklärung des Scheiterns

Schwierigkeit, ja vielleicht Unmöglichkeit begreifen, aus der radikalen Philosophie einer absoluten, d. h. total voraussetzungslosen Freiheit der Existenz die erstrebte moralische und politische Verbindlichkeit abzuleiten.

ALBERT CAMUS (1913–1960)

Der Existentialismus ist so sehr mit Jean-Paul Sartre identifiziert worden, daß es dessen bedeutendster literarisch-philosophischer Partner und Kontrahent, der aus Algerien stammende französische Theaterdichter und Essayist Albert Camus stets abgelehnt hat, damit in Verbindung gebracht zu werden. Gleichwohl ist er einer der maßgeblichen Autoren im Umkreis von Existenzphilosophie und Existentialismus. Mit Sartre teilt er die existentiell-philosophische Grunderfahrung der Absurdität der Welt, von der her der Versuch, Metaphysik und Religion aus dem menschlichen Lebens-, insbesondere Orientierungsbedürfnis zu rechtfertigen, als ein die Subjektivität des Menschen verratender „Sprung" erscheint, gegen den protestiert werden muß. Bei Camus erfolgt der Protest gegen den religiösen oder metaphysischen Sprung im Namen der absurden Schöpfung und zugleich im Namen der existentiellen Auflehnung gegen diese absurde Schöpfung. *(Camus' Protest gegen Religion und Metaphysik im Namen des Absurden)*

Was aber ist das Absurde bei Camus? Es ist einerseits ein Tatbestand, andererseits das Bewußtsein dieses Tatbestandes, wie es viele Menschen unserer Zeit besitzen. Das Bewußtsein erfaßt sich als Subjektivität, die einem Andersseienden, der Welt, gegenübergestellt ist, wobei beide konstitutiv zusammengehören, doch zugleich in eine tiefe Zwiefalt auseinandergespannt sind. Dem Bewußtsein geht es um Klarheit und Einheit im Erfassen der Welt um der Selbstfindung (des Findens seines Ortes in der Welt) willen, aber die Welt begegnet ihm in undurchdringlicher Dichte, Gleichgültigkeit und Fremdheit. Die Welt drängt sich dem Menschen ständig auf, von ihr ist er überall umgeben, jedoch so, daß sie, ihn begrenzend, zugleich entgleitet ins unablässige Werden. Sie bleibt gegenüber seinem Verlangen nach Klarheit und Einheit chaotisch. Der Mensch gelangt im unüberwindbaren Gegenüber zur Erfahrung seiner unaufhebbaren Begrenztheit, Endlichkeit und Grundlosigkeit. Sein Band mit der Welt, die sich entzieht: das ist das Absurde, an dem Mensch und Welt gleichen Anteil haben. *(Das absurde Band zwischen Subjekt und Welt)*

Aber indem der Mensch auf seinem Verlangen nach Klarheit und Einheit beharrt, indem er sich so als das animal rationale erweist und an seiner darin liegenden Besonderheit festhält, zeigt er, daß er sich mit dem Absurden nicht abfindet. Hier setzt Camus' eigener und eigentümlicher philosophischer Gedanke ein: Der Mensch vergleicht seinen „tiefen Anspruch mit dem . . ., was ihm geboten wird", und er fühlt, daß er sich „abwenden" müßte. Aber ihn hält eine Treue zu dem Unabweisbaren, das aufgedeckt wurde, seinem Zwiespalt mit der Welt. Er begreift, daß er dieses Versprechen nicht maskieren oder unterdrücken kann und soll, indem er eine Seite der Gleichung, der Gegenüberstellung, leugnete, sei es, daß er Selbstmord beginge oder den Sprung in eine Transzendenz versuchte. Die *(Die Spannung des Absurden aushalten)*

Spannung des Absurden muß vielmehr ausgehalten werden. Das macht die eigentliche Möglichkeit und Würde menschlicher Existenz aus. Sie enthält das Ja und zugleich ein Nein zum Absurden, insofern dieses in seiner Absurdität begriffen und zugleich gebrandmarkt wird. Es handelt sich also um die Annahme des unter dem Signum des Absurden stehenden Lebens, aber in der Weise des Protests, der Auflehnung, des Kampfes, der „Revolte" gegen das Absurde, ohne jegliche Hoffnung auf eine Befreiung aus dem Sisyphos-Schicksal dieses Lebens [Vgl. 1: Der Mythos von Sisyphos, Kap. Der philosophische Selbstmord].

„Revolte" gegen
das Absurde

Von dieser Grundlegung der Revolte aus der Erfahrung des Absurden hat Camus in seinem philosophischen Hauptwerk „Der Mensch in der Revolte" [6] wichtige Folgerungen für einen neuen Humanismus gezogen, der schließlich doch geeignet erscheint, eine Verwandlung des Absurden zu bewirken. Die Revolte wird hier etwas spezifischer verstanden als die Auflehnung gegen das Absurde, soweit es das Leben bedroht, also als Auflehnung im Namen des Lebens, das die Spannung des Absurden aushält. Das menschliche Leben im Austrag des Absurden erweist sich dann als der entscheidende Grundwert. Es kann nicht verneint werden. Das absolute Nein ist also unmöglich. Daraus aber zieht Camus eine seine weiteren Überlegungen prägende Konsequenz: „Von dem Augenblick an, wo man die Unmöglichkeit des absoluten Neinsagens anerkennt – und irgendwie leben, heißt sie anerkennen –, ist die erste Sache, die sich nicht verneinen läßt, das Leben Anderer" [6: Der Mensch in der Revolte, S. 14]. Wenn das gilt, verbietet sich nicht nur der Selbstmord, sondern prinzipiell jedes Töten, jegliches Sichvergehen am Anderen. Daran findet das Handeln seine Grenze. Es gewinnt zugleich seine positive Erfüllung in der mitmenschlichen Solidarität, die die Freiheit der Individuen einschließt. Solidarität und Freiheit bzw. ihre Realisierung machen nun die wesentliche Zielsetzung der Revolte aus; sie sind in der Revolte begründet: „Ich lehne mich auf, also sind wir" [6: 27].

Verwandlung des
Absurden

Die Solidarität
der Revolte

Umgekehrt läßt sich sagen: nur in der freien mitmenschlichen Solidarität und ihrer „Komplizenschaft" erfüllt sich die Revolte, weil darin die Menschheit insgesamt aufsteht gegen die absurde Schöpfung. Das leistet sie, indem sie Schemata einer gemeinsamen Ordnung gegen das Chaos und die Undurchdringlichkeit der Welt entwirft, im heroischen Trotzdem. Ordnung bedeutet Erkenntnisordnung wie Ordnung des Handelns, also gesellschaftlich-politische Ordnung. Sie beide bleiben in das Absurde gestellt und von ihm durchherrscht. D. h. Chaos und Fremdheit affizieren und bedrohen diese Ordnungen ihrerseits ständig, die daher stets auch zum Scheitern verurteilt sind und immer wieder überprüft und korrigiert werden müssen. Zumal die politische Ordnung läuft dauernd Gefahr, zur Unrechtsordnung zu entarten. Dagegen ist in immer neuen Versuchen anzugehen, indem in ständigem Ringen Gerechtigkeit und Gleichheit angestrebt werden. Dafür erscheint eine Politik des Maßes, der Mitte und des immer wieder neu zu versuchenden sozialen Ausgleichs durch strukturelle Reformen am ehesten geeignet, für die Camus die helle, klare Atmosphäre des mediterranen „Mittags" seiner algerischen Heimat und zugleich der griechischen Antike beschwört.

Ordnung gegen
das Chaos

Politik des
Maßes

Konkret besteht die von Camus angestrebte politische Ordnung vor allem in einer weisen Zurückhaltung der Regierung gegenüber den Regierten, die der Vielfalt der Meinungen und Richtungen möglichst weitgehend Rechnung trägt. Bei der Kunst des guten Regierens handelt es sich um eine behutsame Formierung der sozialen Wirklichkeit, um die Herstellung eines gerechten Ausgleichs, der für keine Seite zerstörerisch sein kann. Für einen solchen Ausgleich, für Vermittlung und Burgfrieden hat sich der Algerienfranzose Camus im Algerienkrieg eingesetzt, so 1956 mit einem öffentlichen Aufruf anläßlich einer Reise in seine umkämpfte Heimat.

Politik des gerechten Ausgleichs

Politik schließt, wie Camus wohl sieht, zwar immer Gewalt ein, aber diese muß und kann gebändigt werden, indem sie der permanenten Diskussion und Kontrolle der Parteien ausgesetzt wird. Der Dialog bildet für Camus das Strukturprinzip echter Solidarität, die die Freiheit wahrt und Gerechtigkeit sucht. Seine politische Form ist die Demokratie, die allerdings nur gedeihen kann, wenn sie für eine gerechte Verteilung der Güter auf genossenschaftlicher Basis sorgt und wenn sie die nationalen Grenzen sprengt, d. h. sich öffnet für eine internationale verbindliche Ordnung, die ebenfalls auf Freiheit, Gerechtigkeit und Solidarität gegründet sein muß. Für eine solche internationale Ordnung sind zumindest Teile der nationalen Souveränität aufzugeben. Nach der anderen Seite wiederum spricht sich Camus für die Stärkung der Kommunen gegen die Übermacht eines abstrakten Staates aus. Er vertritt damit (für Frankreich unkonventionelle) Vorstellungen einer föderativen Strukturierung der politischen Ordnung vom Kleinen ins Große. Die Ordnung gegen das Absurde erscheint so als ein Gefüge von Maßbestimmtheiten. Maßstab für sie ist der Mensch selbst in der Solidarität, im Dialog mit allen Menschen.

Soziale und föderative Demokratie

Auf solche Politik und die sie tragende Grundhaltung konzentriert sich schließlich der Geist der Revolte, der sich damit zugleich kritisch gegen alle autoritären und totalitären Systeme einerseits, gegen alle gewaltsamen Revolutionen andererseits kehrt, was Camus die schärfste Kritik Sartres sowie der intellektuellen Linken Frankreichs, der er als ehemaliges Mitglied der Résistance ursprünglich zugehörte, eingetragen hat. Revolutionen sind in Camus' Sicht Folgen der historischen Revolte gegen gesellschaftlich-politische Unrechtsbedingungen, die aber dann in klaren Gegensatz zu ihr treten. Sie streben nach totaler Übermächtigung von allem im Namen eines partikularen Interesses statt nach Einheit aus der Vielheit. So hat z. B. die Französische Revolution die bürgerliche Freiheit, die Bolschewistische Revolution eine abstrakte Gleichheit absolut gesetzt. Beide versündigten sich an der maßbestimmten, relativen Freiheit wie Gleichheit und damit an der Solidarität und der Gerechtigkeit. Sie führten notwendig zu unbeschränkter Gewaltanwendung. Mit ihrer Totalitäts- und Absolutheitstendenz suchten sie die Spannung des Absurden wegzueskamotieren; sie haben sie dadurch jedoch nur ins Unerträgliche gesteigert. Geist und Haltung der Revolte dagegen sind darauf angelegt, diese Spannung auszuhalten, dadurch aber im mitmenschlichen Leben zugleich zu mildern.

Camus' Revolutionskritik und sein Ausschluß aus der französischen Linken

Problem der ver-
bindlichen philo-
sophischen
Begründung von
Camus' Huma-
nismus

Gewinnt mithin Camus' Geist der Revolte einen starken Bezug zu echter Humanität – dem Streben nach freiheitlich-solidarischer Mitmenschlichkeit im Bewußtsein seiner Endlichkeit, Begrenztheit, Relativität und Kritikbedürftigkeit –, so bleibt doch das Problem, ob der Austrag des Absurden und seine Anwendung im gesellschaftlich-politischen Bereich nicht willkürlich und damit letztlich beliebig interpretiert werden. So eindrucksvoll Camus' existentielle philosophische und politische Haltung ist, der Zusammenhang der Ableitung vom Absurden über die Revolte zum Gedanken von Mitte, Maß und Demokratie entbehrt der letzten Verbindlichkeit, er hat eher postulativen und appellativen Charakter. Camus kann die Frage, warum eigentlich das Absurde ausgehalten, zugleich in der Revolte bekämpft und in einer Politik des Maßes gemildert und verwandelt, aber eben nicht beseitigt, sondern gerade durchgetragen und bewahrt werden soll, eher „nur" moralisch-voluntativ als in stringenter philosophischer Begründung beantworten. Konsequenterweise nimmt er für sich den Titel eines Moralisten, nicht den eines Philosophen in Anspruch. Dennoch ist er zweifellos ein bedeutender Repräsentant des philosophischen Existentialismus, und zwar mit eindeutig konstruktiven Schlußfolgerungen.

KARL JASPERS (1883–1969)

Jaspers im Ver-
gleich zu Camus
und Heidegger

In den politischen Schlußfolgerungen ist Camus dem letzten hier zu behandelnden großen Repräsentanten der Existenzphilosophie verwandt: Karl Jaspers. Der philosophische Ausgangsort – die Situation der Existenz angesichts der Absurdität des Seins – verbindet Camus dagegen mehr mit Sartre. Jaspers seinerseits ist im philosophischen Anfang, in den zwanziger Jahren unseres Jahrhunderts, Martin Heidegger nahe. Der sechs Jahre jüngere Heidegger hat 1919/21 eine umfangreiche Rezension zu Jaspers' „Psychologie der Weltanschauungen" [23] von 1919 geschrieben, die bei aller Kritik eine geistige und persönliche Freundschaft begründete, welche 1933 zerbrach, als Heidegger die nationalsozialistische Machtergreifung unterstützte, während Jaspers nach seiner in der Schrift „Die geistige Situation der Zeit" [25] am Faschismus wie am Bolschewismus geäußerten Kritik sofort in die innere Emigration und Opposition verwiesen war (er wurde als Professor in Heidelberg 1933 aus der akademischen Selbstverwaltung ausgeschlossen, verlor 1937 seinen Lehrstuhl und erhielt 1938 Publikationsverbot).

Demokratische
Mittelposition
und politische
Extreme

Etwas formelhaft ließe sich zusammenfassen: Während am Anfang Heidegger und Jaspers einerseits, Sartre und Camus andererseits philosophisch zusammengehören, sind Jaspers und Camus in den (allmählich entwickelten, doch immer deutlicher formulierten) politischen Stellungnahmen einander ähnlich; sie nehmen dabei eine demokratische Mittelposition ein. Heidegger und Sartre haben hingegen unterschiedliche, aber gleicherweise extreme politische Richtungen eingeschlagen: Heidegger mit seiner (zeitweisen) Unterstützung der nationalsozialistischen Bewegung, Sartre mit seiner Hinwendung zum Kommunismus und Marxismus, nach 1968 zu anarchistischen Tendenzen.

Karl Jaspers ist der älteste und daher auch früheste der großen Repräsentanten der Existenzphilosophie. Er ist zugleich der einzige, der sich zu dieser Bezeichnung bekannt hat. Auch er hat allerdings seit den dreißiger Jahren, besonders mit „Vernunft und Existenz" [27], „Von der Wahrheit" [31] und „Vom Ursprung und Ziel der Geschichte" [32], die Intention verbunden, die „Existenzerhellung" [vgl. 26: Philosophie, Band II, 1932] zur Vernunft- und Weltphilosophie weiterzuentwickeln.

Von der Existenzerhellung zur Vernunft- und Weltphilosophie

Jaspers begreift die Herkunft der geistigen Situation im 20. Jahrhundert und seines eigenen Philosophierens von der Wende her, die sich durch Kierkegaards und Nietzsches radikale Infragestellung des bisherigen europäischen Denkens ereignet hat. Gründeten zuvor alle Wahrheitsauffassungen in der Gewißheit eines tragenden Fundaments, das im Sein, in Gott oder in der Vernunft erblickt wurde, so sind seit dem 19. Jahrhundert diese geistigen und ineins damit die politischen Autoritäten zerfallen, wofür Kierkegaard und Nietzsche den stärksten Ausdruck finden: Sie „verzehren" alles Bestehende durch die „schwindelerregende Bewegung" hin zu einem außerweltlichen Christentum, „das wie das Nichts ist und nur in Verneinung (dem Absurden, dem Märtyrersein) und im negativen Entschluß sich zeigt" (Kierkegaard) oder zur nihilistischen Lehre von der ewigen Wiederkehr des Gleichen, mit der ein von allen bisherigen Fesseln sich freimachender Wille zur Macht seine neue Dogmatik begründet (Nietzsche). Beide stellen die metaphysische Wahrheit aber aus der Tiefe der Existenz infrage, sie appellieren um einer unbedingten Wahrhaftigkeit willen an den Einzelnen. Damit werden sie bei aller Kritik zum Anstoß für Jaspers' eigenes Philosophieren [vgl. 27: Vernunft und Existenz, Erste Vorlesung]. Auch es geht davon aus, daß die Existenz sich angesichts der Erfahrung der Verunsicherung aller Gewißheiten und Selbstverständlichkeiten nicht mehr auf eine Wahrheit im Ganzen verlassen kann. Das Sein selbst ist fragwürdig geworden.

Umbruch aller Wahrheitsauffassungen durch Kierkegaard und Nietzsche

Fragwürdigkeit von Existenz und Sein

Von diesem Ausgangspunkt stellt Jaspers die Frage nach dem Sinn von Sein [zum Folgenden bes. 27: Vernunft und Existenz; 26: Philosophie, Band II; 31: Von der Wahrheit]. Seine dieser Frage nachgehende Philosophie analysiert in einer Vielzahl von Schritten die strenge Bezogenheit der Seinsfrage auf „das Sein, das wir selbst sind". Das, was wir selbst sind, ist immer in irgendeiner Weise der Horizont, innerhalb dessen Seiendes begegnet; es ist also zunächst das Umgreifende alles Auftretens von Seiendem, und zwar in den Weisen des (materiellen) Daseins, des (wissenschaftlichen) Bewußtseins überhaupt und des sich in geschichtlichen Werken, Ideen und Weltanschauungen entfaltenden Geistes. Aber dieses für die gesamte neuzeitliche Philosophie maßgebliche „Umgreifende, das wir sind" ist doch seinerseits nie ohne den Bezug auf das Andere, Entgegenkommende, das in seinen Horizont tritt und diesen erst zu dem werden läßt, was in den Weisen des Umgreifenden zu sein vermag. Auch die neuzeitliche Subjektivität bedarf der Welt als gleichursprünglichen Seins. Diese

Die beiden Weisen des „Umgreifenden"

Sub-jektivität ist zutiefst infragegestellt, und zwar durch das „Umgreifende, das das Sein selbst ist".

Erfahrung der unauflöslichen Spannung

Die Erfahrung der unauflöslichen Spannung beider Seiten des Seins ermöglicht überhaupt erst Wahrheit, verunsichert sie aber zugleich: „Alles, was uns Gegenstand wird, ... ist doch für uns stets noch in einem Anderen, ist nicht alles. Wohin wir auch kommen, der Horizont, der das Erreichte einschließt, geht weiter und zwingt, jedes endgültige Verweilen aufzugeben. Wir gewinnen keinen Standpunkt, von dem das geschlossene Ganze des Seins überblickbar würde, und keine Folge von Standpunkten, durch deren Gesamtheit sich das Sein auch nur indirekt als geschlossen kundgäbe" [27: Vernunft und Existenz, Zweite Vorlesung]. So entzieht sich das Sein in einen letzten Horizont, in das zuletzt Umgreifende, als das es gegenüber allem Seienden entgrenzt ist, indem es zugleich alles in seine Grenze weist. Dieses ins Geheimnis entrückte Sein nennt Jaspers Transzendenz, die nur in Chiffren indirekt ausgesagt und zur entbergend („erhellend")-verborgenen Wahrheit gebracht werden kann. Wahrheit ist dann das Geschehen der Begegnung beider Grundweisen des Umgreifenden (dessen, was wir sind, und dessen, was das Sein selbst ist) in vielfältigen einzelnen Weisen; als dieses eine sich in die Vielfalt erstreckende, in sich spannungsvolle Geschehen ist es das Zugleich von Konstitution und Entzug.

Transzendenz in Chiffren

Existenz als Austrag der Spannung

Die jeweilige individuelle Existenz ist allen Weisen des Umgreifenden ausgesetzt. Sie muß ihr Zusammenspiel je und je zu dem ihrigen machen, sich aneignen und austragen, indem sie sich auf je ihre unverwechselbare Art im Denken und Handeln konkret entscheidet. So gelangt sie in ihr Selbstsein, ihre Eigentlichkeit, aber nicht als festen Besitz, sondern im Sinne einer ständigen, von Augenblick zu Augenblick, Situation zu Situation, Entscheidung zu Entscheidung neu bevorstehenden Aufgabe. Die Existenz scheitert immer auch angesichts dieser Aufgabe, indem sie sich auf sich und das, was sie zu besitzen glaubt, auf ihre jeweilige Gewißheit versteift. Sie verkehrt sich dann zur Insistenz, dem Modus der Uneigentlichkeit. Gegenüber der Aufgegebenheit seiner Existenz lebt der Mensch in ständigem Schuldigsein.

Erfahrung der Relativität und der Offenheit in den Grenzsituationen

Es kommt Jaspers zufolge darauf an, diese Grenze zu sehen und für ihre Überschreitung offen zu sein. In den Grenzsituationen (z. B. der Schuld, des Kampfes, des Leidens, des Sterbens, der Reflexion auf das Sein-zum-Tode) wird es am ehesten möglich, die eigene Relativität zu erfahren und die Offenheit als ihre andere Seite zu ergreifen. Die Haltung der Offenheit aber ist es, die bei Jaspers die individuelle Existenz an andere Existenz, und zwar in die Kommunikation mit anderen Individuen verweist. Diese Kommunikation wird verständlich als Wesensfolge aus der Existenz, der es um ihre Eigentlichkeit geht, die sie nur anstreben kann in relativer Verwirklichung aus der Grundhaltung der Offenheit. Darin liegt die Wahrheit der Existenz und damit für Jaspers Wahrheit überhaupt, wir müßten genauer sagen: die Wahrhaftigkeit der Existenz vor der weiteren, konstitutiven, aber entzughaften Wahrheit im Ganzen.

Wahrheit in der Kommunikation von Existenz zu Existenz

Kompromiß, Vermittlung und Ausgleich in der Auseinandersetzung werden bei Jaspers zu entscheidenden Maximen kommunikativen Handelns, das sich in eine Mannigfaltigkeit von Sozialgestalten mit ihren Regeln, Institutionen und Verhaltensweisen entfaltet. Sie bewirken, daß sich die Sozialgestalten nicht übernehmen, sondern in ihrem Anspruch eingegrenzt werden können zugunsten existentieller Freiheit und Eigenverantwortlichkeit, die sie umgekehrt – in allen Individuen – mitgestalten können sollen. Die Sozialgestalten unter den Aspekten von Relativierung und Mitgestaltung

Der doppelte Gedanke der Relativierung und der Mitverantwortung erfordert auf der Ebene der Sozialgestalt Staat die freiheitliche Verfassung der republikanischen Regierungsart [37: Lebensfragen der deutschen Politik, S. 160], wie Jaspers mit Kant sagt. Sie hat sich in der Geschichte der Politik als die relativ beste Ordnungsmacht gemeinschaftlicher Freiheit erwiesen, indem sie die individuelle Freiheit schützt und ihr das Recht auf Mitwirkung an der Gestaltung des Gemeinwesens einräumt. Sie unterstellt sich der – ebenfalls nie voll erfüllbaren, immer noch bevorstehenden – Aufgabe, den Pluralismus in politisches Ordnungshandeln umzusetzen. Republikanische Regierungsart

Um dieser Aufgabe möglichst gut gewachsen zu sein, ist das verfassungspolitische Instrumentarium der parlamentarischen und föderativen Demokratie nützlich, wenn es nicht seinerseits absolut gesetzt wird. In ihr ist die Machtausübung durch Gewaltenteilung gezügelt, öffentlicher Kontrolle unterworfen und an die Wahrung des Rechts gebunden. Politische Macht muß ganz und gar, so lautet Jaspers' politisch-ethische Forderung, zum Element des Rechts werden. Der Rechtsstaat ist dann jener Staat, der legitim – d. h. existenzphilosophisch legitimiert – Macht ausübt. Er tut es konkret so wenig wie möglich und so viel wie nötig. Unter der Herrschaft des Rechts wird die Machtausübung überschaubar, berechenbar und damit für alle Bürger verfügbar gemacht (wenn auch immer nur mehr oder minder). Der Rechtsstaat wird so zum erklärten, grundlegenden und unumstößlichen Postulat der Politischen Philosophie von Karl Jaspers. Existenzphilosophische Legitimierung des Rechtsstaates

Das Recht ist überschaubares, verfügbares und einklagbares Recht, sofern es klar gesetztes Recht ist. Dieses aber ist je und je anders im Hinblick auf die Regelung des situations- und zeitbedingten gemeinschaftlichen Lebens. Es ist also geschichtlich, und es muß sich gerade als geschichtliches Recht verstehen, um sich nicht wieder zu übernehmen und absolut zu setzen. Aber zugleich eignet ihm eine unverzichtbare, unaufgebbare und bleibende Bindung: an die Ermöglichung der existentiellen Freiheit, d. h. aber an die freie Kommunikation der Existenz und damit an die Würde des Menschen als sich selbst entscheidender und übernehmender Existenz. Geschichtliches Recht

Die Menschenwürde hat für Jaspers den Charakter der Möglichkeit zu existentieller Selbstentscheidung, Selbstbestimmung. Diese muß offen gehalten, gesichert, gehütet werden. Das bedeutet aber gerade für alle Rechtssetzungen, daß sie sich immer wieder neu dieser Selbstbestimmung und Selbstentscheidung der Existenz öffnen, aussetzen und demgemäß fortlaufend modifizieren. Dem Recht muß seine eigene Vorläufigkeit dauernd eingestiftet bleiben. Nur in ihr und mit ihr, indem sie ausdrücklich gemacht wird, ist es richtiges Recht, ist es also in der

Wahrheit. Seine Wahrheit besteht in der Paradoxie, gerade nur dann Recht zu sein,
Unabschließbare   wenn es auf endgültige Erfüllbarkeit und Vollendbarkeit verzichtet, wenn es die
menschliche   Unabschließbarkeit menschlicher Ordnung, die es doch gewährleisten soll, an-
Ordnung   zeigt, wenn es nicht die einzig richtige Welteinrichtung intendiert, sondern seine
wesenhafte Gebrochenheit durch Selbstbeschränkung und durch die ständige
Gehaltenheit in die Möglichkeit des Unrechts kennt, wenn es sein fortwährendes
In-Bewegung-sein durchhält.

Materialiter ist das Recht nicht im einzelnen bestimmbar. Aber unabdingbares
formales Kriterium für sein gültiges Zustandekommen als geschichtliches, auf die
Freiheit der Existenz bezogenes Recht ist für Jaspers, daß es durch Mitwirkung
und Zustimmung aller, für die es gilt, also unter der Voraussetzung politischer
Aktive politische   Freiheit gesetzt wird. Der Rechtsstaat und seine Ordnungsmacht haben sich an
Teilnahme   den Anspruch der Einzelnen zu binden, aktiv teilzunehmen am Leben der Gesamtheit. Diesem Anspruch steht eine Verpflichtung zur Teilnahme gegenüber,
die sich nicht so sehr vom Staat und vom Recht her, sondern aus dem kommunikativen Selbstsein der Existenz ergibt, also als moralische Forderung. Dieses Recht
und diese Pflicht zur aktiven Teilnahme sind Kernelemente der politischen Verantwortung der Existenz.

Jaspers hat die Entwicklung des demokratischen Rechtsstaates in Deutschland
engagiert unterstützt, aber Kritik immer wieder dort öffentlich geäußert, wo das
neue Staatswesen Bundesrepublik seinen demokratischen Prinzipien in der kon-
Jaspers' Kritik an   kreten Praxis inadäquat zu werden und einerseits zu erstarren, andererseits aus-
Erstarrung und   zuufern drohte [vgl. bes. 37: Lebensfragen der deutschen Politik; 34: Die Atom-
Übertreibung   bombe und die Zukunft des Menschen; 38: Wohin treibt die Bundesrepublik?].
Diese Gefahr schien Jaspers bei allen Tendenzen gegeben, die einen neuen Weltan-
schauungsstaat, einen überbürokratisierten Wohlfahrtsstaat oder einen betont
nationalen Staat [vgl. seine Kritik an der Politik der Wiedervereinigung Deutschlands in 35: Freiheit und Wiedervereinigung] fördern. In solchen Auseinandersetzungen machte Jaspers deutlich, daß die Grundhaltung existentieller politischer
Mitverantwortung angesichts konkreter Formen und Entscheidungen des
Engagement und   Staatshandelns eine Mischung aus Engagement und Distanz, Mitwirkung und
Distanz   Mißtrauen, Identifikationsbereitschaft und Kritik sein muß, um im demokratischen Rechtsstaat und zu seinen Gunsten entscheidungs- und zugleich revisions-
fähig zu werden und zu bleiben.

WIRKUNGSGESCHICHTE UND FORSCHUNGSSTAND

Weite Verbrei-   Existenzphilosophie und Existentialismus haben weiteste Verbreitung über ihre
tung über die bei-   beiden Ursprungsländer hinaus gefunden, und zwar nicht nur durch philo-
den Ursprungs-   sophische und literarische Rezeption, sondern durch eine allgemeine kulturelle
länder hinaus   Wirksamkeit, die naturgemäß schwer faßbar ist. Alle vier Autoren sind in sämtliche Hauptsprachen der wissenschaftlichen und literarischen Welt übersetzt. Die

Theaterstücke von Jean-Paul Sartre und Albert Camus erscheinen bis heute mit einer gewissen Regelmäßigkeit auf den Spielplänen der Bühnen vieler Länder. Rundfunk- und Fernsehanstalten widmen immer wieder den hier behandelten Repräsentanten der Existenzphilosophie und des Existentialismus größere Sendungen. Der Einfluß dieser Grundrichtung auf andere geistige Strömungen ist bedeutend. Aus alledem ergibt sich ein derart komplexes Bild der Wirkungen, daß wir uns auf wenige wichtigste Hinweise beschränken müssen.

Die Blütezeit der Ausstrahlung des französischen Existentialismus ist unmittelbar nach dem Ende des Zweiten Weltkrieges gewesen und hat bis etwa in die Mitte der sechziger Jahre gedauert. Danach ist seine Vorherrschaft zumindest in der Philosophie mehr und mehr durch den Strukturalismus, dann durch die „Neuen Philosophen" und heute durch die „Philosophie der Postmoderne" abgelöst worden – Richtungen, die allerdings Martin Heidegger (besonders dessen Spätphilosophie, aber auch „Sein und Zeit") stark rezipiert haben (teilweise kritisch), weniger Sartre und nahezu gar nicht Camus oder Jaspers.

Blütezeit zwischen 1945 und 1965

In die erwähnte Blütezeit gehört zentral die Auseinandersetzung über die Frage, welche Stellung der Existentialismus innerhalb der französischen Linken und insbesondere zum Marxismus einzunehmen habe. Wie wir sahen, hat Sartre seine eigene Philosophie in dieser Zeit zunehmend mit dem Marxismus in enge Verbindung zu bringen und diesem ein- und unterzuordnen versucht. Solche Versuche sind auf Camus' lebhafte Gegnerschaft gestoßen, dessen „L'Homme révolté" [6] sich mit der Kritik an der Theorie und Praxis der Revolutionen auch von Sartre absetzt. Da Sartre vorübergehend sogar dem Stalinismus huldigte, kam es 1952 zwischen den beiden zum Zerwürfnis. Andere geistesverwandte Kritiker aus gleichen Gründen wurden Maurice Merleau-Ponty [besonders in 88: Les Aventures de la dialectique] und – distanzierter – Raymond Aron [mit 61: L'Opium des intellectuels], beide 1955. Sie warfen Sartre geistigen und politischen Verrat an der Freiheit, nicht zuletzt an seiner eigenen Freiheitsphilosophie vor.

Das Verhältnis von Existentialismus und Marxismus als zentrales französisches Problem

Aber auch von marxistischer Seite wurden Sartres Annäherungsversuche wenig honoriert. Die in der grundsätzlichen Annäherung am weitesten gehende „Critique de la raison dialectique" [49] fand wegen ihrer bleibenden Vorbehalte gegenüber dem Dialektischen Materialismus scharfe Ablehnung bei dem damaligen Chefideologen der KPF, Roger Garaudy. Zwischen Sartre und Garaudy fand Ende 1961 in Paris eine große Kontroverse statt, an der sich auf der Seite Sartres Jean Hyppolite beteiligte, während Jean-Pierre Vigier die marxistische Linie mitvertrat. Dieses Streitgespräch ist auch in deutscher Übersetzung dokumentiert. Henry Lefèbvre und der polnische Philosoph Adam Schaff waren weitere führende Marxisten, die an prominenter Stelle in die Sartre-Kritik einstimmten. Schaffs Schüler Leszek Kolakowski hat dagegen im Zuge seiner zunehmenden Distanzierung vom Marxismus eine gewisse Nähe seines Denkens zu Albert Camus (bei aller Betonung der Unterschiede) zu erkennen gegeben – wie überhaupt Camus' Einfluß auf liberale Linksintellektuelle erheblich sein dürfte, wenngleich er wegen seiner Indirektheit schwer meßbar ist. Mehr und mehr ist dann in der Literatur

Heute Versachlichung der Auseinandersetzung

eine Versachlichung der Auseinandersetzung mit Sartre (und Camus) eingetreten, wozu deutsche Untersuchungen wie die von KLAUS HARTMANN [74; 75], GERHARD STUBY [113], HELMUT FAHRENBACH [68] und WOLFGANG JANKE [78] ihren Beitrag geleistet haben.

Jaspers öffentliches Wirken

Karl Jaspers hat zeit seines freien Wirkens eine starke Resonanz über den rein philosophischen Bereich hinaus in der breiteren geistigen und politischen Öffentlichkeit gefunden, schon mit seiner kleinen Schrift „Die geistige Situation der Zeit" [25] von 1931, die vor den Gefahren des Faschismus und Bolschewismus warnte, erst recht nach dem Zweiten Weltkrieg aufgrund seiner philosophisch fundierten Stellungnahmen zur Schuldfrage, zur atomaren Bewaffnung, zu Totalitarismus und Demokratie, zur Problematik der Wiedervereinigung, zu neofaschistischen Tendenzen in der Bundesrepublik (NPD) usw. Jaspers war in den fünfziger Jahren als sogenannter NATO-Philosoph, in den sechziger Jahren als angeblicher (Grenz)Revisionist einer heftigen publizistischen Kampagne bis weit in die Massenblätter hinein ausgesetzt. Umso merkwürdiger ist es, daß er nach seinem

Nach 1969 in der breiteren Öffentlichkeit vergessen

Tod im Jahre 1969 einer schnellen Vergessenheit in diesen breiten Kreisen anheimfiel. Das ist deshalb besonders bedauerlich, weil Jaspers einer der wenigen deutschen Philosophen ist, der eine geistige Grundlegung der freiheitlichen Demokratie entwickelt hat.

Wenn Jürgen Habermas 1979 für den 1000. Band der Edition Suhrkamp „Stichworte zur ,Geistigen Situation der Zeit'" herausgab, so knüpfte dieses Unternehmen an Jaspers immerhin an, wenn es auch andere Wege beschritt. 1983, im 100. Geburtsjahr, und seitdem sind eine Reihe wichtiger Veröffentlichungen im In- und Ausland erschienen, die Jaspers' Philosophie insgesamt und namentlich

Würdigung der Jasperschen Freiheitstheorie

seine Freiheitstheorie würdigen und produktiv aufgreifen, so z. B. von GIORGIO PENZO [95], RUDOLF LENGERT [83], YUSUF ÖRNEK, ELIZABETH YOUNG-BRÜHL [115] und KURT SALAMUN [101]. Früher hatten u. a. bereits ULRICH HOMMES [77], BERNHARD SUTOR [114], HEIDRUN PIEPER [97] und JEANNE HERSCH [76] gründliche Untersuchungen zur Politischen Philosophie von Karl Jaspers vorgelegt.

Keine philosophische Schulbildung, Wirkung auf andere Disziplinen

Jaspers hat eine philosophische Schulbildung – sehr im Unterschied zu Heidegger – nicht nur nie angestrebt, sondern von seinem betont undogmatischen Denken her stets von sich gewiesen. Dennoch hatte er bedeutende Schülerinnen und Schüler wie Hannah Arendt, Jeanne Hersch, Dolf Sternberger, Golo Mann, Benno von Wiese oder Heinrich Popitz, die jedoch nicht in der allgemeinen Philosophie, sondern in anderen, wenngleich verwandten Disziplinen weitergewirkt haben. Entsprechend ist Jaspers' Ausstrahlung auf Nachbarbereiche stärker gewesen als auf die philosophische Zunft. Das gilt insbesondere für die Psychologie und Psychiatrie, Jaspers' anfängliche wissenschaftliche Disziplinen, aber auch für die Pädagogik (über Otto F. Bollnow und Jeanne Hersch). Wichtig ist weiterhin der kritische Dialog von Karl Jaspers mit führenden Repräsentanten der

Breiteste Wirkung Martin Heideggers

modernen protestantischen Theologie geworden, so mit Karl Barth und insbesondere mit Rudolf Bultmann.

Rudolf Bultmann – dieser Name prägt auch die Frühzeit der Entwicklung

Martin Heideggers, der insgesamt von erheblich größerer und tieferer Wirkung auf die Philosophie und auf verschiedenste Wissenschaftszweige geworden und geblieben ist als alle anderen hier behandelten Autoren. Heidegger und Bultmann befreundeten sich in den zwanziger – Marburger – Jahren. Über Bultmann reicht Heideggers Einfluß tief in die Dialektische Theologie, namentlich Friedrich Gogartens, hinein. Nicht minder hat Heidegger prominente katholische Theologen wie Romano Guardini, Theodor Steinbüchel, Johannes B. Lotz, Karl Rahner, Walter Kasper und Karl Lehmann geprägt. Von hier aus wurde der christliche Personalismus MAX MÜLLERS bestimmt, der im übrigen mit seiner „Existenzphilosophie im geistigen Leben der Gegenwart" [91: seit 1949 in mehreren Auflagen erheblich erweitert] Entscheidendes für die (Wieder)Anerkennung Martin Heideggers nach dem Zweiten Weltkrieg geleistet hat. Max Müller steht in enger geistiger Verbindung zu Guardini, Emmanuel Mounier, Gabriel Marcel, Jacques Maritain und dem (protestantischen) Rechtsphilosophen Erik Wolf, die allesamt ihrerseits auch direkt von Heidegger tief beeindruckt waren. Schließlich sind zwei jüdische Positionen, die dialogische Philosophie Martin Bubers und Emmanuel Levinas' Philosophie des Anderen, ohne Heidegger nicht zu denken.

Heidegger hat weiterhin die hermeneutische Methode der Geistes- und Geschichtswissenschaften stark beeinflußt, vor allem über Bultmann und Hans-Georg Gadamer. Er ist aber auch von starker Anregungskraft für Naturphilosophen und -wissenschaftler gewesen (Oskar Becker, Werner Heisenberg, Carl-Friedrich von Weizsäcker). Die Brücke zu marxistischen Orientierungen schlugen Herbert Marcuse und Gajo Petrović, zur Kritischen Theorie Karl-Otto Apel. Heideggers um das Problem der Technik kreisende Spätphilosophie ist in eine Nähe zu ökologischen Bestrebungen gerückt worden [so z. B. von 87: REINHART MAURER]. Die moderne Sprachphilosophie und Linguistik nimmt verschiedentliche Anregungen von Heidegger auf. Auch in den Kunstwissenschaften ist sein Einfluß spürbar.

Heftige Diskussionen sind schließlich immer wieder über Heideggers politische Optionen entbrannt. Wurde seine Verbindung mit dem Nationalsozialismus in Deutschland nach dem Zweiten Weltkrieg durchaus erörtert und diskutiert (zum Teil in deutlichen Kontroversen), so insbesondere von KARL LÖWITH [84], MAX MÜLLER [91], OTTO PÖGGELER [99; 100] WINFRIED FRANZEN [70], HERMANN MÖRCHEN [89] und vom Verfasser des vorliegenden Beitrages [110], so verdrängte die französische Diskussion diese bedeutende Seite von Heideggers Wirken weitgehend. Jean Beaufret, Jean-Michel Palmier und François Fédier an der Spitze betätigten sich mit vielen anderen lange Zeit als erfolgreiche Apologeten. Die exakten und fundierten Untersuchungen des deutschen Historikers HUGO OTT [92; 93] haben in Frankreich seit 1987 Anlaß gegeben, mit einer heftigen und hektischen öffentlichen Diskussion das einseitig positive Bild Heideggers zu revidieren. Das groteskerweise wie eine Sensation eingeschlagene Buch des in Berlin tätigen Chilenen Victor Farias „Heidegger et le nazisme" [69]

Vehemente Diskussionen über Heideggers Verstrickung in den Nationalsozialismus

verrennt sich dabei ins andere Extrem. Es insinuiert ohne zureichende Belege, Heidegger sei zeit seines Lebens ein Anhänger des Nationalsozialismus gewesen.

Differenzierung *erforderlich*   Gegenüber solchen sachlich ungerechtfertigten Pendelausschlägen gilt es, nach wie vor zu differenzieren: Heideggers seinsgeschichtliches Denken, das die „Entschlossenheit" der Existenz und das „Werk" der Schaffenden emphatisch betont, hat eine enge geistige und politische Affinität zum autoritären Führerstaat und zur „Bewegung" des Nationalsozialismus, es steht jedoch zu dessen totalitärer, rassenbiologistischer Weltanschauung in einem fundamentalen und qualitativen Gegensatz. Je deutlicher der ideologische Totalitarismus hervortrat und je massiver er sich politisch Geltung verschaffte, desto spürbarer wurde Heideggers Distanz.

Ein wesentlicher *Unterschied*   Ausdrücklichen Widerstand gegen die nationalsozialistische Herrschaft konnte und wollte Heidegger allerdings nicht leisten. Darin liegt eine grundlegende Differenz zu Sartre und Camus, auch zu Jaspers.

Auswahlbibliographie

A. Werkausgaben

1. A. Camus, Le Mythe de Sisyphe. Paris 1942. – Der Mythos von Sisyphos. Ein Versuch über das Absurde. Boppard 1950.
2. ders., L'Etranger. Paris 1942. – Der Fremde. Boppard 1948.
3. ders., La Peste. Chronique. Paris 1947. – Die Pest. Roman. Boppart 1949.
4. ders., L' État de Siège. Paris 1948. – Der Belagerungszustand. München 1955.
5. ders., Les Justes. Paris 1950. – Dramen. Reinbek 1959.
6. ders., L'Homme révolté. Paris 1951. – Der Mensch in der Revolte. Essays. Reinbek 1953.
7. ders., La Chute. Paris 1956. – Der Fall. Roman. Reinbek 1957.
8. ders., L'Exil et le Royaume. Nouvelles. Paris 1957. – Das Exil und das Reich. Erzählungen. Reinbek 1958.
9. M. Heidegger, Gesamtausgabe (Ausgabe letzter Hand). Frankfurt a. M. 1975 ff.
10. ders., Sein und Zeit. Erste Hälfte. Halle 1927.
11. ders., Was ist Metaphysik? Bonn 1929. – 5. Aufl., um eine Einleitung erw. und mit neu durchges. Nachwort. Frankfurt a. M. 1949.
12. ders., Die Selbstbehauptung der deutschen Universität. Rede, gehalten bei der feierlichen Übernahme des Rektorats der Universität Freiburg i. Br. am 27.5.1933; Das Rektorat 1933/34. Tatsachen und Gedanken. Frankfurt a. M. 1983.

13. DERS., Über den Humanismus. Sonderausgabe Frankfurt a. M. 1949.
14. DERS., Der Ursprung des Kunstwerkes; Die Zeit des Weltbildes, in: Holzwege. Frankfurt a. M. 1950.
15. DERS., Erläuterungen zu Hölderlins Dichtung. 2., verm. Aufl. Frankfurt a. M. 1951.
16. DERS., Einführung in die Metaphysik. Tübingen 1953.
17. DERS., Vorträge und Aufsätze. Pfullingen 1954.
18. DERS., Identität und Differenz. Pfullingen 1957.
19. DERS., Gelassenheit. Pfullingen 1959.
20. DERS., Nietzsche. 2 Bände. Pfullingen 1961.
21. DERS., Wegmarken. Frankfurt a. M. 1967.
22. DERS., Zur Sache des Denkens. Tübingen 1969.
23. K. JASPERS, Psychologie der Weltanschauungen. Berlin 1919.
24. DERS., Die Idee der Universität. Berlin 1923.
25. DERS., Die geistige Situation der Zeit. Berlin 1931.
26. DERS., Philosophie. 3 Bände. Berlin 1932.
27. DERS., Vernunft und Existenz. Fünf Vorlesungen. Groningen 1935.
28. DERS., Nietzsche. Einführung in das Verständnis seines Philosophierens. Berlin 1936.
29. DERS., Existenzphilosophie. Drei Vorlesungen, gehalten am Freien Deutschen Hochstift in Frankfurt a. M. September 1937. Berlin/Leipzig 1938.
30. DERS., Die Schuldfrage. Heidelberg/Zürich 1946.
31. DERS., Von der Wahrheit. Philosophische Logik. Erster Band. München 1947.
32. DERS., Vom Ursprung und Ziel der Geschichte. Zürich 1949.
33. DERS., Einführung in die Philosophie. Zwölf Radiovorträge. Zürich 1950.
34. DERS., Die Atombombe und die Zukunft des Menschen. Politisches Bewußtsein in unserer Zeit. München 1958.
35. DERS., Freiheit und Wiedervereinigung. Über Aufgaben deutscher Politik. München 1960.
36. DERS., Der philosophische Glaube angesichts der Offenbarung. München 1962.
37. DERS., Lebensfragen der deutschen Politik. München 1963.
38. DERS., Wohin treibt die Bundesrepublik? Tatsachen – Gefahren – Chancen. München 1966.
39. DERS., Antwort. Zur Kritik meiner Schrift „Wohin treibt die Bundesrepublik?" München 1967.
40. DERS., Philosophische Autobiographie. Erw. Neuausg. (erstmals mit dem Kapitel über Martin Heidegger). München 1977.
41. DERS., Notizen zu Martin Heidegger. Hrsg. von Hans Saner. München/Zürich 1978.
42. DERS./R. BULTMANN, Die Frage der Entmythologisierung. München 1954.
43. J. P. SARTRE, L'Être et le Néant. Essai d'ontologie phénoménologique. Paris

1943. – Das Sein und das Nichts. Versuch einer phänomenologischen Ontologie. Reinbeck 1952.

44. DERS., Les Mouches. Paris 1943. – Die Fliegen. In: Dramen. Stuttgart 1949.

45. DERS., Huis clos. Paris 1945. – Bei geschlossenen Türen. In: Dramen. Stuttgart 1949.

46. DERS., L'Existentialisme est un humanisme. Paris 1946. – Ist der Existentialismus ein Humanismus? Zürich 1947.

47. DERS., Materialismus und Revolution. Zürich 1950 (französ. in: Situations. III. Band. Paris 1949).

48. DERS., Les Jeux sonts faits. Paris 1947. – Das Spiel ist aus. Reinbek 1952.

49. DERS., Critique de la raison dialectique. I. Band. Paris 1960. – Kritik der dialektischen Vernunft. 1. Band. Reinbek 1967.

50. DERS., Les Mots. Paris 1964. – Die Wörter. Reinbeck 1965.

51. DERS., L'Idiot de la famille. Gustave Flaubert de 1821 à 1857. 3 Bände. Paris 1971 f. – Der Idiot der Familie. Gustave Flaubert 1821–1857. 5 Bände. Reinbek 1977 ff.

B. BIBLIOGRAPHIEN

52. M. CONTAT/M. RYBELKA, Les Écrits de Sartre. Paris 1970.

53. G. GEFKEN/K. KUNERT, Karl Jaspers. Eine Bibliographie. Bd. 1: Die Primärbibliographie. Oldenburg 1978.

54. F. LAPOINTE/C. LAPOINTE, Sartre and His Critics. An international bibliography (1938–1980). 2. Aufl. Bowling Green (Ohio) 1981.

55. R. LUPPÉ, Camus. Bibliographie. Paris 1976.

56. H.-H. SASS, Heidegger-Bibliographie. Meisenheim a. Glan 1968.

57. DERS., Materialien zur Heidegger-Bibliographie 1917–1972. Meisenheim a. Glan 1975.

58. DERS., Martin Heidegger. Bibliography and Glossary. Bowling Green (Ohio) 1982.

59. R. WILCOCKS, Jean-Paul Sartre. A bibliography of international criticism. Edmonton 1976.

C. LITERATUR

60. T. H. ADORNO, Jargon der Eigentlichkeit. Zur deutschen Ideologie. Frankfurt a. M. 1964.

61. R. ARON, L'Opium des intellectuels. Paris 1955. – Opium für Intellektuelle oder: Die Sucht nach Weltanschauung. Köln 1957.

62. S. DE BEAUVOIR, L'Existentialisme et la sagesse des nations. Paris 1948.

63. O. F. BOLLNOW, Existenzphilosophie. 3. Aufl. Stuttgart 1949, 4. erw. Aufl. 1955.
64. P. BOURDIEU, Die politische Ontologie Martin Heideggers. Frankfurt a. M. 1976.
65. J. DERRIDA, De l'Esprit. Heidegger et la question. Paris 1987.
66. W. DESAN, The Marxism of Jean-Paul Sartre. New York 1965.
67. Y. DORESTAL, Der Begriff der Geschichte bei Sartre. Existentialismus und Marxismus. Frankfurt a. M. 1974.
68. H. FAHRENBACH, Existenzphilosophie und Ethik. Frankfurt a. M. 1970.
69. V. FARIAS, Heidegger und der Nationalsozialismus. Mit einer Einführung von Jürgen Habermas. Frankfurt a. M. 1988.
70. W. FRANZEN, Martin Heidegger. Stuttgart 1976.
71. H.-G. GADAMER, Heideggers Wege. Studien zum Spätwerk. Tübingen 1983.
72. R. GARAUDY, Marxisme et existentialisme. Paris 1962.
73. K. A. HARRIS, The Political Thought of Albert Camus. The limits of liberalism. High Wycombe 1971.
74. K. HARTMANN, Grundzüge der Ontologie Sartres in ihrem Verhältnis zu Hegels Logik. Berlin 1963.
75. DERS., Sartres Sozialphilosophie. Eine Untersuchung zur „Critique de la raison dialectique". Berlin 1966.
76. J. HERSCH, Karl Jaspers. Eine Einführung in sein Werk. München 1980.
77. U. HOMMES, Die Existenzerhellung und das Recht. Frankfurt a. M. 1962.
78. W. JANKE, Existenzphilosophie. Berlin/New York 1982.
79. R. JOLIVET, Les Doctrines existentialistes de Kierkegaard à J.-P. Sartre. Saint-Wandrille 1948.
80. L. KOLAKOWSKI, Die Gegenwärtigkeit des Mythos. München 1973.
81. J. LAWLER, The Existentialist Marxism of Sartre. Amsterdam 1976.
82. H. LEFÈBVRE, L'Existentialisme. Paris 1946.
83. R. LENGERT (Hrsg.), Philosophie der Freiheit. Karl Jaspers, 23. Februar 1883–26. Februar 1969. Oldenburg 1983.
84. K. LÖWITH, Heidegger. Denker in dürftiger Zeit. Frankfurt a. M. 1953, 2. erw. Aufl. Göttingen 1960.
85. J. MAJAULT, Camus, révolte et liberté. Paris 1965.
86. G. MARCEL, L'Homme problématique. Paris 1955. – Der Mensch als Problem. 2. Aufl. Frankfurt a. M. 1957.
87. R. MAURER, Revolution und „Kehre". Studien zum Problem gesellschaftlicher Naturbeherrschung. Frankfurt a. M. 1975.
88. M. MERLEAU-PONTY, Les Aventures de la dialectique. Paris 1955. – Die Abenteuer der Dialektik. Frankfurt a. M. 1968.
89. H. MÖRCHEN, Macht und Herrschaft im Denken von Heidegger und Adorno. Stuttgart 1980.
90. E. MOUNIER, Introduction aux existentialismes. Paris 1947. – Einführung in die Existenzphilosophien. Bad Salzig-Boppard 1949.

91. M. Müller, Existenzphilosophie im geistigen Leben der Gegenwart. Heidelberg 1949. 3. wesentlich erw. Aufl. 1964.

92. H. Ott, Martin Heidegger als Rektor der Universität Freiburg i. Br. 1933/34. In: Zeitschrift des Breisgau-Geschichtsvereins („Schau-ins-Land"). Freiburg 1983 (102), 121–136 und 1984 (103), 107–130.

93. Ders., Martin Heidegger. Unterwegs zu seiner Biographie. Frankfurt a. M./New York 1988.

94. J.-M. Palmier, Les Écrits politiques de Heidegger. Paris 1968.

95. G. Penzo (Hrsg.), Karl Jaspers. Filosofia – Scienza – Teologia. Brescia 1983.

96. A. Pieper, Albert Camus. München 1984.

97. H. Pieper, Selbstsein und Politik. Jaspers' Entwicklung vom esoterischen zum politischen Denken. Meisenheim a. Glan 1973.

98. J. Pfeiffer, Sinnwidrigkeit und Solidarität. Beiträge zum Verständnis von Albert Camus. Berlin 1969.

99. O. Pöggeler, Der Denkweg Martin Heideggers. Pfullingen 1963.

100. Ders., Philosophie und Politik bei Heidegger. Freiburg/München 1972, 2. Aufl. 1974.

101. K. Salamun, Karl Jaspers. München 1985.

102. H. Saner (Hrsg.), Karl Jaspers in der Diskussion. München 1973.

103. A. Schaff, Marx oder Sartre? Versuch einer Philosophie des Menschen. Wien 1964.

104. P. A. Schilpp (Hrsg.), The Philosophy of Karl Jaspers. New York 1957. – Dt.: Karl Jaspers. Stuttgart 1957.

105. Ders., The Philosophy of Jean-Paul Sartre. LaSalle (Ill.) 1981.

106. H. R. Schlette (Hrsg.), Wege der deutschen Camus-Rezeption. Darmstadt 1975.

107. Ders., Albert Camus. Welt und Revolte. Freiburg/München 1980.

108. A. Schmidt (Hrsg.), Existentialismus und Marxismus. Eine Kontroverse zwischen Sartre, Garaudy, Hyppolite, Vigier und Orcel. Frankfurt a. M. 1965.

109. G. Schneeberger, Nachlese zu Heidegger. Dokumente zu seinem Leben und Denken. Bern 1962.

110. A. Schwan, Politische Philosophie im Denken Heideggers. Köln-Opladen 1965, 2. um einen „Nachtrag 1789" erw. Aufl. 1989.

111. Ders., Existentielle und politische Freiheit. Die Existenzphilosophie von Karl Jaspers als geistige Grundlegung der pluralistischen Demokratie. In: Geschichte in Wissenschaft und Unterricht. Stuttgart 1984 (35), 569–585.

112. G. Steiner, Heidegger. Hassocks (Sussex) 1978, 2. Aufl. Paris 1988.

113. G. Stuby, Recht und Solidarität im Denken von Albert Camus. Frankfurt a. M. 1965.

114. B. Sutor, Der Zusammenhang von Geschichtsphilosophie und Politik bei Karl Jaspers. Mainz 1965.

115. E. Young-Bruehl, Freedom and Karl Jaspers' Philosophizing. New York 1974.

116. G. A. ZEHM, Historische Vernunft und direkte Aktion. Zur Politik und Philosophie Jean-Paul Sartres. Stuttgart 1964.

Zeittafel

KARL JASPERS

1883   Karl Jaspers wird am 23. Februar in Oldenburg geboren.

1901–1908 Studium erst der Rechtswissenschaft, dann der Medizin in München, Göttingen und Heidelberg.

1908   Promotion zum Dr. med. in Heidelberg.

1909–1915 Volontärassistent an der Psychiatrischen Klinik in Heidelberg.

1913   Habilitation im Fach Psychologie (Heidelberg).

1916   Außerord. Professor für Psychologie in Heidelberg.

1919   „Psychologie der Weltanschauungen".

1920   Außerord. Prof. für Philosophie in Heidelberg.

1921   Ord. Prof. für Philosophie in Heidelberg (nach Ablehnung von Rufen nach Greifswald und Kiel).

1923   „Die Idee der Universität"

1931   „Die geistige Situation der Zeit"

1932   „Philosophie", 3 Bände (I. Philosophische Weltorientierung, II. Existenzerhellung, III. Metaphysik).

1933   Jaspers wird von der Mitwirkung in der Akademischen Selbstverwaltung ausgeschlossen.

1935   „Vernunft und Existenz"

1936   „Nietzsche"

1937   Jaspers verliert seinen Lehrstuhl.

1938   „Existenzphilosophie"; Jaspers erhält Publikationsverbot.

1945   Jaspers ist wieder Professor und wird Senator an der Universität Heidelberg; er hält eine Vorlesung über „Die Schuldfrage".

1947   „Von der Wahrheit". – Jaspers nimmt an den Rencontres internationales in Genf teil (Kontroverse mit Georg Lukács); Goethepreis der Stadt Frankfurt a. M.

1948   Jaspers wechselt an die Universität Basel trotz geringerer Ausstattung, da er und seine jüdische Frau über die Rückkehr von Kollegen in Heidelberg, die sich in der Zeit der nationalsozialistischen Herrschaft kompromittiert hatten, bestürzt sind. Von Basel aus schaltet er sich in den folgenden Jahren aber wiederholt in die politischen Auseinandersetzungen in Deutschland ein.

1949   „Vom Ursprung und Ziel der Geschichte"

1957   „Die großen Philosophen"

1958   „Die Atombombe und die Zukunft des Menschen". – Jaspers erhält in der Frankfurter Paulskirche den Friedenspreis des Deutschen Buchhandels.

1960   „Freiheit und Wiedervereinigung". Diese Schrift, in der sich Jaspers u. a. für die Anerkennung der Oder-Neisse-Grenze ausspricht, löst eine heftige Kontroverse aus.

1962   „Der philosophische Glaube angesichts der Offenbarung"

1964   Jaspers wird (neben vielen anderen Auszeichnungen und Preisverleihungen) Mitglied des Ordens „Pour le mérite".

1966   „Wohin treibt die Bundesrepublik"

1967   „Antwort" auf die Kritik an dem vorgenannten Buch. Jaspers erwirbt mit seiner Frau das Bürgerrecht in Basel und legt die deutsche Staatsbürgerschaft nieder.

1969   Karl Jasper stirbt am 26. Februar in Basel.

Martin Heidegger

1889   Martin Heidegger wird am 26. September in Meßkirch geboren.

1909–1913 Studium erst der kath. Theologie, dann der Philosophie in Freiburg.

1913   Promotion zum Dr. phil. in Freiburg.

1916   Habilitation in Philosophie (Freiburg).

1923   Außerord. Professor für Philosophie in Marburg.

1927   „Sein und Zeit"

1928   Ord. Professor für Philosophie in Freiburg.

1929   Freiburger Antrittsvorlesung „Was ist Metaphysik"? Heidegger nimmt an den Davoser Hochschulkursen teil (Kontroverse mit Ernst Cassirer).

1933   Heidegger übernimmt am 21. April das Rektorat der Universität Freiburg von einem Kollegen, der unter dem Druck der politischen Verhältnisse zurückgetreten ist. Am 1. Mai Eintritt in die NSDAP. Rektoratsrede „Die Selbstbehauptung der deutschen Universität" am 27. Mai. – Rede vor der Heidelberger Studentenschaft „Die Universität im neuen Reich" am 30. Juni. – Ansprache „Bekenntnis zu Adolf Hitler und dem nationalsozialistischen Staat" auf der Wahlkundgebung der deutschen Wissenschaft am 11. November in Leipzig.

1934   Heidegger tritt am 23. April vom Amt des Rektors zurück. Er widmet sich in den folgenden Jahren konzentriert seinen Vorlesungen und Seminaren, in besonders intensiver Auseinandersetzung mit Hölderlin, Nietzsche und der frühen griechischen Philosophie. Außerdem entsteht aus Vorträgen u. a. „Der Ursprung des Kunstwerkes" (1936) und „Die Zeit des Weltbildes" (1938). Die meisten dieser Arbeiten werden erst ab den fünfziger Jahren veröffentlicht.

1945   Heidegger wird von seinem Lehrstuhl aus politischen Gründen suspendiert.

1946   Brief über den Humanismus an Jean Beaufret; Beginn einer breiten Rezeption Heideggers in Frankreich.

1949   Heidegger wird rehabilitiert und formell emeritiert.

1950   „Holzwege"

1951   „Erläuterungen zu Hölderlins Dichtung"

1953   „Einführung in die Metaphysik"

1954   „Vorträge und Aufsätze"

1957   Heidegger hält bei der 500-Jahrfeier der Universität Freiburg einen Vortrag „Der Satz der Identität" [vgl. 18: Identität und Differenz, 1957].

1959   „Gelassenheit", „Unterwegs zur Sprache".

1961   „Nietzsche", 2 Bände.

1969   „Zur Sache des Denkens"

1975   Beginn des Erscheinens der ca. 80-bändigen Gesamtausgabe (Ausgabe letzter Hand).

1976   Martin Heidegger stirbt am 26. Mai in Freiburg.

JEAN-PAUL SARTRE

1905   Jean-Paul Sartre wird am 21. Juni in Paris geboren.

1924–1928   Studium der Philosophie an der Pariser École Normale Supérieure.

1929   Examen in Philosophie

1931–1939   Gymnasiallehrer für Philosophie in Le Havre, Laon und Paris, unterbrochen 1933–1934 durch einen Aufenthalt in Deutschland, bes. in Berlin. Seit dieser Zeit beschäftigt sich Sartre intensiv mit Edmund Husserl und Martin Heidegger. Beginn des literarischen und philosophischen Schaffens.

1939–1941   Sanitätsdienst im Krieg und deutsche Kriegsgefangenschaft, geflüchtet.

1941–1945   Lehrer in Paris, Tätigkeit in der Résistance.

1943   „L'Etre et le Néant" („Das Sein und das Nichts"), „Les Mouches" („Die Fliegen").

1945   „Huis clos" („Bei geschlossenen Türen"). – Sartre gründet und leitet mit Maurice Merleau-Ponty die Zeitschrift „Les Temps Modernes" in Paris, die zum literarisch-philosophischen Zentrum des Existentialismus wird.

1946   „L'Existentialisme est un humanisme" („Ist der Existentialismus ein Humanismus?"), „Matérialisme et révolution" („Materialismus und Revolution"); danach eine Vielzahl von Theaterstücken und Essays.

1947   „Les Jeux sont faits" („Das Spiel ist aus").

1952   Bruch mit Albert Camus und Maurice Merleau-Ponty wegen Sartres positiver Einstellung zum Kommunismus und Marxismus.

1954   Reise in die Sowjetunion.

1956   Öffentlicher Protest gegen das sowjetische Eingreifen in den ungarischen Aufstand.

1960   „Critique de la raison dialectique" („Kritik der dialektischen Vernunft").

1964   „Les Mots" („Die Wörter"). – Ablehnung des Nobelpreises für Literatur.

1968   Sartre protestiert gegen das staatsloyale Verhalten der KPF bei den studentischen Maiunruhen und wendet sich in den folgenden Jahren teils maoistischen, teils anarchistischen Gruppen zu.

1971   „L'Idiot de la famille" („Der Idiot der Familie"), ein großes Werk über Gustave Flaubert, beginnt zu erscheinen.

1980   Jean-Paul Sartre stirbt am 15. April in Paris.

ALBERT CAMUS

1913   Albert Camus wird am 7. November in Mondovi, Dptm. Constantine (Algerien), geboren.

1931–1939 Studium, Gelegenheitsarbeiten, journalistische Tätigkeit und insbesondere Beteiligung als Schauspieler und Regisseur an verschiedenen Theatergruppen in Algerien; Beginn des literarischen Schaffens.

1934–35   Mitglied der Kommunistischen Partei.

1936   Diplom in Philosophie.

1940   Ausweisung aus Algerien, Übersiedlung nach Paris (aus Gesundheitsgründen vom Kriegsdienst ausgeschlossen), Chefredakteur des „Paris Soir".

1942   „Le Mythe de Sisyphe" („Der Mythos von Sisyphos"),
„L'Etranger" („Der Fremde").

1942–1945 Aktive Beteiligung an der Résistance, Mitarbeit am „Combat" (bis 1947).

1945   „Caligula"

1947   „La Peste" („Die Pest").

1948   „L'État de Siège" („Der Belagerungszustand").

1949   „Les Justes" („Die Gerechten").

1951   „L'Homme révolté" („Der Mensch in der Revolte").

1952   Bruch mit Jean-Paul Sartre wegen dessen positiver Einstellung zum Kommunismus und Marxismus; die literarische und philosophische Linke in Frankreich wendet sich weitgehend von Camus ab.

1956   „La Chute" („Der Fall"). – Aufruf zum Burgfrieden im Algerienkrieg;

Protest gegen das Eingreifen der sowjetischen Truppen beim ungarischen Aufstand.

1957   „L'Exil et le Royaume" („Das Exil und das Reich"). – Camus erhält den Nobelpreis für Literatur und nimmt ihn an (im Unterschied zu Sartre 1964).

1960   Albert Camus stirbt am 4. Januar bei einem Autounfall in der Nähe von Villeblevin (Provence), wo er seit einigen Jahren ein Haus besitzt.

Sergio Belardinelli

Die politische Philosophie des christlichen Personalismus

Mit Personalismus wird in der Regel jenes historisch-kulturelle Phänomen be- Personalismus zeichnet, das sich in Frankreich im Umfeld der von Emmanuel Mounier 1932 gegründeten Zeitschrift „Esprit" entwickelt und sich dann, vor allem in der unmittelbaren Nachkriegszeit, auf andere europäische Länder, die Vereinigten Staaten und Lateinamerika ausgedehnt hat. Es handelt sich um eine geistige Bewegung, die insbesondere auf der Einsicht gründet, daß Freiheit und Menschenwürde wieder auf ein sicheres Fundament gestellt werden müssen, nachdem diese Werte von den pantheistischen Tendenzen im modernen Denken, die in die großen Systeme des Hegelianismus und Marxismus mündeten, in Frage gestellt und bedroht worden waren. Auf der politischen Ebene äußert sie sich zunächst – in den dreißiger Jahren – im Kampf gegen den Dualismus von Marxismus und Liberalismus, später im Kampf gegen den Totalitarismus. Nicht zufällig findet der Personalismus seine wichtigsten Impulse dort, wo ein christlich geprägtes Denken vorherrscht, nämlich in den katholischen Gebieten Europas und im protestantischen Amerika. Allerdings handelt es sich dabei nicht um ein einheitliches Phänomen. Zu den Mitarbeitern der Zeitschrift „Esprit" zählten nämlich außer dem bereits erwähnten Mounier – um nur die bekanntesten und zugleich für die verschiedenen geistigen Ausprägungen des sogenannten Personalismus weitgehend kennzeichnenden Namen zu erwähnen – Jean Lacroix, Jacques Maritain, Nicola Berdjaev, Paul Louis Landsberg.

Mit Ausnahme von Mounier, der wirklich versucht hat, die Person zur Basis Der Primat der Person einer neuen Philosophie zu machen, verfolgten die übrigen Denker dieser Gruppe jeweils unterschiedliche Ansätze. Ihr Personalismus stand weniger für eine klar umrissene philosophische Position als für eine Gesamtheit praktischer, moralischer und politischer Einstellungen, die alle am Primat der Person gegenüber der Natur, gegenüber dem Staat und jedweder ideologischen Konstruktion orientiert waren.

Der allgemeine philosophische Rahmen, innerhalb dessen der Personenbegriff Verschiedene Weltanschauungen der Personalisten entwickelt wurde, war nicht für alle der gleiche; er konnte, wie etwa bei Maritain, klassisch-thomistisch oder wie z. B. bei Landsberg, einem Schüler Max Schelers, phänomenologisch bestimmt sein; es konnte der Existentialismus sein wie bei

Berdjaev, der Spiritualismus wie bei Luigi Stefanini und Armando Carlini, der Pragmatismus wie bei den Amerikanern Brightman und Hocking oder selbst der Marxismus wie im Falle des Polen Adam Schaff oder bei der „Frankfurter Schule", die auch als „personalistisch" gelten [19: RIGOBELLO, Il Personalismo].

Man stößt also offenbar auf eine Vielzahl von Einstellungen, die eine eindeutige Definition des Personalismus in gewisser Weise unmöglich macht. Diese Uneindeutigkeit trat auch innerhalb der kleinen Gruppe von Mitarbeitern an „Esprit" schon bald klar zutage, so daß selbst Mounier in seinem „Manifeste au service du personnalisme" von 1933 erklärte, er sehe als personalistisch an „jede Lehre, jede Zivilisation, die den Vorrang der menschlichen Person vor den materiellen Notwendigkeiten und den kollektiven Einrichtungen bejaht, welche deren Entwicklung garantieren. Personalismus, das ist für uns nichts weiter als eine Art Losungswort, ein Sammelbegriff, der unterschiedliche Auffassungen bezeichnet."

Personalismus als Anti-Ideologie

Auf der gleichen Ebene bewegt sich im wesentlichen auch JEAN LACROIX, der neuerdings mit seinem Essay über „Le personnalisme comme antiidéologie" [11] dazu beigetragen hat, die Debatte über das Problem der Identität des Personalismus neu zu eröffnen. Diese Identität wird danach nicht so sehr durch eine festumrissene Doktrin und auch nicht durch eine Ideologie begründet, sondern liegt mehr im antiideologischen Charakter des Personalismus. Der Personalismus ist danach letzten Endes Hinweis auf eine praktische Aufgabe, eine Art Banner, das verschiedene geistige Energien um sich scharen kann, die dennoch alle darin übereinstimmen, daß sie jedwedes ideologische System und jedwede politische Institution ablehnen, die nicht den vorrangigen und unveräußerlichen Wert der Person respektieren.

Zwischen Individualismus und Totalitarismus

Ich will jedoch hier nicht näher auf die spezifischen Fragen der unterschiedlichen philosophischen Ausrichtung der einzelnen als „Personalisten" bezeichneten Denker eingehen. Jacques Maritain hat selbst schon deutlich genug gemacht, daß viele angeblich personalistische Denkweisen nur das Wort „Person" gemein haben, während sie in Wirklichkeit zum einen oder anderen jener Irrtümer tendieren, zwischen denen der Personalismus gewöhnlich angesiedelt ist: zum Totalitarismus oder zum Individualismus. Auch aus diesem Grunde habe ich es für sinnvoll gehalten, mich im folgenden nicht nur auf den christlichen Personalismus in der Politik zu beschränken, sondern innerhalb des christlichen Personalismus selbst zwei Autoren auszuwählen: Jacques Maritain, einer der bekanntesten und wichtigsten neothomistischen Philosophen unseres Jahrhunderts, und Luigi Sturzo, der vor allem als Gründer des „Partito Popolare Italiano", daneben aber auch als hochrangiger politischer Denker bekannt geworden ist.

JACQUES MARITAIN (1882–1973)

Die Periode politischen Denkens im eigentlichen Sinne setzt bei Maritain ein, als er seine philosophisch-metaphysische Position, die ganz auf eine Reaktualisierung des Denkens von Thomas von Aquin ausgerichtet ist, bereits in ihren Grundzügen herausgearbeitet hat. Seine ersten politischen Werke, „Antimoderne" (1922) und „Trois réformateurs" (1925), stammen aus einer Zeit, in der Maritain der Action Française nahestand, und mit ihrer Kritik der Mythen vom unbegrenzten Fortschritt, von einer moralfreien Politik und von der Demokratie als „Herrschaft aller" entsprechen sie ganz dem an der Vergangenheit orientierten Geist dieser extrem konservativen Bewegung. Groß war seine Enttäuschung als die von Charles Maurras geleitete Action Française 1926 vom Heiligen Officium verurteilt wurde. Seine späteren Werke greifen ähnliche Themen auf, aber aus einer versöhnlicheren Haltung des Dialogs und der positiven Auseinandersetzung mit der modernen Welt. Nachdrücklich befaßt er sich mit dem Problem, welche politische Rolle die Katholiken in einer Zeit der sich dramatisch zuspitzenden Krisen spielen sollten – eine Frage, die sich dem Philosophen Maritain weniger als eine unmittelbar politische, vielmehr als die grundsätzliche Frage nach dem Verhältnis von Christentum und moderner Zivilisation stellt. *(Randnote: Die Action Française)*

Im Jahre 1930 veröffentlicht er „Religion et culture", den Text eines in Fribourg gehaltenen Vortrags. Darin behandelt er u. a. das Problem, ob es heute noch zu vertreten sei, den Begriff der „civitas christiana" zu verwenden. Die Tatsache, daß die Zivilisation „von Natur aus dem Bereich des Zeitlichen" zugehört, schließt ihre Verbindung mit dem Religiösen nicht aus, das ja mit vollem Recht auch zu diesem Bereich gehört, ja, wie im Falle des Christentums, als dessen „im höchsten Maße belebendes und förderndes Element" anzusehen ist und das gleichwohl weder die Freiheit des Menschen ausschließt, noch die eigene absolute Transzendenz gegenüber gleich welcher Zivilisation und Kultur. *(Randnote: Die „civitas christiana")*

In diesem Kontext greift Maritain sein ursprünglich radikal negatives Urteil über die moderne Welt wieder auf, nun allerdings in modifizierter Form. Wenn er auch an seinen in „Antimoderne" und „Trois réformateurs" vorgebrachten kritischen Einwänden gegen diese Welt festhält, insoweit sie aus der Reformation und der Philosophie Descartes und Rousseaus entstanden sei, so sieht er inzwischen die Moderne doch differenzierter. Er gesteht nun auch die Existenz „positiver Elemente" zu, „eine ontologische und vitale Anspannung, die uns in dem mutigen und unermüdlichen Bemühen zu liegen scheint, die menschliche Natur dazu zu bewegen, das ihr mögliche Maximum an irdischem Nutzen hervorzubringen." [15: Oeuvres Complètes, Bd. IV, 207]. Hier wird also kein unaufhebbarer Widerspruch mehr zwischen Christentum und moderner Welt festgestellt, sondern ein Vergleich durchgeführt, der durchaus kritisch bleibt, aber nicht mehr im Namen einer Art Mittelalter-Nostalgie gezogen wird, sondern aus dem Versuch heraus, die gegenwärtige Geschichte aus christlicher Sicht zu verlebendigen und in neuen Begriffen umzudenken: „Wenn der Katholizismus die Kultur durchdringen soll *(Randnote: Die Leistung der Moderne / Katholizismus und Kultur)* zum Wohle der Welt und zum Heil der Seelen, dann heißt das nicht, er sei an eine Kultur mehr gebunden als an eine andere oder als sei er gar angebunden an die Kultur im allgemeinen und an ihre unterschiedlichen Ausdrucksformen ... Der Katholizismus ist nicht durch die Kultur geprägt, sondern er prägt sie." [15: Oeuvres Complètes, Bd. IV, 221].

Die politische Phase

Die eigentlich politische Phase im Denken Maritains beginnt in den Jahren 1932/33 – mit der Gründung der Zeitschrift „Esprit", an der er wesentlich mitbeteiligt ist, sowie dem Erscheinen seiner Untersuchung „Du régime temporel et de la liberté" – und erstreckt sich durch den Zweiten Weltkrieg hindurch bis zum Jahr 1951, dem Erscheinungsjahr seines Buches „Man and the State". Obgleich er jede politische Etikettierung für sich ablehnt, wird er vor allem durch die Ausarbeitung seines Konzepts eines „neuen Christentums" und durch die Neubewertung der Demokratie zu einem kritischen Erneuerer des politischen Denkens des französischen Katholizismus.

Neues Christentum und integraler Humanismus

Das Ideal eines „neuen Christentums" wird von Maritain in seinem vielleicht berühmtesten Werk, in „Humanisme intégral" ausgearbeitet. Das Buch erscheint 1936, als man anfängt, die Anzeichen der kommenden Katastrophe zu erkennen. In den Augen Maritains handelt es sich dabei um die Katastrophe des Zeitgeistes, der sich von Gott und seinem Gesetz befreien wollte und dessen sich nun der kommunistische und nationalsozialistische Totalitarismus bemächtigten. Beide Totalitarismen sieht er als letzte Konsequenz dessen an, was er in einer Arbeit mit dem Titel „Le crépuscule de la civilisation" später (1939) als „Dialektik des gescheiterten Humanismus" definiert. Maritain reflektiert in diesem Zusammenhang über die Notwendigkeit eines neuen „historisch konkreten Ideals", das gegründet sein sollte auf den Prinzipien des christlichen Personalismus und das er als „neues Christentum" bezeichnet. Dieser angesichts des Endes einer gewissen Moderne entwickelte Begriff wird als wahrhaft post-moderner Begriff vorgestellt. „Erinnern wir uns, daß das Wort „Christentum" (so, wie wir es verstehen) ein zeitliches Gesellschaftssystem bezeichnet, dessen Strukturen – in stark veränderlichen Abstufungen und Erscheinungsformen – die Spur der christlichen Lebensauffassung tragen. Es gibt nur eine integrale religiöse Wahrheit, nur eine katholische Kirche, aber es kann mehrere christliche Zivilisationen, mehrere und verschiedene Formen des Christentums geben. Wenn wir also von einem neuen Christentum sprechen, dann sprechen wir von einer zeitlichen Ordnung oder einer Kulturepoche, die vom christlichen Glauben belebt wird und die die Antwort liefern könnte auf die historische Atmosphäre jener Zeit, in die wir jetzt eintreten." [15: Oeuvres Complètes, Bd. VI, 442].

Das herausragende, charakteristische Moment dieses neuen „historisch konkreten Ideals" ist in der Annahme „einer profan christlichen, nicht sakral christlichen Auffassung vom Zeitlichen" [15: Oeuvres Complètes, Bd. VI, 475] zu sehen. Es geht m. a. W. nicht mehr darum, ein Heiliges Reich zu schaffen, sondern der „heiligen Freiheit der Kreatur" zu vertrauen, „welche durch die Gnade mit Gott vereinigt wird." [15: Oeuvres Complètes, Bd. VI, 476].

Wie weit entfernt diese „heilige Freiheit" vom Liberalismus der Aufklärung ist, muß nicht eigens betont werden. Wichtig ist es jedoch hervorzuheben, wie weit Maritain inzwischen mit seinem radikalen Überdenken des Demokratie-Konzepts gegangen ist. Eine „christlich inspirierte Demokratie", das ist die Formel, die von nun an das Konzept des „neuen Christentums" ersetzen wird, und zwar seit den im Exil in den Vereinigten Staaten (wohin er sich bei Kriegsausbruch begeben hatte) verfaßten Schriften bis hin zu „Man and the State".

Maritains Denken orientiert sich in jener Phase an einigen Kategorien, die er aus dem Thomismus bezieht, in erster Linie an der Person mit all ihren Rechten und an der des Gemeinwohls. Hinsichtlich dieses Themas möchte ich daran erinnern, daß Maritain schon in „Du régime temporel et de la liberté" von 1933 seine eigene politische Philosophie als zugleich „gemeinschaftsbezogene" und „personalistische" definiert hatte: „Der Begriff „gemeinschaftsbezogen" bedeutet, daß die Gesellschaft auf ein Gemeingut hin geordnet ist, das sich in spezifischer Weise von der Summe der Einzelgüter eines jeden unterscheidet und über dem individuellen Wohl steht. Was nun den Terminus „personalistisch" angeht, so gewinnt er seine volle Bedeutung nur in Bezug auf die thomistische Unterscheidung zwischen dem formalen Aspekt „Individuum" und dem formalen Aspekt „Person"". [15: Oeuvres Complètes, Bd. V, 363].

Jedoch finden wir erst in einem Werk von 1942, „Les droits de l'homme et la loi naturelle", eine ausdrückliche Parteinahme Maritains für die Demokratie, eine Parteinahme, die dann in seinem nach „Humanisme intégral" berühmtesten Werk, „Christianisme et démocratie" (1943) gipfeln sollte. In den Vereinigten Staaten begegnet Maritain einer modernen Demokratie, die „trotz der Macht gewaltiger ökonomischer Interessen ... nie ihren christlichen Ursprung vergessen hat". [15: Oeuvres Complètes, Bd. VII, 716]. Insoweit unterscheidet sie sich recht deutlich von den europäischen Demokratien, die vor allem vom Geist der Aufklärung beeinflußt und daher totalitären Regimen anheimgefallen sind. Maritain orientiert sein politisches Denken daher insbesondere an dem Ziel, die Idee der Demokratie und die Lehren des Evangeliums miteinander in Einklang zu bringen. Dabei sind einerseits der sogenannte bürgerliche Individualismus, andererseits der Totalitarismus beständige Bezugspunkte seiner polemisch vorgetragenen Kritik.

Beiden Ideologieformen liegt nach Maritain eine irrige Auffassung von der Beziehung zwischen Staat und Gesellschaft zugrunde. Es sei eben in der kulturellen Moderne nie gelungen, diese beiden Seiten zu sehen, ohne die eine in der anderen aufgehen zu lassen. So sei bei Hegel die Gesellschaft dazu bestimmt gewesen, im Staate aufzugehen, während bei Marx umgekehrt der Staat in der Gesellschaft aufgehen sollte. Aber sehen wir uns an, was Maritain in „Man and the State" (1951) zu diesem Thema schreibt:

Wie üblich geht Maritain auch bei der Beschäftigung mit der Dichotomie von Staat und Gesellschaft und mit dem Problem ihrer Auflösung auf die Antike zurück, genauer auf die Begriffe „polis" und „civitas", die er mit „politischem

Körper" oder „politischer Gesellschaft" übersetzt. Viele Historiker der politischen Theorie halten dies für ein Synonym von Staat. Für Maritain aber ist es etwas ganz anderes. Für ihn unterscheiden sich Staat und politische Gesellschaft wie sich der Teil vom Ganzen unterscheidet: „Der politische Körper oder die politische Gesellschaft bildet das Ganze. Der Staat ist nur ein Teil dieses Ganzen, wenn auch der bedeutendste." [13: MARITAIN, Man and the State, 10]. Die politische Gesellschaft stellt eine vollständig autonome, von der Natur geforderte und von der Vernunft verwirklichte Gesellschaft dar; es ist die Gesellschaft aller, die in Freundschaft und Achtung vor der Gerechtigkeit das Gemeinwohl zu verwirklichen trachten. Das familiäre, ökonomische, kulturelle und religiöse Leben begründet daher die politische Gesellschaft mit gleichem Recht und im Verein mit dem politischen Leben im eigentlichen Sinne, das sich im Staat verkörpert. Der Staat ist somit nicht mehr „die höchste Verkörperung der Idee, wie Hegel glaubte", er ist nicht länger eine Art „kollektiver Übermensch", sondern nur noch „ein

Der Staat im Dienst des Menschen

geeignetes Instrument, Macht und Zwang auszuüben, ein Instrument, das sich aus Experten und Spezialisten der öffentlichen Ordnung und Wohlfahrt zusammensetzt und dem Menschen dienen soll. Den Menschen diesem Instrument dienstbar zu machen, wäre eine politische Perversion." [13: MARITAIN, Man and the State, 13].

Maritain interpretiert die aristotelische Bestimmung des Menschen als politisches Wesen im Lichte der christlichen Botschaft, im Licht also der zentralen Rolle der menschlichen Person, die zwar für das Leben im politischen Körper geschaffen ist (nicht etwa für den Staat), deren Wohl aber zugleich den Fluchtpunkt darstellt, auf den hin dieser politische Körper vollständig ausgerichtet ist. Der Staat muß umso mehr auf das Wohl der Person hin orientiert sein, als er ja nur den „obersten Teil" des politischen Körpers darstellt. Er steht eben nie über ihm, da der Teil nie über dem Ganzen stehen kann. Es ist jedoch in unserer

Der souveräne Staat

Geschichte laut Maritain dazu gekommen, daß sich der Staat vom politischen Körper und der Person losgelöst und sich über sie erhoben hat. Er hat sich selbst zu einer Person gemacht und ist Souverän geworden [Bodin, Hobbes, Rousseau). Mit der „Souveränität" aber war der Weg frei in den Absolutismus. „So wie die Begriffe *polis* und *civitas*" schreibt Maritain, „häufig mit *Staat* übersetzt werden (wenngleich das angemessenere Wort „Gesellschaft" oder „politischer Körper" wäre), so werden die Begriffe *principatus* und *suprema potestas* häufig mit „Souveränität", *princeps* mit „Souverän" übersetzt." [13: MARITAIN; Man and the State, 30].

Daß sich hinter der irrigen Übersetzung ein für die politische Theorie sehr viel bedeutsamerer Sachverhalt verbirgt, als es ein terminologisches Problem sein könnte, zeigt sich schon daran, daß „principatus" oder „suprema potestas" einfach „höchste Befehlsgewalt" bedeuten, während der Ausdruck „Souveränität" aus dem souveränen Herrscher das Abbild Gottes macht (Bodin). Der Souverän, der zwar Gott unterworfen, aber auch nur ihm gegenüber verantwortlich ist, transzendiert so letztlich das Politische ebenso wie Gott den Kosmos transzendiert; er wird zum Ausdruck der „maiestas", der höchsten Herrschergewalt also, welche die politische Gemeinschaft nicht mehr *von innen heraus*, sonder *von oben herab* regiert.

Eine solche totalitär gefärbte Auffassung vom Staate hat sich nun laut Maritain auch in den europäischen Demokratien eingenistet. Sie haben zwar die Entfaltung des totalitären Geistes in gewissem Sinne zügeln können, aber er hat sie seinerseits gezwungen, in ihrer Politik nach innen, vor allem aber in ihrer Außenpolitik unerträgliche Widersprüche hinzunehmen. Im Bereich der Innenpolitik hat die liberal geprägte individualistische Demokratie eine Entfernung des Volkes vom politischen Leben herbeigeführt; hinsichtlich der außenpolitischen Widersprüche verweist Maritain auf die blutigen Kriege, die das Europa des 19. Jahrhunderts überzogen und zugleich die Entstehung totalitärer Herrschaftsformen und Gedankensysteme vorbereitet haben. Sie brachten die Grundidee des souveränen Staates zur Vollendung: „Der absolut gewordene Staat enthüllte sein wahres Antlitz. Unserer Epoche wurde das Privileg zuteil, den staatlichen Totalitarismus der Rasse im deutschen Nationalsozialismus, den der Nation im italienischen Faschismus und den der Wirtschaftsgemeinschaft im russischen Kommunismus mitzuerleben." [13: MARITAIN, Man and the State, 18].

(Randnotiz: Widersprüche der individualistischen Demokratie)

„Nach diesem Krieg müssen die Menschen etwas Neues aufbauen" [15: Oeuvres Complètes, Bd. VII, 654] schrieb Maritain während seines amerikanischen Exils. Dieses Neue mußte in seinen Augen eine Demokratie sein, die fähig wäre zur Wiederentdeckung der – und zur Versöhnung mit den Menschenrechten – und das bedeutet für ihn ebenfalls: mit ihren eigenen christlichen Quellen: „Die Demokratien werden, nachdem sie den Krieg gewonnen haben, auch den Frieden gewinnen, aber nur unter der Voraussetzung, daß christliches und demokratisches Denken sich gegenseitig anerkennen und sich miteinander versöhnen", denn „die Demokratie hat sich historisch herausgebildet als zeitlicher Ausdruck (des Geistes) des Evangeliums" *(Christianisme et démocratie).* [15: Oeuvres Complétes, Bd. VII, 715].

(Randnotiz: Eine neue Demokratie)

Maritain ist natürlich weit davon entfernt zu meinen, man könne die Demokratie aus dem Christentum ableiten, so, als sei sie dessen logische Konsequenz, als sei sie zugleich mit dem Christentum entstanden oder als müsse jeder Christ notwendigerweise ein Demokrat und ein Demokrat notwendigerweise ein Christ sein. Er möchte lediglich betonen, daß die Demokratie ohne das Christentum, ohne jene vom Christentum mehr als von jeder anderen Lehre herausgestellten Naturrechtsgründe nicht begründet, nicht gerechtfertigt und nicht wirksam verteidigt werden kann. Das gilt zumindest für jene noch zu schaffende „neue Demokratie", die sich an der „persona" und am „bonum comune" orientieren soll. Der Mensch ist, wie bereits gesagt, ein politisches Lebewesen, das auf das Leben in Gemeinschaft angewiesen ist, und zwar nicht nur auf die Gemeinschaft der Familie, sondern auch auf die der Bürger. Die civitas verdient ihren Namen dann, wenn sie eine Gemeinschaft von Personen ist bzw. eine Ganzheit, die aus soundsovielen Ganzheiten gebildet ist, die selbst, jede für sich, sehr viel mehr sind als die Zugehörigkeit

(Randnotiz: Christentum und Demokratie)

zu jener Gemeinschaft, wenngleich sie auch eingebunden sind in die Arbeit am gemeinschaftlichen Werk und am Gemeinwohl.

Vier Merkmale der politischen Gemeinschaft

Eine so verstandene politische Gemeinschaft ist laut Maritain in vierfacher Weise gekennzeichnet: Sie ist zunächst einmal *„personalistisch"*, weil sie die Gesellschaft als Gesamtmenge von Personen begreift, denen eine Würde eignet, die allem Gesellschaftlichen vorangeht; sie ist zweitens *„gemeinschaftlich"*, da sie zwar die Würde jedes Individuums achtet, aber zugleich ein Gemeinwohl anstrebt, das dem Wohl des einzelnen übergeordnet ist; sie ist drittens *„pluralistisch"*, weil sie die Tatsache berücksichtigt, daß die Person sich innerhalb vielfältiger Gemeinschaften und Vereinigungen entwickeln muß, die dem Staate gegenüber frei und autonom sein müssen; schließlich ist sie *„theistisch"* oder *„christlich"*, und zwar insofern, als sie in Gott das Prinzip der menschlichen Person, des Naturrechts, der politischen Gesellschaft und Autorität anerkennt, als sie im Evangelium das eigentliche Prinzip der Gerechtigkeit und Freundschaft findet sowie jene wahre innere Kraft, welche die Gemeinschaft zusammenhält.

Atheisten in der christlichen Gesellschaft

Diejenigen, die weder an Gott, noch an das Evangelium glauben, können nach Maritain dennoch an der Verwirklichung einer solchen Gesellschaft mitwirken. Sie müssen nur an die Würde der Person glauben, an die Gerechtigkeit, an die Freiheit und an die Nächstenliebe. Es wird ihnen allerdings nie gelingen, zum eigentlichen Grund ihrer praktischen Überzeugungen vorzudringen, aber das, was Maritain vorschwebt, ist eben keine klerikale Gesellschaft, in der man etwa zwangsweise an Gott glauben müßte, sondern eine *„wirklich"* und nicht nur *„nach außen hin"* christliche Gesellschaft, in der die Christen die Rechte und die Freiheit aller anderen ebenso achten wie ihre eigenen Rechte geachtet werden, und in der sie ihren unverzichtbaren Beitrag zum Aufbau einer humanen Gesellschaft leisten, die das respektiert, was nicht „des Kaisers" ist und im übrigen sich bemüht, Elend und Ungerechtigkeit abzubauen.

Maritains Einfluß auf den politischen Katholizismus

Gerade Maritains politische Theorie hat sein großes Ansehen außerhalb Frankreichs begründet. Beinahe die gesamte katholische Führungsschicht der Nachkriegszeit ist mehr oder weniger nachhaltig durch die Lektüre Maritains beeinflußt worden. Ganz zu schweigen von der nachhaltigen Wirkung Maritains auf das Zweite Vatikanische Konzil. Die erste italienische Übersetzung von „Trois réformateurs" stammt von G. Battista Montini, dem künftigen Papst Paul VI, der seine Verehrung für Maritain dadurch zum Ausdruck brachte, daß er am Ende der Konzilsarbeiten diesem die berühmte Botschaft „an die Vertreter des Geistes und der Wissenschaft" überreichte.

Um 1943, als er sich noch im Exil befand, konstituierte sich in Frankreich das eindeutig von Maritain beeinflußte „Mouvement Républicain Populaire". Diese Bewegung sah laut Artikel 2 ihrer Statuten ihre Aufgabe darin, in Übereinstimmung mit den wesentlichen Grundsätzen einer christlichen Zivilisation, eine „politische, ökonomische und soziale Demokratie" einzurichten, „welche die Achtung vor den Rechten der Person und des Bürgers garantieren sollte". [8: DUVERGER, Constitution . . ., 243].

Auch bei der Gründung der italienischen „Democrazia Cristiana" spielte das Gedankengut Maritains eine bedeutende Rolle, vor allem in der Gruppe um Dossetti und La Pira, aber auch bei De Gasperi. Maritain schrieb 1944 an De Gasperi: „Nur der Geist einer durch das Evangelium begründeten und genährten Brüderlichkeit kann die Völker vor den Katastrophen bewahren, in das sie totalitäre Herrschaft hineinführt. Es liegt daher im besonderen Interesse der Demokratie, die christlichen Überzeugungen wie eine Art Hefe im Gärungsprozeß des gesamten sozialen Lebens einzusetzen." [5: DE GASPERI, Idee sulla democrazia cristiana, 20–21].

Die Democrazia Christiana

Zum Einfluß Maritains in Lateinamerika mag der Hinweis auf seine freundschaftlichen Beziehungen zu einer Reihe von herausragenden Persönlichkeiten des Subkontinents genügen, z. B. zu Amoroso Lima, einem bedeutenden Vorkämpfer für den sozialen Katholizismus in Brasilien, zu Edoardo Frei, der später Präsident von Chile wurde, zu Rafael Caldera, dem späteren Präsidenten von Venezuela, um nur die bekanntesten Namen zu erwähnen. Im Gefolge und unter dem Eindruck von Maritains „Message aux amis argentins" (1946) versammelt sich im Jahre 1946 in Montevideo eine Gruppe von Argentiniern, Brasilianern und Chilenen, unter ihnen auch Edoardo Frei und Amoroso Lima, und gründen die internationale christlich-demokratische Bewegung [18: PAPINI, Jacques Maritain e la societa contemporanea]. Diese Beispiele reichen wohl aus, um eine Vorstellung vom Einfluß der politischen Lehren Maritains zu vermitteln.

Die Christdemokraten Lateinamerikas

Nach dem Krieg ging Maritain immer mehr auf Distanz zu den christlich orientierten Parteien, obwohl sie doch seinen Werken, etwa „Humanisme intégral" oder „Christianisme et démocratie", so viel verdankten. Das ist jedoch gar nicht so überraschend, wie es zunächst scheinen mag. Maritain hat nämlich zwar stets das politische Engagement der Christen zum Gegenstand seiner theoretischen Überlegungen gemacht und ihnen die Aufgabe zugewiesen, das historische Ideal einer neuen Christenheit zu verwirklichen, er hat aber andererseits der Idee einer „christlichen Partei" immer mißtrauisch, wenn nicht gar feindselig gegenübergestanden (weswegen das Adjektiv „christlich" in der Bezeichnung des „Mouvement Républicain Populaire" nicht zufällig fehlt). Hinzukommt, daß sich die anfängliche geistig-ideelle Antriebskraft dieser Parteien mit den Jahren verschlissen hatte. Das zeigte sich jedenfalls an den politischen Taten der Parteichristen und erklärt die Bitterkeit Maritains in „Le paysan de la Garonne" [14]. Dieses 1967 veröffentlichte Werk wirkt ein wenig wie eine Bankrotterklärung der Hoffnung auf eine Stabilisierung der Demokratie und auf eine Wiederbelebung der christlichen Werte. Aber selbst wenn er mit seiner Resignation recht hätte, wäre die Alternative immer noch und auf jeden Fall eine christlich geprägte Demokratie, also eine Alternative im Sinne der Theorien Maritains.

Auf Distanz zu den Christdemokratien

Späte Resignation

LUIGI STURZO (1871–1959)

Bei Maritain erscheint der politische Personalismus wie ein aus einem thomistisch geprägten philosophisch-metaphysischen System abgeleitetes Programm. Daneben ist der Personalismus Luigi Sturzos weniger aufwendig philosophisch untermauert. Seine Grundlagen sind jedoch deswegen nicht weniger stabil und profiliert. Sie liegen nämlich in der katholischen Soziallehre, die zunächst in seine überaus aktive politische Tätigkeit einfließt und später, von 1924 bis 1946, den Jahren seines Exils, in seine Forschungen zu politisch-soziologischen Problemen eingeht.

Das Urteil
Croces

Daß hier Sturzo unter die bedeutendsten Vertreter der politischen Philosophie im 20. Jahrhundert eingereiht wird, mag manch einen verwundern, ja, wie eine Provokation wirken. Im Grunde lastet auf Sturzo als politischem Philosophen immer noch das strenge Urteil Benedetto Croces, der meinte, er sei zwar gewiß als Gründer einer „großen politischen Partei" ein großer Mann der Politik, seine theoretischen Schriften aber stellten wenig mehr dar als „amüsante Spielereien" oder „philosophische Streifzüge". Hinzukommt, daß bisher die meisten Forscher, die sich mit Sturzo beschäftigt haben, bei der Untersuchung der Besonderheiten

Partito Popolare
Italiano

des 1919 von ihm gegründeten „Partito Popolare Italiano" stehengeblieben sind oder seine Rolle innerhalb der Erneuerungsbewegung des politischen Katholizismus in Italien herausstellten. Diese Aktivität wurde ja bekanntlich erst wieder ab 1919 möglich, weil das Heilige Offizium vorher (1888) den italienischen Katholiken mit dem berühmten „non expedit" jede aktive Teilnahme am politischen Leben des Landes untersagt hatte.

Das Interesse an Luigi Sturzo hat sich also bis heute viel mehr auf den Politiker als auf den politischen Denker konzentriert. Sicher ist aber, daß seine politische Reflexion weit über jene „amüsanten Spielereien" hinausgeht, von denen Benedetto Croce gesprochen hat. All seinen Tätigkeiten, sei es im Bereich der sozialen Organisation, sei es als stellvertretender Bürgermeister von Caltagirone, wo er 1871 geboren wurde, sei es als Gründer des „Partito Popolare Italiano" und als entschiedener Gegner des Faschismus, hat immer eine Leitidee zugrundegelegen. Diese Leitidee, die zunächst, während der Jahre seiner politischen Arbeit, im

Exil

Hintergrund blieb, hat er in den langen Jahren seines Exils in London und New York in systematischer Form entwickelt und in Werken von wissenschaftlichem Rang vorgestellt: „Politica e morale (1936)", „La società: sua natura e leggi" (1935), „Chiesa e stato" (1939), „La vera vita – Sociologia del soprannaturale" (1943), „Del metodo sociologico" (1950).

Seit den ersten sozialpolitischen Schriften aus den Jahren 1900 bis 1905, die in dem Band „Sintesi sociali" zusammengefaßt sind, und bis zu den erwähnten Werken aus der Zeit des Exils kreist das Denken Luigi Sturzos um ein für ihn

Mensch und
Gesellschaft

fundamentales Problem, nämlich um die Beziehung von Individuum und Gesellschaft. In einem Vortrag mit dem Titel „Sociologia e storicismo" (1934), faßt er die zentralen Punkte des Problems wie folgt zusammen: „Die Grundlage des Sozialen liegt allein im menschlichen Individuum, in seiner konkreten Beschaffenheit, in seiner ganzen Komplexität und ursprünglichen Irreduzibilität. Die Gesellschaft ist keine Einheit, kein Organismus außerhalb und über dem Individuum. Der Mensch ist ein individuelles und soziales Wesen zugleich. Er ist so sehr individuell, daß er an keinem Leben außer seinem eigenen teilhat, daß er eine Persönlichkeit darstellt, die nicht mitteilbar ist; zugleich ist er so sehr ein soziales Wesen, daß er weder existieren noch irgendeine Fähigkeit entwickeln, noch auch sein eigenes Leben leben könnte, wenn er außerhalb des sozialen Bereichs wäre."

Die Einwirkung der Gesellschaft auf das Individuum bedeutet jedoch nach Sturzo keine Determination. In offener Polemik gegenüber allen Theorien, die dahin tendieren, das Individuum in der Gesellschaft aufzuheben (Durkheim) oder eine Marionette daraus zu machen, die einmal von der List der Vernunft (Hegel), ein andermal von den eisernen Gesetzen der Wirtschaft (Marx) abhängig ist, beruft sich Sturzo auf die einfache Erfahrungstatsache, daß man nie und nirgends eine Gesellschaft ohne Individuen, noch auch Individuen ohne Gesellschaft findet. Die Gesellschaft, das ist, konkret gesprochen, nichts weiter als das Zusammenleben von Individuen oder, besser, von Personen, die bewußt auf ein gemeinsames Ziel hinarbeiten. Deshalb muß man sich davor hüten, die Gesellschaft oder ihre Institutionen als ein „quid tertium", als lebendige Hypostase, als eine von der Wirklichkeit der zusammengeschlossenen und auf ein gemeinsames Ziel hinarbeitenden Individuen unterschiedene Wirklichkeit anzusehen. Deshalb will die Soziologie Sturzos nichts anderes sein als eine wahrhaft „soziale Anthropologie".

Die moderne Soziologie hatte das Individuum seines ontologischen Primats beraubt. Sturzo fordert entschieden diesen Primat wieder ein, ohne sich aber dabei die individualistisch-bürgerliche Lösung der Aufklärung zueigen zu machen. Es gibt seiner Meinung nach keinen Menschen vor der Gesellschaft, noch ist die Gesellschaft einfach das Ergebnis eines Vertrags und somit abhängig von menschlicher Willensentscheidung. Der Mensch ist individuelles und soziales Wesen zugleich, „das gemeinschaftsbildende Prinzip ist dem Individuum immanent" (in interiore homine habitat societas) und vervollständigt seine individuelle Wirklichkeit. Aber genau deswegen gibt es nach Sturzo auch keine für sich seiende Gesellschaft, die der Person vorausginge; jedwede gesellschaftliche Übereinkunft ist eine „Projektion" individueller Aktivitäten. Die Gesellschaft geht vom Individuum aus und ist für es da, nicht umgekehrt. Die Person ist der „ethisch-organische Faktor" der Gesellschaft:

„Wir nennen ihn den ethisch-organischen Faktor um zu betonen, daß jede gesellschaftliche Kraft von sich aus zielgerichtet ist und damit eine ethische Qualität hat. Außerdem möchten wir dadurch das, was wir als ordnende Resultate" der freien Tätigkeit von Personen „ansehen, von dem unterscheiden, was die Organizisten als ursprüngliche und für sich seiende Wesenheit auffassen". [20: Opere, Bd. III, 7].

Eigentümlicherweise verwendet Sturzo den Begriff „organisch" nicht im Sinne eines universalistischen Organizismus, sondern um den Primat der Person zum

Primat des Individualismus

Organischer Personalismus

Ausdruck zu bringen. Der Begriff „organisch" begleitet sämtliche Schlüsselwörter in Sturzos sozio-politischer Sprache, z. B. Gesellschaft, Staat, Demokratie, Ökonomie, Freiheit und Recht. Sturzo hat den Terminus zwar nie ausdrücklich definiert, ich glaube aber, daß das, was er meint, wenn er von der Person als „ethisch-organischem Faktor" spricht, über eines der wichtigsten, von ihm aufge-

Gesetz der
Aufhebung führten soziologischen Gesetze erklärt werden kann, und zwar über das sogenannte „Gesetz der Aufhebung". Danach „hebt sich" jedes gesellschaftliche Moment im individuellen Bewußtsein „auf". Da das Ziel der gesellschaftlichen Aktivität nicht die Gesellschaft selbst, sondern der Mensch in und durch die Gesellschaft ist, bedeutet eine solche Aufhebung der Gesellschaft im Bewußtsein einerseits die bewußte Aufnahme der Momente des Gesellschaftlichen, andererseits die Überwindung des atomistisch verstandenen Begriffs vom Individuum durch den Begriff der Person als „ganzem individuell-gesellschaftlichen Menschen" [20: Opere, Bd. III, 282]. Das Adjektiv „organisch" soll bei Sturzo also die eindeutige Gegnerschaft gegenüber jedwedem positivistisch geprägten „Organizismus" anzeigen, der dahin tendiert, aus der Gesellschaft etwas von den Individuen Verschiedenes zu machen. Der organische Charakter der Gesellschaft nach Sturzo leitet sich hingegen vom genetischen und teleologischen Primat der Person ab, die dank ihrer Freiheit die verschiedenen „sozialen Formen" aus sich erzeugt.

Soziale Formen Bei den „sozialen Formen", in denen sich die menschliche Aktivität konkretisiert, unterscheidet Sturzo zwischen „primären" und „sekundären": „Wir können der historischen Wirklichkeit drei grundlegende Formen sozialen Lebens entnehmen, die den Bedürfnissen der Menschen in ihren drei Erscheinungsformen entsprechen: Affektivität und Kontinuität (Familie), Garantie der Ordnung und Verteidigung (Politik), ethische Prinzipien und Finalitäten (Religion). Diese drei grundlegenden Formen sind in ihren wesentlichen Zügen in allen Zivilisationen und zu allen Zeiten unverändert gleich." [20: Opere, Bd. III, 44]. Jede dieser sozialen Formen tendiert zur *Autonomie*, die sie jedoch nie in vollkommener Weise erreichen kann, da jede Form mit den beiden anderen interferiert und durch sie begrenzt wird." [20: Opere, Bd. III, 45]. Die sozialen Formen sind (andererseits) der unveränderliche und dynamische konkrete Ausdruck des Gesellschaftlichen; für das Bewußtsein sind sie Mittel, Werkzeuge und Zwecke menschlicher Arbeit; daher bewegt sich das Bewußtsein ständig auf allen Ebenen des Gesellschaftlichen und wird dort im historischen Verlauf zu einem beständigen und wirksamen Element von Prozessen der Realisierung und der Synthese." [20: Opere, Bd. III, 47].

Sekundäre
soziale Formen Die „sekundären" sozialen Formen stellen nach Sturzo das „strukturale Bindeglied in der Gesellschaft" dar, die „Vermittlung" zwischen den drei Hauptformen, die dazu dient, deren Dynamik in Gang zu setzen. Sturzo hat die sekundären sozialen Formen in einer langen Liste aufgezählt: Dörfer, Städte, Provinzen, Regionen, Universitäten, Arbeitsorganisationen usw. Erstaunlich wirken muß vielleicht zunächst, daß er auch die Wirtschaft zu den sekundären sozialen Formen zählt. „Sie geht in alle sozialen Formen als Voraussetzung für deren Existenz und

Entwicklung ein, aber es gibt keine ökonomisch-soziale Form, die nicht häusliche, politische oder religiöse Ökonomie wäre." [20: Opere, Bd. III, 44]. Deshalb bildet sie von sich aus keine primäre oder grundlegende soziale Form.

Diese These zeigt, daß Sturzos Position den ökonomischen Positionen, die einen Großteil der politischen Kultur, sei es in der liberalistischen, sei es in der marxistischen Variante, ausmachen, diametral entgegengesetzt ist. Ich möchte jedoch an dieser Stelle vor allem den instrumentellen Charakter der primären (Familie, Staat, Kirche) und der sekundären sozialen Formen (z. B. Ökonomie) nach Sturzo hervorheben. Die primären wie die sekundären Formen müssen zueinander in einem Verhältnis gegenseitiger Autonomie-Interferenz (ein anderes soziologisches Gesetz Sturzos) stehen, damit alle im Hinblick auf das Ursprungsprinzip und den Zweck der Gesellschaft in ihrer Gesamtheit, also auf die Person hin zusammenwirken können. Mit anderen Worten, jeder soziale Organismus muß seine eigene, spezifische Aufgabe erfüllen und zugleich Hilfsdienste leisten zur Erfüllung der spezifischen Aufgaben der anderen Organismen. Wenn diese Regel der „organischen Kooperation" nicht mehr beachtet wird, dann wird nach Sturzo auch der Primat der Person gegenüber jeder sozialen Form, dem Staate einschließlich, nicht mehr anerkannt; und dann wird man mit der legitimen Autonomie jeder sozialen Form auch den Primat der Gesellschaft gegenüber dem Staat abschaffen.

Man findet also bei Sturzo ebenso den Primat der Person gegenüber der Gesellschaft wie den Primat der Gesellschaft gegenüber dem Staat. Der Staat ist nur eine „primäre Form" der Gesellschaft, mit der er sich jedoch nie identifiziert. Seine Aufgabe liegt vor allem darin, den organischen Charakter der Gesellschaft bzw. die Autonomie-Interferenz zu garantieren, die zwischen den verschiedenen sozialen Formen bestehen muß. „Der Staat ist unserer Auffassung nach nichts anderes als die rechtliche Organisationsform der politischen Form der Gesellschaft." [20: Opere, Bd. XII, 79]. Deshalb wäre es laut Sturzo „ein gewaltiger Irrtum, wollte man aus dem Staat eine machtvolle Totalität machen, in der sich jede soziale Aktivität aufhöbe." [20: Opere, Bd. XII, 178]. Von daher kann der Staat die natürlichen Rechte des Menschen, der Familie, des Standes, dem man zugehört, oder der Religion weder schaffen, noch unterdrücken und annullieren. Er hat sie lediglich anzuerkennen, zu schützen und sie innerhalb der Grenzen der eigenen politischen Funktion zu koordinieren. Kurz, der Staat ist nach Sturzo kein vorrangiges ethisches Gut; er schafft keine Ethik, sondern hat sie nur in Gesetze zu übertragen und ihr gesellschaftliche Kraft zu verleihen; der Staat ist auch nicht die Freiheit und steht nicht über der Freiheit; auch sie hat er einfach anzuerkennen sowie „ihren Gebrauch zu begrenzen, damit sie nicht in Zügellosigkeit ausartet" [21: Sturzo, I discorsi politici, 322–323].

Sturzo vertritt also weder die Auffassung vom Staat als etwas Absolutem, das jede Freiheit aufhebt, noch einen Individualismus, der die Freiheit in Zügellosigkeit degenerieren läßt, sondern eine organische, individuelle und zugleich soziale Sicht der Person und all ihrer sozialen Konkretisierungen. Die menschliche Frei-

Marginalien:

Gegen den Ökonomismus

Autonomie-Interferenz

Staatsauffassung

Freiheit und Freiheiten

heit ist für Sturzo ein „Spiel", das zwischen zwei gleichermaßen gefährlichen Extremen gespielt wird, nämlich zwischen der Diktatur und der reinen Willkür. Es gibt seiner Ansicht nach im Menschen eine „ursprüngliche" Freiheit, die aus sich heraus das Prinzip der Autonomie und der persönlichen Verantwortung herausbildet; von diesem Prinzip leiten sich „die Freiheiten im Plural" her; sie sind die Verwirklichungen dieses Prinzips in den konkreten sozialen Beziehungen. Die Freiheit erfordert die Freiheiten. Mit anderen Worten, die „ursprüngliche" Freiheit muß sich, um als solche bestehen zu können, in den Einrichtungen verkörpern, die dem Menschen erlauben, sich frei auszudrücken; d. h. sie muß „organische" Freiheit werden. Aber auch das reicht noch nicht; in eben den Einrichtungen, in denen sie sich verkörpert, scheint nämlich ihr dritter Aspekt auf, der finale, denn keine organische soziale Einrichtung verdiente ihren Namen, wenn sie nicht eine eindeutige Ziel- und Zweckgerichtetheit hätte.

Verhältnis zum Liberalismus Sturzo war kein Gegner des Liberalismus, im Gegenteil. Im Unterschied zu vielen katholischen Intellektuellen seiner Zeit, die erst sehr spät zu Antifaschisten wurden, und zwar mehr aus religiösen als aus politischen Motiven heraus, schätzte er die „formalen Freiheiten" und den Rechtsstaat sehr hoch ein. Sein ganzes politisches Engagement ist darauf gerichtet – man denke nur an das politische Programm des „Partito Popolare Italiano" – dafür zu sorgen, daß diese formalen Freiheiten, die für allzu lange Zeit das Privileg weniger waren, wirkliche Freiheiten werden: „Die formalen Freiheiten setzen die substantiellen Freiheiten stets voraus, d. h. den Erwerb, die Ausübung, den Schutz und die Vertiefung der ursprünglichen, der organischen und der finalen Freiheit, und zwar nicht nur auf der politischen Ebene, sondern in allen Bereichen des gesellschaftlichen Lebens, in denen der Familie, der Ökonomie, der Kultur, der Religion oder der internationalen Beziehungen. Ohne die Synthesen der Freiheit in der Realität ist es unmöglich, alle ihre Vorteile aus ihr zu ziehen und so das zu verwirklichen, was die wahre Freiheit im gesellschaftlichen Leben ist, nämlich ständiges Bewußtsein von Aktivität, Kooperation und Teilhabe an der Macht." [20: Opere, Bd. III, 177]. Damit sind wir bei einer Form, die im Werk Sturzos die Funktion eines Angelpunktes der christlichen Soziallehre übernimmt, nämlich beim Prinzip der Solidarität. Ohne **Prinzip der Solidarität** die Gültigkeit der liberalen Forderung nach Freiheit zu bestreiten, beruft er sich auf die Solidarität als dasjenige Prinzip, welches jeden ökonomischen Egoismus eben nicht durch den Klassenkampf, sondern durch eine geduldige und entschlossene Suche nach dem Gemeinwohl überwinden will und dabei ständig die Rechte der Person respektiert.

Kritik des Totalitarismus Ganz anders ist natürlich Sturzos Einstellung gegenüber der „schlimmen Bestie" des absoluten Staates und des Totalitarismus, die beide als Ausdruck einer politischen Macht angesehen werden, welche die eigenen Grenzen aus dem Auge verliert. Wenn das innere Motiv der politischen Macht durch die ethische Ausrichtung von „Gesellschaft-Staat" bestimmt ist, welcher das Gemeinwohl im Zeitlichen darstellt, dann mangelt es einer unbegrenzten Macht an Rationalität, dann kann sie nicht menschlich sein. Der Staat muß sich darauf beschränken, die

Ausübungen der persönlichen Rechte (Leben, Eigentum, Freiheit) im Hinblick auf das Gemeinwohl zu garantieren und zu regeln. Man muß sich dabei jedoch, so Sturzo, immer vergegenwärtigen, daß der Staat „nicht das einzige Mittel (Mittel und nicht Zweck) darstellt, um das zeitliche Wohl für die Menschen zu erlangen" [20: Opere, Bd. IV, 377]. Neben dem Staat gibt es unzählige andere soziale Einrichtungen, andere Vereinigungen, die ebenfalls, wenn auch vom Staate koordiniert, legitimerweise auf dasselbe Ziel hin zusammenwirken. „Wenn man die Politik als Regierungskunst ansieht, dann sieht man als ihren Zweck jenen Nutzen für die Gemeinschaft an, die der Staat zu befördern hat. Ich meine damit nicht alle Arten von Nutzen, sondern nur den sogenannten politischen Nutzen", präzisiert Sturzo [20: Opere, Bd. IV, 377].

Wenn aber der Staat eine Totalität zu werden beansprucht, dann wird er schon dadurch zu einem „pantheistischen Staat" [20: Opere, Bd. IV, 377], dessen Wesen recht gut durch das Motto erläutert wird, mit dem Benito Mussolini den Geist des Faschismus in synthetischer Form charakterisiert hatte: „Alles im Staat, alles für den Staat, nichts außerhalb des Staates, nichts gegen den Staat." Der faschistische Staat

In der Auseinandersetzung mit dem Liberalismus beruft sich Sturzo auf das Prinzip der Solidarität als Garantie der Gerechtigkeit. Gegenüber dem „pantheistischen Staat" nun, der dazu tendiert, alle soziale Energie unter ihm zu sterilisieren, beruft er sich auf das andere große Prinzip der christlichen Soziallehre, auf das der Subsidiarität. Damit ist gemeint, daß alle die zwischengelagerten, vielfältigen Einrichtungen gerettet werden müssen, die zwischen Staat und Bürger bestehen. Übrigens hat Sturzo den „Pantheismus" nicht nur für eine Eigenschaft des totalitären Staates faschistischer, nationalsozialistischer oder kommunistischer Prägung gehalten, sondern eher für eine in allen westlichen Demokratien latent vorhandene Versuchung. In diesem Zusammenhang scheint mir der von Sturzo bereits in den fünfziger Jahren mit großer Voraussicht aufgenommene Kampf gegen die staatlichen Industriebeteiligungen und die Anfänge des Wohlfahrtsstaates besonders bemerkenswert. Das Prinzip der Subsidiarität

Luigi Sturzo erkennt damals schon hellsichtig, daß die Haupteigenschaft des „pantheistischen Staates" darin besteht, daß er die komplexe soziale Dialektik auf eine totalisierende Beziehung zwischen Staat und Bürger reduziert. Aber mit dem Bürger ist nicht der ganze Reichtum der Person angesprochen. Jeder ist z. B. Sohn, Vater, Freund, ehe er Bürger ist. Hier also müßte für jede politische Macht die unüberschreitbare ethische Grenze ihrer Ausübung liegen. Der pantheistische Staat

Es sind nach Sturzo zwei „Hauptfaktoren", die der ethischen Begrenzung der Macht ihre reale Wirksamkeit verleihen, nämlich „eine allgemein konvergierende öffentliche Meinung und eine sie tragende religiöse Überzeugung" [20: Opere, Bd. IV, 14]. Damit sind wir bei der wichtigen politischen Funktion der religiösen sozialen Form, genauer der christlichen Religion. Wir verdanken nach Sturzo dem Christentum die Überzeugung, daß die Person Fundament jedes sozialen Wertes sein muß; ebenso verdanken wir ihm die Relativierung jedes „irdischen Absoluten" mit all den politischen Konsequenzen, die das mit sich bringt. Ich denke dabei Die ethischen und religiösen Grenzen der Macht vor allem an die Humanisierung, die Relativierung der anderen sozialen Formen wie Familie und Politik. Es gibt keine Hausgötter mehr, kein Heiliges Reich als göttliche Form der Macht; alles wird „human", relativ; alles wird zum „Mittel" nicht zum „Zweck" des Menschen; alles, was mit menschlichen Angelegenheiten zusammenhängt, wird darüber hinaus naturgemäß „unvollkommen". Das Christentum lehrt in Verbindung mit der historischen Erfahrung, daß man sich tunlichst von jedem „Perfektionismus" weit entfernt hält. Die Vollkommenheit kommt einer anderen Welt zu. Der Gründer des „Partito Popolare" sieht es zwar als seine Pflicht an, als Pflicht des Menschen und des Priesters, sich um eine bessere Zukunft zu bemühen, aber er vergißt darüber doch nie zu betonen, daß jede Verbesserung „immer nur eine relative sein kann, bezogen auf die jeweilige Lage und die dringendsten Bedürfnisse der Menschen" [20: Opere, Bd. XII, 167]. Innerhalb der Geschichte kann der Traum von einer societas perfecta nur eine Utopie sein, sogar eine gefährliche Utopie, die sich, da sie die wahre conditio humana nicht berücksichtigt, oft als Vorstufe zu Barberei und Despotismus entpuppt: „Wenn man das Problem des Staates historisch betrachtet", sagt Sturzo, „dann muß man wohl feststellen, daß er sich permanent in einer Krise befindet und niemand jemals ein sicheres und dauerhaftes Gleichgewicht zwischen den verschiedenen sozialen Formen hat schaffen können. Jeder Tag hat sein Schlechtes und sein Gutes. Wenn wir glaubten, die Eigenschaften des „perfekten Staates" zu kennen, wären wir dünkelhaft oder verrückt" [20: Opere, Bd. XII, 167].

Deshalb hat man nach Sturzo jedesmal, wenn man versuchte, sich vom Boden der christlichen Religion wegzubewegen, den Wert der Persönlichkeit verringert und verkleinert. Wer aber eine wirklich demokratische Politik will, wer nicht der Versuchung des Individualismus, des absoluten Staates oder des Perfektionismus erliegen, sondern die Rechte des Individuums wahren möchte, der findet im Christentum den idealen Verbündeten.

„Alle diejenigen, die mit Verbissenheit die Entchristlichung der modernen Gesellschaft im Namen des Positivismus und des Laizismus vorangetrieben haben, haben dabei nicht bedacht, daß sie damit unserer Zivilisation einen ihrer mächtigsten Stützpfeiler raubten und so die ethische Tradition des Abendlandes verdorben haben. Was sollte man denn an dessen Stelle setzen? den Humanitarismus? den Szientismus? den ethischen Idealismus? den historischen Materialismus? den absoluten Staat? den Nationalismus? den Rassismus? den Bolschewismus? Wieviele Versuche und Anstrengungen, um der Gesellschaft zu einer neuen ethischen Grundlage zu verhelfen! Und was für eine Enttäuschung!" [20: Opere, Bd. IV, 14].

Das einzige Ergebnis der Entchristianisierung wird nach Sturzo eine Abschwächung der kollektiven moralischen Grundlagen sein und damit auch der ethischen Abgrenzungen, die man jeder Macht, besonders aber der politischen Macht entgegensetzen muß. Es genügt m. a. W. nicht, von politischer oder sozialer Demokratie zu sprechen; man muß vielmehr nach Sturzo auch den moralischen Aspekt der Demokratie einbeziehen. Denn die Demokratie muß „ein Ziel und einen Zweck

[margin note:] Perfektionismus als gefährliche Utopie

[margin note:] Christentum als Stütze des demokratischen Rechtsstaats

haben, der ihre Institutionen übersteigt, und dieses Ziel bzw. dieser Zweck das ist die Person, die ganze Person". Ohne dieses „Supplement der Seele", wie Bergson sagen würde, ohne diese Fähigkeit, die eigenen politisch-sozialen Institutionen zu transzendieren, kann kein demokratisches Verfahren, keine Parlamentsordnung ein positiv demokratisches Leben garantieren. Wenn Sturzo also von einer „christlichen" Demokratie spricht, dann tut er das nicht, weil er meinte, daß der christlichen Religion ein ganz bestimmtes politisches Programm entspräche, sondern deshalb, weil er seine Demokratieauffassung vor allem in bezug auf die „antichristliche demokratische Tradition" kennzeichnen möchte. Die christlichen Werte müssen, so glaubt er, innerhalb der politischen Institutionen einen Lebensraum finden. Das Adjektiv „christlich" spezifiziert nicht (im Sinne der Scholastik) den Begriff „Demokratie" und definiert ihn also nicht. Andere von Sturzo im Zusammenhang mit dem Terminus „Demokratie" verwendete Adjektive sind: – „organisch", um den Gegensatz zu individualistischen Auffassungen zu bezeichnen und die Autonomie der verschiedenen, in der Gesellschaft existierenden wirtschaftlichen, gewerkschaftlichen, sozialen, kulturellen und religiösen Einrichtungen zu betonen; – „volks-" und „soziale" Demokratie, um sie von der sozialistischen zu unterscheiden und dennoch als Hauptziel die Lösung der Probleme der arbeitenden und mittleren Klasse beizubehalten. Die Demokratie, an die Luigi Sturzo denkt, müßte demnach „das Glück jener Neugeborenen aus großen Geschlechtern haben, denen man fünf bis 10 Namen gibt, um an Helden, Heilige, tüchtige Frauen und geistvolle Männer zu erinnern. Wir können sie *christlich, organisch, volksnah* und *sozial* nennen." [20: Opere, Bd. IV, 264].

Maritain und Sturzo kommt das Verdienst zu, die alte Tradition der kirchlichen Soziallehre im demokratischen Sinne aktualisiert zu haben, wenngleich auch im Falle Maritains mindestens bis zu seinem amerikanischen Exil eine tiefverwurzelte Ungewißheit und Unsicherheit hinsichtlich der Demokratie zu beobachten ist. Dennoch ist die Bibliographie über das politische Denken des Franzosen inzwischen ins Unermeßliche gewachsen, während der Name Luigi Sturzo ungerechterweise nur mit dem „Partito Popolare Italiano" verbunden bleibt. Während fast die gesamte katholische Führungsschicht in der Nachkriegszeit die Lehren Maritains rezipiert hat, vermochte Sturzos Werk nur die katholische Führungsschicht Italiens anzusprechen und auch die nur sehr oberflächlich. Der gefährliche „Umstürzler" der Jahrhundertwende, der damals die gemäßigten Katholiken so sehr beunruhigte, ist zum rückschrittlichen „Konservativen" geworden, der selbst von jener Partei abgelehnt wird, die das Erbe des „Partito Popolare Italiano" hätte antreten sollen, der „Democrazia cristiana", die Sturzo nie verzieh, daß er ihre eigenen „pro-sozialistischen" Tendenzen, die Politik der Verstaatlichung der Industrie, das Klientelwesen und die sich abzeichnenden parteiherrschaftlichen Verwicklungen kritisiert hat. Nicht zufällig ist der Priester Sturzo, als er vom Präsidenten der Republik, Luigi Einaudi, 1952 zum Senator auf Lebenszeit ernannt wurde, nicht der christlich-demokratischen, sondern der sogenannten gemischten Senatsfraktion beigetreten.

Marginalien:
Christliche Demokratie

Wirkung

Dank der kürzlich in Italien wieder aufgeflammten Debatte über die sogenannten „institutionellen Reformen" kommt der Name Sturzos wieder mehr in Umlauf. Man erinnert sich, um einige Beispiele zu nennen, an den überzeugten Verfechter der offenen Abstimmung im Parlament, der kommunalen Autonomie und des Proportionalsystems. Bleibt zu hoffen, daß man ihn endlich entschlossen aus dem ungerechten kulturellen Exil zurückholt, in das er allzu lange verbannt gewesen ist.

Auswahlbibliographie

1. N. Antonetti, Sturzo, i popolari e le riforme istituzionali del primo dopoguerra, Brescia 1988.
2. H. Bars, La politique selon Jacques Maritain, Paris 1961.
3. G. Campanini/N. Antonetti, Luigi Sturzo. Il pensiero politico, Roma 1979. Der Band enthält eine umfassende Bibliographie von Werken über Sturzo.
4. B. Croce, Terze pagine sparse, Firenze 1952.
5. A. De Gasperi, Idee sulla democrazia cristiana, Roma 1974.
6. G. De Rosa, Luigi Sturzo, Torino 1977.
7. A. Di Giovanni, Attualità di Luigi Sturzo, Milano 1987.
8. M. Duverger, Constitution et documents politiques, Paris 1966.
9. P. L. Landsberg, Problèmes du personnalisme, Paris 1952.
10. H. J. Jung, The Foundation of J. Maritain's political Philosophy, Gainesville 1960.
11. J. Lacroix, Le personnalisme comme anti-idéologie, Paris 1972.
12. F. Malgeri, Profilo biografico di Luigi Sturzo, Roma 1975.
13. J. Maritain, Man and the State, Chicago 1951.
14. Ders., Le paysan de la Garonne, Paris 1967.
15. Ders./R. Maritain, Oeuvres Complètes, Fribourg/Paris 1986. Bisher sind erschienen die Bände I, II, III, IV, V, VI, VII, welche die Werke bis 1943 und Band X, der die Werke von 1952–1959 enthält.
16. G. Morra, Luigi Sturzo, Il pensiero sociologico, Roma 1979.
17. E. Mounier, Oeuvres, Paris 1961.
18. R. Papini (Hrsg.), Jacques Maritain e la società contemporanea, Milano 1978. Der Band enthält eine von Piero Viotto zusammengestellte, detaillierte Bibliographie von Werken über den politischen Denker Maritain.
19. A. Rigobello, Il personalismo, Roma 1975.
20. L. Sturzo, Opere, Bologna 1954.
21. L. Sturzo, I discorsi politici, Roma 1951.
22. M. Vaussard, Histoire de la démocratie chrétienne-France, Belgique, Italie, Paris 1956.

Zeittafel

Jacques Maritain

1882	Geboren in Paris am 18. November.
1900 ff.	Studium der Philosophie und Naturwissenschaften in Paris und Heidelberg (1906–1908).
1904	Heirat mit Raissa Oumansoff.
1906	Konversion zum Katholizismus.
1914–1939	Professor für moderne Philosophie am Institut Catholique in Paris.
1926	Bruch mit der Action Française.
1932 ff.	Gastprofessor in Toronto, Princeton, Columbia University.
1945–1948	Französicher Botschafter beim Vatikan.
1948–1960	Professor für Philosophie in Princeton.
1960	Tod seiner Frau.
1961	Die Academie Française verleiht ihm den großen Literaturpreis.
1961	Maritain zieht sich ins Kloster der Kleinen Brüder Jesu in Tolosa (Italien) zurück.
1965	Beim Abschluß des II. Vatikanischen Konzils überreicht Papst Paul VI. ihm die Botschaft „An die Vertreter des Geistes und der Wissenschaft".
1973	Gestorben am 28. April in Tolosa.

Luigi Sturzo

1871	Geboren in Caltagirone (Sizilien) am 26. November.
1890	Eintritt ins Priesterseminar in Caltagirone.
1894	Priesterweihe.

1898	Dr. theol. der Gregoriana in Rom.
1898 ff.	Rege Tätigkeit als Lokalpolitiker, Organisator einer christlichen Arbeiterbewegung und Dozent für christliche Soziallehre am Priesterseminar seiner Heimat.
1919	Gründet den „Partito Popolare Italiano" und prägt dessen Programm. Generalsekretär der Partei (1919–1923).
1924	Unter dem Druck der von Sturzo bekämpften Faschisten geht er ins Exil
1924–1940	in London und
1940–1946	in New York. Schriftsteller im Exil.
1946	Rückkehr nach Italien. Rege publizistische Tätigkeit, auch in Tageszeitungen.
1952	Zum Senator auf Lebenszeit ernannt.
1959	Gestorben am 8. August in Rom.

Kurt Salamun

Der Kritische Rationalismus

Erkenntnistheoretische Basisannahmen

Die politische Philosophie des Kritischen Rationalismus, wie sie von Karl Raimund Popper in seinen beiden Werken „Die offene Gesellschaft und ihre Feinde" und „Das Elend des Historizismus" entwickelt und von Autoren wie Hans Albert, John Watkins, Ralf Dahrendorf, Helmut Spinner, Gerard Radnitzky, Bryan Magee, Fred Eidlin u. a. rezipiert und teilweise in verschiedene Richtungen weitergedacht wurde, ist nur dann adäquat zu verstehen, wenn man sich die erkenntnistheoretischen Grundannahmen vergegenwärtigt, auf denen diese Philosophie aufbaut. Die zentralste Annahme ist die These von der prinzipiellen Fehlbarkeit („Fallibilismus") der Vernunft. Für Kritische Rationalisten ist die [Fallibilismus] menschliche Vernunft stets irrtumsanfällig und deswegen nicht in der Lage, zu absolut gesicherten und ein für allemal gewissen wahren Erkenntnissen zu gelangen, wie dies optimistische Erkenntnislehren nahelegen, die dem tief in der menschlichen Psyche verankerten emotionalen Bedürfnis nach absoluter Gewißheit und der Sehnsucht nach einem endgültig gesicherten Wissen entgegenkommen. Gegen die Vorstellung von der Möglichkeit einer Letztbegründung und absoluten Gewißheit von Erkenntnissen werden im Kritischen Rationalismus Argumente auf logischer, erkenntnistheoretischer, soziologischer, ideologiekritischer und anthropologischer Ebene vorgebracht [5: Popper, Erkenntnis; 9: Albert, Traktat]. Als Alternative zur Idee, es müsse letzte Begründungen von Erkenntnissen und eine absolute Wahrheitsgarantie geben, vertreten Kritische Rationalisten zusammen mit der These von der Fehlbarkeit der Vernunft einen [Kritizismus] konsequenten Kritizismus. Mit dieser Auffassung, die in der Wissenschaftslehre des Kritischen Rationalismus im Falsifikationsprinzip [1: Popper, Logik] ihren Niederschlag gefunden hat, wird folgendes verlangt: Anstatt Erkenntnisse, Problemlösungsvorschläge, Überzeugungen usw. positiv rechtfertigen und auf möglichst sichere Gründe zurückführen zu wollen, muß man sie möglichst konsequent der Kritik aussetzen. Nicht durch Berufung auf Dogmen und durch die Suche nach letzten Rechtfertigungsgründen, sondern nur durch fortwährende kritische Prüfung und Diskussion können wir Fehler und Schwächen in unseren Erkenntnissen und Überzeugungen frühzeitig erkennen und eliminieren und auf diesem Weg unsere Erkenntnisse und Überzeugungen Schritt für Schritt verbessern.

Hans Albert, der bedeutendste Vertreter des Kritischen Rationalismus im deutschsprachigen Raum, umschreibt die Idee des konsequenten Kritizismus einmal folgendermaßen: „Setzt man an ... die Stelle der Begründungsidee die *Idee der kritischen Prüfung*, der kritischen Diskussion aller in Frage kommenden Aussagen mit Hilfe rationaler Argumente, dann verzichtet man zwar auf selbstproduzierte Gewißheiten, hat aber die Aussicht, durch Versuch und Irrtum –

Erkenntnisfort-
schritt durch
Versuch und
Irrtum

durch versuchsweise Konstruktion prüfbarer Theorien und ihrer kritischen Diskussion an Hand relevanter Gesichtspunkte – der Wahrheit näher zu kommen, ohne allerdings jeweils Gewißheit zu erreichen" [9: ALBERT, Traktat, 35]. Die Bereitschaft und Offenheit für Kritik wird im Kritischen Rationalismus als eine allgemeine vernünftige Lebensform postuliert. Sie äußert sich in der Methode, dauernd nach Fehlern zu suchen, und frühzeitig kleine und beginnende Fehler zu korrigieren. Die Methode der rechtzeitigen Fehlerkorrektur zu verfolgen ist, wie Popper feststellt, geradezu eine „moralische Pflicht" [4: POPPER, Elend, IX]. Eine Entscheidung zu dieser kritizistisch-vernünftigen Grundhaltung hat sowohl Konsequenzen für die Ethik als auch für das Politikverständnis. Es werden ethische und politische Auffassungen abgelehnt, die sogenannte „letzte" Wertentscheidungen und Wertstandpunkte prinzipiell im Irrationalen ansiedeln, wo sie jeder

Wertentschei-
dungen und
Sacherkennt-
nisse

erkenntnismäßigen Kritik entzogen sind. Dem gegenüber wird die Ansicht vertreten, daß Wertorientierungen und Wertentscheidungen von Sacherkenntnissen aus prinzipiell kritisierbar sind, obwohl sie sich natürlich nicht aus Sacherkenntnissen logisch ableiten oder durch solche restlos begründen lassen. So hat Albert versucht, zur Überbrückung der Distanz zwischen Soll-Sätzen und Sachaussagen „Brückenprinzipien" vorzuschlagen, die zugleich auch die Grundlage für sachliche Kritik an moralischen und politischen Wertüberzeugungen abgeben könnten, so vor allem das Realisierbarkeitspostulat „Sollen impliziert Können" [9: ALBERT, Traktat, 76]. Gerade dieser Punkt zeigt übrigens, wie falsch der so oft erhobene Vorwurf gegen den Kritischen Rationalismus ist, er schiebe Wertentscheidungen

Dezisionismus-
Vorwurf

gänzlich in die Irrationalität ab und öffne damit einem Dezisionismus Tür und Tor, durch den solche Entscheidungen letztlich der puren Beliebigkeit und subjektiven Willkür preisgegeben werden.

KRITIK AN HISTORIZISTISCHEN UND HOLISTISCHEN DENKWEISEN

Historizismus

In „Das Elend des Historizismus" kritisiert Popper bestimmte Denkformen und Überzeugungen in politischen Doktrinen, die er, wie schon der Titel des Buches – eine Anspielung auf Karl Marx's Schrift „Das Elend der Philosophie" – andeutet,

Historische Ge-
setzmäßigkeiten

besonders im Marxismus gegeben sieht. Die Kritik richtet sich dabei vornehmlich gegen die Überzeugung, daß der Mensch im politischen Geschehen und in der Geschichte den Geschichtsverlauf determinierende Gesetzmäßigkeiten entdecken könne und in Kenntnis solcher Gesetzmäßigkeiten dazu in der Lage sei, langfristige und absolut sichere Voraussagen über die künftige Gesellschaftsentwicklung und den weiteren Verlauf der Geschichte zu machen. Diese Auffassung wird „Historizismus" genannt, Popper definiert sie in dem oben genannten Buch einmal als „jene Einstellung zu den Sozialwissenschaften...die annimmt, daß *historische Voraussagen* deren Hauptziel bildet und daß sich dieses Ziel dadurch erreichen läßt, daß man die „Rhythmen" oder „Patterns", die „Gesetze" oder „Trends" entdeckt, die der geschichtlichen Entwicklung zugrunde liegen" [4: POPPER, Elend, 2].

Es kann hier nicht näher diskutiert werden, wieweit der Historizismus-Vorwurf, den Popper vor allem gegen Karl Marx und die marxistische Geschichtstheorie erhebt, im Detail tatsächlich zutrifft. Sicherlich läßt sich gegen Poppers Kritik einwenden, daß bei den marxistischen Klassikern vereinzelt Komponenten eines voluntaristischen Geschichtsdenkens anzutreffen sind, d. h. Komponenten, die dem Menschen die Möglichkeit einräumen, die Geschichte nach seinem Willen zu gestalten. Andererseits läßt sich aber die stark deterministische oder mechanistische Komponente in der Geschichtsdeutung von Marx und Engels, auf die Poppers Kritik abzielt, nicht wegleugnen, wie dies von marxistischen Autoren oft versucht worden ist. Diese Komponente ist das Ergebnis der Überzeugung von Marx und Engels, in den Beziehungen zwischen den Produktivkräften und den Produktionsverhältnissen einer Gesellschaft die historischen Entwicklungsgesetze entdeckt zu haben, welche den Übergang von einer geschichtlichen Epoche zur anderen bedingen. Aus der Kenntnis dieser Gesetzmäßigkeiten wähnten sie sich im Besitz jener Einsicht, aufgrund der man die künftige Entwicklung der bürgerlichen Gesellschaft zur extremen Kapitalkonzentration und Klassenpolarisierung sowie im weiteren dann zur proletarischen Revolution und zur klassenlosen Gesellschaft, mit absoluter Sicherheit voraussagen könne.

Kritik am Historischen Materialismus

Hier ist nur die grundsätzliche Kritik an der historizistischen Denkweise von Interesse, welche im historisch-politischen Denken ja nicht nur in der marxistischen Geschichtstheorie, sondern noch in vielen anderen Varianten auftreten kann. Sie kann in teleologischen Fortschrittsideologien ebenso zutage treten, in denen man die Geschichte unaufhaltsam auf ein positives Endziel zutreiben sieht, oder in geschichtlichen Zyklen- und Niedergangstheorien, mit denen vorgegeben wird, ein bestimmtes Prinzip als letzte Ursache für die ewige Wiederkehr des Gleichen oder für die unausweichliche Entwicklung einer Gesellschaft in die Katastrophe endgültig erkannt zu haben. Je nach Art des behaupteten geschichtsdeterminierenden Prinzips, das man erkannt zu haben vorgibt, lassen sich mehrere Spielarten historizistischen Denkens unterscheiden: Wird behauptet, die letztlich bestimmende Macht in der Geschichte sei der Wille Gottes, den eine durch göttliche Gnade aufgrund unerschütterlichen Glaubens erleuchtete Vernunft ergründen könne, um die Zukunft vorauszusehen, liegt eine theistische Variante des Historizismus vor. Glaubt man als letztes Prinzip der Geschichte, wie in Hegels Geschichtsmetaphysik, einen objektiven Weltgeist entdeckt zu haben, der im

Spielarten des Historizismus

Prozeß der Geschichte zu seinem Selbstverständnis gelangt, liegt eine spiritualistische Variante vor; glaubt man gar in Rassenkämpfen die dominierenden Gesetze in der Geschichte endgültig erkannt zu haben, wie dies in der Ideologie des Nationalsozialismus der Fall war, hat man es mit einer biologistischen Variante des Historizismus zu tun.

Verwechslung von Trends mit Gesetzen

Aus der Sicht des Kritischen Rationalismus liegt allen historizistischen Doktrinen und Auffassungen – seien sie nun gegen die Naturwissenschaften eingestellt oder an diesen orientiert – der überhebliche Anspruch der Vernunft zugrunde, in gewissen Entwicklungstendenzen und umkehrbaren sozialen Trends, die im gesellschaftlich-historischen Geschehen beobachtbar sind, gleich allgemeine und nicht umkehrbare Gesetzmäßigkeiten erkannt zu haben. Aufgrund dieses falschen Anspruchs werden Aussagen über die Existenz von gesellschaftlichen Trends, die die Form von singulären Sätzen („Es-gibt-Sätzen") haben müßten, fälschlich als universale historische Gesetze („All-Sätze") formuliert. Neben dem Vorwurf, umkehrbare Tendenzen oder Trends fälschlich zu irreversiblen Gesetzmäßigkeiten hochzustilisieren, werden vom Kritischen Rationalismus bei der Kritik an der historizistischen Denkweise noch andere gewichtige Argumente vorgebracht, warum man über den künftigen Verlauf der Geschichte prinzipiell keine exakt wissenschaftlichen Langzeitprognosen abgeben kann. Ein wesentlicher Grund dafür liegt in einem Phänomen, das Popper den „Ödipus-Effekt" von Prognosen nennt [4: POPPER, Elend, 11] und das in der Methodendiskussion der Sozialwis

Soziale Prognosen

senschaften als das Phänomen der „self-destroying" und der „self-fulfilling prophecy" bekannt ist. Damit ist der Umstand gemeint, daß Voraussagen im politisch-gesellschaftlichen Bereich ein vorhergesagtes Ereignis insofern zu beeinflussen vermögen, als sie es überhaupt erst herbeiführen oder aber sein Eintreffen verhindern können.

Ein weiteres Argument hängt mit dem Menschenbild zusammen, das dem Kritischen Rationalismus zugrundeliegt. Diesem Menschenbild zufolge ist der „menschliche Faktor" nie gänzlich berechenbar und durch Institutionen regle

3-Welten-Theorie

mentierbar. Popper bringt diese Grundvorstellung u. a. in seiner ontologischen Drei-Welten-Theorie zum Ausdruck. Für ihn existieren die „Welt 1", das ist die Welt der physikalischen Objekte, die „Welt 2", das ist die Welt der subjektiven Erfahrungen und Bewußtseinszustände, und schließlich noch die „Welt 3", die „Welt der möglichen Gegenstände des Denkens: die Welt der Argumente an sich; die Welt der Problemsituationen an sich" [5: POPPER, Erkenntnis, 172–186]. Aus der Sicht dieser Ontologie besitzt der Mensch neben der physischen und psychi

Welt des Geistes

schen Verwirklichungsdimension noch eine dritte Verwirklichungsdimension, die Welt des Geistes. Was er darin als Ergebnis seiner schöpferischen Einbildungskraft hervorbringt, die kreativen Ideen, Hypothesen, Erfindungen usw., welche über die Sprache vermittelt, in Büchern, Datenbanken usw. eine vom Produzenten unabhängige Existenz gewinnen, ist mit wissenschaftlichen Methoden nicht exakt voraussagbar. Ähnlich wie der liberale Aufklärer Kant in seinem dualistischen Menschenbild den Menschen als ein Wesen bestimmt hat, das zwar in der Welt der

Erscheinungen als physisches Wesen der kausalen Naturgesetzlichkeit unterworfen („heteronom") aber in der intelligiblen Welt als moralisches Wesen frei („autonom") ist, sich mittels seiner praktischen Vernunft selber ein Sittengesetz aufzuerlegen, so sieht der Kritische Rationalismus im Menschen ein Wesen, das über das Menschenbild determinierte physische und psychische Sein hinaus in seinem geistigen Sein (der Welt der kreativen Vernunft, des konstruktiven Geistes) eine unabdingbare Dimension der Freiheit besitzt. Von dieser liberalen Grundidee aus wird gegen den Historizismus das prinzipielle Argument vorgebracht, daß sich der künftige Verlauf der Menschheitsgeschichte deswegen nie eindeutig voraussagen läßt, weil darin der Zuwachs an menschlichem Wissen eine entscheidende Rolle spielt und dieser Zuwachs, die Erfindungen, die kreativen Ideen, welche Menschen in Zukunft entwickeln werden, ihrerseits nicht vorhersehbar sind. Gerade die besondere Betonung des kreativen und konstruktiven Moments im menschlichen Geist durch den Kritischen Rationalismus zeigt übrigens, wie falsch Argumentationen sind, in denen diese Denkströmung als eine Position hingestellt wird, in der bloß eine „positivistisch halbierte Vernunft" (J. Habermas) oder nur die rein analytische Vernunft oder die bloß technisch-instrumentelle Vernunft Berücksichtigung finde.

Eine weitere Denkweise, die der Kritische Rationalismus an politischen Doktrinen kritisiert, ist der „Holismus". Damit ist eine Denkhaltung gemeint, die aus Holismus einer vagen Ganzheits- oder Totalitätsidee heraus den Anspruch erhebt, eine „Gesellschaft als Ganzes" erfassen zu können und die eine gesellschaftliche Veränderung nur dann für sinnvoll hält, wenn sie eine möglichst abrupte und totale ist und die bestehende Gesellschaft als „Ganzes" verändert. In der jüngeren Gesellschaftstheorie und politischen Philosophie hat ein derartiges Konzept der Gesellschaftsveränderung vor allem Herbert Marcuse mit seiner Idee eines revolutionären Sprunges ins „befriedete Dasein" vertreten. Holistische Vorstellungen in der Gesellschaftstheorie und Politik legen optimistische Erwartungen nahe, die nicht nur gänzlich unrealistisch sind, sondern nur zu oft auch inhumane totalitäre Folgen haben; so z. B. die Erwartung, man könne eine neue, humane und ein für allemal befriedete Welt ganzheitlich planen und mit einem Schlag durch ein möglichst radikales, holistisches Sozialexperiment in die Wirklichkeit umsetzen. Man brauche die bestehenden Institutionen einer Gesellschaft nur durch eine einmalige, radikale, gewaltsame Revolution total niederzureißen, um die exakt geplante, neue, humane Zukunftsgesellschaft anstelle der alten Gesellschaft end- Idee der totalen
Planung gültig einzurichten.

Gegen die Idee der totalen Planung wird von Seiten des Kritischen Rationalismus argumentiert, daß trotz aller technischer Hilfsmittel der Informationsspeicherung nie das gesamte konstruktive Wissen, das zur Planung einer neuen Gesellschaft im großen Stil erforderlich wäre, in den Köpfen von Planungsexperten und Politikern zentralisierbar ist; gegen die Idee eines holistischen Sozialexpe- Holistisches So-
zialexperiment riments wird eingewandt, daß eine noch so radikale Revolution kein „soziales Vakuum" zu schaffen vermag, in das hinein man nach Plan eine ganz neue und andere Gesellschaft errichten könne und daß mit jedem politischen Eingriff in eine Gesellschaft neben den geplanten und voraussehbaren Veränderungen stets eine Fülle von nicht eingeplanten und nicht vorhersehbaren Konsequenzen und Nebenfolgen verbunden sind. Je radikaler das Sozialexperiment desto größer die Gefahr, daß damit schwerwiegende nicht eingeplante und nicht gewollte Folgen auftreten.

Das Konzept der Gesellschaftsveränderung durch permanente Reformen

Poppers Kritischer Rationalismus stellt der holistischen Idee von der totalen Planung und dem radikalen Sozialexperiment das Konzept eines „piecemeal social engineering" entgegen, d. h. das Konzept einer Sozialtechnik der Lösung von Einzelproblemen bzw. des schrittweisen Umbaus der Gesellschaftsordnung – in einer nicht adäquaten Übersetzung, das Konzept einer sozialen „Stückwerk-Technik". Von der Einsicht ausgehend, daß die „Logik der totalen Revolution" in der bisherigen Menschheitsgeschichte nur zu oft zu einer „totalitären Ordnung" geführt hat, wird für vorsichtige, konsequente und schrittweise Veränderungen von gesellschaftlichen Strukturen plädiert, bei denen es stets verantwortungsbewußt die möglichen Konsequenzen der geplanten Veränderung in Rechnung zu stellen gilt. „Der Stückwerk-Ingenieur ... mag zwar einige Vorstellungen von der idealen Gesellschaft als Ganzem haben, ... aber er ist nicht dafür, daß die Gesellschaft als Ganzes neu geplant wird. Was immer seine Ziele sein mögen, er sucht sie schrittweise durch kleine Eingriffe zu erreichen, die sich dauernd verbessern lassen ..." [4: POPPER, Elend, 53].

piecemeal social engineering

In unmittelbarer Verbindung mit diesem gradualistischen Gesellschaftsveränderungskonzept steht im Kritischen Rationalismus eine ethische Grundmaxime, die man als „negativen Utilitarismus" bezeichnet hat. Dieser Maxime zufolge kann es in der Politik nicht, wie es eine Forderung von utilitaristischen Denkern ist, um die Maximierung von Glück für möglichst viele Menschen in einer Gesellschaft oder gar im Weltmaßstab gehen, sondern vielmehr um die Minimierung von vermeidbarem Leid. Anstatt das Verwirklichen von nebulosen und individuell oft sehr variablen Glücksvorstellungen zum Ziel politischen Planens zu machen, was nur allzuleicht in Zwangsbeglückungsmaßnahmen und Erziehungsdiktaturen mündet, gilt es in der Politik primär gegen die mannigfachen Formen und Ursachen von vermeidbarem Leid, wie Armut, Krankheit, Arbeitslosigkeit, physische und psychische Unterdrückung, wirtschaftliche Ausbeutung usw. anzukämpfen. Die politisch Handelnden müssen permanent an Institutionen konstruktiv „herumbasteln", die die objektiven Bedingungen und realen Ursachen von Leiderfahrungen verkleinern.

negativer Utilitarismus

Leidminimierung

Gegen das Konzept des piecemeal social engineering ist sehr oft der Konservativismus-Vorwurf erhoben worden, u. zw. in dem Sinne, daß Poppers Plädoyer für

Konservativismus-Vorwurf

gewaltlose und schrittweise politische Reformen letzten Endes eine Stütze für alle bestehenden Herrschaftssysteme bedeute; es verhindere weitergehende gesellschaftliche Veränderungen und sei bloß zur Korrektur von Symptomen sozialer Mißstände geeignet nicht aber zur Änderung der strukturellen Voraussetzungen solcher Mißstände [23: LÜHRS, Sozialdemokratie, II, 360]. Gegen diesen Konservativismus-Vorwurf kann man einwenden, daß im Kritischen Rationalismus das Konzept der gewaltlosen gradualistischen Reformpolitik keineswegs dogmatisch vertreten und prinzipiell in allen politischen Konstellationen für geeignet gehalten wird. So stellt Popper in Ausnahmefällen durchaus die Notwendigkeit von radikalen revolutionären Veränderungen und von politischer Gewaltanwendung in Rechnung.Solche Ausnahmefälle bilden der gewaltsame Kampf gegen eine Willkürherrschaft zwecks Errichtung eines demokratischen politischen Systems, in dem gewaltlose Reformen wieder möglich werden, sowie der gewaltsame Widerstand gegen revolutionäre Umsturzversuche zur Beseitigung eines pluralistischen demokratischen Rechtsstaates, mögen diese Versuche von außen oder von innen kommen. Legitime Gewaltanwendung

Ein weiteres Argument gegen den Konservativismus-Vorwurf ergibt sich aus einem Grundgedanken des Kritischen Rationalismus, den man als verantwortungsethisch motiviertes Konsequenzendenken bzw. als soziales Kosten-Nutzendenken bezeichnen kann und der von Kritikern des Kritischen Rationalismus oft übersehen wird. Dieser Gedanke beinhaltet zwar einerseits die Forderung, radikale Sozialexperimente in demokratischen Gesellschaftssystemen abzulehnen. Denn in ihnen sind die Errungenschaften in bezug auf die Minderung von Armut, Not, willkürliche Unterdrückung, Ausbeutung und vermeidbarem Leid für die überwiegende Mehrheit der Bevölkerung bereits so groß, daß ein radikaler politischer Umsturz nur allzu leicht eine Passivbilanz mit sich bringen könnte. Auf der anderen Seite legt der gleiche Gedanke aber auch nahe, in Gesellschaften, wo die überwiegende Mehrheit der Bevölkerung keine humanen Errungenschaften zu verlieren hat, eine gewaltsame radikale Revolution mit ihren Risiken und Kosten in Kauf zu nehmen, weil sich daraus aller Voraussicht nach ohnedies nur eine positive Bilanz für die meisten Menschen ergeben kann. Wo z. B. eine autoritäre militärische Clique, die durch Verwandtschaftsbeziehungen mit den einheimischen Großgrundbesitzern und Kapitaleignern sowie durch Profit- und Ausbeutungsinteressen mit ausländischen Investoren verbündet ist, die Staatsmacht in Händen hat und die Masse der Bevölkerung in Armut, Unwissenheit und Ausbeutung dahinvegetieren läßt, erscheint auch aus der Sicht von Poppers politischer Philosophie nahezu jedes revolutionäre Mittel erlaubt, um diesen Zustand zu verändern. Verantwortungsethik und Revolution

Das Ideal der offenen Gesellschaft

Der Gedanke der offenen Gesellschaft stellt in der politischen Philosophie des Kritischen Rationalismus ein normatives Konzept dar, das man auch als Annäherungsideal interpretieren kann. Von den verschiedenen Teilaspekten dieses Konzepts ist die Idee der institutionellen Sicherung größtmöglicher individueller Freiheit besonders wichtig. Daß man aber auch das Prinzip der Freiheit nicht dogmatisieren und in einem absoluten Sinne auffassen darf, verdeutlicht Popper indem er vom Paradoxon der Freiheit spricht, das darin besteht, daß schrankenlose Freiheit ihr Gegenteil, nämlich Unfreiheit, nach sich zieht. „Schrankenlose Freiheit bedeutet, daß es dem Starken freisteht, den Schwachen zu tyrannisieren und ihn seiner Freiheit zu berauben. Das ist der Grund warum wir verlangen, daß der Staat die Freiheit in gewissem Ausmaß einschränke, so daß am Ende jedermanns Freiheit vom Gesetz geschützt wird. Niemand soll der Gnade eines anderen ausgeliefert sein, aber alle sollen das *Recht* haben, vom Staat geschützt zu werden" [3: POPPER, Gesellschaft, 153]. Wie andere liberale Denker sieht Popper die primäre Aufgabe des Staates im Schutz der individuellen Freiheit seiner Bürger. Der Staat wird in erster Linie als sozialtechnisches Instrument aufgefaßt, mit dessen Hilfe Institutionen, Regeln, Gesetze usw. installiert werden sollen, die die Macht- und Herrschaftsambitionen von Einzelpersonen und Gruppen derart kontrollieren und beschränken, daß größtmögliche Freiheitsspielräume für jeden einzelnen Bürger gewährleistet sind. Der Begriff der Freiheit wird dabei im wesentlichen negativ bestimmt, u. zw. als Freiheit von Zwang und Unterdrückung durch andere. Freiheit kann nicht durch einen Souverän garantiert werden, sondern nur durch eine Pluralität von Institutionen, Konventionen, Regeln und Gesetzen, die immer von neuem auf ihre Funktion der größtmöglichen individuellen Freiheitssicherung überdacht werden müssen.

In der Diskussion um die politische Philosophie des Kritischen Rationalismus ist von neomarxistischer Seite wiederholt der Eindruck geweckt worden, als ob die darin vertretene liberale Freiheitsidee mit einem ökonomischen Laissez-faire-Liberalismus verbunden wäre, der einem schrankenlosen Kapitalismus das Wort redet. Daß diese Deutung unzutreffend ist, zeigt die Tatsache, daß Popper in seinen Überlegungen zum Paradoxon der Freiheit nicht nur schrankenlose physische und politische, sondern auch unbeschränkte ökonomische Freiheit als Bedrohung für die von ihm vertretene Freiheitsidee ansieht. Deshalb plädiert er auch nachdrücklich für eine wirksame politische und staatliche Kontrolle wirtschaftlicher Macht, d. h. für einen „ökonomischen Interventionismus" [3: POPPER, Gesellschaft, 154].

Zum Problem der institutionellen Sicherung größtmöglicher individueller Freiheit gehört für Popper nicht nur der Schutz des Einzelnen vor physischer Gewalt und wirtschaftlicher Unterdrückung durch den Staat, sondern ebenso die zentrale Frage der Kontrolle der staatlichen Kontrollgewalt. Dazu finden sich bei Popper keine konkreten Lösungsvorschläge (etwa in Form von Verfassungsvorschlägen),

Margin notes:
Paradoxon der Freiheit

Aufgabe des Staates

Liberalismus

Staatsinterventionismus

Kontrolle der Staatsgewalt

er behandelt sie vielmehr auf einer grundsätzlichen und sehr allgemeinen Ebene. So spricht er in diesem Zusammenhang etwa vom Paradoxon des staatlichen Planens und meint damit, daß alles vernünftige staatliche Planen von freiheitssichernden Institutionen, sowie auch die individuelle Freiheit ein Ende haben, sobald zuviel geplant wird und dem Staat ein zu hohes Maß an Gewalt, Entscheidungs- und Planungskompetenz übertragen wird. Für Popper ist die pluralistische Demokratie letztlich die einzige Staatsform, die es ermöglicht, einer allzugroßen politischen Machtkonzentration wirksame Riegel vorzuschieben. Ohne auf verschiedene Demokratievorstellungen (etwa Unterschiede zwischen plebiszitären, repräsentativen oder präsidialen Formen der Demokratie) näher einzugehen, sieht er in der Demokratie generell ein System von Institutionen, das es im Vergleich zu allen anderen politischen Systemen noch am ehesten erlaubt, die Machtausübung von Politikern wirksam zu überwachen, Machtmißbrauch zu verhindern und möglichst auszuschließen, daß „schlechte Politiker einen allzu großen Schaden anrichten" [3: POPPER, Gesellschaft, 162].

 Weitere Grundideen des Konzepts der offenen Gesellschaft bilden die Idee des politisch-weltanschaulichen Pluralismus und die Idee der friedlichen politischen Konkurrenz. Genauso wie es aus der Sicht des Kritischen Rationalismus unerläßlich ist, daß in der Wissenschaft ein Theorienpluralismus gegeben ist und verschiedene Hypothesen und Problemlösungsvorschläge offen miteinander konkurrieren, damit sich die besseren, erklärungskräftigeren Theorien letztlich durchsetzen und Erkenntnisfortschritte sowie optimale Problemlösungen erzielt werden können, müssen in der Politik unterschiedliche weltanschauliche Standpunkte und Parteien miteinander konkurrieren können, damit kontinuierliche Fortschritte bei der Minimierung von Leid, Armut und Unterdrückung in einer Gesellschaft und im Weltmaßstab erreichbar sind. Allerdings darf die Pluralität der in einer demokratischen Gesellschaft miteinander konkurrierenden Parteien nicht so weit gehen, politische Gruppen uneingeschränkt zu tolerieren, die sich das Abschaffen von Pluralität, Toleranz, Freiheit und Demokratie zum programmatischen Ziel ihres politischen Handelns gesetzt haben. Der für die Offenheit einer Gesellschaft so bedeutsame Grundwert der Toleranz darf ebensowenig verabsolutiert werden wie das Prinzip der Freiheit, das Prinzip der Kontrolle und des staatlichen Planens – diese Konsequenz ergibt sich aus der anti-dogmatischen Grundtendenz des Kritischen Rationalismus.

 Mit der Idee vom politisch-weltanschaulichen Pluralismus und der Idee von der friedlichen politischen Konkurrenz sind im Kritischen Rationalismus zwei weitere wesentliche Ideen des Konzepts der offenen Gesellschaft eng verbunden, u. zw. die Idee der institutionalisierten öffentlichen Kritik und die Idee der politischen Konfliktregelung durch kritisch-rationale Diskussion. Die Idee der Kritik bzw. des kritisch-rationalen Problemlösungsverhaltens (im Gegensatz zum dogmatischen Rechtfertigungsdenken) bildet nicht nur das Fundament der Erkenntnis- und Wissenschaftslehre des Kritischen Rationalismus, sondern ist auch für dessen Vernunftverständnis konstitutiv. Kritisch-rationales Problemlösungsverhalten

Marginalia:
Paradoxon des staatlichen Planens

Demokratie

Pluralismus

Toleranz

Öffentlichkeit wird dabei immer in einem doppelten Sinn verstanden: als Bemühen um ehrliche Selbstkritik und Bereitschaft zu öffentlicher Kritik. Wie groß die Bedeutung ist, die dabei dem Moment der Öffentlichkeit eingeräumt wird, zeigt der Umstand, daß für Popper wissenschaftliche Objektivität nie durch noch so bemühte Selbstkritik, sondern immer erst durch vielseitige öffentliche Kritik und Infragestellung von Hypothesen und Erkenntnisansprüchen zustande kommen kann. Nur in öffentlicher Auseinandersetzung mit kritischen Einwänden und Alternativhypothesen vermag sich eine wissenschaftliche Hypothese zu bewähren und, solange Objektivität sie nicht widerlegt wird, den Status von wissenschaftlicher Objektivität zu erlangen [3: POPPER, Gesellschaft, 267].

Auch in bezug auf das politische Handeln gilt im Kritischen Rationalismus die Forderung, daß gesellschaftliche Konflikte und Interessengegensätze möglichst durch öffentliche, kritisch-rationale Diskussion ausgetragen werden sollten. Politische Entscheidungen dürfen keine willkürlichen, dezisionistischen Akte und einsamen Beschlüsse von politischen Machtträgern sein, sondern müssen in öffentlichen, kritisch-rationalen Diskussionen, in denen die verschiedenen Parteiungen Kompromisse über die divergierenden Interessenlagen anstreben, so weit wie möglich vorbereitet werden. Die Möglichkeit zur vorhergehenden öffentlichen Diskussion und zur nachträglichen Kritik und Kontrolle von politischen Entscheidungen muß durch vielfältige Einrichtungen garantiert werden, wie z. B. durch Presseorgane, die nicht an parteipolitische Weisungen gebunden sind, oder durch staatliche Kontrollorgane, die dem direkten Einfluß der politischen Machtträger entzogen sind, usw.

Sowohl die Idee von der institutionalisierten öffentlichen Kritik als auch die Forderung nach politischer Konfliktregelung durch kritisch-rationale Diskussion wurden in der Auseinandersetzung mit der politischen Philosophie des Kritischen Rationalismus wiederholt scharf angegriffen. Gegen die zuerst genannte Idee und die prinzipielle Forderung nach einem konsequenten Kritizismus wurde eingewandt, Kritik sei oft mit destruktiven Folgen verbunden und der Kritische Rationalist müsse durch seine Fixierung auf die Idee der Kritik für solche Folgen Negative notwendig blind sein. Dieser Vorwurf läßt unberücksichtigt, daß das antidogmati-
Konsequenzen sche, kritische Problemlösungsverhalten, das der Kritische Rationalismus ver-
von Kritik langt, jegliche Dogmatisierung, somit auch die Dogmatisierung der Idee der Kritik, verbietet. Wenn in einer Gesellschaft institutionelle Möglichkeiten der Kritik gegeben sind, bedeutet dies für den Kritischen Rationalisten keineswegs, daß diese Möglichkeiten in allen Situationen bis zur letzten Konsequenz (etwa bis zur Selbstvernichtung oder bis zur totalen Desavouierung eines politischen Gegners) ausgeschöpft werden müssen. Die verantwortungsethische Komponente im Kritischen Rationalismus verlangt vielmehr, in allen Situationen auch die Konsequenzen und Nebenfolgen von Kritik verantwortungsbewußt zu überdenken. Diese Konsequenzenüberlegungen können dazu führen, in bestimmten Situationen kritische Argumente maßvoller zu formulieren oder kurzfristig überhaupt hintanzustellen, wenn sie offensichtlich und massiv gegen die ethische Maxime der

Verkleinerung von Leid verstoßen. Daß diese verantwortungsethische Maxime zusammen mit den Postulaten der Toleranz, der intellektuellen Bescheidenheit und der Maxime der Leidminimierung, im Kritischen Rationalismus grundlegende normative Bestandteile der Idee der kritischen Vernunft bilden, macht deutlich, daß diese Vernunftidee auch eine wesentliche moralisch-praktische Dimension hat, welche von allen jenen Kritikern ignoriert worden ist, die diese Vernunftidee als bloß technisch-instrumentelles, destruktives Konzept diskreditiert haben. Moralisch-praktische Dimension der Vernunft

Gegen die zweite oben genannte Idee wurde eingewandt, das Konfliktlösungsmodell der kritisch-rationalen Diskussion eigne sich zwar zum Austragen von theoretischen Meinungsverschiedenheiten im Elfenbeinturm der Wissenschaft, nicht aber zur Regelung von Konflikten im Bereich gesellschaftlicher Machtkämpfe, politischer Interessengegensätze und Gruppenauseinandersetzungen, weltanschaulicher Überzeugungs- und Grundwertkonflikte. Zur Bewältigung solcher Konflikte bedürfe es eines vielfältigen, abgestuften Instrumentariums von Konfliktregelungsverfahren, so auch des subtilen Einsatzes von Mitteln materieller Gratifikationen und der abgestuften und vernünftigen Anwendung von Macht, was Popper aufgrund seines pauschalen Mißtrauens gegenüber jeglicher Form von Macht gänzlich unberücksichtigt lasse. Konfliktregelung

Bei diesem Typus von Einwänden wird übersehen, daß liberale politische Philosophen wie Karl Popper und etwa auch Karl Jaspers, gegen dessen politische Philosophie ganz ähnliche Einwände erhoben wurden, mit ihren Überlegungen zur Politik nicht primär eine exakte Darstellung und Beschreibung von faktisch vor sich gehenden politischen Prozessen anstreben, sondern vielmehr Zielvorstellungen formulieren, wie man Politik in Zukunft betreiben sollte. Aus dieser Sicht erscheint Poppers Konfliktregelungsmodell der kritisch-rationalen Diskussion als ein normatives Konzept, an dem sich politisch Handelnde beim Bemühen um friedliche Konfliktregelungen und beim Streben nach Ausgleich von divergierenden Interessen und Machtansprüchen orientieren sollten. Man kann dieses Konzept als Annäherungsideal interpretieren, auf das es in Zukunft konsequenter als bisher hinzuarbeiten und das es graduell stärker zu berücksichtigen gilt, auch wenn man im aktuellen politischen Geschehen in vielen Situationen noch sehr weit davon entfernt ist. Auch wenn ein gänzliches Verwirklichen dieses Konzepts als utopisch erscheint und mit dem Realisierbarkeitspostulat nicht vereinbar ist, sind doch Grade der Verwirklichung als durchaus realistisch einzuschätzen. Politische Zielvorstellungen

RICHTLINIEN ZUR IDEOLOGIEKRITIK

Aus der politischen Philosophie des Kritischen Rationalismus lassen sich Richtlinien zur kritischen Prüfung von politischen Weltanschauungen und Ideologien entnehmen, die eine wertvolle Hilfe sein können, wenn es gilt, frühzeitig vor gefährlichen autoritären Tendenzen im Rahmen von Ideologien zu warnen. So ergibt sich eine Richtlinie bereits aus der These von der prinzipiellen Fehlbarkeit

Absolutheits-
anspruch

und Irrtumsanfälligkeit der Vernunft: die Frage, ob mit einer Ideologie Absolut-
heitsansprüche in Form von Behauptungen über absolut wahre Einsichten und
Prinzipien verbunden sind, wobei diese Einsichten und Prinzipien als ein für
allemal unrevidierbar und unbezweifelbar hingestellt werden. Unterscheidet man
an Ideologien einen Kernbereich und einen operativen Bereich, dann finden sich
solche Ansprüche in der Regel in bezug auf den Kernbereich. Aus der Sicht des
Kritischen Rationalismus liegt derartigen Ansprüchen die Vorstellung zugrunde,
es gebe eine manifeste absolute Wahrheit und die menschliche Vernunft könne
sich dieser Wahrheit ein für allemal vergewissern, was nur zu oft die gefährliche
Konsequenz hat, daß damit Ausschließlichkeitsansprüche auf den Besitz der
absoluten Wahrheit, Fanatismus und Intoleranz gegenüber Andersgläubigen und
Andersdenkenden gefördert werden.

Damit hängt eine weitere Richtlinie zur Prüfung von Ideologien zusammen,
nämlich die Frage, ob im Kontext von Ideologien zusammen mit absoluten
Wahrheitsbehauptungen das Denkmotiv eines „höheren", ausschließlichen Wis-

Interpretations-
privileg

sens, d. h. die Inanspruchnahme eines Interpretationsprivilegs (oder Erkenntnis-
monopols) zu beobachten ist. Wird einer bestimmten Elite oder charismatischen
Führerpersönlichkeit das alleinige Recht zugebilligt, gewisse Kernsätze der entsprechenden Ideologie zu deuten und auszulegen, so daß den übrigen Anhängern
dieser Ideologie nichts anderes zu tun übrig bleibt, als der auserwählten Elite oder
der Führerpersönlichkeit gläubig und vertrauensvoll zu gehorchen? Popper kritisiert dieses antidemokratische ideologische Denkmotiv vor allem an der Idee der
Philosophenkönige in der Staatslehre Platons.

Eine nächste ideologiekritische Richtlinie resultiert im Kritischen Rationalismus aus der kritischen Einstellung gegenüber den vielfältigen Methoden, mit

Immunisierungs-
strategien

denen Hypothesen und Überzeugungen von ihren Vertretern immer wieder gegen
Kritik abgeschirmt werden. Verfechter von politischen Doktrinen und Ideologien
versuchen Kernannahmen und Grundprinzipien ihrer Überzeugungssysteme oft
vor jeder kritischen Infragestellung zu bewahren; dies kann durch Gewaltandro-
hung, Zensur und Frageverbote erfolgen, nicht selten aber auch durch subtile
Rechtfertigungsargumentationen, die man mit Alberts treffendem Ausdruck als
„Immunisierungsstrategien" bezeichnen kann. Daraus ergibt sich die ideologiekritische Frage: Wie sind die Immunisierungsstrategien im Rahmen von Ideologien beschaffen, handelt es sich um den Gebrauch von Leerformeln, um Suggestivdefinitionen, Identifikationsformeln oder um Argumentationen, denen bei nähe-
rer Betrachtung logische Fehlschlüsse zugrundeliegen?

Angesichts der Auseinandersetzung mit holistischen Denkformen im Kritischen Rationalismus läßt sich als weitere Richtlinie zur Kritik von Ideologien die
Frage hervorheben, wieweit mit „Ganzheits-" und „Totalitätskategorien" eine

Polarisierungs-
kategorien

dogmatische Anwendung von bipolaren Deutungsrastern, wie emotional aufgela-
denen Polarisierungskategorien und Schwarz-Weiß-Zeichnungen des politischen
Geschehens verbunden sind. Durch solche Deutungsraster, die einen „Alternativ-
Radikalismus" [12: ALBERT, Aufklärung, 34] bedingen, werden komplexe gesell-

schaftliche Beziehungen und politische Sachverhalte immer wieder auf ein Entwe-der-Oder, ein Für-mich oder Gegen-mich reduziert. (Beispiele für emotional aufgeladene Polarisierungskategorien aus verschiedenen Ideologien wären: Aus der Ideologie des Nationalsozialismus das Kategorienpaar: „arisch-jüdisch", dem Marxismus-Leninismus die Kategorienpaare: „sozialistisch-bürgerlich", „sozia-listisch-kapitalistisch" oder „sozialistisch-imperialistisch"; aus neoliberalistischen und neokonservativen Ideologien die Gegensatzpaare „demokratisch-soziali-stisch", „freiheitlich-sozialistisch", aus gewissen Öko-Ideologien das Gegensatz-paar „natürlich-technisch"; aus feministischen Ideologien das Gegensatzpaar „weibliche Vernunft-männliche Vernunft", wenn die weibliche Vernunft von vornherein als emanzipatorisch hochgejubelt und die männliche Vernunft als von vornherein instrumentalistisch denunziert wird).

Ebenfalls eine Richtlinie zur kritischen Prüfung von Ideologien wäre die Frage, ob Ideologien emotionalisierte Feind-Bilder und im Zusammenhang damit Ver-schwörungstheorien enthalten. Popper hat in seinen gesellschaftstheoretischen Überlegungen mit Recht die übertriebene Erwartung und Überzeugung kritisiert, man könne für die Erklärung jedes Ereignisses im politisch-gesellschaftlichen Bereich gewisse Menschen und Gruppen ausfindig machen, die an dessen Eintre-ten ein Interesse haben und zum Zweck der Herbeiführung des Ereignisses Pläne geschmiedet und konspiriert haben. Durch diese Überzeugung wird der Umstand ignoriert, daß so viele Ereignisse im Gesellschaftsbereich unbeabsichtigte Folgen von Handlungen sind und nicht das Resultat von absichtsvoll geplanten Aktivitä-ten. Gerade autoritäre Herrschaftssysteme rechtfertigen die inhumanen Metho-den ihrer Herrschaftsausübung oftmals dadurch, daß sie „den Staat oder das Volk permanent vor seinen Feinden retten möchten, eine Tendenz, die nach der erfolg-reichen Unterwerfung der alten Feinde stets zur Schaffung oder Erfindung neuer Feinde führen muß" [2: POPPER, Gesellschaft, 145]. Feind-Stereotype mit unter-schiedlicher emotionaler Aufladung dienen im Rahmen von Ideologien nicht selten zu Integrationszwecken. Durch An-die-Wand-Malen von dämonisierten Feind-Bildern können unter gewissen Bedingungen gruppeninterne Differenzen und Konflikte reduziert und die Desintegration einer Gruppe vorübergehend aufgeschoben werden. Dabei gilt es stets zu beachten, daß das Hochstilisieren eines Feind-Bildes nicht nur Konfliktreduzierung und engeres Zusammenrücken innerhalb einer Gruppe, sondern zugleich auch eine vorübergehende Stabilisie-rung der in der betreffenden Gruppe bestehenden Einfluß- und Machtverhältnisse zu bewirken vermag.

Eine weitere Richtlinie zur Ideologiekritik empfiehlt der Kritische Rationalis-mus aufgrund des Standpunktes eines „kritischen Dualismus", d. h. der Auffas-sung, daß sich Normen, Werturteile und politische Entscheidungen nicht gänzlich auf Tatsachenerkenntnisse oder Sachaussagen reduzieren lassen bzw. daraus nicht mit logischer Notwendigkeit ableitbar sind. Kritische Rationalisten haben in vielen Werken gegen Bestrebungen Stellung bezogen, den Unterschied zwischen „Sein" und „Sollen" bzw. Sacherkenntnissen und Wertentscheidungen zu verwi-

Marginalien:

Feindbilder und Verschwörungs-theorien

Gruppen-integration

Tarnung von Wertungen als Tatsachen-erkenntnis

schen. In Ideologien findet man einen Teil der bestimmenden Wertgesichtspunkte und normativen Prinzipien oft so eng mit gut bestätigten (bzw. bewährten) Tatsachenerkenntnissen verknüpft, daß der Eindruck entsteht, sie wären ebenfalls Tatsachenerkenntnisse bzw. müßten sich aus diesen mit zwingender Notwendigkeit ergeben. Die bewußte oder unbewußte Tarnung von Wertungen als Tatsachenerkenntnisse – sie erfolgt im Rahmen von Ideologien u. a. durch quasi-empirische Argumentationen, Scheinbegründungen, Suggestivdefinitionen und logisch-illegitime Schlußfolgerungen (vor allem naturalistischen Fehlschlüssen) – hat im politischen Bereich zur Folge, daß eine Ideologie mehr Menschen anzusprechen vermag, als dies der Fall wäre, wenn alle ihre ideologischen Wertprämissen offen als solche deklariert wären. Sie würden dann nämlich bloß als *ein* möglicher moralischer oder politisch-weltanschaulicher Standpunkt unter anderen erscheinen, dem keineswegs die gleiche objektive Geltung und Allgemeingültigkeit zukommt, wie einer wissenschaftlichen Tatsachenbehauptung mit theoretischem Wahrheitswert.

Zusammenfassend läßt sich feststellen, daß von der liberal-aufklärerischen Wertbasis des Kritischen Rationalismus folgende Empfehlungen zur kritischen Überprüfung von politischen Weltanschauungen und Ideologien gegeben werden: (1) Finden sich in politischen Weltanschauungen und Ideologien Tendenzen zum dogmatischen Behaupten absolut wahrer Einsichten und Grundprinzipien und im Zusammenhang damit (2) elitäre Gruppen oder Einzelpersonen, die ein Erkenntnismonopol oder Interpretationsprivileg auf die Deutung bestimmter Kernsätze der betreffenden Ideologien beanspruchen? (3) Wieweit sind in Ideologien Tendenzen zur Immunisierung von ideologischen Kernannahmen gegenüber Kritik ausgeprägt und wie sind die Strategien beschaffen, mit denen die Immunisierung erfolgt? (4) Sind in Ideologien Verschwörungstheorien anzutreffen und in Verbindung damit Sündenbockstrategien und emotionalisierte Feind-Bilder? (5) Lassen sich an Ideologien Tendenzen zu einer starren und dogmatischen bipolaren Deutung der politischen Wirklichkeit beobachten, die in alternativischen Unterscheidungen, Polarisierungskategorien und Schwarz-Weiß-Zeichnungen ihren Niederschlag finden? (6) In welchem Ausmaß sind im Rahmen von Ideologien weltanschauliche Wertprämissen offen als solche deklariert und in welchem Ausmaß sind sie als selbstverständliche Tatsachen getarnt, die scheinbar mit zwingender Notwendigkeit aus wissenschaftlichen Tatsachenerkenntnissen deduzierbar sind?

WIRKUNG

Popper hat seine beiden Hauptwerke zur politischen Philosophie während des Zweiten Weltkriegs in Neuseeland verfaßt, wohin er 1936 aus Österreich vor der drohenden Machtergreifung der Nationalsozialisten emigriert war. Aus diesem Zeitkontext sind diese Werke zwar als Reaktion auf ganz bestimmte totalitäre Herrschaftssysteme zu verstehen, die heute schon längst von der politischen

Bildfläche verschwunden sind. Unabhängig von den Entstehungsbedingungen enthält Poppers politische Philosophie aber sowohl eine Fülle von wertvollen Argumenten und Richtlinien zur Kritik an totalitären Ansprüchen in der Politik und an autoritären politischen Systemen als auch einsichtige Rechtfertigungsargumente für die Idee der pluralistischen liberalen Demokratie, in welcher entsprechend der Maxime der Leidminimierung der Bekämpfung sozialer Probleme ein hoher Stellenwert beigemessen wird. Kritik an totalitären Ansprüchen

Die Wirkung des Kritischen Rationalismus auf die Politik ist nur schwer abzuschätzen. In England, wo Popper seit seiner Berufung an die London School of Economics and Political Science im Jahr 1945 bis zu seiner Emeritierung (1969) gelehrt hat, schrieb der ehemalige Labour-Abgeordnete und Philosophieprofessor Bryan Magee Anfang der Siebzigerjahre, daß „fortschrittliche Kabinettsmitglieder aus den beiden großen politischen Parteien ... in ihrer Sicht des politischen Handelns" von Popper beeinflußt worden seien [20: MAGEE, Popper, 2]. In der Bundesrepublik Deutschland scheint Poppers politische Philosophie eine Zeit lang die politische Grundsatz- und Grundwertediskussion nicht unerheblich geprägt zu haben. Nachdem bereits in den Sechzigerjahren der damals noch in der Politik tätige Soziologe Ralf Dahrendorf Poppersche Gedanken in die weltanschauliche Programmatik der FDP einzubringen versuchte [22: DAHRENDORF, Ungewißheit], beriefen sich in den Siebzigerjahren politische Grundsatzdenker aus der CDU und der SPD wiederholt auf Popper [24: DETTLING, Programmatik CDU; 23: LÜHRS, Sozialdemokratie]. Sie betonten, daß in ihren Parteien wesentliche Vorstellungen des Kritischen Rationalismus bereits aufgenommen oder noch zu integrieren seien. In der SPD unternahmen dabei jüngere Grundsatzdenker den Versuch, im Gegensatz zum linken, an der marxistischen Tradition orientierten Parteiflügel gewisse sozial-liberale und reformistische Wert- und Zielvorstellungen, die mit Kerngedanken des Kritischen Rationalismus übereinstimmen, stärker ins Blickfeld zu rücken. Der damalige Bundeskanzler Helmut Schmidt verfaßte selbst ein Vorwort zu einem in dieser Absicht herausgegebenen Sammelband, worin er sich mit vielen Gedanken des Kritischen Rationalismus, wie der kritisch-rationalen Einstellung, dem Antidogmatismus und Antiutopismus, der gradualistischen Reformpolitik, dem Ideal der offenen Gesellschaft, dem ökonomischen Interventionismus im Rahmen einer liberalen Markt- und Konkurrenzwirtschaft, identifizierte [23: LÜHRS, Sozialdemokratie, I]. Einfluß auf die Politik Grundwertediskussion

In der wissenschafts- und gesellschaftstheoretischen Diskussion der Sechziger- und Siebzigerjahre erwies sich der Kritische Rationalismus als wirksamer Opponent der neomarxistischen Denkströmung der Kritischen Theorie der Frankfurter Schule, die damals ein bedeutsamer Ideenlieferant für die antiautoritäre Studentenbewegung und die sogenannte Neue Linke war. Vor allem Albert führte nicht nur mit Habermas den „Positivismusstreit in der deutschen Soziologie", sondern bemühte sich darüberhinaus wiederholt darum, gravierende Mängel und gefährliche Implikationen dieser Denkrichtung aufzuzeigen. So kritisierte er daran u. a.: die Verwischung oder gar Preisgabe der Unterscheidung zwischen Erkenntnis Kritik an der Kritischen Theorie

und Wertung bzw. Wissenschaft und Politik, wie sie durch höchst unklare Forderungen nach einer „dialektischen Einheit von Theorie und Praxis" von Kritischen Theoretikern nahegelegt wurde; den nebulosen erkenntnistheoretischen Status des Dialektikbegriffs, der durch seine Unklarheit leicht für Macht- und Herrschaftsinteressen mißbrauchbar wird; die undifferenzierte Ablehnung der Forderung nach politisch-weltanschaulicher Werturteilsfreiheit der Wissenschaft, wobei nicht zwischen einer Politisierung von wissenschaftlichen Erkenntnissen und deren politischer Relevanz unterschieden wurde; die Diskreditierung des naturwissenschaftlich-technischen Denkstils durch die Unterstellung, dieser Denkstil sei von vorn herein instrumentalistisch und durch eine Logik der Herrschaft gekennzeichnet; die pauschalisierende Totalitätsperspektive von der aus besonders Herbert Marcuse ein extrem negatives Gesamtbild der modernen Industriegesellschaft zeichnete, dem er das umso positivere Bild von einer qualitativ neuen, ganz anderen Gesellschaft entgegenhielt und dabei auch noch den Eindruck vermittelte, diese neue Gesellschaft sei mit einem einmaligen revolutionären „Sprung" erreichbar [10: ALBERT, Plädoyer, 45–75; 11: Konstruktion, 265–342, 375–384]. Im Kontext der Auseinandersetzung mit dieser Form eines utopischen Radikalismus plädiert Albert stets für eine rationale Politik, die sich auf die Analyse realisierbarer Alternativen gründen und dabei das in den theoretischen Realwissenschaften erarbeitete nomologische Wissen ausreichend zu Rate ziehen muß.

Auswahlbibliographie

1. K. R. POPPER, Logik der Forschung. 8. verb. Aufl. Tübingen 1984.
2. DERS., Die offene Gesellschaft und ihre Feinde. Bd. I: Der Zauber Platons. Bern 1957.
3. DERS., Die offene Gesellschaft und ihre Feinde. Bd. II: Falsche Propheten. Hegel, Marx und die Folgen. Bern 1958.
4. DERS., Das Elend des Historizismus. Tübingen 1965.
5. DERS., Objektive Erkenntnis. Ein evolutionärer Entwurf. Hamburg 1973.
6. DERS., Conjectures and Refutations. The Growth of Scientific Knowledge. London 1963.
7. DERS., Ausgangspunkte. Meine intellektuelle Entwicklung. Hamburg 1979.
8. DERS., Auf der Suche nach einer besseren Welt. Vorträge und Aufsätze aus dreißig Jahren. München 1984.
9. H. ALBERT, Traktat über kritische Vernunft. Tübingen 1968.
10. DERS., Plädoyer für kritischen Rationalismus. München 1971.
11. DERS., Konstruktion und Kritik. Aufsätze zur Philosophie des kritischen Rationalismus. Hamburg 1972.

12. DERS., Aufklärung und Steuerung. Aufsätze zur Sozialphilosophie und zur Wissenschaftslehre der Sozialwissenschaften. Hamburg 1976.

13. DERS., Kritische Vernunft und menschliche Praxis. Stuttgart 1977.

14. DERS., Traktat über rationale Praxis. Tübingen 1978.

15. DERS., Freiheit und Ordnung. Zwei Abhandlungen zum Problem der offenen Gesellschaft. Tübingen 1986.

16. J. W. WATKINS, Erkenntnistheorie und Politik. In: Theorie und Realität. Ausgewählte Aufsätze zur Wissenschaftslehre der Sozialwissenschaften. Hrsg. v. H. Albert. 2. veränd. Aufl. Tübingen 1972. S. 393–413.

17. DERS., Freiheit und Entscheidung. Tübingen 1978.

18. W. W. BARTLEY, Flucht ins Engagement. Versuch einer Theorie des offenen Denkens. München 1962. 2. Aufl. Tübingen 1986.

19. H. F. SPINNER, Popper und die Politik. Rekonstruktion und Kritik der Sozial-, Polit- und Geschichtsphilosophie des kritischen Rationalismus. Bd. I. Berlin/Bonn 1978.

20. B. MAGEE, Karl Popper. Tübingen 1986.

21. G. RADNITZKY, Die Sein-Sollen-Unterscheidung als Voraussetzung der liberalen Demokratie. In: Sozialphilosophie als Aufklärung. Festschrift für E. Topitsch. Hrsg. v. K. Salamun. Tübingen 1979. S. 459–493.

22. R. DAHRENDORF, Ungewißheit, Wissenschaft und Demokratie. In: Ders., Konflikt und Freiheit. München 1972. S. 269–315.

23. G. LÜHRS/T. SARRAZIN u. a., Kritischer Rationalismus und Sozialdemokratie I. u. II. Berlin/Bonn 1975 u. 1976.

24. W. DETTLING, Der kritische Rationalismus und die Programmatik der CDU. In: W. Schönbohm (Hrsg.), Zur Programmatik der CDU. Bonn 1974. S. 78–107.

25. K. SALAMUN (Hrsg.), Karl R. Popper und die Philosophie des kritischen Rationalismus. K. R. Popper zum 85. Geburtstag. Amsterdam 1989.

Zeittafel

| 1902 | Karl Raimund Popper wird in Wien geboren. |

1902   Karl Raimund Popper wird in Wien geboren.

1934   „Logik der Forschung".

1937   Berufung von Popper an das Canterbury University College in Christchurch, Neuseeland.

1944/45   „The Poverty of Historicism" (deutsche Übersetzung: „Das Elend des Historizismus" 1965).

1945   „The Open Society and Its Enemies" (deutsche Übersetzung von Paul
            K. Feyerabend: „Die offene Gesellschaft und ihre Feinde" in 2 Bänden
            1957/58).

1946   Berufung von Popper an die London School of Economics and Politi-
            cal Science.

1967   Hans Albert: „Traktat über kritische Vernunft".

1969   Th. W. Adorno/H. Albert u. a.: Der Positivismusstreit in der deut-
            schen Soziologie.

1974   Erscheint als Bd. XIV in der von Paul A. Schilpp herausgegebenen
            Reihe „Library of Living Philosophers" der Doppelband „The Philo-
            sophy of Karl Popper".

1976   Autobiographie „Unended Quest. An Intellectual Autobiography"
            (deutsche Übersetzung: „Ausgangspunkte. Meine intellektuelle Ent-
            wicklung" 1979).

1983   Gründung der Zeitschrift: „Newsletter. For those interested in the
            philosophy of Karl Popper". Editor: Fred Eidlin. Department of
            Political Studies, University of Guelph, Ontario, Canada. Bisher er-
            schienen: Vol. 1–3 (1983, 1984, 1985/86, 1987, 1988).

Peter Koller

Die neuen Vertragstheorien

1. Zur Geschichte der Klassischen Vertragstheorie

Die Idee, daß die Rechtmäßigkeit eines sozialen Gemeinwesens sich einem vertraglichen Gründungsakt oder einer vertragsartigen Übereinkunft seiner (vollberechtigten) Mitglieder verdankt, hat eine lange Tradition. Sie existiert, seit es im politischen Denken des Abendlandes Vorstellungen von individueller Freiheit, von demokratischer Beteiligung und allgemeinem Wohlergehen gibt, Vorstellungen, mit denen sie von Anbeginn aufs engste verbunden ist. So hat die Idee einer vertraglichen Begründung sozialer Ordnung offenbar schon im antiken Griechenland eine bedeutende Rolle gespielt. In der „Politeia" tritt PLATON [15: Staat, 358 b–359 a] der von ihm als „allgemeine Ansicht" bezeichneten Auffassung entgegen, daß Gesetz und Gerechtigkeit aus einem Vertrag entstanden seien, den die Menschen zu ihrem wechselseitigen Vorteil untereinander geschlossen hätten, um sich vor den „Übeln des Unrechtleidens" in einem Zustand ohne Gesetz und Ordnung zu schützen. Seither ist der Gedanke, daß sich die Legitimität eines politischen Gemeinwesens auf eine – wenn schon nicht ausdrücklich getroffene, so doch zumindest stillschweigend vorausgesetzte – vertragliche Übereinkunft seiner Mitglieder über ihre wechselseitigen Rechte und Pflichten zurückführt, im Verlaufe der politischen Geschichte des Abendlandes in vielfachen Ausgestaltungen und mit wechselnden Funktionen in Erscheinung getreten. *(Randnotiz: Wechselseitiger Vorteil; Legitimität)*

Im Mittelalter begegnet uns der Vertragsgedanke vor allem in der Vorstellung des Herrschaftsvertrags, eines Vertrags zwischen König und Volk, durch den sich das Volk verpflichtet, dem Fürsten Gehorsam zu leisten, während dieser verspricht, seine Herrschaft gerecht und gemäß den göttlichen Anordnungen auszuüben [vgl. 23: VOIGT, Herrschaftsvertrag; 35: GOUGH, Social Contract; 51: STERNBERGER, Herrschaft und Vereinbarung]. Die Konzeption des Herrschaftsvertrags, die – der Wechselseitigkeit der unterstellten vertraglichen Verpflichtungen entsprechend – sowohl zur Rechtfertigung monarchischer Herrschaftsansprüche wie auch zu deren scharfer Kritik dienen konnte, hat freilich die Vertragsidee noch nicht konsequent zu Ende gedacht: diese Konzeption zielt zwar darauf ab, die Rechtmäßigkeit fürstlicher Machtausübung hinsichtlich ihres Umfangs und ihrer Form zu hinterfragen, sie setzt dabei aber die Notwendigkeit einer solchen Herrschaftsgewalt ebenso wie die Grundsätze ihrer Ausübung als gege- *(Randnotiz: Herrschafts- vertrag; Monarchische Herrschaft)* ben voraus; als die letzten Quellen der Legitimität königlicher Herrschaft betrachtet sie den Willen Gottes und die Tradition. Doch in dem Maße, in dem mit der fortschreitenden Aufspaltung der christlichen Glaubensgemeinschaft in rivalisierende konfessionelle Richtungen die Berufung auf die göttliche Offenbarung an Plausibilität verliert, liegt es nahe, die Idee vertraglicher Legitimation nicht nur auf die Art der Ausübung einer als gegeben hingenommenen Herrschaftsgewalt anzu-

Erweiterung des Anwendungs-bereichs

wenden, sondern sie auf das Erfordernis politischer Herrschaft selbst, ja überhaupt auf die ganze Verfassung des gesellschaftlichen Zusammenlebens zu beziehen [vgl. 41: KERSTING, Vertrag, Gesellschaftsvertrag, Herrschaftsvertrag].

Sozialkontrakt

Diese Radikalisierung des Vertragsgedankens führt zur Doktrin des Gesellschaftsvertrags oder Sozialkontrakts, die im Rahmen des rationalen Naturrechts der Aufklärung zur vollen Entfaltung gelangt und vom 16. bis ins 19. Jahrhundert das politische Denken Europas und Amerikas entscheidend prägt. Die Doktrin des Gesellschaftsvertrags, als deren bedeutendste Vertreter JOHANNES ALTHUSIUS (1563–1638), THOMAS HOBBES (1588–1679), JOHN LOCKE (1632–1704), SAMUEL

Hauptvertreter

PUFENDORF (1632–1694), JEAN-JAQUES ROUSSEAU (1712–1778) und IMMANUEL KANT (1724–1804) gelten, versucht – anders als die Lehre vom Herrschaftsvertrag – die politische Verfassung der Gesellschaft von Grund auf durch eine vertragliche Übereinkunft ihrer Mitglieder zu begründen. Zu diesem Zwecke nimmt sie einen anfänglichen Zustand vorgesellschaftlicher, jedenfalls aber vorpolitischer menschlicher Existenz an, aus dem heraus sich die Menschen im Interesse ihres Überlebens und ihres Wohlergehens durch einen Akt wechselseitiger Zustimmung zu einem politischen Gemeinwesen zusammenschließen. Sie setzt dabei voraus – und das ist die grundlegende normative Voraussetzung, auf der die legitimatorische Kraft dieser Doktrin beruht –, daß alle Menschen ursprünglich frei und gleich

Ursprüngliche Freiheit

geboren sind und daß sie darum nur einer solchen sozialen Ordnung Gehorsam schulden, deren Grundsätzen sie sich freiwillig in ihrem vernünftigen Selbstinteresse unterworfen haben oder sich hätten unterwerfen können. Damit erhält die Idee des Gesellschaftsvertrags eine doppelte Funktion: Indem sie die Legitimation einer rechtlichen und staatlichen Ordnung an die Bedingung der allgemeinen Zustimmungsfähigkeit dieser Ordnung knüpft, dient sie zugleich als Vehikel der Kritik gegenüber herrschaftlichen Verhältnissen, die jener Bedingung nicht entsprechen [vgl. 35: GOUGH, Social Contract; 25: BALLESTREM, Vertragstheoretische Ansätze].

Die Konzeption des Sozialkontrakts erweist sich im Verlaufe ihrer theoretischen Entwicklung, die im Gleichschritt mit der Herausbildung des modernen Nationalstaates stattfindet, als ebenso wandlungsfähig wie fruchtbar. Während sie

Absolutismus

zunächst für die Etablierung einer starken Staatsgewalt in Gestalt der absoluten Monarchie eintritt, um die mit dem Verfall des Feudalsystems aufbrechenden konfessionellen und sozialen Konflikte zu befrieden, stellt sie später die Grundlagen für die sich nach und nach erhebenden Forderungen nach rechtlicher Gleichheit, bürgerlicher Freiheit und demokratischer Beteiligung bereit. So finden wir in der fortschreitenden Entfaltung des Vertragsgedankens eine der wichtigsten

Quellen jener politischen Ideen, die die Entwicklung des modernen Staates vom Absolutismus zum modernen Verfassungsstaat vorantreiben [vgl. 48: RÖHRICH, Sozialvertrag und bürgerliche Emanzipation; 41: KERSTING, Vertrag, Gesellschaftsvertrag, Herrschaftsvertrag].

So nachhaltig das Paradigma des Gesellschaftsvertrags das politische Denken der Aufklärungsepoche beeinflußt, so stößt es im Laufe der Zeit doch auf zunehmende Schwierigkeiten und Einwände, die seine Plausibilität untergraben. Einer dieser Einwände ist das berühmte Argument DAVID HUMES, daß niemals wirklich ein Staat durch einen ursprünglichen Vertrag seiner Bürger begründet worden sei, und daß, selbst wenn es einmal einen solchen Vertrag gegeben hätte, er die heutige Generation in keiner Weise binden würde [vgl. 10: HUME, Original Contract]. Dieses Argument ist zwar durchaus zutreffend, aber es geht am eigentlichen Kern der Idee des Gesellschaftsvertrags vorbei. Deren primäres Ziel ist es nicht, die Entstehung staatlich organisierter Gesellschaften aus ihren faktischen Ursachen heraus zu erklären, sondern vielmehr die Bedingungen der Legitimität politischer Ordnung durch die gedankliche Herausarbeitung derjenigen Voraussetzungen aufzufinden, unter denen sie die allgemeine Zustimmung freier und gleicher Individuen finden würde. Für diesen Zweck ist es, wie vor allem KANT mit Nachdruck argumentiert hat, gänzlich unnötig, einen ursprünglichen Vertrag als ein historisches Faktum vorauszusetzen; die Voraussetzung eines solchen Vertrags ist vielmehr eine rein hypothetische Annahme, „eine bloße Idee der Vernunft, die aber ihre unzweifelbare praktische Realität hat: nämlich den Gesetzgeber zu verbinden, daß er seine Gesetze so gebe, als sie aus dem vereinigten Willen eines ganzen Volkes haben entspringen können, und jeden Untertan, sofern er Bürger sein will, so anzusehen, als ob er zu einem solchen Willen mit zusammen gestimmt habe." [11: KANT, Gemeinspruch, 153].

Nichtsdestoweniger hat das HUMESche Argument die Aufmerksamkeit auf eine grundlegende Schwierigkeit des Vertragsgedankens gelenkt: Gerade dann, wenn der Sozialkontrakt nur eine hypothetische Annahme einer fiktiven Übereinkunft darstellt, die vernünftige Individuen in einem nicht wirklich existenten Zustand ursprünglicher Freiheit und Gleichheit schließen würden, scheint jedes Räsonieren über diesen Kontrakt zur puren Spekulation zu geraten. Denn um auf diesem Wege zu irgendwelchen Ergebnissen zu gelangen, ist es nicht nur erforderlich, eine einigermaßen plausible Vorstellung jenes anfänglichen Zustands zu formulieren, in dem die Menschen als freie und vernünftige Personen über die Grundsätze ihres sozialen Zusammenlebens übereinkommen sollen, sondern es gilt davon ausgehend auch zu zeigen, daß sie sich unter diesen Voraussetzungen gerade auf bestimmte Grundsätze und nicht auf andere einigen würden. Über beides kann es Meinungsverschiedenheiten geben, und in der Tat sind verschiedene Theorien des Sozialkontrakts auf der Grundlage unterschiedlicher Annahmen sowohl über den anfänglichen Zustand, den sog. Naturzustand, als auch über die vernünftigen Präferenzen der Individuen zu ziemlich differenten Schlußfolgerungen gelangt. Dazu kommt, daß die zuerst eher einfachen und realitätsbezogenen Theorien des

Marginalien:

HUMES Argument

Hypothetischer Kontrakt

Probleme der Vertragsidee

Naturzustand

Sozialkontrakts, die eben wegen ihrer Einfachheit und Realitätsnähe dem Modell vertraglicher Legitimation ein hohes Maß an intuitiver Plausibilität verschafften, nach und nach durch immer kompliziertere und abstraktere Konstruktionen ersetzt wurden, um offenkundige Mängel der älteren Konzeptionen zu beheben und der thematischen Erweiterung des politischen Diskurses Rechnung zu tragen. Die Abfolge der Kontraktstheorien von HOBBES über LOCKE und ROUSSEAU zu KANT zeigt dies mit aller Deutlichkeit [vgl. 46: OTTMANN, Politik und Vertrag].

Alle diese Umstände haben zu wachsenden Zweifeln an der Tragbarkeit und Fruchtbarkeit des Vertragsmodells für die politische Rechtfertigung und Kritik geführt. Mit dem Ende der Aufklärungszeit schien auch das Repertoire der Vertragstheorie erschöpft, und spätestens um die Mitte des 19. Jahrhunderts galt sie als endgültig passé. Sofern man überhaupt noch an die theoretische Rechtfertigungsfähigkeit politischer Standards glaubte, suchte man sie auf anderen, neuen Wegen zu erreichen, die entsprechend den divergierenden Zielen der relevanten sozialen Gruppierungen in mehrere verschiedene Richtungen führten. Zu den Ansätzen politischer Rechtfertigung, die von nun an das Feld der sozialen Auseinandersetzungen beherrschten, gehören die utilitaristische Ethik, die HEGELsche Geschichtsphilosophie, verschiedene Spielarten eines traditionalistischen Konservatismus, sozialdarwinistische und nationalistische Auffassungen, und nicht zuletzt ein breites Spektrum kommunistischer und sozialistischer Vorstellungen vom utopischen Sozialismus bis zum Marxismus.

Ende des klassischen Vertragsdenkens

2. Die Renaissance der Vertragsidee

Mehr als hundert Jahre, vom Beginn des vorigen bis zur Mitte unseres Jahrhunderts, hat das Vertragskonzept in der politischen Theorie und Praxis so gut wie keine Rolle gespielt. Kein politischer Denker von Bedeutung hat in dieser Zeit von ihm zur Begründung normativer Standards sozialer Ordnung Gebrauch gemacht. Das ist immerhin bemerkenswert, wenn man bedenkt, daß sich nach und nach auch alle anderen Ansätze politischer Legitimation, die auf das Vertragsparadigma gefolgt waren, als mehr oder minder defizient erwiesen. Worin immer die Gründe für die fast vollständige Verdrängung der Vertragsidee zu suchen sein mögen, die Situation begann sich um 1960 grundlegend zu ändern.

Erste Ansätze des Neubeginns

Nachdem der Ökonom und Philosoph JOHN C. HARSANYI schon in einer Arbeit aus dem Jahre 1955 [Cardinal Welfare, Individualistic Ethics, and Interpersonal Comparison, abgedruckt in 8: HARSANYI, Essays, 6–23] ein Verfahren der Begründung ethischer Postulate vorgeschlagen hatte, das mit der Annahme eines für alle Beteiligten gleichartigen Ausgangszustandes anfänglicher Unsicherheit operiert, bediente sich JOHN RAWLS in seinem bahnbrechenden Aufsatz „Justice as Fairness" [16: 1958] bald einer ähnlichen Konstruktion, wobei er ausdrücklich an die Tradition der Vertragstheorie anknüpfte. RAWLS argumentiert dort, daß die Gerechtigkeit sozialer Beziehungen wesentlich auf Fairneß beruht; d. h. ihre

Fairneß

Regeln müssen so beschaffen sein, daß alle Beteiligten ihnen aus freien Stücken zustimmen würden, wenn sie sich im vornhinein auf die Regeln ihrer gemeinschaftlichen Tätigkeit einigen müßten.

Einige Jahre später haben JAMES W. BUCHANAN und GORDON TULLOCK in ihrem gemeinsamen Buch „The Calculus of Consent" [4: 1962] eine Konzeption der „konstitutionellen Wahl" von kollektiven Entscheidungsregeln entwickelt, die ebenfalls von der Präsumtion einer Entscheidungssituation ausgeht, in der die Individuen einmütig die Regeln kollektiver Willensbildung festlegen sollen, ohne aber zu wissen, wie sich die später tatsächlich getroffenen Entscheidungen konkret auf ihre eigenen Interessen auswirken werden. Da unter dieser Voraussetzung niemand mit Sicherheit voraussagen könne, ob er in einer bestimmten Angelegenheit eher der obsiegenden oder der unterliegenden Gruppe angehören wird, werde jeder annehmen, „daß er gelegentlich zu der einen und gelegentlich zur anderen gehören wird. Sein eigenes Selbstinteresse wird ihn dazu führen, solche Regeln zu wählen, die den Nutzen eines Individuums mit seinen eigenen Präferenzen in einer Reihe von kollektiven Entscheidungen über verschiedene Angelegenheiten maximieren." [4: BUCHANAN/TULLOCK, Calculus of Consent, 78]. Einen weiteren Versuch, das Konzept des Sozialkontrakts für die Begründung moralischer Standards zu verwenden, hat G. H. GRICE unternommen; in seinem Buch „The Grounds of Moral Judgement" [7: 1967] vertritt er die vielleicht etwas fragwürdige These, daß alle grundlegenden moralischen Verpflichtungen sich auf den folgenden, von ihm als „Vertragsgrund" bezeichneten Satz zurückführen lassen: „Es ist in jedermanns Interesse, einen Vertrag mit jedem anderen zu schließen, X zu tun." [7: GRICE, 95].

Unkenntnis der Auswirkungen

Mit dem Erscheinen der amerikanischen Originalausgabe von JOHN RAWLS' grandiosem Werk „A Theory of Justice" [17: 1971] war der Bann endgültig gebrochen. Dieses Werk, das auf der Grundlage einer an ROUSSEAU und KANT orientierten, in ihrer Ausformulierung aber durchwegs neuartigen Deutung des Sozialkontrakts eine umfassende Theorie sozialer Gerechtigkeit entwickelt, hat geradezu eine Lawine vertragstheoretischer Überlegungen in der politischen Philosophie ins Rollen gebracht. Abgesehen von der ausufernden, bis heute andauernden Diskussion, die RAWLS' Theorie entfesselt hat, ist ihr Schlag auf Schlag eine ganze Reihe weiterer Konzeptionen vertraglicher Legitimation gefolgt, die – meist anknüpfend an klassische Vorbilder – verschiedene Variationen des Vertragsthemas von neuem durchspielten. An erster Stelle sind hier zunächst zwei Theorien zu nennen, die ihrerseits zu heftigen Diskussionen Anlaß gegeben und ein über die Fachwelt weit hinausgehendes Interesse gefunden haben: das sind erstens die an das LOCKEsche Vertragsmodell anschließende Konzeption des Minimalstaates, die der Harvard-Philosoph ROBERT NOZICK in dem Buch „Anarchy, State, and Utopia" [13: 1974] entworfen hat, und zweitens die Theorie des konstitutionellen Kontrakts des bedeutenden amerikanischen Ökonomen JAMES W. BUCHANAN, die am ausführlichsten in dessen Werk „The Limits of Liberty" [1: 1975] dargelegt ist.

RAWLS' Theorie

NOZICK und BUCHANAN

Darüber hinaus haben andere Autoren in einer Vielzahl von Beiträgen verschiedene Modifikationen an den eben genannten Theorien vorgeschlagen und zahlreiche weitere Spielarten vertragstheoretischen Argumentierens aufgezeigt. So haben z. B. MUELLER, TOLLISON und WILLET in einer gemeinsamen Arbeit [44: The *Utilitaristischer* Utilitarian Contract, 1974] gezeigt, daß einige geringfügige Änderungen an der *Vertrag* Vertragskonzeption von RAWLS genügen, um nicht zu den von ihm proponierten Gerechtigkeitsgrundsätzen, sondern zu einer utilitaristischen Vorstellung zu gelangen. Demgegenüber hat DEREK L. PHILLIPS [14: Equality, Justice and Rectification, 1979] – um ein anderes Beispiel zu erwähnen – eine Vertragskonzeption ausgearbeitet, die Elemente der Theorien NOZICKS und BUCHANANs in origineller Weise verbindet und die daher im Ergebnis eine Art Mittelding zwischen diesen beiden Theorien darstellt. Erwähnung verdient auch ein Versuch von THOMAS M. SCANLON [22: Contractualism and Utilitarianism, 1982], eine ganz allgemeine und schwache Version vertraglicher Normbegründung zu verteidigen, die gar nicht darauf abzielt, universal gültige Grundsätze sozialer Ordnung zu rechtfertigen, sondern vielmehr nur dazu dienen soll, bestimmte soziale Zustände als illegitim *Morals by* auszuschließen. Schließlich ist noch auf das Werk „Morals by Agreement" von *Agreement* DAVID GAUTHIER [6: 1986] hinzuweisen, in dem mit Hilfe der Bargaining-Theorie, eines Zweigs der kooperativen Spieltheorie, eine dem Ansatz von BUCHANAN in vielem ähnliche Vorstellung der vertraglichen Aushandelung sozialer Verhaltensregeln entwickelt wird.

Betrachtet man alle diese Bemühungen der letzten zwei Jahrzehnte, das Paradigma vertraglicher Legitimation in einer dem heutigen Stand philosophischer Reflexion entsprechenden Weise zu reformulieren, um es für die Rechtfertigung und Kritik sozialer Verhältnisse wieder nutzbar zu machen, so erscheint es als durchaus gerechtfertigt, von einer „Renaissance der Vertragstheorie" oder von einem Paradigmenwechsel in der politischen Philosophie zu sprechen. Vertrags-theoretische Ansätze bilden heute – neben utilitaristischen, diskurstheoretischen *Wiederkehr der* und evolutionistischen Konzeptionen – wieder eine der wesentlichen Strömungen *Vertragstheorie* normativer politischer Theorie. Wenn es so etwas wie eine rationale Rechtfertigung politischer Standards überhaupt geben kann, dann scheint das Vertragskonzept jedenfalls eine aussichtsreiche Möglichkeit darzustellen, einen geeigneten Ansatzpunkt für eine solche Rechtfertigung zu liefern [vgl. 34: GORDON, The New Contractarians].

Um die wichtigsten Ergebnisse und Probleme der rezenten vertragstheoretischen Diskussion in der hier gebotenen Kürze darzustellen, werde ich im folgenden jene drei neuen Konzeptionen eingehender behandeln, die sowohl aufgrund ihrer theoretischen Ausführung als auch wegen ihrer Wirkung als die wichtigsten gelten können: dies sind die Theorien von RAWLS, NOZICK und BUCHANAN.

3. JOHN RAWLS' THEORIE DER GERECHTIGKEIT

In Übereinstimmung mit KANT vertritt RAWLS die Auffassung, daß die Rechtfertigung allgemein zustimmungsfähiger Grundsätze der sozialen Ordnung von der hypothetischen Vorstellung eines anfänglichen Zustandes ausgehen muß, in dem die Menschen als freie und gleiche Personen zusammenkommen, um eine einmütige Übereinkunft über die Grundsätze ihres künftigen Zusammenlebens zu schließen. Dieser anfängliche Zustand, den RAWLS „Urzustand" („orginal position") nennt, soll so beschaffen sein, daß die in ihm getroffene Vereinbarung fair ist, d. h. dem vernünftigen Interesse aller Beteiligten entspricht. Entsprechend Urzustand dieser Zielsetzung muß der Urzustand nach RAWLS die folgenden Kennzeichen aufweisen:

1. „Schleier des Nichtwissens" („veil of ignorance"): Damit niemand die Wahl Schleier des der Grundsätze mit Bezug auf seine eigenen, partikularen Verhältnisse und Inter- Nichtwissens essen vornehmen kann, muß sichergestellt sein, daß nur solche Grundsätze gewählt werden können, die im gleichen Interesse aller Beteiligten liegen; um dies zu erreichen, nimmt RAWLS an, daß im Urzustand niemand seine persönlichen ökonomischen Verhältnisse, seine soziale Position, seine Anlagen und besonderen Bedürfnisse kennt, sondern daß jeder nur Kenntnis von den allgemeinen gesellschaftlichen Tatsachen hat, über die uns die Sozialwissenschaften Auskunft geben.
2. Gleichheit: Im Urzustand sind alle Menschen gleich, sie haben das gleiche Gleichheit Recht, Vorschläge zu unterbreiten, Gründe vorzubringen, ihre Zustimmung zu erteilen oder zu verweigern. 3. Rationalität: Damit niemand einen Vorteil gegen- Rationalität über einem anderen hat, werden alle Menschen als gleichermaßen vernünftig unterstellt, d. h. sie verfügen alle über die Fähigkeit, ihre Präferenzen in eine widerspruchsfreie Rangordnung zu bringen und die für sie günstigsten Alternativen zu wählen. 4. Gegenseitiges Desinteresse: Die Menschen im Urzustand sind Gegenseitiges bei der Wahl der Grundsätze ausschließlich auf ihren eigenen Vorteil bedacht und Desinteresse lassen sich dabei weder von Neid, noch von Liebe oder Haß leiten. Der Grund für diese Annahme ist, daß Menschen, die von Neid erfüllt wären, niemals Grundsätzen zustimmen würden, denen gemäß andere mehr bekommen könnten als sie selbst. Neid würde daher – ebenso wie andere fremdbezogene Leidenschaften – dazu führen, daß am Ende alle schlechter dastehen, als wenn jeder ausschließlich seine eigenen Interessen verfolgt [vgl. 17: RAWLS, Theorie der Gerechtigkeit, 160 ff.].

Da die Menschen im Urzustand wegen des Schleiers des Nichtwissens ihre höchstpersönlichen Interessen und Zwecke nicht kennen, nimmt RAWLS ferner an, daß sich ihre Präferenzen auf diejenigen sozialen Güter beziehen, die im allgemeinen für die Befriedigung menschlicher Zwecke und für die Verwirklichung menschlicher Lebenspläne als grundlegend gelten, gleichgültig, welche Zwecke und Interessen man im einzelnen verfolgen mag. Diese Güter, die er „gesellschaftliche Grundgüter" („primary social goods") nennt, sind vor allem die folgenden: Grundgüter politische Rechte und bürgerliche Freiheiten, Lebenschancen, Macht, Status,

Einkommen, Vermögen und die sozialen Bedingungen der Selbstachtung [vgl. 17: 111 ff.].

Mit diesem Arrangement von Annahmen, das eine ganze Reihe normativer Idealisierungen und kontrafaktischer Voraussetzungen enthält, knüpft RAWLS an eine im wesentlichen von ROUSSEAU und KANT entwickelte Auffassung des Sozialkontrakts an, die man als universalistisch bezeichnen kann, weil sie auf eine

Universalistische Vertragskonzeption

universelle, d. h. für alle Menschen gleichermaßen zustimmungsfähige Begründung abzielt. Der Kern dieser Auffassung besteht darin, daß der Sozialkontrakt unter Bedingungen vollkommener Freiheit und Gleichheit der Vertragsparteien zustandekommen muß, um eine im gleichen Interesse aller gelegene Übereinkunft zu gewährleisten. So argumentierte schon ROUSSEAU [21: Gesellschaftsvertrag, 19 ff.], daß nur dann, wenn die Bedingungen für alle Beteiligten vollkommen gleich seien, niemand mehr ein Interesse daran haben könne, andere zu übervorteilen; nur dann ergebe sich aus dem Selbstinteresse aller Einzelnen ein gemeinsames Interesse aller, welches erst eine allgemeine Willensübereinstimmung vernünftiger Personen ermögliche. ROUSSEAU scheint allerdings den Standpunkt

Anfängliche Gleichheit

vertreten zu haben, daß eine derartige Ausgangssituation vollkommener Gleichheit in der Realität hergestellt werden müsse, um davon ausgehend eine gerechte Gesellschaft zu errichten. Aber natürlich ist dieser Standpunkt unannehmbar, weil die Herstellung einer so weitgehenden Gleichheit weder wünschenswert noch überhaupt möglich ist. Wenn die Vorstellung einer vertraglichen Übereinkunft unter Bedingungen vollkommener Gleichheit einen vernüftigen Sinn ergeben soll, so nur dann, wenn man sie als eine rein hypothetische, ja kontrafaktische Vorstel

Hypothetische Annahme

lung versteht, der die Funktion zukommt, als normativer Maßstab für die Bewertung sozialer Ordnungen zu dienen. In diesem Sinne hat KANT [vgl. 11: Gemeinspruch] das Konzept des Sozialkontrakts verstanden, und gerade diese Auffassung hat RAWLS durch seine Konzeption des Urzustandes zu präzisieren versucht.

Auf der Grundlage der oben charakterisierten Vorstellung des Urzustandes glaubt RAWLS die angemessenen Grundsätze sozialer Gerechtigkeit rechtfertigen zu können. Als gerechtfertigt sollen dabei diejenigen Grundsätze gelten, die die Menschen im Urzustand einmütig als die obersten Richtlinien ihres sozialen Zusammenlebens annehmen würden.

Die Frage, welche Grundsätze eine annehmbare Vorstellung sozialer Gerechtigkeit ergeben, stellt sich für RAWLS dahingehend, auf welche Art der Verteilung der Grundgüter sich vernünftige Menschen im Urzustand einigen würden. Als Ausgangspunkt der Überlegungen kann hierfür die Regel völliger Gleichvertei

Gleichverteilung

lung dienen. Zu dieser Regel würde man offenbar gelangen, wenn die Gesamtmenge sozialer Grundgüter einem Kuchen von feststehender Größe vergleichbar wäre. Denn unter dieser Voraussetzung würde nur die Gleichverteilung jedem den größtmöglichen Anteil sichern. Die verfügbare Menge sozialer Güter stellt jedoch offenbar nicht eine konstante, sondern eine variable Größe dar, deren Umfang

Gesellschaftliche Zusammenarbeit

wesentlich von der Gestaltung der gesellschaftlichen Zusammenarbeit abhängt. So besteht z. B. eine Möglichkeit, das Sozialprodukt zu vergrößern, darin, bestimm ten Personen, die aufgrund ihrer Anlagen, Fähigkeiten oder was immer in über-durchschnittlichem Maße zur Güterproduktion beitragen, Vorteile einzuräumen, um ihre Leistungsbereitschaft zu erhalten. Wenn diese Vorteile einen Mehrertrag an sozialen Grundgütern bewirken, an dem auch alle diejenigen partizipieren können, die die Vorteile nicht genießen, wäre es aus der Sicht des Urzustandes durchaus vernünftig, der daraus resultierenden Ungleichverteilung zuzustimmen. Eine Ungleichverteilung von Grundgütern kann demnach als allgemein akzepta-bel gelten, wenn sie jeden besser stellt als ein Zustand vollkommener Gleichvertei-lung. Ungleich-Verteilung

Diese Überlegungen führen RAWLS zunächst zu einer *allgemeinen Gerechtig-keitsvorstellung*, die er folgendermaßen zusammenfaßt: „Alle sozialen Werte – Freiheit, Chancen, Einkommen, Vermögen und die sozialen Grundlagen der Selbstachtung – sind gleichmäßig zu verteilen, soweit nicht eine ungleiche Vertei-lung jedermann zum Vorteil gereicht." [17: 83] Nun läßt diese allgemeine Vorstel-lung allerdings die Möglichkeit zu, zugunsten der Maximierung wirtschaftlicher Güter politische Rechte und Freiheiten einzuschränken oder sie ungleich zu verteilen, sofern dies zweckdienlich erscheint. Diese Möglichkeit sollte, so meint RAWLS, angesichts der vorrangigen Bedeutung der politischen Rechte und Freihei-ten ausgeschlossen werden. Zu diesem Zweck spaltet er die allgemeine Gerechtig-keitsvorstellung in zwei Grundsätze auf, von denen der erste die Verteilung der politischen Rechte und bürgerlichen Freiheiten und der zweite die Verteilung sozialer und wirtschaftlicher Grundgüter regeln soll. Diese beiden *Grundsätze der Gerechtigkeit* lauten in ihrer ersten, vorläufigen Fassung so: RAWLS' allgemeine Vorstellung

„1. Jedermann soll gleiches Recht auf das umfangreichste System gleicher Grundfreiheiten haben, das mit dem gleichen System für alle anderen verträglich ist. 2. Soziale und wirtschaftliche Ungleichheiten sind so zu gestalten, daß (a) vernünftigerweise zu erwarten ist, daß sie zu jedermanns Vorteil dienen, und (b) sie mit Positionen und Ämtern verbunden sind, die jedem offenstehen." [17: 81] Sofern es zwischen diesen Grundsätzen zu Konflikten kommt, soll der erste absoluten Vorrang vor dem zweiten haben. Das bedeutet, „daß Verletzungen der vom ersten Grundsatz geschützten gleichen Grundfreiheiten nicht durch größere gesellschaftliche oder wirtschaftliche Vorteile gerechtfertigt oder ausgeglichen werden können." [17: 82]. RAWLS' Grundsätze

Jeder der beiden Grundsätze wirft in der zitierten Fassung eine Reihe von Fragen auf und bedarf der Präzisierung. Was die Klausel (a) des 2. Grundsatzes betrifft, so schlägt RAWLS vor, sie dahingehend zu präzisieren, daß die besseren Aussichten der Begünstigten nur dann gerecht sind, wenn sie zur Verbesserung der Aussichten der am wenigsten begünstigten Mitglieder der Gesellschaft beitra-gen. Diese Deutung, „Differenzprinzip" oder „Unterschiedsprinzip" („difference principle") genannt, läßt eine Ungleichverteilung sozialer und wirtschaftlicher Güter nur dann zu, wenn sie eine Verbesserung der gesellschaftlichen Zusammen-arbeit zur Folge hat, von der schließlich auch diejenigen profitieren, die die untersten Ränge in der sozialen Skala einnehmen [vgl. 17: 96ff.]. Differenzprinzip

Chancen-
gleichheit

Die Klausel (b) des 2. Grundsatzes, wonach soziale Ungleichheiten mit Positionen und Ämtern verbunden sein müssen, die jedem offen stehen, will RAWLS nicht bloß im Sinne formaler, sondern fairer Chancengleichheit verstanden wissen. Das bedeutet, daß Menschen mit gleichen Fähigkeiten und gleicher Leistungsbereitschaft ungeachtet ihrer Herkunft auch gleiche Erfolgsaussichten haben sollen.

RAWLS'
2. Grundsatz

Auf der Grundlage dieser Präzisierungen nimmt nun RAWLS die folgende Reformulierung des 2. Grundsatzes vor: „Soziale und wirtschaftliche Ungleichheiten sind so zu regeln, daß sie sowohl (a) den am wenigsten Begünstigten die bestmöglichen Aussichten bringen als auch (b) mit Ämtern und Positionen verbunden sind, die allen gemäß der fairen Chancengleichheit offen stehen." [17: 104]

Gleichverteilung
der Grundfreiheiten

Das Differenzprinzip und das Prinzip der fairen Chancengleichheit ergeben nach RAWLS zusammen die notwendigen und hinreichenden Bedingungen, die eine Ungleichverteilung sozialer und wirtschaftlicher Güter rechtfertigen können. Was dagegen die politischen Grundrechte und bürgerlichen Freiheiten betrifft, so hält er eine Ungleichverteilung für nicht zulässig. Diese Grundgüter beziehen sich auf Handlungsmöglichkeiten, die für die Verwirklichung der elementarsten menschlichen Ziele im Rahmen vernünftiger Lebenspläne grundlegend sind. RAWLS zählt hierzu vor allem die Gewissensfreiheit, das Recht der gleichberechtigten Teilnahme und Mitwirkung am politischen Leben, Rede- und Versammlungsfreiheit sowie die persönliche Freiheit [vgl. 17: 231].

Vorrang der
Grundfreiheiten

RAWLS glaubt, daß dem Grundsatz der gleichen Grundfreiheiten Priorität gegenüber der Verteilung sozialer und wirtschaftlicher Grundgüter zukommen soll, damit die Möglichkeit ausgeschlossen bleibt, Grundfreiheiten zum Zwecke der Maximierung sozialer und wirtschaftlicher Güter einzuschränken. Grundfreiheiten sollen vielmehr – jedenfalls unter einigermaßen normalen gesellschaftlichen Verhältnissen – nur dann eingeschränkt werden dürfen, wenn dies dem Gesamtsystem gleicher Freiheiten förderlich ist. Nun weiß RAWLS natürlich, daß die formale Gewährleistung gleicher Freiheitsrechte noch nicht die tatsächliche Ausübung dieser Rechte für jeden garantiert. Er unterscheidet daher zwischen der Freiheit

Wert der Freiheit

und dem Wert der Freiheit. Auch wenn alle denselben Umfang an Freiheit genießen, sei „der Wert der Freiheit nicht für jedermann der gleiche. Manche haben mehr Macht und Reichtum und daher mehr Möglichkeiten, ihre Ziele zu erreichen." [17: 233] Allerdings sorge das Differenzprinzip auch hier für einen zwar nicht vollständigen, aber doch maximalen Ausgleich, weil es den weniger Begünstigten immerhin den größtmöglichen Anteil an denjenigen Gütern sichere, die den Wert der Freiheit ausmachen.

Es ist hier nicht der Platz, auf die langatmige und verwickelte Argumentation einzugehen, mit der RAWLS die eben skizzierte Gerechtigkeitsvorstellung im einzelnen zu begründen versucht. Ich muß mich auf eine knappe Plausibilisierung der Grundsätze beschränken.

RAWLS geht zunächst von der Überlegung aus, wie man sich im Urzustand entscheiden würde, wenn man keinerlei Gründe dafür hätte, daß man sich auf irgendeine Weise besondere Vorteile verschaffen könne. Da man unter dieser

Voraussetzung einen größeren als gleichen Anteil an Grundgütern vernünftigerweise nicht erwarten könnte, und weniger nicht hinnehmen würde, wäre es das
Vernünftigste, sich für den Grundsatz der Gleichverteilung zu entscheiden. Man
beginne also mit dem Grundsatz, daß alle Grundgüter gleich verteilt werden   Gleichheit als
sollen. Nun gebe es jedoch einen guten Grund, von dieser anfänglichen Festlegung   Ausgangspunkt
abzugehen: nämlich den, daß Ungleichheiten des Einkommens und Vermögens,
Unterschiede von Macht und Verantwortung dahin führen können, daß jeder
besser gestellt ist als in der Ausgangssituation vollkommener Gleichheit. Dazu
RAWLS: „Die Grundstruktur sollte also die Ungleichheiten zulassen, solange sie
die Lage aller verbessern, auch der am wenigsten Begünstigten, und sofern sie mit
der gleichen Freiheit für alle und fairen Chancen vereinbar sind. Da die Parteien
zunächst von einer Gleichverteilung aller gesellschaftlichen Grundgüter ausgehen, haben die am wenigsten Begünstigten gewissermaßen ein Vetorecht. So   Rechtfertigung
gelangt man zum Unterschiedsprinzip. Es wird mit dem Zustand der Gleichheit   von Ungleich-
verglichen, und diejenigen, die mehr Vorteile haben, müssen das vor denen, die die   heiten
geringsten Vorteile haben, rechtfertigen können." [17: 175 f.].
   Außerdem nimmt RAWLS an, daß sich die Beteiligten als freie Menschen mit
grundlegenden Zielen und Interessen nicht-wirtschaftlicher Art sehen, deren
besondere Form sie im Urzustand zwar nicht kennen, die zu verfolgen sie sich
aber das Recht sichern möchten. Der Schutz dieser Ziele und Interessen werde
durch den 1. Grundsatz gewährleistet, der gleiche Grundfreiheiten für alle ver-   Sicherung der
bürgt. Um aber zu verhindern, daß die Grundfreiheiten dem Streben nach wirt-   Grundfreiheiten
schaftlichen Gütern geopfert werden können, müsse dem 1. Grundsatz, dem
Grundsatz der größtmöglichen gleichen Freiheit, Vorrang vor der Maximierung
wirtschaftlicher Güter eingeräumt werden. Dies gelte zumindest unter der Voraussetzung, daß die Grundfreiheiten tatsächlich wirksam werden können. Nur
wenn die sozialen Verhältnisse so beschaffen seien, daß die Grundsätze gar nicht
zum Zuge kommen können (so z. B. wenn für den Großteil der Bevölkerung nicht
einmal das Existenzminimum sichergestellt ist), dann könnten Grundfreiheiten
eingeschränkt werden. Doch auch dies sei nur in dem Maße zulässig, in dem es
nötig sei, um die Ausübung der Grundfreiheiten wieder möglich zu machen [vgl.
17: 175 ff.].
   Es trifft sicherlich zu, daß RAWLS, um zu seinen Grundsätzen zu gelangen, von
zahlreichen Idealisierungen und Abstraktionen Gebrauch machen muß, die die
ursprüngliche Idee einer Rechtfertigung sozialer Ordnung durch eine vertragliche   Idealisierungen
Übereinkunft aller Betroffenen fast bis zur Unkenntlichkeit verdünnen. Es mag
sich der Einwand erheben, daß eine Vertragskonzeption, die von derart irrealen
Voraussetzungen ausgeht, überhaupt außerstande sei, eine plausible Rechtfertigung für welche Grundsätze auch immer zu liefern. Denn warum sollten reale
Personen sich an Grundsätze gebunden fühlen, auf die sich fiktive, ihrer Identität
beraubte Individuen in einem hypothetischen Zustand, der weder jemals bestanden hat noch bestehen kann, vielleicht geeinigt hätten? [dazu 31: DWORKIN,
Taking Rights Seriously, 150 ff.]. Man mag daher zur Ansicht kommen, daß eine

Vorstellung des Sozialkontrakts, die eine überzeugende Rechtfertigung sozialer Grundsätze leisten soll, von realistischeren Voraussetzungen ausgehen müßte.

Realistischer Vertrag

Eine solche Vorstellung könnte z. B. darin bestehen, eine anfängliche Situation anzunehmen, in der reale Menschen unter den tatsächlichen Bedingungen menschlicher Existenz, aber unter der – hypothetischen – Voraussetzung ursprünglicher Freiheit zusammentreffen und zur Einsicht kommen, daß es im langfristigen Selbstinteresse aller gelegen wäre, eine verbindliche Ordnung sozialen Zusammenlebens zu beschließen. Es gibt mehrere Möglichkeiten, sich dieses Szenario im einzelnen auszumalen: Die radikalste, voraussetzungsärmste Variante ist, die anfängliche Situation als einen Zustand vollkommener Rechtlosigkeit und Freizügigkeit zu konzipieren, in dem die Beteiligten in der Verfolgung ihrer

Hobbes' Naturzustand

individuellen Interessen überhaupt keinen normativen Einschränkungen unterliegen. Dieser Variante entspricht die Hobbessche Vorstellung eines anarchischen Naturzustandes, auf die Buchanan zurückgegriffen hat. Eine andere Möglichkeit ist, sich einen anfänglichen Zustand zu denken, in dem zwar noch keine rechtliche und politische Ordnung, aber doch eine Art Gewaltverbot besteht, also das Verbot, andere durch Akte physischer Gewalt zu beeinträchtigen oder auf sie physischen Zwang auszuüben. Eine Spielart dieser Variante finden wir in der Vertragskonzeption von Nozick, der sie seinerseits von Locke übernommen hat.

4. Robert Nozicks Theorie des Minimalstaates

Nozick geht mit Locke von der Vorstellung aus, daß die Menschen anfänglich in einem Naturzustand leben, in dem sie vollkommen frei sind, nach Gutdünken zu handeln, über ihre Person und ihre Besitztümer zu verfügen, ohne

Lockes Naturzustand

irgendeinem anderen Rechenschaft zu schulden. Sie haben nach dieser Vorstellung ein natürliches Recht auf ihren Körper und ihre Arbeitsprodukte und sie

Natürliche Rechte

sind berechtigt, Verträge zu schließen. Diesen natürlichen Rechten korrespondiert ihre Pflicht, das Leben, die Gesundheit und das Eigentum anderer zu respektieren sowie freiwillig geschlossene Verträge einzuhalten. Gegen diejenigen, die Übergriffe gegen Rechte anderer unternehmen und anderen Schaden zufügen, dürfen die Menschen sich und andere verteidigen; die Geschädigten können von den Schädigern Wiedergutmachung fordern, und darüber hinaus hat jedermann das Recht, Verstöße gegen jemandes Rechte zu bestrafen, damit sie künftig unterbleiben [vgl. 13: Anarchie, Staat, Utopia, 25].

Die private und persönliche Durchsetzung der Rechte im Naturzustand führe jedoch zu endlosen Fehden, da es keine Macht gibt, die befugt wäre, Streitigkeiten zu schlichten und zu beenden. Hatte Locke angenommen, daß sich die Menschen angesichts dieser Unzukömmlichkeiten des Naturzustandes in einer vertraglichen Übereinkunft einer mit Zwangsbefugnis ausgestatteten staatlichen Autorität unterwerfen, so stellt Nozick die These auf, daß sich eine staatliche

Autorität ganz automatisch, auch ohne einen vertraglichen Willensakt, gleichsam durch einen Vorgang der unsichtbaren Hand, aus dem Naturzustand entwickle. Bei Locke leitet sich die Legitimität der staatlichen Gewalt aus der einmütigen Zustimmung aller Bürger her. Nozick, der auf diese Konstruktion verzichten möchte, behauptet demgegenüber, daß auch ein naturwüchsig, ohne Zustimmung der Bürger entstandener Staat moralisch gerechtfertigt werden kann, sofern sich die staatliche Gewalt aus dem Naturzustand auf eine Weise entwickle, durch die niemand in seinen natürlichen und wohlerworbenen Rechten beeinträchtigt werde. Diese Voraussetzung ist nach Nozicks Auffassung dann erfüllt, wenn die Vorgänge, durch die aus dem Naturzustand ein Staat entsteht, gewisse moralische Nebenbedingungen nicht verletzen. Die moralischen Nebenbedingungen schließen aus, daß die Unverletzlichkeit von Menschen irgendwelchen Zielen geopfert wird, wie moralisch wertvoll diese Ziele auch sein mögen. Sie sind Ausdruck von Kants Grundsatz, daß die Menschen Zwecke sind und nicht bloß Mittel sein dürfen [vgl. 13: 44 ff.].

Unsichtbare Hand

Moralische Nebenbedingungen

Ein Staat kann nach Nozick also nur dann Legitimität beanspruchen, wenn er aus dem Naturzustand durch einen naturwüchsigen Prozeß hervorgegangen ist, ohne daß moralische Nebenbedingungen verletzt wurden. Und seine zentrale These lautet, daß nur ein Minimalstaat auf diese Weise entstehen und daher gerechtfertigt werden kann, ein Staat also, der zwar über das Gewaltmonopol verfügt, sich aber darauf beschränkt, das Leben, die Freiheit und das Eigentum der Bürger zu schützen, für die Einhaltung von Verträgen zu sorgen und Bedrohungen von außen abzuwehren. Jeder weitergehende Staat müsse dagegen die Rechte der Menschen notwendig verletzen, so vor allem ein Staat, der eine wirkliche Umverteilung von Besitztümern vornehme. Diese zweite Behauptung stützt sich auf Nozicks Auffassung sozialer Gerechtigkeit, die er „Anspruchstheorie der Gerechtigkeit" („entitlement theory of justice") nennt.

Minimalstaat

Anspruchstheorie der Gerechtigkeit

Die Gerechtigkeit der Verteilung von Besitztümern hängt nach dieser Auffassung allein von den drei folgenden Umständen ab: 1. dem ursprünglichen Erwerb von Besitztümern, also der Aneignung herrenloser Gegenstände: hierfür bedarf es eines Grundsatzes der gerechten Aneignung; 2. der Übertragung von Besitztümern von einer Person auf eine andere: dazu bedarf es eines Grundsatzes der gerechten Übertragung; und 3. der Möglichkeit der Korrektur von Verletzungen der ersten beiden Grundsätze: hierzu braucht man einen Grundsatz der Berichtigung ungerechter Besitzverhältnisse. Ohne die Grundsätze der Erstaneignung, der Übertragung und der Berichtigung im einzelnen zu spezifizieren, stellt Nozick die Behauptung auf, daß in einer Welt, in der es keine Ungerechtigkeit gäbe, die Verteilung des Besitzes allein durch die folgenden Grundsätze geregelt wäre:

„1. Wer ein Besitztum im Einklang mit dem Grundsatz der gerechten Aneignung erwirbt, hat Anspruch auf dieses Besitztum. 2. Wer ein Besitztum im Einklang mit dem Grundsatz der gerechten Übertragung von jemandem erwirbt, der Anspruch auf das Besitztum hat, der hat Anspruch auf das Besitztum. 3. Ansprüche und Besitztümer entstehen lediglich durch (wiederholte) Anwendung der

Nozicks Grundsätze

Regeln 1 und 2. Der vollständige Grundsatz der Verteilungsgerechtigkeit würde einfach besagen, eine Verteilung sei gerecht, wenn jeder auf die Besitztümer Anspruch hat, die ihm bei der Verteilung zugehören." [13: 144]

Da diese Grundsätze jedoch nicht immer strikt eingehalten würden, müsse es für jene Fälle, in denen eine Situation nicht im Einklang mit ihnen entstanden sei (wenn z. B. ein Besitztum durch Diebstahl oder Betrug angeeignet wurde), einen **Berichtigungs-** Grundsatz geben, der diese Ungerechtigkeiten zu korrigieren erlaube. NOZICK **grundsatz** schlägt hierfür den Grundsatz vor, daß jene Verteilung wiederherzustellen sei, die eingetreten wäre, wenn die Ungerechtigkeit nicht geschehen wäre.

Damit sind die wesentlichen Grundzüge von NOZICKS Anspruchstheorie skiz-**Grundzüge** ziert. Er selbst faßt sie wie folgt zusammen: „Der Besitz eines Menschen ist **der Anspruchs-** gerecht, wenn dieser auf ihn im Sinne der Grundsätze der gerechten Aneignung **theorie** und Übertragung oder der Berichtigung von Ungerechtigkeiten (im Sinne der ersten beiden Grundsätze) einen Anspruch hat. Ist der Besitz jedes einzelnen gerecht, so ist die Gesamtmenge (die Verteilung) der Besitztümer gerecht." [13: 146].

Ein neuralgischer Punkt der Anspruchstheorie, ja überhaupt der ganzen Kon-**Aneignung** zeption NOZICKS ist, wie er selbst einräumt, die Frage der gerechten Aneignung, von der ja letztlich auch die Gerechtigkeit aller auf die Aneignung folgenden Vorgänge abhängt. Da er annimmt, die ursprüngliche Aneignung einer Sache begründe ein absolutes, d. h. ausschließliches und unentziehbares Eigentumsrecht an dieser Sache, kommt dieser Frage bei ihm besondere Bedeutung zu. NOZICK knüpft an die Aneignungstheorie von LOCKE an, der die Ansicht vertrat, ein Eigentumsrecht an einem herrenlosen Gut entstehe dadurch, daß man es bearbeitet; er fügte dem allerdings die einschränkende Bedingung hinzu, daß eine Aneig-**LOCKES Aneig-** nung nur dann erlaubt sei, wenn für andere genug und gleich Gutes übrig bleibe **nungsbedingung** [vgl. 12: LOCKE, Zwei Abhandlungen, 217ff.]. Mit dieser Bedingung habe LOCKE, so vermutet NOZICK, offenbar verhindern wollen, daß durch eine Aneignung die Lage anderer verschlechtert werde.

Nun gibt es nach NOZICK jedoch zwei verschiedene Möglichkeiten, diese Bedingung zu interpretieren: Eine strenge Interpretation, derzufolge eine Aneig-**Interpretationen** nung andere nicht in der Weise schlechter stellen darf, daß sie dadurch die **der Aneignungs-** Möglichkeit verlieren, ihre Lage durch irgendeine Aneignung zu verbessern; und **bedingungen** eine schwächere Interpretation, die bloß ausschließt, die Lage anderer dadurch zu verschlechtern, daß diese die angeeigneten Dinge nicht mehr freizügig nutzen können. NOZICK hält die schwächere Bedingung für vollkommen ausreichend, um die Interessen derjenigen zu wahren, die sich aufgrund einer vorhergehenden Aneignung seitens eines anderen etwas nicht mehr aneignen können; denn es könne sich schließlich niemand darüber beklagen, daß er sich etwas nicht mehr aneignen kann, wenn er es doch immerhin noch frei nutzen könne. NOZICK meint **NOZICKS** also, es genüge, die ursprüngliche Aneignung von Gütern durch die folgende, **Aneignungs-** schwache Deutung von LOCKES Bedingung zu beschränken: Ein Vorgang, der zu **konzeption** einem dauernden, erblichen Eigentumsrecht an einer bisher herrenlosen Sache führt, ist zulässig, wenn er die Lage anderer nicht dadurch verschlechtert, daß sie die Sache nicht mehr frei nutzen können [vgl. 13: 165].

Obwohl Nozick es unterläßt, seine Konzeption der Aneignung im Detail auszuführen und zu begründen, zögert er nicht zu erklären, ein freies Marktsystem mit Privateigentum genüge ohne Zweifel der schwachen Interpretation von Lockes Bedingung. Immerhin räumt er ein, daß diese die Aneignung limitierende Bedingung teilweise auch die Zulässigkeit späterer Übertragungen einschränken kann, u. zw. deswegen, weil sie Eigentumsballungen verbietet, die es den Eigentümern möglich machen würden, alle anderen vom Gebrauch bestimmter Dinge auszuschließen. Jedenfalls aber biete die Sicherung der allgemeinen Nutzungsmöglichkeit von angeeigneten Sachen keine wie immer geartete Rechtfertigung für eine über den Minimalstaat hinausgehende Staatstätigkeit [vgl. 13: 167f.]. *Marktsystem*

Nozicks Versuch einer Rechtfertigung des Minimalstaates auf der Grundlage der Lockeschen Vorstellung des Naturzustandes fordert eine Reihe von Einwänden heraus und sie ist denn auch auf heftige Kritik gestoßen [siehe hierzu die Beiträge in 47: Paul, Reading Nozick]. Die grundsätzlichsten Einwände beziehen sich auf seine Konzeption natürlicher Rechte, vor allem aber auf seine Auffassung des Eigentums. Ein erster Mangel dieser Konzeption besteht schon darin, daß sie das Bestehen natürlicher Rechte ohne jede Begründung einfach als gegeben voraussetzt. Da diese Rechte bereits im Naturzustand gelten sollen, begründen sie schon vor dem quasi-vertraglichen Prozeß legitimer Staatsbildung, den Nozick an die Stelle des Sozialkontrakts setzt, eine bestimmte Struktur individueller Rechtspositionen, so vor allem von Eigentumsrechten. Obwohl diese Rechtspositionen auf das Ergebnis der sich nachfolgend vollziehenden Transaktionen und damit auch auf die Verteilung wirtschaftlicher Ressourcen entscheidend Einfluß nehmen, bleiben sie dem Erfordernis allgemeiner Zustimmung gänzlich entzogen. Nozicks Versuch, die Legitimität politischer Institutionen durch ihr Entstehen aus dem Lockeschen Naturzustand zu begründen, erweist sich demnach als systematisch unvollständig, weil er die wesentlichen Grundsätze schon a priori voraussetzt, ohne gute Gründe für ihre allgemeine Zustimmungsfähigkeit zu geben. Alles hängt daher davon ab, wie es um die Plausibilität jener natürlichen Rechte bestellt ist, die Nozick in Übereinstimmung mit Locke annimmt. Ist es vorstellbar, daß diese Rechte ihrerseits die vernünftige Zustimmung aller Beteiligten finden würden? Auch wenn einige der zur Debatte stehenden Rechte, so z. B. das Recht auf Leben und körperliche Integrität, völlig unproblematisch sein mögen, kann dies für das Recht auf Eigentum nicht gelten. Denn dieses Recht läßt schon im Naturzustand durch eine Folge einseitiger Aneignungsakte das Entstehen von Eigentumsverhältnissen zu, die – jedenfalls gemäß Nozicks Interpretation der Aneignungsbedingungen – extreme Ungleichheiten aufweisen können. Solche Eigentumsverhältnisse können auch später nicht mehr gegen den Willen der Begünstigten geändert werden, weil jede Änderung wohlerworbener Rechte der Zustimmung ihrer Inhaber bedarf, während umgekehrt ihr Weiterbestehen keine Zustimmung von Seiten anderer erfordert. Damit bleiben Eigentumsver- *Einwände gegen Nozicks Theorie* *Problematik der natürlichen Rechte* *Eigentumsrecht* hältnisse, wie immer sie beschaffen sein mögen, jeder Fundierung durch das

Ungleiche Eigentumsverhältnisse Interesse aller enthoben. Die Konsequenzen, die daraus für diejenigen erwachsen, die eine Welt vorfinden, in der sich andere bereits den Löwenanteil wirtschaftlicher Güter angeeignet haben, läßt es nicht gerade plausibel erscheinen, daß vernünftige Personen, die einen ursprünglichen gleichen Anspruch auf die natürlichen Ressourcen diese Welt haben, einem derartigen Recht auf Eigentum zustimmen würden [dazu ausführlicher 43: KOLLER, Neue Theorien, 158 ff.].

5. JAMES BUCHANANS THEORIE DES VERFASSUNGSVERTRAGS

Wenn das Gedankenexperiment des Sozialkontrakts zu einer grundlegenden Rechtfertigung von Grundsätzen sozialer Ordnung führen soll, dann muß – wie OTFRIED HÖFFE [38: Politische Gerechtigkeit, 299] zurecht gegen LOCKE und NOZICK ins Treffen geführt hat – „die Abstraktion eine Stufe weiter getrieben und

Rechtsfreier Zustand der Naturzustand nicht nur als staatsfreier, sondern darüber hinaus als von subjektiven Rechten freier Zustand konstruiert werden. Erst dann sind alle sozialen Freiheitseinschränkungen beiseite gesetzt, und der soziale Zwang ist innerhalb der Argumentation nicht länger ein Bestandteil der Prämissen, sondern die mögliche Konklusion." Eine Möglichkeit, einen solchen rechtsfreien Zustand zu konstruieren, finden wir in der HOBBESschen Vorstellung des Naturzustandes vor, der sich JAMES BUCHANAN angeschlossen hat.

HOBBES' Naturzustand Der gedankliche Ausgangspunkt, von dem HOBBES ausgegangen war, ist die Vorstellung einer anarchischen Welt ohne Recht und Ordnung, in der jeder unbeschränkte Freiheit hat, zu tun und zu lassen, was er will. Da es in dieser Welt keinerlei Regeln gibt, die die Individuen in der Verfolgung ihrer Interessen einschränken, komme es zu einem ruinösen Kampf ums Überleben; es herrsche ein Krieg eines jeden gegen jeden. Um der Misere dieses Zustands zu entrinnen, bleibe den Menschen gar keine andere Wahl, als durch eine vertragliche Vereinbarung eine wechselseitige Einschränkung ihrer ursprünglichen Freiheit vorzunehmen; jeder müsse einer solchen Einschränkung im Interesse seiner eigenen Selbsterhaltung zustimmen, sofern auch jeder andere dazu bereit sei. Und HOBBES meinte, es

Selbstinteresse liege im vernünftigen Selbstinteresse aller Beteiligten, sich zu diesem Zwecke einer absoluten staatlichen Autorität zu unterwerfen, die die Freiheit eines jeden durch Zwangsgesetze einschränkt und auf diese Weise den sozialen Frieden herstellt [vgl. 9: HOBBES, Leviathan, 96 ff. u. 131 ff.].

Die einzige im eigentlichen Sinne normative Prämisse, welcher sich diese Form der vertragstheoretischen Argumentation bedient, ist die relativ schwache, im Kontext des neuzeitlichen politischen Denkens nahezu selbstverständliche Annahme, daß nur eine solche politische Ordnung als rechtmäßig gelten kann, die die vernünftige Zustimmung aller Betroffenen findet. Alle weiteren Annahmen sind empirische Sätze, die sich auf reale Umstände menschlichen Handelns und auf menschliche Interessen beziehen. Dies rechtfertigt es, die HOBBESsche Vertrags-

konzeption als realistisch-individualistisch zu bezeichnen. Sie ist individuali- Realistisch-indi-
stisch, weil sie die Legitimität sozialer Ordnung allein auf die von ihren tatsäch- vidualistische
lichen Interessen geleitete, wenn auch langfristige Nutzenkalkulation der Indivi- Vertrags-
konzeption
duen zurückführen will; und sie ist realistisch, weil sie dabei nicht von einem
irgendwie normativ definierten Rahmen individuellen Entscheidens und Handelns ausgeht, sondern von der Überlegung, wie sich Menschen unter den Gege-
benheiten eines zwar hypothetischen, aber doch als real bestehend angenommenen Zustandes vollkommener Freizügigkeit verhalten würden [dazu: 29: CORNI-
DES, Denkmöglichkeit einer „realistischen" Theorie; 54: ZINTL, Individualistische
Theorien, 29 ff.].

Was nun die Argumentation von HOBBES betrifft, so macht sie unter anderen
von zwei empirischen Annahmen Gebrauch, die sich mit der Erfahrung schwerlich in Einklang bringen lassen und darum einer Revision bedürfen. Die eine ist die HOBBES'
Annahme, daß nur eine unbegrenzte, eine absolute staatliche Autorität den sozia- Vertragsmodell
len Frieden sichern kann, und die andere ist HOBBES' Voraussetzung, daß die
Menschen von Natur aus in ihren körperlichen und geistigen Kräften so gleich
sind, daß niemand irgendeinen Vorteil für sich beanspruchen kann, den nicht auch
jeder andere zu erlangen fähig wäre. Aber die Behauptung einer so weitgehenden
Gleichheit der menschlichen Kräfte und Machtressourcen, die erforderlich wäre,
um die Vorteilhaftigkeit einer sozialen Ordnung plausibel zu machen, die die Gleichheits-
Handlungsfähigkeit aller auf den gleichen Umfang einschränkt, läßt sich ange- annahme
sichts der empirisch beobachtbaren Ungleichheiten zwischen den Menschen nicht
aufrechterhalten. Wer an einem realistisch-individualistischen Vertragsmodell
festhalten will, tut daher gut daran, die beiden genannten Annahmen fallen zu
lassen. Und eben dies hat BUCHANAN getan. Anders als HOBBES unterstellt er
weder, daß die Menschen im Naturzustand über annähernd gleiche Ressourcen
verfügen, noch akzeptiert er die These, daß nur eine unumschränkte Herrschaftsgewalt fähig sei, den sozialen Frieden zu sichern [vgl. 1: Grenzen der Freiheit,
15 ff.].

Ausgehend von dieser etwas modifizierten Vorstellung des HOBBESschen Na- BUCHANANS
turzustandes stellt sich BUCHANAN die Entstehung einer rechtlichen Verfassung Anarchie
des sozialen Zusammenlebens ungefähr folgendermaßen vor: In einer anarchischen Welt, in der es keine Regeln gibt, die die Grenzen des individuellen Verhaltens bestimmen, die Grenzen zwischen „Mein" und „Dein" ziehen, bestehe ein
beständiger Konflikt um knappe Güter. Jeder Gebrauch eines knappen Guts
durch eine Person rufe negative externe Effekte für die anderen hervor. Jede
Person versuche daher, sich einen möglichst großen Anteil an Gütern zu sichern,
wobei ihr Erfolg von ihren physischen und intellektuellen Eigenschaften abhänge.
Als Folge dieses Gerangels um relative Anteile an Gütern stelle sich schließlich
eine Art Gleichgewichtszustand ein, in dem jede Person gerade soviel Anstrengungen zur Erlangung und Verteidigung von Gütern aufwende, daß sich der
Grenznutzen und die Grenzkosten jeder weiteren Anstrengung die Waage halten. Natürliche
Dieser Zustand, den BUCHANAN die „natürliche Verteilung" („natural distribu- Verteilung

tion") nennt, stelle diejenige Verteilung knapper Güter dar, von dem aus vertragliche Vereinbarungen der Beteiligten über ihre gegenseitigen Rechte und Pflichten möglich werden [1: 33 ff.]. Von dem nachfolgenden Prozeß der vertraglichen Einigung nimmt BUCHANAN an, daß er sich in zwei Stufen vollzieht:

Stufen des Sozialkontrakts

Verfassungsvertrag

1. Auf der ersten Stufe stellen die Beteiligten eine Übereinkunft über ihre wechselseitigen Rechte und über eine bestimmte Anfangsausstattung an knappen Gütern her, um ihren verschwenderischen Aufwand für Verteidigungs- und Angriffsaktivitäten zu reduzieren; diese Stufe des Vertragsprozesses bezeichnet BUCHANAN als konstitutionellen Kontrakt (Verfassungsvertrag). 2. Darüber hinaus stehe den Beteiligten die Möglichkeit offen, weitere Vorteile entweder durch zweiseitige Austauschbeziehungen oder aber durch die Bereitstellung öffentlicher Güter zu realisieren; sie werden daher auf einer zweiten, als postkonstitutionell bezeichneten Stufe, auf der ihre wechselseitigen Rechte bereits festgelegt sind, weitere vertragliche Transaktionen eingehen: einerseits zweiseitige Vereinbarungen zum Austausch privater Güter und andererseits kollektive Vereinbarungen zum Zwecke der Bereitstellung öffentlicher Güter [vgl. 1: 39 ff.].

Postkonstitutionelle Stufe

Das Stadium des anarchischen Naturzustandes dauert nach BUCHANAN zumindest so lange an, bis der Gleichgewichtszustand der natürlichen Verteilung erreicht ist, in dem keine Person mehr veranlaßt ist, ihr Verhalten gegenüber den anderen zu ändern. In diesem Zustand muß jede Person Ressourcen dafür verwenden, um sich gegen andere zu verteidigen oder andere anzugreifen. Da jedermann besser fahren würde, wenn er diese Ressourcen unmittelbar für die Güterproduktion einsetzen könnte, ziele die erste vertragliche Vereinbarung auf die wechselseitige Entwaffnung aller Beteiligten ab. Durch diese Übereinkunft willige jeder ein, auf einen Teil seiner Verteidigungs- bzw. Angriffsaktivitäten zu verzichten, sofern dies auch die anderen tun. Damit sei der erste Schritt aus dem Dschungel der Anarchie getan [1: 84 f.].

Entwaffnungsvertrag

Danach können die Beteiligten dazu übergehen, Eigentumsrechte zu etablieren, die jedem Beteiligten einen bestimmten Anteil an Gütern zuweisen und ihre Verfügungsbefugnisse über diese Güter definieren. Wenn Ungleichheiten im Naturzustand zugelassen sind, könne allerdings der Fall eintreten, daß die Starken nicht bereit seien, den Schwachen ein positives Eigentumsrecht an allem, was diese produzieren, einzuräumen. Es könne daher sein, daß zuerst ein Gütertransfer von den Schwachen zu den Starken stattfinden muß, damit eine Einigung über Eigentumsrechte zustandekommen kann. Wenn in der natürlichen Verteilung extreme Machtdifferenzen bestehen, könne die vertragliche Übereinkunft über Besitzrechte sogar zu einem rechtlichen Zustand führen, in dem einige Individuen in Sklaverei oder dauernder Unterdrückung leben [vgl. 1: 85 ff.].

Eigentumsrechte

Ungleichheiten

Damit ist der konstitutionelle Kontrakt aber noch nicht perfekt. Da nicht einfach angenommen werden könne, daß die im konstitutionellen Kontrakt vereinbarten Rechte von allen freiwillig respektiert werden, erhebe sich das Problem der Erzwingung der vertraglich vereinbarten Rechte. Nachdem einseitige Vertragsverletzungen für die Individuen vielfach nutzbringend sein können, ergebe sich die Notwendigkeit, irgendeine Form der Erzwingung der vereinbarten Verpflichtungen zu schaffen: die Beteiligten kommen also überein, zur Sicherung ihrer Ansprüche eine staatliche Zwangsgewalt zu etablieren, die die Aufgabe hat, Staatsbildung die vereinbarten Rechte notfalls auch gegen den Willen einzelner Beteiligter durchzusetzen. Diese Aufgabe der staatlichen Gewalt mache es notwendig, daß sie den Parteien extern, gleichsam als ein unparteiischer Schiedsrichter, gegenüberstehe.

Wenn die Rechte der Individuen einmal durch den konstitutionellen Kontrakt festgelegt seien, werden die Menschen Gelegenheiten suchen, teilbare Güter und Dienste auszutauschen, sofern sie durch solche Transaktionen Vorteile erzielen können. Aus dem selbstinteressierten Verhalten der Individuen werden daher mehr oder minder spontan Marktbeziehungen entstehen, durch die sich alle Marktbeziehungen Beteiligten besser stellen können. Doch diese Märkte sind, so BUCHANAN, nicht geeignet, effiziente Ergebnisse zu liefern, wenn die gleichzeitige Übereinstimmung vieler Personen erforderlich ist. Bei Viel-Parteien-Übereinkünften seien die Transaktionskosten wegen der großen Zahl der Personen, die in die Verhandlung eintreten müßten, oft zu hoch, um nutzbringende Vereinbarungen zustandekommen zu lassen. Wenn öffentliche Güter zum Vorteil aller auf effiziente Weise Öffentliche Güter bereitgestellt werden sollen, müssen vielmehr kollektive Entscheidungen getroffen werden, an denen alle Mitglieder der Gemeinschaft teilhaben [vgl. 1: 51ff.].

Zunächst scheine es naheliegend, für solche kollektiven Entscheidungen Einstimmigkeit zu verlangen, da nur die Einstimmigkeitsregel gewährleiste, daß kein Einstimmigkeit Individuum durch eine kollektive Entscheidung in seinen Rechten verletzt oder beeinträchtigt werden kann. Das Erfordernis der Einstimmigkeit werde jedoch einige Mitglieder veranlassen, der Bereitstellung öffentlicher Güter selbst dann nicht zuzustimmen, wenn sie daraus Vorteile ziehen könnten, weil sie noch besser fahren können, wenn sie sich an den Kosten solcher Güter nicht beteiligen, wohl aber an deren Annehmlichkeiten partizipieren. Daher könne eine alle Beteiligten umfassende Kooperation schwerlich zustandekommen, wenn Einstimmigkeit erforderlich ist [vgl. 1: 57ff.].

Doch auch die Mehrheitsregel wird von BUCHANAN nicht als eine annehmbare Mehrheitsregel Entscheidungsregel betrachtet, weil es passieren könne, daß jemand durch eine Mehrheitsentscheidung zugunsten eines bestimmten öffentlichen Guts schlechter gestellt werde, als wenn diese Entscheidung nicht getroffen worden wäre. Er zieht daraus die Schlußfolgerung, daß kollektive Entscheidungen zwar nach Regeln getroffen werden sollten, die weniger als die volle Übereinstimmung aller Beteiligten erfordern; aber diese Entscheidungsregeln sollten so beschaffen sein, daß sie zu Ergebnissen führen, die auch unter der Einstimmigkeitsregel erzielt worden wären, ohne jedoch mit deren enormen Verhandlungskosten verbunden zu sein. Denn ein Verfahren kollektiver Entscheidungsfindung unter Nichteinstimmigkeitsregeln, denen keine konstitutionellen Grenzen gesetzt sind, beinhalte die Verfahrensregeln des kollektiven Entscheidens Gefahr, daß das Kollektiv uneingeschränkt Entscheidungen treffen könne, die den im konstitutionellen Kontrakt einmütig vereinbarten Rechten zuwiderlaufen. Um dies zu verhindern, sei es erforderlich, die Entscheidungsbefugnisse des Kollektivs und ihre Grenzen schon durch den Verfassungsvertrag selbst klar festzulegen [vgl. 1: 69ff.].

Einwände gegen   Soweit eine knappe Zusammenfassung von BUCHANANS Vertragskonzeption.
BUCHANANS   Wenn wir sie einer kritischen Betrachtung unterziehen, so ist einzuwenden, daß
Theorie   sie keine klare Auskunft darüber gibt, von welcher Ausgangssituation eigentlich auszugehen ist, wenn wir die Legitimität sozialer Normen und Institutionen prüfen wollen. Denn da die natürliche Verteilung von kontingenten Umständen – nämlich den Fähigkeiten, Anstrengungen und Präferenzen der Beteiligten – abhängt, bleibt die Beschaffenheit dieser Verteilung gänzlich offen, solange wir diese
Ausgangs-   Umstände nicht kennen. Doch es ist nicht zu sehen, wie wir sie jemals kennen
zustand   können, da wir uns nicht wirklich im Naturzustand befinden. Wenn aber die
unbestimmt   Ausgangslage unbestimmt ist, von dem aus der Verfassungsvertrag geschlossen wird, so muß auch dieser selbst unbestimmt bleiben. Das bedeutet jedoch, daß BUCHANANS Konzept des natürlichen Gleichgewichts für sich allein überhaupt kein normatives Kriterium liefert, um irgendwelche Forderungen bezüglich der Verfassung der sozialen Ordnung begründen zu können [vgl. 54: ZINTL, Individualistische Theorie, 90].

Kritik des   Wenn der Variabilität der Ausgangspositionen im anarchischen Naturzustand
Verfassungs-   keine Grenzen gesetzt sind, läßt sich zu jeder Struktur von Rechten und Pflichten
vertrages   irgendeine Gleichgewichtskonstellation finden, aus der diese Struktur durch einen Akt vertraglicher Übereinstimmung hervorgegangen sein könnte. Dessen ungeachtet erhebt BUCHANAN den Anspruch, auf der Grundlage rein theoretischer Erwägungen eine Reihe von Postulaten für den konstitutionellen Kontrakt begründen zu können. Wenn er z. B. behauptet, daß der konstitutionelle Kontrakt kollektive Entscheidungen über die Bereitstellung öffentlicher Güter verbiete, die jemandes private Eigentumsrechte einschränken, so fehlt dieser Behauptung jede Grundlage, solange der Inhalt des konstitutionellen Kontrakts nicht genauer bestimmt werden kann. Ohne die Möglichkeit einer inhaltlichen Spezifikation des konstitutionellen Kontrakts schließt BUCHANANS Konzeption keine soziale Ordnung aus, wie unmenschlich sie auch immer sein mag, und ohne eine solche Spezifikation rechtfertigt sie nichts.

Problematik der   Dieser Befund legt die Frage nahe, ob die HOBBESsche Vorstellung einer regel-
HOBBESschen   losen Anarchie überhaupt einen tragfähigen Ausgangspunkt für eine annehmbare
Anarchie   Konzeption der Rechtfertigung sozialer Institutionen zu bieten vermag. Gemäß dieser Vorstellung sind die Menschen in ihrem gegenseitigen Verhalten in keiner Weise eingeschränkt. Jedermann genießt vollkommene Freiheit in dem Sinne, daß er in Ermangelung normativer Schranken berechtigt ist, auf beliebige Weise seine Interessen zu verfolgen, nicht aber in dem Sinne, daß er einen positiven Anspruch auf die Achtung seiner Person und seiner Freiheit durch die anderen hätte. Und obwohl es für die Legitimität sozialer Regeln erforderlich ist, daß sie aus einer Übereinkunft aller Beteiligten hervorgehen, bleibt es völlig gleichgültig, wie diese Übereinkunft zustandekommt. Ob sie unter der Voraussetzung der Gleichheit

der Betroffenen oder unter Bedingungen eines extremen Machtungleichgewichts getroffen wird, macht dabei keinen Unterschied. Bei HOBBES wird dieser prekäre Tatbestand durch die Annahme gleicher physischer und geistiger Kräfte der Menschen verdeckt. Nimmt man jedoch mit BUCHANAN an, daß die anfängliche Verteilung durch mehr oder minder große Ungleichheiten der individuellen Positionen gekennzeichnet sein kann, dann wird klar, daß sich diese Ungleichheiten auf die vertragliche Zuteilung von Rechten und Pflichten auswirken müssen. Und BUCHANAN räumt sogar ein, daß unter extremen Bedingungen die Versklavung der Schwachen durch die Starken die Folge sein kann. Eine Vorstellung vertraglicher Legitimation, die zu solchen Konsequenzen führen kann, mag vielleicht eine Begründung sozialer Institutionen unter dem Gesichtspunkt eines rein strategischen Nutzenkalküls bieten, eine taugliche Grundlage für eine Rechtfertigung von Normen unter der Voraussetzung der gleichberechtigten Autonomie aller Menschen ist sie sicherlich nicht.

Konsequenzen der Ungleichheit

6. WIRKUNGEN

Die Theorien von RAWLS, NOZICK und BUCHANAN haben nicht nur in der Fachwelt, sondern auch beim politisch interessierten Publikum eine das übliche Ausmaß weit übersteigende Resonanz gefunden. Das gilt insbesondere für die Theorie von RAWLS [siehe hierzu die Sammelbände 30: DANIELS, 36: HÖFFE, und 28: BLOCKER/SMITH], die innerhalb weniger Jahre geradezu zum Klassiker der politischen Philosophie avanciert ist, aber es trifft in geringerem Maße auch für die Theorien von NOZICK und BUCHANAN zu. Diese Resonanz erklärt sich einmal gewiß aus den unbezweifelbaren inhaltlichen Qualitäten jeder der drei Theorien: ihrer theoretischen Radikalität, ihrer systematischen Kompaktheit und ihrer thematischen Reichweite. Die öffentliche Wirkung, die sie entfaltet haben, hat aber sicherlich auch damit zu tun, daß jede in eine klare politische Botschaft mündet, die sich gut in gewisse Frontstellungen der aktuellen politischen Diskussion fügt. Alle drei Theorien stellen zwar im weitesten Sinne liberale politische Konzeptionen dar. Doch während die RAWLSsche Theorie eine Rechtfertigung für das politische Programm einer wohlfahrtsstaatlichen Demokratie liefert, das sich vielleicht am ehesten als „sozialliberal" oder „sozialdemokratisch" kennzeichnen läßt, sind die Theorien von NOZICK und BUCHANAN gerade gegen den Wohlfahrtsstaat gerichtet, dem sie das Wunschbild einer Marktgesellschaft entgegensetzen, in der sich der Staat auf die Minimalfunktionen eines Nachtwächterstaates beschränkt. Mangels eines besseren Ausdrucks empfiehlt es sich, ihren politischen Standpunkt – in Entsprechung zu einem Ausdruck, der sich im Englischen inzwischen fest eingebürgert hat – als „libertär" zu bezeichnen.

Politische Zuordnung der Theorien

Natürlich ist jede der erörterten Theorien zahlreichen Einwänden ausgesetzt, und es gibt auch kritische Stimmen, die die Möglichkeiten einer vertragstheoretischen Legitimation sozialer Ordnung überhaupt bestreiten. Gegen den Versuch,

Kritik der Vertragstheorien

rechtliche und staatliche Verhältnisse durch die hypothetische Vorstellung einer einmütigen Übereinkunft aller Betroffenen zu rechtfertigen, wird u. a. ins Treffen geführt, eine solche Vorstellung sei ungeeignet, einen hinreichenden Grund für irgendwelche Verpflichtungen zu liefern, weil sich niemand an eine Vereinbarung gebunden zu fühlen brauche, die nicht wirklich stattgefunden habe, auch wenn ihr vernünftige Menschen unter gewissen fiktiven Umständen möglicherweise zugestimmt haben würden. Werde hingegen angenommen, die vertragliche Übereinkunft bestehe in der stillschweigenden Zustimmung aller Betroffenen unter der Bedingung ihrer freien Selbstbestimmung, so würden diejenigen Erfordernisse einer legitimen sozialen Ordnung bereits vorausgesetzt, deren allgemeine Zustimmungsfähigkeit durch die Idee des Gesellschaftsvertrags erst erwiesen werden soll [vgl. 50: SIMMONS, Moral Principles and Political Obligations; 46: OTTMANN, Politik und Vertrag]. Ein weiteres Argument gegen die Idee des Gesellschaftsvertrags als politisches Legitimationsmodell geht dahin, daß ihr ein ahistorisches und gänzlich atomistisch-individualistisches Verständnis menschlicher Koexistenz zugrundeliege, aufgrund dessen es ihr versagt bleiben müsse, die gemeinschaftliche Dimension der Gesellschaft in ihren geschichtlichen Erscheinungsformen zu erfassen [vgl. dazu die Artikel von T. NAGEL u. M. FISK in 30: DANIELS, Reading Rawls; 49: SANDEL, Liberalism and the Limits of Justice].

Es ist hier nicht der Platz, diese Argumente im einzelnen zu diskutieren. Aber ob sie zutreffen oder nicht, sie zeigen, daß keine der vorgestellten Vertragstheorien beanspruchen kann, eine allgemein überzeugende Rechtfertigung der Grundsätze sozialer und politischer Ordnung zu bieten. Ob jemand eine Theorie dieser Art für plausibel hält oder nicht, das hängt in letzter Instanz von tiefsitzenden philosophischen und moralischen Überzeugungen ab, über die sich auf rationalem Wege Übereinstimmung schwerlich herbeiführen läßt. Dennoch wird man sagen können, daß jede der erörterten Theorien, ob wir nun mit ihr übereinstimmen oder nicht, eine Menge von Einsichten enthält, die es wert sind, für die Zukunft aufbewahrt zu werden. Das ist vielleicht überhaupt das einzige Gütekriterium, das für philosophische Theorien zur Verfügung steht.

Auswahlbibliographie

A. WERKAUSGABEN

1. J. M. BUCHANAN, The Limits of Liberty. Between Anarchy and Leviathan, Chicago 1975; dt.: Die Grenzen der Freiheit. Zwischen Anarchie und Leviathan, Tübingen 1984.

2. DERS., Freedom in Constitutional Contract. Perspectives of a Political Economist, College Station/London 1977.

3. DERS., Liberty, Market and State. Political Economy in the 1980s, Brighton 1986.

4. DERS./G. TULLOCK, The Calculus of Consent. Logical Foundations of Constitutional Democracy, Ann Arbor 1962.

5. D. GAUTHIER, The Social Contract: Individual Decision or Collective Bargain?, in: C. A. Hooker/J. J. Leach/E. F. Theory, Vol. II, Dordrecht/Boston 1978, 47–67.

6. D. GAUTHIER, Morals by Agreement, Oxford 1986.

7. G. R. GRICE, The Grounds of Moral Judgement, Cambridge 1967.

8. J. C. HARSANYI, Essays on Ethics, Social Behavior, and Scientific Explanation, Dordrecht/Boston 1976.

9. T. HOBBES, Leviathan, 1. engl. Ausg. 1651; dt.: Leviathan, hrsg. u. eingel. von Iring Fetscher, 1. Aufl. Neuwied 1966, Nachdruck Frankfurt 1984.

10. D. HUME, Of the Original Contract, Erstveröffentl. 1748, abgedruckt in: Hume, The Philosophical Works, Bd. 3, Aalen 1964, 443–460.

11. I. KANT, Über den Gemeinspruch: Das mag in der Theorie richtig sein, taugt aber nicht für die Praxis, 1793, in: Kant Werke in zwölf Bänden, hrsg. von Wilhelm Weischedel, Bd. XI, Frankfurt 1968, 125–172.

12. J. LOCKE, Two Treatises of Government, Erstveröffentl. 1690; dt.: Zwei Abhandlungen über die Regierung, hrsg. u. eingel. von Walter Euchner, Frankfurt 1977.

13. R. NOZICK, Anarchy, State, and Utopia, New York 1974; dt.: Anarchie, Staat, Utopia, München o. J. (1976).

14. D. L. PHILLIPS, Equality, Justice and Rectification, London/New York/San Franzisco 1979.

15. PLATON, Der Staat (Politeia), hrsg. u. eingel. von Karl Vretska, Stuttgart 1978.

16. J. RAWLS, Justice as Fairness, in: The Philosophical Review 67 (1958) 164–194; dt.: Gerechtigkeit als Fairneß, in: Rawls, Gerechtigkeit (Nr. 18), 34–83.

17. DERS., A Theory of Justice, Cambridge, Mass. 1971; dt.: Eine Theorie der Gerechtigkeit, Frankfurt 1975.

18. DERS., Gerechtigkeit als Fairneß, hrsg. von Otfried Höffe, Freiburg/München 1977.

19. DERS., Kantian Constructivism in Moral Theory, in: The Journal of Philosophy 77 (1980) 515–572.

20. DERS., Basic Liberties and Their Priority, in: Liberty, Equality and Law. Selected Tanner Lectures on Moral Philosophy, Salt Lake City/Cambridge 1987.

21. J.-J. ROUSSEAU, Du contract social ou principes du droit politique, 1. französ. Ausg. 1762; dt.: Vom Gesellschaftsvertrag oder Grundsätze des Staatsrechts, hrsg. von Hans Brockard, Stuttgart 1977.

22. T. M. Scanlon, Contractualism and Utilitarianism, in: A. Sen/B. Williams (Eds.), Utilitarianism and beyond, Cambridge/Paris 1982, 103–128.
23. A. Voigt (Hrsg.), Der Herrschaftsvertrag, Neuwied 1965.

B. Literatur

24. J. Arthur/W. H. Shaw (Eds.), Justice and Economic Distribution, Englewood Cliffs, N. J. 1978.
25. K. G. Ballestrem, Vertragstheoretische Ansätze in der politischen Philosophie, in: Zeitschrift für Politik 30 (1983) 1–17.
26. B. Barry, The Liberal Theory of Justice. A Critical Examination of the Principle Doctrines in „A Theory of Justice" by John Rawls, Oxford 1973.
27. P. Birnbaum/J. Lively/G. Parry (Eds.), Democracy, Consensus and Social Contract, London/Beverly Hills 1978.
28. H. G. Blocker/E. H. Smith (Eds.), John Rawls' Theory of Social Justice. An Introduction, Athens, Ohio 1980.
29. T. Cornides, Die Denkmöglichkeit einer „realistischen" Theorie vom Gesellschaftsvertrag, in: Reformen des Rechts, Graz 1979, 625–641.
30. N. Daniels (Ed.), Reading Rawls. Critical Studies on Rawls' „A Theory of Justice", Oxford 1975.
31. R. Dworkin, Taking Rights Seriously, London 1977.
32. R. Eschenburg, Der ökonomische Ansatz zu einer Theorie der Verfassung, Tübingen 1977.
33. M. Fritsch, Zur Behandlung des Legitimationsproblems im Rahmen ökonomischer Sozialtheorie, in: Archiv für Rechts- und Sozialphilosophie 70 (1984) 190–203.
34. S. Gordon, The New Contractarians, in: Journal of Political Economy 84 (1976) 573–590.
35. J. W. Gough, The Social Contract. A Critical Study of its Development, 1. Aufl. 1936, 2. Aufl. Oxford 1957.
36. O. Höffe (Hrsg.), Über John Rawls' Theorie der Gerechtigkeit, Frankfurt 1977.
37. ders., Ethik und Politik, Frankfurt 1979.
38. ders., Politische Gerechtigkeit. Grundlegung einer kritischen Philosophie von Recht und Staat, Frankfurt 1987.
39. L. Kern, Neue Vertragstheorie. Zur rationalen Rekonstruktion politisch-ethischer Grundprinzipien, Königstein/Ts. 1980.
40. ders./H.-P. Müller (Hrsg.), Gerechtigkeit, Diskurs oder Markt? Die neuen Ansätze in der Vertragstheorie, Opladen 1986.
41. W. Kersting, Vertrag, Gesellschaftsvertrag, Herrschaftsvertrag, in: O. Brunner, W. Conze u. R. Koselleck (Hrsg.), Geschichtliche Grundbegriffe, Bd. 7, Stuttgart (im Druck).

42. H. KLIEMT, Zustimmungstheorien der Staatsrechtfertigung, Freiburg/München 1980.
43. P. KOLLER, Neue Theorien des Sozialkontrakts, Berlin 1987.
44. D. C. MUELLER/R. D. TOLLISON/T. D. WILLETT, The Utilitarian Contract: A Generalization of Rawls' Theory of Justice, in: Theory and Decision 4 (1974) 345–367.
45. K. NIELSEN/R. A. SHINER (Eds.), New Essays on Contract Theory, Canadian Journal of Philosophy Suppl. Vol. III, Guelph, Ontario 1977.
46. H. OTTMANN, Politik und Vertrag. Eine Kritik der modernen Vertragstheorien, in: Zeitschrift für Politik 33 (1986) 22–32.
47. J. PAUL (Ed.), Reading Nozick. Essays on „Anarchy, State, and Utopia", Totowa, N. J. 1981, Oxford 1982.
48. W. RÖHRICH, Sozialvertrag und bürgerliche Emanzipation. Von Hobbes bis Hegel, Darmstadt 1972, 2. Aufl. 1983.
49. M. J. SANDEL, Liberalism and the Limits of Justice, Cambridge 1982.
50. A. J. SIMMONS, Moral Principles and Political Obligations, Princeton, N. J. 1979.
51. D. STERNBERGER, Herrschaft und Vereinbarung, Frankfurt 1986.
52. V. VANBERG, Liberaler Evolutionismus oder vertragstheoretischer Konstitutionalismus, Tübingen 1981.
53. R. P. WOLFF, Understanding Rawls. A Reconstruction and Critique of „A Theory of Justice", Princeton, N. J. 1977.
54. R. ZINTL, Individualistische Theorien und die Ordnung der Gesellschaft, Berlin 1983.

Biographische Daten

JOHN RAWLS

Geboren 1921 in Baltimore, Maryland; Studium der Philosophie an der Princeton University; 1950 Ph.D.; 1950 bis 1962 Lehrtätigkeit an der Princeton University und an der Cornell University; seit 1962 Professor für Philosophie (ab 1976 John Cowles Professor) an der Harvard University, Cambridge, Massachusetts.

ROBERT NOZICK

Geboren 1938 in Brooklyn, New York; Studium der Philosophie an der Columbia University und der Princeton University; Fulbright Scholarship an der Oxford University, England; seit 1965 Professor für Philosophie an der Harvard University; 1975 National Book Award für das Buch „Anarchy, State, and Utopia"; 1981 Veröffentlichung des Buches „Philosophical Explanations" (Harvard University Press, Cambridge, Mass.).

James M. Buchanan

Geboren 1919 in Murfreesboro, Tennessee; Studium der Ökonomie an der University of Tennessee sowie, nach 5 Jahren Kriegsdienst in der Navy, an der University of Chicago, wo er seinen Ph. D. machte; nach langjähriger Lehrtätigkeit am Virginia Polytechnic Institute jetzt Distinguished Professor an der George Mason University in Fairfax, Virginia, sowie Direktor des Center for the Study of Public Choice; 1986 Verleihung des Nobelpreises für Wirtschaftswissenschaften.

Die Autoren

Karl Graf BALLESTREM ist Professor für Politikwissenschaft an der Katholischen Universität Eichstätt.

Sergio BELARDINELLI ist Professor für Soziologie an der Universität Bologna.

Jürgen GEBHARDT ist Professor für Politikwissenschaft an der Universität Erlangen.

Brigitte GESS ist Wissenschaftliche Assistentin am Geschwister-Scholl-Institut für Politische Wissenschaft der Universität München.

Peter KOLLER ist Univ.-Dozent am Institut für Rechtsphilosophie der Universität Graz.

Wolfgang LEIDHOLD ist Privatdozent am Institut für Politische Wissenschaft der Universität Erlangen.

Herfried MÜNKLER ist Privatdozent für Politikwissenschaft an der Universität Frankfurt.

Henning OTTMANN ist Professor für Philosophie an der Universität Basel.

Mohammed RASSEM ist Professor für Kultursoziologie an der Universität Salzburg.

Kurt SALAMUN ist Professor für Philosophie an der Universität Graz.

Alexander SCHWAN war (bis zu seinem Tod am 30. 11. 89) Professor für Geschichte der Politischen Theorien an der Freien Universität Berlin.

Alfons SÖLLNER ist Privatdozent am Otto-Suhr-Institut für politische Wissenschaft der Freien Universität Berlin.

Viktor VANBERG ist Professor für Soziologie am Center for Study of Public Choice der George Mason University in Fairfax, Virginia.

Ernst VOLLRATH ist Professor für Philosophie an der Universität zu Köln.

Personenregister

Sachregister

- wirklicher F. 78
Feindbild 275
Feudalsystem 282
Frankfurter Schule 79, 244, 277
Freiheit
- Begriff der F. 270
- bürgerliche F. 40, 282, 287, 289
- existenzielle F. 227
- F.s-idee 270
- F.s-philosophie 229
- F.s-rechte 290
- F.s-theorie 230
- gemeinschaftliche F. 227
- gleiche F. 291
- individuelle F. 227, 270, 281
- persönliche F. 290
- organische F. 256
- politische F. 40
- schrankenlose F. 270, 296
- ursprüngliche F. 256, 292, 296
- vollkommene F. 288
Freund-Feind-Lehre 78
- F.-F.Konstellation 107
- F.-F.Theorie 107
Führertum 92
Fundamentalismus 115

Ganzheit 90, 96f., 214, 249
- G.en 93
- G.slehre 95
- G.sprinzip 99
Gemeinwohl 52, 152, 247, 250, 256f.
Geschichtsauffassung, materialistische 156, 175
Geschichtstheorie, marxistische 265
Gesellschaft
- bürgerliche G. 149f., 156f., 160, 169, 192
- demokratische G. 271
- G. als Ganzheit 90
- G. als Wesenheit 90
- G.analyse 180, 182, 186, 193
- G.kritik 187, 199
- G.planer 51, 54
- G.planung 49
- G.vertrag 282f., 302
- humane G. 250
- humane Zukunfts.-G. 267
- kapitalistische G. 156
- Klassen-G. 162
- klassenlose G. 265
- klassenlose Überfluß-G. 162

- klerikale G. 250
- kommunistische G. 148, 156, 159, 161
- kritische G.theorie 147, 161, 194f.
- liberal-demokratische G. 97
- Markt-G. 295, 301
- marxistische G.theorie 195
- moderne G. 154
- offene G. 270f., 277
- politische G. 248
- repressive G. 187
- sowjetische G. 163
- sozialistische G. 163
- westliche G. 188
Gewaltenteilung 68
Gewaltmonopol 293
Geworfenheit 211, 217
Gezweiung 89, 96f.
- Gesamt-G. 97
- G.kreise 96
Gezweitheiten 96
Glasnost 163
Gliedlichkeit 97
Gnostizismus 136
Godesberger Programm 167
Gothaer Programm 154
Großraumtheorie 62, 76
Grundgesetz 80
Gruppenpluralismus 39

Handlungstheorie 35
Hedonismus 186
Hegelianismus 243
Hegemoniebegriff 168
Heidelberger Schule 91
Heilsgeschichte 93
Hemisphären-Bildung 77
Herrschaft
- H. des Kapitals 169
- H.vertrag 281f.
- legitime H. 147, 149
- nationalsozialistische H. 14, 183, 232, 238
- nationalsozialistische totalitäre H. 14, 183
- politische H. 282
- totale H. 16, 216
- totalitäre H. 14, 17
Hinausgehaltensein 211
Historismus 112
Historizismus 265–267
- Elend des H. 263f.
- H.-Vorwurf 265

Oldenbourg
Grundriß der Geschichte

Herausgegeben von Jochen Bleicken, Lothar Gall und Hermann Jakobs

Oldenbourg

Wiener Reihe
Themen der Philosophie

Band 1
Wo steht die Analytische Philosophie heute?
Herausgegeben von
Ludwig Nagl und
Richard Heinrich
1986. 192 Seiten,
DM 38,–
ISBN 3-486-53801-2

Band 2
Tod des Subjekts?
Herausgegeben von
Herta Nagl-Docekal und
Helmuth Vetter
1987. 234 Seiten,
DM 38,–
ISBN 3-486-53861-6

Band 3
Die Philosophen und Freud
Herausgegeben von
Helmuth Vetter und
Ludwig Nagl
1988. 270 Seiten,
DM 38,–
ISBN 3-486-54481-0

Feministische Philosophie
HERAUSGEGEBEN VON HERTA NAGL-DOCEKAL

WIENER REIHE
OLDENBOURG

Band 4
Feministische Philosophie
Herausgegeben von
Herta Nagl-Docekal
Mit einer Bibliographie
zusammengestellt von
Cornelia Klinger
1990. 284 Seiten,
DM 38,–
ISBN 3-486-55381-X

Mit Beiträgen von: Seyla
Benhabib (Harvard),
Rosi Braidotti (Utrecht),
Adriana Cavarero (Vero-
na), Carol Gould (New
York), Agnes Heller
(New York), Rada
Ivecović (Zagreb), Cor-
nelia Klinger (Wien),
Sarah Kofman (Paris),

Elisabeth List (Graz),
Hannelore Schröder
(Amsterdam), Brigitte
Weißhaupt (Zürich).

Der Band thematisiert
die vielfältige Diskri-
minierung der Frau in
der Geschichte der Philo-
sophie bis heute. Die
Autorinnen entwickeln
Konzepte einer femi-
nistisch motivierten
Transformation der ver-
schiedenen Teildiszipli-
nen von der Anthropolo-
gie über Ethik, Rechts-
und politische Philoso-
phie bis zur Ästhetik und
Wissenschaftstheorie.
Dabei steht u. a. zur De-
atte, ob die post-moderne
Subjektkritik die Voraus-
setzungen bietet für eine
Alternative zur patriar-
chalen Philosophie der
Geschlechterdifferenz.

Oldenbourg